HIGH FINANCIER

The Lives and Time of Siegmund Warburg

顶级金融家

[英] 尼尔·弗格森◎著

阮东◎译

中信出版集团 | 北京

图书在版编目（CIP）数据

顶级金融家/（英）弗格森著；阮东译. —北京：中信出版社，2012.4（2024. 5 重印）
书名原文：High Financier
ISBN 978-7-5086-3256-8

I. 顶… II. ①弗… ②阮… III. 沃伯格，S.（1902~1982）－传记 IV. K835.165.34

中国版本图书馆CIP数据核字（2012）第031698号

顶级金融家
DINGJI JINRONGJIA

著　　者：[英] 尼尔 · 弗格森
译　　者：阮　东
出版发行：中信出版集团股份有限公司（北京市朝阳区东三环北路27号嘉铭中心　邮编　100020）
承 印 者：北京通州皇家印刷厂
开　　本：787mm × 1092mm　1/16　　印　　张：23.5　　字　　数：350千字
版　　次：2012年4月第1版　　印　　次：2024年5月第8次印刷
京权图字：01-2010-4172
书　　号：ISBN 978-7-5086-3256-8 /K · 221
定　　价：69.00元

服务热线：400-600-8099
投稿邮箱：author@citicpub.com

HIGH FINANCIER

目录

第13章 成人教育

自我，这个神秘的概念、人类假想的动力，只有在物质意义上，才是一个明确的统一体，但它却混合了许多不同的、充满矛盾的元素……

西格蒙德 · 沃伯格，1965 年

支持这样一本自传的主要理由是，我这一生参与了太多的活动——我出生在德国，在德国接受教育，我的职业生涯在那里起步，但后来在英格兰安家并学习专业技能；我在某种程度上同时有多种人生——是德国学者、是国际银行家、是犹太教信徒，但最重要的是，我是英国这个接收我的国家的一位激情满怀的公民。

西格蒙德 · 沃伯格，1976 年

HIGH FINANCIER

前言

> 我们不应该欺骗自己，认为当我们死后，我们会被人们清晰记得的日子不仅仅是有限的几天。除了很少人是因为友谊和情感的纽带与我们紧紧相连，否则，我们将被遗忘。
>
> |**西格蒙德 · 沃伯格，** 1974 年|

I

不论好坏与否，当今的伦敦金融城都是世界著名的国际金融中心，它与华尔街齐名，和货币崛起是同义词。第二次世界大战后，英国经济的其他产业日渐衰败，金融业却走向繁荣，但其优势也曾到达危险的境地，这并不是预先注定的。1945 年，伦敦作为金融中心的地位实际上已经不复存在，用一位银行家的话说，它的业务“岌岌可危”，维多利亚时代的大型存账室有 1/3 的部分被毁。“君子资本主义”时代看上去可能会复苏并坚持下来，就像大英帝国一样，这些君子资本家曾忠实地为之效劳。伦敦金融城从德军闪电轰炸的废墟中崛起，它的崛起从史学角度看让人惊叹，比它不可逆转的灭亡更难以解释——如果灭亡真的发生。这本传记的主人公挽救了伦敦金融城，他的功劳比任何人都大。

从 1959 年因发起历史上首次恶意收购登上报纸头条，到 1982 年逝世，西格蒙德 · 沃伯格是伦敦金融城最杰出的天才，他是一名顶级金融机构——他愿意用“投资银行”这个词来形容它——的卓越倡导者。在大萧条和两次世界大战给人类造成的巨大灾难后，他借助无与伦比的先见，看到全球金融一体化的可能性。他是经济制度转型的设计师，这一转型带领西方世界从中世纪的国家控制重回自由市场。限制国际资本流动的壁垒被消除之后，沃伯格使伦敦再次作为世界主要跨境银行交易中心成为可能。在塑造现代英国的过程中，他的职业生涯几乎可以说明有关金融能够发挥作用的所有最重要的历史课题：

- 为什么犹太裔银行家在英国金融史上得以承担领导角色？
- 伦敦金融城奉行的“君子资本主义”有没有破坏英国经济的表现，并加速英国作为制造业强国的没落？
- 20世纪60年代，金融城有没有联合瑞士的银行家（被戏称为“苏黎世的矮子们”）挫败工党政府欲振兴英国经济的雄心？
- 为什么在沃伯格去世后的一段时期，金融监管放松使得外资银行比英国银行更加受益？

但是，这些课题并不是这本传记的最佳论据。因为正像沃伯格说的那样，他自己“有多种的人生——德国学者、国际银行家、犹太教信徒，而最重要的是他是英国这个接收他的国家的一位激情满怀的公民”。他是伟大的德国犹太裔银行家族之一的子嗣，他也是一位壮志未酬的政治家。现代金融史上，很少有人同时扮演着如此举足轻重的政治角色，虽然绝大部分是在幕后。年轻时，沃伯格有意从政，而希特勒的上台粉碎了他的抱负。但20世纪30年代，即使在英格兰流亡，他仍保持着对政治的热情。他是金融城中最公开反对绥靖政策的人之一。战后，他成为一名极有影响力的欧洲一体化的支持者。事实上，沃伯格在欧洲统一——欧洲在金融和政治一体化的过程——上发挥的作用，一直鲜为人知，这是本书多项具有重大史学意义的发现之一。事实很明显，银行家和政府官员在推动建立一个统一的欧洲这件事上同样重要，没有一位银行家比西格蒙德·沃伯格在推动这项事业上更不遗余力了。他一贯力求加速使欧洲各机构，包括国有的和私有的，在欧洲各国之间实现跨境联系这一进程。几十年来，他一直争取消除英国权贵阶层——来自威斯敏斯特和“白厅”的政界和公职部门的精英——对英国成为欧洲联盟正式成员的抵抗。

与此同时，沃伯格一直是坚定的大西洋主义者，他认为欧洲经济一体化与欧洲在战略上依靠美国，这两者并不矛盾。尽管他更倾向于伦敦金融城，而不是华尔街，但他从未忘记他跨大西洋金融一体化的毕生目标，他在纽约的工作时间超过他在法兰克福、汉堡、巴黎和苏黎世时间的总和。他试图拯救曾是华尔街巨擘之一的库恩–洛布公司，这是迄今为止美国金融史上从未被书写过的章节之一。

经常有人说，银行家是政治运作幕后的真正力量。那么，像沃伯格这样一位银行家，又是如何在战后的世界里施加他的影响力的？部分答案在于他在投行领域先锋性的角色，历任英国政府试图复苏萧条的英国经济，这个角色使他置身于这项事业的核心。作为以向英国铝业提出竞购为开端的收购主脑，S · G · 华宝公司的起家使沃伯格从一个被伦敦金融城里傲慢的小圈子轻视的局外人，转变为 20 世纪 60 年代政治决策中重要的参与者之一。在哈罗德 · 威尔逊做首相的第一任期间，沃伯格成为他在经济问题上最信任的心腹之一，这一情况之前在某种程度上没被史学家所意识到。在他们的定期会谈中，其他内阁成员对此知之甚少，沃伯格建议威尔逊朝着加入欧洲经济共同体的方向前进，并努力避免英镑在 1967 年贬值、避免英国经济跌入 20 世纪 70 年代的金融危机，尽管事后证明他的努力是徒劳的。

虽然沃伯格永远感激英格兰给他的种种机会，但他一生都对英国的社会精英表示怀疑，他把这个国家战后的许多问题归咎于排他性质的私立学校和高级公职部门的官员将"外人"隔离的影响力。沃伯格对旅行到了上瘾的地步，他逐渐把自己看做国际人。尽管他很快辨识出纳粹的邪恶，但他从未丧失对德国文化的热爱，特别是对 18~19 世纪德国文学的热爱。1945 年之后，很少有从第三帝国逃出的难民，如果有的话，那些人会比他更加努力地去复兴联邦德国的经济和政治，甚至到达与那些在希特勒统治下只不过担任传旨的人紧密合作的程度。与此同时，他对以色列的命运非常关注，他首先在 20 世纪 60 年代成为犹太复国运动的捍卫者，之后又严厉批评以色列政府将犹太人安置在西岸和加沙被占领地区的政策。乔治 · 斯坦纳[①]曾恰如其分地评价道，"完整地看"，沃伯格的"背景和职业生涯——一度精彩又极度悲剧——在大逃亡的历史中，尤其在旅居德国的犹太人历史中，都是一则重要的篇章"。

沃伯格令人着迷的地方是，他不仅把经济实力和政治势力两者相结合，他的

① 1976 年，这位剑桥文学学者通过一系列会谈访问了沃伯格，这是沃伯格此生接受的最长、最详尽的访问。

性格里还有令人难以置信的复杂性，他绝对是历史上阅读最广泛的银行家之一。他不光熟谙德国古典与浪漫主义文学和哲学，还是中欧现代派大师忠实的学生——从尼采到弗洛伊德。作为一名学者，成为一名金融家也许是命运使然，而非他本人意愿，但他更感兴趣的是管理企业所面临的在组织上的挑战，而不是公司自身的赢利情况。事实上，他是现代管理创新的伟大倡导者之一，是开放式办公和公司民主化的先驱。他也是一位颇具天赋的业余心理学家，他发展了一套同质但明显有效的体系，用来测试他周围人的性格，并利用笔迹学辅助进行心理分析洞察。他爱憎分明的强烈程度使他作为朋友真挚忠诚、作为敌人不留情面，正像那些“不幸的”、受他庇护的人那样，他们的代价是从沃伯格的朋友变成他的敌人。

在写本书的过程中，我常常希望自己能有一小部分托马斯·曼的文学天赋，他是沃伯格最喜欢的作家。因为，沃伯格家族在某些方面就像《布登勃洛克一家》在犹太人身上的翻版，在其他地方，又像《约瑟夫和他的兄弟们》的现代转世，西格蒙德自己就像曼笔下的一位主人公——《浮士德博士》里的作曲家阿德里安·莱韦尔金——追求一种孤傲的完美。绝对需要像曼这样的大作家才能给予沃泊格这位德国犹太人公道，他身着在伦敦萨维尔街手工定制的西装，目光敏锐，头发油光锃亮，行事隐约带有戏剧化的色彩，他像一把人造的音叉那样敏感，像普鲁士军官那样对失误不能容忍，他是“圣火”和“生命动力”——他最喜欢的两个词——不稳定的合成产物。

II

传记作家选择人物出于不同的原因：作家的当务之急、出版社的偏见、读者的口味、金钱的诱惑。也许可以这么说，记录别人生活的人，几乎和充斥着明星生活的华丽杂志的读者一样，被对象的名气所吸引。在大英博物馆一般参考类收藏的网上书目里搜索“希特勒”，有478个结果（虽然也得承认不是所有的都是传记）。关于斯大林的传记有311本、关于墨索里尼的有172本。值得高兴的是，一些民主的领导人也有类似的吸引力。温斯顿·丘吉尔超过墨索里尼，有298本，亚伯拉

罕 · 林肯有 270 本。有关皇室的传记紧随其后，英格兰最著名的国王亨利八世有 90 本，威尔士王妃戴安娜有 39 本。传记作家也争相撰写电影明星，玛莉莲 · 梦露的传记有 38 本。也许不足为奇的是，作家特别喜欢写作家的生活，尽管他们的生活通常很单调。有关莎士比亚的书籍超过 2 000 本，甚至连耶稣较之都稍逊色（有 1 613 个结果）。

这本书的主人公没有那么出名。事实上，许多见多识广的人甚至从未听说过西格蒙德 · 沃伯格。这不是因为像某些人说的，他对宣传反感，虽然他经常这么说；也不是因为他轻视媒体——这一点他确实有。举例而言，1944 年伦敦《旗帜晚报》的老板比弗布鲁克勋爵派金融城的编辑去采访沃伯格。沃伯格回忆与那位记者的对话：

> 原则上，我反对银行家作任何宣传，尤其是犹太裔银行家，他说他对采访我感到非常抱歉。为了安抚他，我告诉他如果我们未来作任何某项交易，我会非常乐意提前告知他。但是，宣传会是关于我们提供融资的公司，绝不会是关于我们自己。他对我的反应一再表示歉意，因为比弗布鲁克勋爵表达过对"新贸易"（沃伯格公司最初的名字）极感兴趣，他听说过我们是金融城里真正活跃且稳健的公司之一（应该被"宣传一下"）。

当宣传符合他的商业目的时，换言之，沃伯格才准备——"乐意"是不恰当的——给予记者们采访的机会。金融城的编辑和特派记者们定期在 S · G · 华宝公司享用午餐。事实上，在所谓"铝业战争"激战犹酣时，沃伯格几乎每天亲自知会《金融时报》，后来还雇用了长期在该报工作的"莱克斯专栏"的作家。今天他之所以不太出名，不是因为他回避宣传，而只是因为他是一位银行家。

可以确定的是，市面上有一些银行家的传记，而银行业家族的书籍更普遍。事实上，已经有一本写西格蒙德 · 沃伯格的传记，写他家族的书也有好几本。不过，总体而言，传记作家倾向写君主而不是有钱人，倾向写电影明星而不是金融家。这一偏好在某种程度上也许是明智的，相比蛊惑人心的政客或电影女明星，撰写或阅读银行家所做的事并没有那么令人兴奋。不论是发放贷款还是吸收存款，不论是认购股票还是出售债券，不论是宣布股息还是向客户提供建议，银行家都不是传统意义上的动武之人。当然，也会有战役，但它们发生在开董事会的会议室里，并且缺少真正战争的喧嚣和哀婉。

然而，传记作家忽视银行家，是因为他们在历史上相对不重要，这一点是说不通的。在对这个世界的运作方式所作的任何认真评估中——尤其是意大利文艺复兴以来的现代世界——金融在西方文明演变过程中，确实与政府或战争同等重要（比电影行业重要得多）。没有银行和证券交易所将存款从储蓄所导入实业，西方经济如何能取得工业和后工业繁荣在规模上达到的高度？没有债券市场的支撑，过去一个世纪还有什么伟大的战争能被发动、有什么战争法案能通过？任何怀疑金融在历史上重要性的读者，应该回想近期发生的种种事件。谁是2007年这次席卷全球的重大金融危机的罪魁祸首？是他们使世界陷入类似自20世纪30年代早期我们所经历的大萧条。犯错的银行家——至少他们中有些人——很不明智地暴露了他们的重要性。如果现在我们把所有的经济问题都归咎于那些把苏格兰皇家银行或花旗银行管理得如此糟糕的人头上，我们又能同时否认金融业放松监管和创新至少对过去25年全球经济活动迅猛发展作出的贡献吗？

银行家不一定声名远播，但他们至关重要。没有什么比西格蒙德·沃伯格的一生更能说明这一区别的了。

III

虽然西格蒙德·沃伯格家族中至少有4位成员写过回忆录，但他本人选择不写自传。他对外人撰写沃伯格家族历史的所有企图也深为敌视。他甚至不喜欢由汉堡家族银行的两名前雇员爱德华·罗森鲍姆和乔舒亚·谢尔曼写的汉堡家族银行古板和半官方的历史。他徒劳地试图“扼杀”戴维·法勒的企图，（用沃伯格的话说是）“对沃伯格热施以思想的放大镜”，他认为一本关于沃伯格家族的书是“荒谬的，就像‘沃伯格家族’这一集体概念……它是对历史和家谱事实的歪曲”。罗恩·切尔诺夫经过深入调查，试图撰写一本家族历史，沃伯格本可以对此更加热情，虽然他也许会欣赏切尔诺夫关于“以做客户关系为首的银行家”之“死”的富有真知灼见的文章。至于杰克斯·阿达利，他把沃伯格描写成终极商人，作者对沃伯格的判决是，他“融合了政治权力、金融创新、创造力和道德”，沃伯格可能会对此受宠若惊，但他可能对该书中（和相关电视电影中）出现的多处错误，以及由此带来的影响——沃伯格以某种神秘的方式施加影响力——会失望。总而言之，我怀疑，曾经在各个时期作为他下属的前沃伯格系董事们写的数量繁多的自传，给他带来的不是快乐，而是更多的痛苦。

本书与之前的作品有两点不同。其一，这是针对沃伯格庞大收藏的私人信件和其他档案材料所作的首次研究，包括近10 000封信件、便函和日记。其二，这是首次认真地尝试将沃伯格多重生命置于他所属的恰当的历史背景中。这是一个人的故事，他的生命始于帝国主义德国的黄金岁月；成长于20世纪20年代柏林“发烧”的氛围；在独裁、战争和种族灭绝的时代流亡；在冷战期间，达到真正具有历史意义的地位。在历史学家纷纷以更加全球化的框架重新审视20世纪历史的时候，沃伯格提供了一个有价值，并在某些方面有纠偏功能的中心点。他是典型的大西洋人，频繁地往来于伦敦和纽约，不论是乘坐“冠达”油轮还是“协和”号飞机。1902年成立的朝圣协会旨在“推动美国和英国之间的善意、伙伴关系和持久和平”，他是该协会会员，偶尔也会参加彼尔德伯格会议，这个由政治人物和行业领军人物参加的年度会议是为推动大西洋两岸的了解于1954年在荷兰创立的。不过，他终其一生还是一个欧洲人，在英国和在德国或在瑞士一样放松，并对大部分美国生活中的“现代野蛮主义”过敏。他对日本感到困惑，并对以色列既爱又恨。世界其他地方没有什么可以使他感兴趣的。沃伯格的世界明显是西方世界——事实上，那是一条连接曼哈顿和美茵河的走廊。

西格蒙德·沃伯格对国际金融再整合具有极为清晰和表达明确的远景，他比他同时代的任何人都应得到“全球化先知”的称号。然而，20世纪30年代的种种经历给他造成的创伤，使他的悲观情绪根深蒂固，他又是矛盾的预言家，他对世界经济的希望永远是最初不为人信，但后来被证实为真。很多这样的事情都发生在他生命的最后10年，即，1973~1982年，这为沃伯格的悲观找到了注脚。

就在我写作时，世界正逐渐从一个更大的金融危机中暂时走出。这次金融危机在很大程度上可以归咎于新一代银行家对西格蒙德·沃伯格倡导的投资银行理想有意的摒弃，沃伯格的理想是金融服务应基于客户关系至上的原则，而非投机交易。在公众眼里，伦敦金融城的声誉确实跌至谷底。如果有这么一个时代，我们可以从一位真正伟大的金融家身上学到什么，毫无疑问，沃伯格的时代就是一个。

第1章

西格蒙德和他的堂兄弟们

HIGH
FINANCIER

在约瑟夫的家里，过去……已和未来、预言混杂在一起，难以分辨。

托马斯·曼
《约瑟夫和他的兄弟们》

兄弟纽带

1933 年，托马斯 · 曼的《约瑟夫和他的兄弟们》第一卷出版，根据作者的说法，这是一个有关“爱与恨、赐福与诅咒、兄弟相煎与父辈哀痛、荣耀与忏悔，以及人生起落”的故事。一个名叫西格蒙德 · 沃伯格的年轻德国银行家很早就欣赏这部作品，他是在从汉堡到伦敦的行船过程中拜读此书的——这趟流亡之旅与曼本人在同年晚些时候的经历没什么区别。曾有人说，沃伯格对他自己家族和约瑟夫家族的相似之处深感触动，他在约瑟夫身上可以找到自己的影子。当然，两家的背景不尽相同。不同于约瑟夫，西格蒙德 · 沃伯格没有亲兄弟；他的流亡也不是家人所致——而是由于一个势必要驱逐，并最终杀戮所有雅各布后代的政权造成的。不过，即便是扫一眼沃伯格的家谱，也能看出为什么他会觉得他们两家有相似之处。

像《创世记》里的亚伯拉罕一样，西格蒙德的曾祖父亚伯拉罕 · 沃伯格[①]娶了萨拉 · 沃伯格，并生了两个儿子。像雅各布和以扫一样，两个儿子的关系不太好。一位曾孙被告知，虔诚的老西格蒙德和世俗的莫里茨争吵，“每天都会发生”。“一周两人定期争吵一两次，整条费迪南德街都可以听见。”家族的银行就位于汉堡的这

① 像很多德国犹太家族一样，沃伯格家族得名于一座城镇。16 世纪，他们的祖先西蒙受到帕德博恩王子主教的眷顾，作为受保护的犹太人在沃伯格镇站稳了脚。

条街上。就像《圣经》里的情节一样，他们的下一代也有着不同的人生轨迹。1864年，莫里茨 · 沃伯格娶夏洛特 · 奥本海姆为妻，后者除了给他生了两个女儿外，还生了五个儿子：亚伯拉罕（通常叫艾比 · M）、马克斯、保罗、费利克斯和弗里茨。这五个兄弟——尤其是自信、极具魅力的马克斯——将主宰这个家族和他们的家族企业。家族的另一支却相形见绌。1889 年，老西格蒙德死后，他的遗孀带着她最小的两个女儿埃尔莎和莉莉离开汉堡来到法国地中海沿岸。虽然她们的大哥亚伯拉罕（通常叫艾比 · S）成为家族企业的合伙人，但二哥乔治斯被认为精神衰弱[①]，以至于被规劝干脆离开汉堡。这就解释了为什么乔治斯的儿子西格蒙德没有像其他家族成员一样，生在汉堡繁荣的商业中心，而是生在令人昏昏欲睡的德国南部乡下。因此，从一开始，他就是一个局外人，他的成长环境与他在汉堡的亲戚们截然不同。这也就是为什么《约瑟夫和他的兄弟们》的故事对西格蒙德如此重要的原因。虽然没有像《圣经》里约瑟夫和他的兄弟们之间那样的暴力对抗，但西格蒙德总能意识到，在他和他在汉堡的堂兄弟们之间必然有着难以逾越的分歧。

当然，自相残杀式的斗争是永恒和普世的主题。《圣经》里迦得和阿舍对他们同父异母、珍贵得宠的弟弟约瑟夫的仇恨，约瑟夫和他的弟弟便雅悯之间强烈的感情，雅各布第一个儿子流便矛盾的心情，兄弟间的暴力冲突与最终和解——在这些关系中，至少有些和大多数大家族的经历类似。不过，出于各种原因，这样的主题在 19 世纪晚期的欧洲有着独特的共鸣，尤其在受过教育和拥有财产的中产阶层身上。首先，这一时期人口结构发生显著变化，普通家庭成员的数量急速下降。直到 1910 年，超过 40%的德国家庭在 5 人以上（包括家长），10%的家庭仍在 8 人以上。但到 1930 年，4 个孩子以上的家庭不到 1/5；2 个孩子以下的家庭从 29% 上升至 65%。仅仅 30 年的时间，和兄弟姐妹一起长大从多数人的经历变成了少数人的经历。与此同时，19 世纪晚期营养和公众健康得到改善，生在那个时期的一代人享受到这种改善带来的好处。男性寿命从 35 岁增加到平均 55 岁。1893 年后的 20 年里，汉堡的死亡率从平均每家 25%~35%，下降到 15%~20%。富人尤其可能享受更长的生命。婴儿死亡率、斑疹伤寒和肺炎的发病率，在阿尔斯特湖西侧富裕的哈维斯特胡德和鹿特鲍姆区较低，像沃伯格家族这样的富裕家庭往往会住在那里。1892

① 他患有头疼病，对历史极有兴趣。

年霍乱肆虐时，高收入（1 万马克以上）人群的死亡率是那些收入少于 1 000 马克人群死亡率的 1/6。艾比 · M 在 6 岁时患伤寒，侥幸存活，他的母亲夏洛特第二年也经历了一场同样严重的大病。马克斯 · 沃伯格在霍乱期间留在汉堡，他有充分的理由确信，用他自己的话说，“我有免疫力”。他的兄弟姐妹中只有奥尔加死于分娩。这些兄弟中，艾比 · M 活到 63 岁，马克斯活到 79 岁，保罗活到 64 岁，费利克斯活到 66 岁，弗里茨活到 83 岁。总而言之，他们那代人人数既多、寿命又长，实属异常。作为独子，生于 1902 年的西格蒙德在诸多方面都属于另一个时代。

像沃伯格这样庞大而且富有的家族——艾比 · M[①] 在作品中自觉地流露出——可以把他们自己比做意大利的美第奇家族。他们是以朝代的观点想问题，他们的基因可追溯至 16 世纪，他们的业务可上溯至 17 世纪 40 年代，那时他们的祖先——当换钱人的雅各布 · 塞缪尔从沃伯格镇移居至汉堡。多年来，沃伯格家族开发出一套家族组织形式，其核心原则是，无论家族成员多寡，无论对家族成员的个人偏好如何，一部分男性家族成员总要把他们继承的财富合并在一起，将它视为家族企业的资本金。兄弟间以合伙制经营家族企业，这更加深了和谐的兄弟关系——这一传统追溯至雅各布 · 塞缪尔（卒于 1668 年）的三个儿子，延续至塞缪尔 · 摩西（卒于 1759 年）的四个儿子，再到冈普里希 · 马库斯的两个儿子，到他的弟弟伊莱亚斯 · 塞缪尔和伊莱亚斯的孙子亚伯拉罕的两个儿子。正像冈普里希 · 马库斯在给两个儿子摩西和格尔森 · 马库斯的遗嘱中郑重敦促的那样，重要的是他们要“保持兄弟间的和平、团结与合作”。当两人起草一份正式的合伙协议时，他们强调这条兄弟纽带的重要性：“我们两兄弟希望彼此说话算数，不要求一方向另一方以某种形式发誓”。一代人以后，老西格蒙德和莫里茨兄弟之间的关系，同样被一份详尽的契约所规定，该契约由他们强势的母亲萨拉制定。所以，夏洛特 · 沃伯格努力向她的 5 个儿子灌输一种兄弟和睦感就不足为奇了。当马克斯、保罗和费利克斯在 5~9 岁时，他们被要求在阅读和写作上互相帮助。在马克斯书桌

---

① 在他弟弟们的资助下，艾比 · M 一生致力于艺术史的研究，今天他作为伦敦沃伯格学院的奠基人被世人记住，那里存放了他收藏的大量艺术类书籍。作为一位佛罗伦萨文艺复兴的专家，他深受美国之行的影响，他在亚利桑那州、科罗拉多州和新墨西哥州接触了美国印第安人的艺术。抢在瓦尔特 · 本雅明之前，艾比 · 沃伯格提出，机械地复制艺术品将导致文化膨胀，这些观点后来因本雅明而出名。在他的多篇论文中，也许最知名的是对佛罗伦萨新圣母玛利亚教堂里多米尼哥 · 基兰达创作的壁画的研究。

内，夏洛特刻了《圣经 · 诗篇 133》的开篇几句："看，兄弟和睦共处是何等的善、何等的美！"兄弟阋墙的风险因迁移在一定程度上得到规避。塞缪尔 · 摩西 · 沃伯格的儿子们，一个搬到毗邻的阿尔托纳，另一个迁到伦敦，留下年轻的弟弟们接掌他们父亲的生意。伊莱亚斯 · 塞缪尔 · 沃伯格两个儿子中的一个后来定居瑞典。当保罗和费利克斯 · 沃伯格移民美国时，这一模式在 20 世纪初期还在重复。如此的分布，为在其他战略上重要的商业中心建立家族分支提供了额外优势。

强调兄弟纽带的一个结果是，资产阶级家长这一传统人物没有多少空间。权力在每代人中分配，老一代人所要做的就是确保与下一代人平稳过渡[①]。一个人主宰家族银行的唯一时期是 19 世纪三四十年代，之后是母系家长萨拉。这段短暂的时间说明维持家族和企业延续第二个关键机制的重要性：即，在商界内联姻。格尔森和摩西 · 马库斯兄弟连一个儿子都没有，首选的方案是让后者的女儿萨拉嫁给他们的堂兄塞缪尔 · 伊莱亚斯的儿子亚伯拉罕——这种同族通婚的形式在 19 世纪商业家族中较为普遍。更多联姻在下一代成为可能：萨拉的女儿罗莎嫁给保罗 · 希夫，他后来成为维也纳信贷的一名董事，罗莎哥哥西格蒙德的新娘泰奥菲 · 罗森堡是俄国金茨堡家族的亲戚，罗莎和西格蒙德的弟媳夏洛特 · 奥本海姆是法兰克福奥本海姆家族和戈德施密特家族联姻的产物。身体不好的乔治斯 · 沃伯格与考拉家族的一员结婚，继续着这一传统。与此同时，他的妹妹莉莉嫁给了奥托 · 考拉。考拉家族事实上比沃伯格家族更显赫，它在沃伯格家族于汉堡起家前早已崛起于德国南部。当儿子结婚时，这样的联姻带来诸如嫁妆和商业关系等好处，但当女儿出嫁时，联姻可能也带来沉重的负担。

莫里茨和夏洛特 · 沃伯格的 5 个儿子在履行兄弟和睦的家族理想上做得如何呢？5 个兄弟在脾气秉性上非常不同，他们各自对立且特点鲜明的座右铭表明了这一点[②]，但毫无疑问，他们之间有紧密的情感联系，尤其在马克斯和保罗之间。弟

---

① 熟悉的画面是父亲为了报复，威胁剥夺儿子的继承权，同样值得注意的是，儿子威胁不走父亲的老路。当代文学（例如，曼的《布登勃洛克一家》）体现了这种威胁带给儿子多大的筹码。父亲们必须小心，不要和他们的继承人把关系搞僵。

② 艾比 · M的座右铭具有学究气——"上帝在细节里"；马克斯的很大胆——"勇往直前"；保罗的很无私——"为他人服务一生"；费利克斯的很振奋、也很美国化——"让我做我今天要做的；我可能不再有机会"；弗里茨的很宿命——"今朝有酒今朝醉"。

弟们对大哥艾比 · M的情绪不稳定和有时的强词夺理，似乎有着无限宽容，同时，兄长们和不太英俊、不太自信的小弟弗里茨之间似乎存在着一种怜悯的关系。然而，像过去一样，持续的和谐依靠令人满意的责任分工，在这里离心倾向初露端倪。艾比 · M在13岁时决心放弃进入家族企业的机会，转而选择追求他对艺术史的热爱。弟弟费利克斯实际上对经商没兴趣，他将生命投入休闲和慈善。马克斯想成为一名骑兵军官，所以他非常享受在巴伐利亚服兵役。偏重学术的保罗考虑研读科学。他和马克斯被父母煞费苦心地劝说走上当学徒，最终成为家族企业合伙人的传统路线。弗里茨顺从地遵照父母的建议，收起他对德国文学的热爱，改学法律。当哥哥保罗移居美国后，他成为家族企业的一名合伙人。

关于5个兄弟（和两个姐妹）的婚姻大致类似。马克斯娶了瑞典远亲家族的女儿艾丽斯 · 马格努斯，他的妹妹奥尔加嫁给伦敦金属公司布兰德斯戈德施密特的保罗 · 科恩。弗里茨娶了一位瑞典堂妹安娜 · 贝娅塔 · 沃伯格。但是，其他兄弟的婚姻或多或少都遭到家族的反对。费利克斯追求德美银行家雅各布 · 希夫的女儿，这明显遭到了两家的反对，虽然证明两人的结合是互利的，雅各布 · 希夫是投资银行和铁路融资专家库恩–洛布公司的负责人。保罗爱上弗丽达 · 希夫的姨妈尼娜 · 洛布，更加深了这一冒犯，保罗是在费利克斯的婚礼上遇到尼娜的。最离经叛道的是大哥艾比 · M，他娶了一位信养新教的汉堡船东的艺术家女儿玛丽 · 赫兹——这一结合似乎助长了他少不经事的叛逆，倒不是反叛犹太裔的背景，而是与汉堡资产阶级集体价值观背道而驰。不过，如果他们的家长认为有些婚姻是门不当户不对，那些婚姻倒并未给家庭关系结构造成不可弥补的损害。相反，尽管五兄弟对职业和配偶有不同的选择，但家庭成员之间关系融洽。每年夏季，五兄弟、两姐妹和他们的配偶及孩子会聚集在莫里茨和夏洛特具有田园风光的别墅科斯特堡，它位于易北河北岸布朗肯内泽市中心以西14公里的地方。在那里，他们会表演精心设计的业余戏剧，一艘艘大型货船在他们身边驶过。

尽管如此，当然，沃伯格家族离卓越还很远。无论在创业初期，还是之后开始分道扬镳，兄弟们在犹太家族里扮演着决定性的角色，这种家族的名单很长：梅耶 · 阿姆谢尔 · 罗斯柴尔德的5个儿子、莫里茨 · 多伊奇的4个儿子、萨洛蒙 · 贝内迪克特 · 戈德施密特的5个儿子（更不用说贝内迪克特 · 萨洛蒙 · 戈德施密特的6个儿子和贝内迪克特 · 海亚姆 · 戈德施密特）、迈耶 · 考夫曼的3个儿子，以及蒂茨5个儿子。近亲结婚和家族间联姻这样类似的模式在其他犹太人家谱中也可以发现：戈德施密特家族的6代人和其他至少12个知名犹太家族有联姻，不仅是他家，赫希家族同族结婚更多，还有奥本海姆–门德尔松–华沙–西姆森家族网。事实上，似乎可以肯定，这些家族是自发形成的——他们尤其强调兄弟间和睦相处——沃伯格家族非常有自知之明地仿效迄今为止19世纪最成功的罗斯柴尔德犹太家族。梅耶·阿姆谢尔·罗斯柴尔德的5个儿子比莫里茨·沃伯格的5个儿子早两代，罗斯柴尔德的5个儿子创造了传奇般的财富，沃伯格的5个儿子也继续着财富传奇。然而，值得注意的是，像兄弟帮和联姻这样的模式不限于犹太人。它们也常见于非犹太裔家族，尤其在“汉萨同盟”的各个港口。相关的例子是阿姆辛克家族，家族成员于16世纪从荷兰到达汉堡。接下来的后代中，一个儿子通常被训练成为律师，为进入市政府铺平道路，其他的儿子将经商，或偶尔从事其他专业。阿姆辛克家族几乎只和其他实力对等的商贾人家联姻。施拉姆和奥斯瓦尔德家族也出现相似情况。珀西·施拉姆这样回忆1900年左右汉堡的社交生活：“你和别人有怎样的关系，父亲公司的名字叫什么，母亲出身如何——人们很自然地必须要知道这些事情。”

简而言之，大家族是19世纪晚期资产阶级社会重要的组成部分之一。沃伯格家族的例子说明，这一时期给予犹太和非犹太家族同样的独特机遇。五兄弟都有很长的寿命，他们可以在众多的工作和国家中选择职业。他们作结婚的决定可以比上一辈更自由。通过兄弟这层关联，他们可以在不同领域和睦发展——这种和睦在多张照片中都有所体现，每年夏天家族在科斯特堡聚会照相，那是名副其实反映资产阶层成就的画面。

然而，这一切具有短暂的特点。新世纪伊始，至少有些人意识到，滋养像沃伯格这样家族的特殊环境无法持续——托马斯·曼在他1901年出版的第一部小说《布登勃洛克一家》中完美地捕捉到这种意识。小说部分是根据他自己在吕贝克的亲戚所写，布登勃洛克家族是汉萨同盟一个商贾家族的原型。该家族在18世纪发迹，小说中第三代的长子托马斯·布登勃洛克入选吕贝克参议院，家族成就到达巅峰，但家道没落的种子已经成根。家族中儿子太少，家庭中有两个以上儿子时，兄弟们开始争吵。兄弟阋墙的程度在小说开始的部分就被清楚地细述：“对我弟弟的仇恨……好像房子上的裂痕……一家人应该团结……一家人必须凝聚在一起。一个四分五裂的家终将没落。”（书中，兄弟间发生最激烈的争吵后，家族房产被变卖。）与此同时，家族中婚姻不成功到达悲惨的境地。托马斯的妹妹冬妮先嫁给一个破产者，后又嫁给一个巴伐利亚的乡下人，她的女儿和一个骗子结婚，甚至托马斯自己（和一个荷兰小提琴家）的异国婚姻也不幸福。曼不光写出这些失足，更指名这种病态的本源。布登勃洛克家族的企业随着家族创业精神的削减而衰亡。当时，社会上也存在一丝对商业精英的威胁，以 1848 年约翰执政官与革命暴徒对峙为标志。最重要的是，家族中出现哲学层面上的倒退，从老约翰强烈的理性主义世界观，到他孝顺、沉溺于浪漫主义的儿子托马斯，最后到汉诺凄惨的沉沦。这些更深层的主题解释了为什么这本书到 1911 年卖出了 6 万册，并且进入了马克斯 · 施拉姆和西格蒙德 · 沃伯格的个人图书收藏的原因。小说不仅描写了一个家族的衰亡，而且暗示这类家族的衰亡——这一入木三分的指控遂引起公开否认，比如珀西 · 施拉姆形容他母亲的家族是“反向的布登勃洛克家族”。沃伯格家族也不能对曼的观点置若罔闻。马克斯首次尝到企业责任的滋味，包括援助他堂妹罗莎濒临破产的亲戚们。与此同时，他的大哥读叔本华的著作，折服于艺术，并患了伤寒侥幸存活。总之，甚至在 20 世纪的“暴风骤雨”来临前，大商贾家族已经察觉到他们的脆弱。西格蒙德 · 沃伯格毕生是曼的忠实读者，他自己也不是没有颓废的症状：尤其是他有着极度的书卷气。他对沃伯格这个名字的崇拜总是奇怪到模棱两可的地步。这个名字是神圣不可侵犯的，但正如我们将要看到的，带有这个名字的分布更广的“部落”，就是另外一回事了。

沃伯格家庭的崛起

沃伯格家族自 1798 年家族企业 M · M · 沃伯格公司正式成立起，就视自己为银行家。不过，直到 19 世纪末，这家银行只活跃在德国当地。拿破仑战争后，罗斯柴尔德五兄弟建立了泛欧洲金融网络，沃伯格家族在其中只扮演很小的角色，尽管该家族定期为取代萨洛蒙 · 海涅，成为罗斯柴尔德在汉堡的总代理而努力。虽然他们最终在 1865 年取得这一位置，但直到马克斯 · 沃伯格在新世纪来临前成为占支配地位的合伙人，沃伯格家族才算得上具有像罗斯柴尔德家族的地位。马克斯 · 沃伯格曾在巴黎和伦敦的罗斯柴尔德银行完成他金融学徒的部分内容——据罗斯柴尔德家族估计，这本身就象征着沃伯格家族已经崛起。到19世纪90年代末，M·M·沃伯格公司首次成为罗斯柴尔德家族为国际政府安排贷款在汉堡的主要发放行，譬如1896年为智利发行债券。尽管马克斯·沃伯格后来坚称，“运气在开展像银行这样的生意中具有很大作用”，但在20世纪初，他却自食其力。他采取强势的多元经营策略，从套利和商业票据经纪这些银行传统业务，进入国际债券发行和德国工业投资。他还在快速扩张的汉萨航运业担任领导角色，在他的密友阿尔伯特·巴林的领导下，汉堡至美国线一跃成为世界最大的客运航线。

对于长辈以及在伦敦和巴黎、现在有些自满的罗斯柴尔德家族，马克斯·沃伯格似乎是不满足现状的自我推销者。伦敦的罗斯柴尔德家族抱怨：“汉堡的沃伯格好似寓言里的青蛙，虚荣并笃信一己之力就可以控制欧洲市场，并向任何及所有银团贷款中的大银行收取利息。”但马克斯咄咄逼人的风格证明这高度有效。1895~1913年，公司利润增长了近4倍，从3 000万马克涨至1.18亿马克。事实上，以利润衡量，汉堡的三家主要股份制银行（北德银行、商业和贴现银行，以及联合银行）相比起来要大得多，而且在1880年后，这三家银行在汉堡工业发展和城市环境中发挥了更重要的作用。然而，M·M·沃伯格公司是家族控制的投资银行，它更多地专注于国际债券市场，而不是吸收储蓄或向德国工业发放贷款。至关重要的是，马克斯和他的弟弟们有能力建立一个跨大西洋的金融联盟，这是罗斯柴尔德家族一直回避的。联姻使费利克斯和保罗与希夫家族沾亲，这使沃伯格家族成为库恩–洛布公司的合伙人，后者是1914年之前那个时代最成功的华尔街公司之一。库恩–洛布公司是亚伯拉罕·库恩和所罗门·洛布于1867年创建的，1885年以后，公司就牢固地掌握在洛布的女婿雅各布·希夫手上。这不但使沃伯格家族进入快速增长的美国经济——尤其是进入庞大的美国铁路债券市场，而且还确保当日本政府在日俄战争期间进入国际金融市场时，沃伯格家族有能力比罗斯柴尔德家族捷足先登，后者比极度恐俄的希夫更慢地看到日本的潜力，希夫的态度受到沙皇政权歧视犹太人和容忍反犹大屠杀的影响。

从这个意义上说，马克斯·沃伯格的确幸运。19世纪90年代中期至1914年是世界经济快速增长的时期。一个敢作敢为的年轻人，加上他天生的乐观，在经济繁荣期势必比长辈和保守的罗斯柴尔德家族做得更好。此外，汉堡是快速增长的欧洲经济的最大港口。这一时期被称为“全球化第一纪元”，商品、制造品、劳工和资本市场正经历从未有过的整合。像汉堡这样的大港流进流出的货物数量每年在递增。不仅是M·M·沃伯格公司在这段期间壮大，几乎汉堡所有的投资银行都兴旺一时，那段时期在当事人看来是黄金岁月。然而，社会上的一些发展已经对传统家族企业作为一种机制的繁荣构成了威胁。首先是社会主义理论家鲁道夫·希法亭称为“组织化资本主义”的出现。诚然，大股份制银行、整合后的工业企业和生产者卡特尔对市场施加的垄断控制比希法亭指出的要少。不过，很明显，在商业活动的大部分领域，它们有能力管理较大规模的经营，比传统的家族合伙制规模更大。股份制银行发行股票，可以筹集更多的资本；通过限制负债，它们可以保护它们的所有者免遭破产；将所有权和管理权分离，它们可以避免“布登勃洛克家族症状”的经济后果。最能为旧时的投资银行辩护的是，它们一直更适合国际进出口业务复杂的需求。M·M·沃伯格公司声称，它能为客户提供更专享的国际投行网络，超过相对新来的对手，如德意志银行和贴现公司或它们在汉萨的同行，如德国商业银行与联合银行。

20 世纪初第二个重要的发展是国有行业的增长。19 世纪中叶目睹了自由经济的高涨，它承诺自由市场和最少的国家干预。世纪更迭时，世道变了。但这一点不应被夸大。德意志帝国在 1914 年之前绝不是一个干涉欲强的国家。甚至在 19 世纪 70 年代末引入有限的关税，并在 19 世纪 90 年代提高关税，都遭到汉堡商界的强烈反对，汉堡商界一直像英国当时最热情的自由派一样忠诚于自由贸易。即便如此，公共开支和公共借款的扩张也非常快，尤其是在州政府和市政府一级。在这个过程里，汉堡扮演了领导的角色，政府斥巨资改善基础设施，以避免 19 世纪 90 年代初的公共健康危机再度爆发。雇主和雇员协会重要性的同时增加——尤其是行业工会——在汉堡也很明显，汉堡靠海的工作条件几乎有助于工会化和集体行动，就像鲁尔区重工业腹地的工作条件一样。随着国有和私有行业中这些新官僚的出现，传统上主宰汉堡经济的家族企业的实力势必会被削弱。

沃伯格家族过去是、现在依然是犹太裔，不用说，这对他们家族的历史起决定性的作用。对旁观者而言，这一事实在 1904 年还不如在 1804 年，甚至 1874 年更重要。财产和教育的共同利益似乎逐渐打消了之前在信仰和惯例上的障碍。1871 年，汉堡大约 3/4 的犹太人口仍居住在靠近市中心、拥挤且不卫生的地区，如老城、新城、圣保利和圣乔治。到 1914 年，大部分犹太人住在汉堡西区，集中在阿尔斯特湖岸边的罗特巴姆区和高尚的哈维斯特胡德区。沃伯格家族强势的一支住在米特维格街17号，另一支住在阿尔斯特鲁弗街。1897年，超过1/4的汉堡犹太人支付的税率是累进税率中最高的两档税率，相比而言，德国只有11%的人口支付最高的两档税率。那时，犹太社区的人口相对在下降。1811年，只有不到5%的人口是犹太人。到1910年，这个数字降至1.2%，这反映了犹太人口出生率相对较低和犹太新移民到汉堡定居不足。虽然许多东欧犹太人途经汉堡去英格兰和美国，但很少人选择留下来。与此同时，已经形成的犹太社区越来越被同化。沃伯格五兄弟的祖父母和父母都严格要求他们遵守安息日，而下一代明显没有那么虔诚，除了马克斯的小弟弗里茨以外。马克斯自己参加犹太教堂仪式，多是出于礼节而非信仰，他的大哥艾比·M上大学时就停止吃犹太教食物了。

与此同时，资产阶级社交生活的堡垒，诸如上流的"和谐私人会所"、共济会和汉堡划船俱乐部开始接纳犹太会员。意味深长的是，这些社团建立的明确目的就是通过强调会员间情同兄弟的理想，超越社会和信仰的不同。"麻烦的头衔"被"兄弟"、"朋友"和非正式的代词"杜"这样的称呼所取代，"杜"的说法被很多人采用，比如玩牌的人、玩保龄球的人、歌手、射击手和桨手。1859年的合唱团兄弟会的格言——"欢乐、和谐、兄弟情谊"——可以被视为典型的中世纪概念，即通过自由结社建立兄弟关系。在这种环境下，犹太人相对容易在商业和职业协会，如汉萨律师公会或者商会升至显要位置，并在市级政治和行政工作中担任要职。另一个体现融合的速度和程度的地方是市里的通婚情况。到20世纪20年代中期，在至少一方是犹太人的所有汉堡婚姻中，一半是通婚的，只有66%的犹太婚礼举行了正式仪式。艾比·M·沃伯格的婚礼也算正常。社会层面上，沃伯格家族现在和汉堡权贵中的非犹太裔家族没什么区别了。约翰·乔治·孟克伯格市长很乐意让他的女儿玛蒂尔德和艾比·M在一起，并同意婚后的玛丽·沃伯格与艾比·M于1900年住在佛罗伦萨。马克斯·施拉姆也以自己是沃伯格家族的朋友为荣。

但是，即使你对未来一无所知，如果认为这一同化过程在1914年以前是完整且不可逆转的，都是错误的。宗教容忍，尤其对犹太人的宗教容忍，在汉堡发展得缓慢，即使在1842~1884年连续进行立法改革后也远未完成。微妙的分歧甚至存在于阿尔斯特湖西侧，罗特巴姆区的邦德街和罗特巴姆路之间的区域被称为"小耶路撒冷"，因为犹太居民大量聚居于此。也不是阿道斐·施拉姆一个人持有这种观点，他们认为有 4 种人不适合成为汉堡家教良好女子的丈夫：即军官、贵族、演员和犹太人。马克斯 · 沃伯格自己继续认为，在汉堡社会存在反犹主义，以他的经历来说，那只是“不易察觉的”。汉堡工薪阶层蜂拥加入并投票支持德国社会民主党，以此表达对工业时代明显不平等的不满，许多汉堡中小企业的成员转向带有政治色彩的反犹主义，以此表达他们独特的不满——这一由来已久的现象随着反犹人民党、德国社会改革党和德国国家商业文书协会的成立，在 19 世纪 90 年代变成有组织性的政治活动。古老的、一般意义上的兄弟会，在这种以严格的种族来界定兄弟关系的协会中没有位置。

为部分回应来自底层的激进力量，汉堡精英阶层，包括犹太人和非犹太人，自然被国家政治层面的保守势力所吸引——这种现象被总结为“普鲁士化”——以至于该阶层传统的世界大同主义，在某些方面屈服于新德意志单一民族国家的沙文主义。大约在 1870 年之前，亲普鲁士或小德国的民族主义只是被一小部分像约翰尼斯 · 维斯曼和爱德华 · 施拉姆这样的自由派所热衷。大部分的汉堡大家族依然坚定地支持汉堡作为一个独立城邦的地位，并对普鲁士扩张持怀疑态度。但奥托 · 冯 · 俾斯麦在取得一系列外交和军事胜利，并在凡尔赛划时代地宣布建立德意志帝国之后，旧的城市共和式的爱国主义被纳入新的民族主义。汉堡入学很严的约翰纽姆中学举行阅兵仪式以纪念德国皇帝生日。汉堡的商人不仅服从军事训练（沃伯格家族上一代人曾付钱躲避受训），而且以作预备役军官为荣。有些家族甚至被封衔，其中出名的有申克尔家族、施罗德家族和贝灵堡–高思勒斯家族。

不过，这一进程更多地与一个新的德意志帝国崛起有关，而非与保留旧普鲁士君王有关，“普鲁士化”在这一过程中并未起太大作用。此外，拥护在柏林的新政权，至少对经商有利。由于汉堡商界和非洲的贸易与日俱增，为寻求军事保护，与俾斯麦建立紧密联系十分重要。同时，对德皇威廉二世的朝廷施加影响，也许可以鼓励柏林从实行农业保护主义转向实行侧重商业的世界政策。德皇对德国海军的热情也未伤害汉堡码头的利益，提尔皮茨海军上将指挥的著名战斗舰队很大一部分是在汉堡建造的。游说柏林也是对老派商业精英逐渐失去政治代表的一种理性反应。到 1890 年，汉堡在德意志帝国议会的三个席位全部掌握在社会民主党手里。说到底，游说——不论是较低的关税、更多的殖民地或更大的战舰——不同于运用实权。

马克斯 · 沃伯格在德意志帝国政治中的角色需要放在这个背景中理解。虽然他喜欢把自己说成是一个自由保守派，而不是一个国家自由派，但1903年马克斯入选汉堡议会后，被划入“右翼分子”，毫无疑问，他在政治上是一个古典自由派。有一次，他甚至打趣地说他是“一个老民主”。马克斯自己后来把他对德国殖民政策的支持比做英美银行家习惯性地向政党政治所进行的捐款，虽然历史学家艾尔弗雷德·瓦茨倾向于把它看做为抗衡激进右翼势力在柏林的影响所作的努力。不管他的动机如何，马克斯在1900年后的行为毫无疑问地使他有权声称：“德国没有一家银行像我们一样，坚决地对德国在其殖民地的活动感兴趣。”

德国外交部长艾尔弗雷德·冯·基德伦-韦希特试图对抗法国在摩洛哥经济中日益增长的主导地位，马克斯积极参与其中。M·M·沃伯格公司一个关系紧密的商业伙伴威廉·雷根丹茨向德国外交部断言，在摩洛哥南部发现具有价值的铜矿，有消息称法国人正寻求垄断。在第一次世界大战前的最后几年里，马克斯·沃伯格和他的合伙人也加入了德国殖民部为殖民贷款组建的新银团；为多家有殖民利益的德国公司融资；与英国西非银行谈判组建一家新的西北非英德银行；参加殖民部组建的德国-葡萄牙殖民银团，以加速对葡萄牙在非洲殖民地的渗透，如果不是占领的话。所有这些工作显然不完全出于公司的经济利益。事实上，马克斯自己也承认，他为德国的世界政策效力“回报甚低”。

也许就是这个原因，马克斯·沃伯格逐渐对世界政策的可行性怀有疑问。他的批评是基于找到德国相对于海外对手的两个基本的结构性弱点。第一个弱点在财政方面。很简单，德意志帝国缺少足够大的税基，无法与英国、法国或俄国花在武器上的经费比拟。因此，据沃伯格说，德国不得不大量倚赖政府举债，通过推高德国长期利率，导致问题。马克斯发现的第二个弱点在于德国的收支平衡。19世纪末，帝国主义完全依靠资本输出。但马克斯指出，德国没有输出足够的资本，达到在外国市场施加某种杠杆的实力，而英国和法国可以做到。从1905年起作为帝国贷款财团的一名成员，他太清楚政府借债量过高，但激增的武器支出以及州和地方政府社会开支的增加，使政府有必要举债。1908年后，他和友人巴林确信，德国不能（用后者的话说）“和更富裕的英国人来一场高级战舰竞赛”。1909年，马克斯劝说汉堡商会支持新成立的汉萨同盟提出的实行累进的帝国税制方案。在发生使帝国总理比洛亲王下台的金融角力之时，他草拟了一份关于帝国财政改革的备忘录，题目是“一个能解决帝国金融危机的方案，却导致联邦各州发生金融危机，我们如何能避免这种情况发生？”这份文件以极其有预见性的语言，谴责了帝国议会里的财政僵局：“如果我们继续以这种方式执行我们的金融政策，我们将对金融资产缩水感到内疚。总有一天，我们将发现，我们只能通过最大可能的牺牲才能弥补损失——如果我们可以弥补得了的话。”遗憾的是，统治阶层没有听进去这些论点。当马克斯试图与德皇讨论金融改革这一议题时，他只引起了这样的激烈反应——俄国才会“破产”，德国不会。

然而，不只是德国财政的弱点令马克斯不安。还有在政治危机发生时，外资撤离对德国金融市场造成的冲击。早在 1905 年他就注意到了这一现象，当时摩洛哥发生首次危机，德国欲挑战摩洛哥作为法国影响下的半殖民地地位，但未成功。他后来宣布，是“金融影响力支撑法国在阿尔赫西拉斯的政策……（那项政策的）成功更是法国金融实力的胜利，而非法国外交的胜利”。1907 年 9 月，在德国银行中央协会年度会议上，马克斯问他的观众，鉴于这一脆弱性，德国是否有足够的准备应对一次重大欧洲战争造成的金融后果。他耸人听闻地把他的发言定名为“金融为战争作准备”，他估计一次重大的欧洲战争每年的开销在 220 亿马克，这让与会者吃惊不已，这个数字比大多数其他评论员预测的更高（虽然事后证明这一数字还是被低估了）。这明显地意味着德国对这样一场战争毫无准备。

对一些亲历者而言，1911 年爆发的第二次摩洛哥危机暴露了德国相对于英法在资本市场的薄弱。阿尔伯特 · 巴林认为，德国政策的失败应归咎于“证券市场的垮台”。马克斯的分析更积极，认为“在金融层面，德国已经历考验”。但是，他从来不怀疑如果德国冒险对抗英国的话，结果将完全不同。早在 1912 年，他可以看到奥地利和俄国就争夺巴尔干半岛可以导致“更多的后遗症（德国对抗法国和英国）”。霍尔丹勋爵以非官方身份造访德国，试图改善德国与英国的关系（马克斯和巴林协助安排），尽管访问未达到目的，但他们继续将希望寄托在小规模殖民协议上，并把这些协议作为英德谅解更广泛的基础。事实上，马克斯在 1914 年 2 月、4 月和 6 月 3 次访问英格兰，讨论德国进入葡属安哥拉和其他海外市场的问题，这让他希望“德英之间非同一般的友好关系（已经）形成”。不用说，所有这些努力，不论在伦敦或柏林都没有留下持久的影响。1914 年 6 月 21 日，德皇在汉堡举行的一次宴会上，向他细述一场暗指对英、法、俄的防御性战争，马克斯大为吃惊：“他（德皇）担心俄国的武器（计划和）规划中的铁路建设，他（从中）察觉出俄国在为1916年向我方开战作准备。他抱怨我们在和法国接壤的西线现有的铁路不足，并暗示……是否现在出击更好，而不要再等”。马克斯“果断地反对出兵”：

> （我）向他描述了英格兰国内的政治局势（有关爱尔兰自治），法国保持3年（军事）服役期的难度，法国已经陷入的金融危机，以及俄国军队可能还不可靠。我强烈建议（他）耐心等待，未来几年韬光养晦。“我们每年日益强大，而我们敌人的内部却越来越薄弱。”

正如我们所知，这条建议被忽视了。当奥地利王位继承人在萨拉热窝被刺杀时，德国政府故意纵容一场殃及欧洲的战争爆发，用德军总参谋长预言性的名言就是：“越早越好”。

少年西格蒙德

1914年夏天，西格蒙德·沃伯格快到12岁了。他的叔叔马克斯[①]在诸多方面是德意志帝国时代的原型，与他相比，西格蒙德则是一种很不同的德国人。他生在另一个世纪：1902年9月30日。他生在另一个世界：德国南部，具体说是图宾根大学城。他成长的地方在施瓦本的乡下，距离汉堡车水马龙的街道和柏林的权力通道超过640公里，那里青山碧水，他的家是靠近巴德乌拉赫温泉镇的一处小庄园。如果马克斯·沃伯格体现了一个伟大的19世纪德国犹太裔王朝膨胀的野心，那么，西格蒙德·沃伯格就是一个不同环境下的产物。在很多方面，这样的起点对于一个未来的金融家来说，可想而知是不吉利的。

正如我们所看到的，他的父亲乔治斯在沃伯格家族中没有什么成就。因为他易患令人虚弱的头疼病，汉堡的气候被认为会使他的病情加重，所以，他被送往斯图加特附近的康斯坦茨上学，并留在南方，在施瓦本的霍恩海姆学习农学。在母亲的帮助下，他在一个叫乌亨费尔斯的地区买了一处有些破旧的房产，庄园的一部分是森林，一部分是耕地，它曾经属于伍腾堡国王的皇家元帅。主建筑没有自来水，只

① 从血缘上讲，西格蒙德不是马克斯·沃伯格的侄子，而是他相隔一代的亲堂弟。不过，他经常称他为“马克斯叔叔”，为了清楚起见，作者自始至终用了这个称呼。

有最原始的采暖设施，妹妹埃尔莎帮他布置房间，一个在农学院的同学接管了庄园的管理，在他们的帮助下，乔治斯的日子过得还算舒适。1901 年 12 月，30 岁的他结婚了——倒不如说“被”结婚，因为他或他的新娘在这桩几乎肯定是包办的婚姻中没有多少发言权。她叫露西 · 考拉，是一位在威斯巴登的律师的女儿，她家是德国南部知名的犹太家族之一。他们平静的生活开始出现断层。她是一位有天赋的钢琴家，才智敏锐，笔迹细腻，而她丈夫的笔迹却很潦草，露西因丈夫患慢性头疼病而被迫放弃弹琴。他们冬季经常被大雪困住，照明要靠点煤油灯。夫妇俩养羊，只有庄园管理人、一两个女仆和一条圣伯纳德狗协助他们。他们的社交圈，从保存下来的访客簿上一目了然，大部分局限于他们的亲戚：金茨堡家、考拉家、罗森堡家、罗森塔尔家和沃伯格家。在这种有点患幽居癖的环境下，露西 · 沃伯格将她的精力转移到教育她唯一的孩子上，也许就不足为奇了。

母子之间保留下来的书信很少。但显然，大量的家庭照片和事后的证实说明，她宠爱她的“小宝贝”，反过来，他也喜爱她。以他们那个时代和阶层的标准，西格蒙德在上学前和上学后与母亲在一起的时间很长，因为乌亨费尔斯地方不大。如果家里曾请过护士或保姆，这个男孩对护士或保姆也没有印象。他有病的父亲似乎在西格蒙德的成长中没起过任何关键作用。成年后的他，很少或根本不提起父亲[①]。是他母亲，只有他的母亲造就了他。

那么，露西 · 沃伯格教她儿子什么呢？“也许我生命中最强的影响，”他日后回忆说：“是母亲灌输予我的一种基本理想……用她的话说是，她认为人生的幸福在于履行职责，而不是满足欲望。”她自己的职责有两点：第一是教育她的儿子，第二是照顾她患病的丈夫。母亲去世后不久，他写了一本令人感动的回忆录，回忆母亲是一位多么严厉的任务执行者。当他没能背诵出要求记住的诗句时，或者当一次写作练习出现最微不足道的错误时，她经常会使他眼泪汪汪。她并没有责骂他，或者脾气失控，她只是温柔但坚定地说，他让她失望了。

用沃伯格的话说，他母亲哲学思想的精华是：“做事情就一定把它做完，想问题就一定把最终的后果想到，找到正确的目标就一定坚持不懈地去努力”。她将自律和强烈的情感进行超乎寻常的有效结合，并潜移默化地把它灌输给儿子，鼓励他

① 乔治斯在 1921 年身患中风，病情在 1922 年 5 月严重恶化，并于次年 10 月病逝。

从完美地履行职责中获得快乐，而不是从单纯的感官刺激中获得快乐。她的“学生”把这种完美主义铭记在心，并从未违背。母亲的教诲更未曾离开过他。多年之后，他仍能轻松地引用她最喜欢的歌德的诗句[①]：

> 集合你所有的力量，
> 应对攻击，
> 永不屈服，
> 显示自己的强大：
> 故唤众神助你一臂之力！

西格蒙德很清楚，他母亲强烈的道德正义感来自宗教，并且也受到启蒙运动的影响。然而，他后来回忆，她的信仰“完全是反传统的”：

> 犹太教和任何其他教派对我母亲来说都没有重要意义。她对犹太传统和犹太教的道德成分有着强烈的感情，但她对宗教的虔诚使她从最多元的宗教和哲学中吸收它们的信仰成分，虽然最重要的（成分）来自她喜爱的歌德。她坚决拒绝接受任何形式的教条主义。她曾对我说，基督教的形式似乎总让她觉得与真正的信仰对立……在她看来，宗教事务中最重要的事，是相信尘世以外有伟大的力量，并通过每日祈祷以及行为，与这个力量保持持续沟通。

重要的是，在她眼里，祈祷主要的功能是培养自我批评的精神。在西格蒙德 13 岁以前，母亲在他睡觉前，和他共同祈祷，她在他成人礼的前夜叮嘱道：

> 从现在起，我亲爱的儿子，你必须在夜晚独自祷告，在你祷告前总要问自己这一天犯了什么错，或者有什么可以做得更好的地方。如果你一时想不起那些错误或失误，那么，你必须更深层次地审视自己，直到你获得必要的自我认知。每天，我们都犯下许多错误。这是说出诚实祷告的唯一办法。

西格蒙德保持每夜祈祷似乎不可能，但他从未丢掉进行自我批评的习惯。目的

---

① 它出自歌德 1777 年写的歌剧《丽拉》。汉斯和索菲 · 朔尔兄妹的父亲经常引用该诗句，他们是慕尼黑大学“白玫瑰”学生团体的成员，第二次世界大战期间该团体印制并散发反纳粹传单。汉斯将此诗句刻在他监狱牢房的墙壁上，不久后他被处决。

是从最小的错误中吸取教训，只有这样人才能更接近完美。追求完美绝不仅限于思想，也可以应用在物质世界。在他母亲所有的格言中，他重复得最频繁的一句是："有人因它失望而穷困，有人因它历练而富足"。

除了禁欲主义、完美主义和自我批评，他母亲将另一个重要的价值观植入西格蒙德·沃伯格的脑海里：即，对社会上势利行为的反感。她常告诉他，她发现不属于某个阶层的人比那个阶层里的人要更好，当她遇到势利的举止时，她的反应是愤怒："我真不明白为什么成年男女会在像势利这样愚蠢、没有必要的事情上浪费他们宝贵的时间。"西格蒙德终生保持这种态度，他唯一倾向的势利是对知识的势利。但这种对社会势利的厌恶，对他和沃伯格家族其他人的关系产生了重要影响。因为他母亲让他深信，势利是他们最不值得表扬的特点。1976 年，他在接受乔治·斯坦纳采访时说："我母亲从来没把名字看得很重要，甚至认为叫沃伯格的亲戚们是愚蠢、自负的人。当我第一次接触汉堡人时，我因他们对名字如此欣赏感到很吃惊。母亲总强调，一个人应该凭他所做的事受到尊重，而不是凭他的名字。母亲是一个最不势利的人，她藐视、厌恶那种人。"在他定期与汉堡的亲戚联系前、在他见到美国的堂兄弟前，西格蒙德母亲的教导，使他对他们存有怀疑。多年之后，就这个话题他向雅各布·罗斯柴尔德——另一个强势犹太家族的产物——透露道：

> 我，成长在一个家庭氛围很紧密的环境中，并且逐渐意识到，令人向往的关系是歌德所说的："与血缘关系对立的后天选择的关系"。这当然不排除后天选择的关系可能碰巧就是血缘关系，虽然这种可能性非常罕见。

尽管他和沃伯格大家族中的其他成员定期互访，但与自己家族的人相处，西格蒙德从未感到完全放松。

母亲的教诲在学校里得到了加强。也许有关西格蒙德的正规教育最引人注意的就是其强烈的新教色彩。在罗伊特林根念完人文中学后，他作为"客座学生"又在乌拉赫研讨班上了两年，事实是他在那里获得了德国离校证书。回过头看，西格蒙德把他在那里所接触的"南德清教主义"看做对他的进一步鼓励，"无论个人在社会上从事什么职业，都应为社会服务，给予这种服务个人最大的强度和热情，（并视）人生所有其他组成部分，比如审美、物质或主观的考虑……为劣等品质"。他回忆，他的老师们认同他母亲的观点，"任何形式的玩乐都是浪费时间，集中精力完善自我才是人生第一要务”：

> 如此的自我完善意味着继续推进发展个人才华，吸收各个领域更多的知识，这些领域可能会对社会有用，并为提升专业水准作准备。熟悉人生中的各种艺术形式——音乐可能比所有其他艺术更有价值——不是排他的，但被认为绝对排在增加个人智力效率和视野之后。

他的学术表现是一流的，尤其在古文和历史方面，虽然他记得最清楚的是读浪漫的“狂飙突进运动”的诗篇、弗里德里希·席勒、弗里德里希·荷尔德林、施瓦本抒情诗人爱德华·莫里克。如果他在那里交到朋友，友谊也不会长久，虽然有一点也许值得提及，那就是几乎可以肯定，西格蒙德是在学校而不是在家里学会当地口音的，当他说德语时，他总是带有的轻微施瓦本口音。

那时，西格蒙德的成长经历是朴素的，爱是以鼓励克己的形式体现，教育是为完成艰苦的任务作准备。只有当他那些更世俗的亲戚偶尔来访时，更多亮丽的色彩才会使眼前的画面鲜活。是他大姑父马克·罗森堡——一位艺术史学家和享乐主义者——向这位学究气十足的年轻人介绍了“一个新世界，向我介绍了人生中审美的价值，在此之前我只是被道德的价值包围”。可能大约在同一时期，西格蒙德发现弗里德里希·尼采，后者是19世纪晚期德国最具影响力的思想家，尼采“以犹太理想主义、歌德和浪漫主义为基础，将我早年所有的宗教和道德思想丢进熔炉里”。“也许不可能有别的思想了吧？”他发现自己第一次在生命中思忖。但是，政治事件即将证实，完全可以有别的思想。

发烧的爱国主义

作为德国一个成长于第一次世界大战期间的男孩，像赛巴斯提安·哈夫纳写的那样，他立即被所有抗衡中最大的一次所耗尽并排除在外，然后又被它完全不可预测的结果击得粉碎。西格蒙德·沃伯格比这位柏林人年长5岁，但仍不到参军的年龄。像哈夫纳一样，他作为旁观者体验了这场战争，他“贪婪地阅读有关战争的消息……带着得意和担忧跟踪战事的发展”。像许多德军被困在本国战线内一样，他慢慢才意识到他的国家不仅可能是错误的一方，而且还可能被打败。

> 从某种程度上，今天回头看，这似乎对我几乎是疯狂的（他后来回忆），我们以为德国的事业是值得赢的事业，任何人都不会想到，敌人那边甚至可能有一丁点的正义。那时，我主要的担心是，我年仅 12 岁，没机会参军、为国家打仗。我觉得没有什么比在“祖国的祭坛”上献出我的生命更好的了。

简而言之，他对他的国家的爱是“盲目的”。他“确信德方是正确的”。“我在学校插上德国国旗，和同学们一样，认为鲁登道夫（将军）和冯 · 兴登堡（陆军元帅）太棒了。”家族年长的成员，包括他父亲和他的叔叔艾比 · M，则没有那么确定。部分原因是战争直接影响了家族和家族企业。1914 年 8 月 3 日，弗里茨 · 沃伯格的嫂子从伦敦来汉堡探亲，但由于英国宣战，不得不乘下一班轮船回去。沃伯格家族与他们在英国的亲戚中断联系超过 4 年之久，就像他们从 1917 年春天与美国的亲戚中断联系一样。保罗 · 沃伯格在 1917 年 5 月写道：“我两个兄弟还在德国……现在自然是尽全力报效他们的国家，就如同我报效我的国家一样……就像美国内战时，兄弟必须打兄弟，每个人必须严格遵守军人的职责。”另外，战争使汉堡的经济跌入谷底。单单与英国的贸易就占汉堡对外贸易的 1/4，由于北海被封锁，双边贸易终止。商船遭受严重打击，外国投资消失，战争合同相对很少选择汉堡。西格蒙德的叔叔马克斯——早在 1912 年就担心战争的可能——尽他所能，为德国的战争努力作融资上的贡献，尤其为从瑞典进口重要战略物资进行贷款谈判。不过，像他自己承认的那样，银行倚赖帝国的程度是危险的。“万一德国战败，”他用黑色幽默的方式说：“万一德国帝国银行无法履行对我们的义务”，我们别无选择，只能在媒体登出“讣告”：“M · M · 沃伯格公司在履约方面暂停支付。”

马克斯 · 沃伯格不能免于第一次世界大战期间席卷资产阶级德国的“发烧”的爱国主义。举例而言，他在 1916 年期间，一再主张假设德国在东线胜利，应在拉脱维亚和库尔兰所在的波罗的海领地建立德国殖民地。直到 1918 年 5 月，他还在预见，向另一方征收高达 100 亿马克的战争赔款。但由于海上封锁，德国经济处于不利局面，这使他对德国战胜西方强敌感到更加不确定。关于德国取胜的可能性有越来越多的悲观情绪，这解释了马克斯参与为德国赢得新盟友（意大利、罗马尼亚、保加利亚、瑞典）的努力，以及他主张与英格兰单独讲和。这也解释了为什么他反对解除潜艇作战的禁令，这在汉堡商界是独一无二的。该禁令阻止德国潜艇袭击中立国船只，理由是，无论袭击给英国的食物供给造成多大影响，与美国交恶的风险都太过严重。他在1917年1月写道："如果我们与美国交战，我们将面对一个在道德、金融和经济上如此强大的敌人，我们的未来将没有希望，我坚信是这样的。"然而，潜艇作战的禁令被再次解除，仅仅两个月后，美国向德国宣战。为了安心起见，俄国垮台以及在东线的军事胜利，给那些反对谈判的人新的动力。事实上，1918年3月公布的《布列斯特–立陶夫斯克条约》挫败了马克斯（受政府委任）试图与美国大使在荷兰举行秘密会谈，商讨比利时战后地位的努力。但是，马克斯·沃伯格认为这个在东线的胜利将被证明是虚幻的。他谴责与俄国媾和是"路人皆知的吞并，并且以提供民族自决权做幌子太过明显"，他逐渐倾向支持停战的作家，比如马丁·厚勃姆和沃尔瑟·舒金。

马克斯在巴德乌拉赫的侄子也许会受到他的影响。西格蒙德·沃伯格后来回忆说："当所谓潜艇作战不受限制的问题出现时，这个问题在第一次世界大战期间是政治上具有决定性的事件，我逐渐成为反对它的一员，而且非常激进。"他对这个话题是如此充满激情，以至于当政府执意解除禁令时，他"哭了好几天，两个多月都处于绝望的状态"。他也正确地意识到："这个决定将意味着德国战败，因为它将导致美国参战。"在这段内心混乱的时期，他转向更愿意参与政治的新兴作家：比如，社会学家马克斯·韦伯、神学家厄恩斯特·特尔慈、历史学家弗里德里希·梅尼克，还有托马斯·曼、赫尔曼·黑塞和（也许是最重要的）奥地利人斯蒂芬·茨威格，所有这些人以他们不同的方式质问战争的合理性。像许多因战败前景受到创伤的德国人一样，他也阅读奥斯瓦尔德·斯宾格勒撰写的具有黑暗启示性质的《西方的没落》，但随着战争以屈辱结束，他思想的基本方向"从完全狭隘的日耳曼民族主义，逐渐转向一种国际视角，在那以前，国际视角对我完全是陌生的。"他后来写道："内心经过剧烈挣扎……才摒弃残忍的沙文主义和天真的理想主义这种奇怪的混搭，它曾是我民族主义情感的基础。"很快，这一内心的革命将被一次世界性的革命所超越。

第2章

第一次世界革命

HIGH FINANCIER

第一次世界革命，较任何之前的动荡，带有更多的内部痉挛与更多无政府和摧毁性的倾向。

第一次世界革命的部分结果是，革命者的角色被颠倒。那些视自己为激进革命者的人是反革命，而更温和的力量才是真正的革命者。一边是至今世界历史中出现过的最显著，也是最先进的物质主义；另一边是自文艺复兴时起修建的城堡，它们是维持集体生活的中心，在这样的生活中，自由与秩序被微妙地混合，那是西方社会最宝贵的财产。

当我们审视第一次世界革命引发的多场战斗时，显然，这些战斗只是一次巨大战争的组成部分，这场战争是在反动势力与捍卫自由的战士之间进行的一场未曾宣战的战争，反动势力伪装成革命者，而为自由而战的人才是真正的革命者。

西格蒙德 · 沃伯格
1976 年

影响世界的革命

用西格蒙德 · 沃伯格惊人的话说，这是“第一次世界革命”。“到第一次世界大战开始。”他在几乎 60 年后的一次访问中说道：“（曾）有许多革命，或大或小地影响了世界，但是……第一次影响了世界 1/2 以上地区的革命始于 1914 年。”这是一次令他总感觉矛盾的革命。一方面，“它消灭了已经僵化的传统帝国，开始创建现代民族国家，它们从之前依靠殖民和半殖民的状态走出来。但同时，许多旧有秩序中牢固的结构被打破，随之而逝的是无限数量的机构和其他中心，它们曾经捍卫过自由”。

革命也许可以说是由疲惫的农民军自发发动的，并快速波及各个潦倒的工业城市。它的根本原因是战败和被剥夺。士气低落的军队完全解体，从俄国军队开始，出现兵变、临阵脱逃和大规模投降。军事上的失利反过来又给 4 个欧洲伟大王朝的执政合法性造成致命的危机，它们是罗门诺夫王朝、霍亨索伦王朝、哈布斯堡王朝和奥斯曼帝国，其中两个王朝四分五裂，再未能合并。与此同时，超过 4 年的全面战事带来的苦难，在全世界的城市里，加速了暴乱、反抗和革命的发生。彼得格勒和莫斯科发生的事件，在世界各地产生共鸣，不仅波及柏林、布达佩斯、慕尼黑和维也纳，而且还远至格拉斯哥和西雅图，甚至到布宜诺斯艾利斯，但在各地产生的结果不尽相同。1918 年 11 月，马克斯 · 沃伯格和小弟弗里茨与一个将被列宁点名的叫海因利希 · 劳芬贝格的人进行紧张的谈判，这个人在汉堡宣布成立苏维埃共和国。经过艰难的谈判，他们才成功劝阻他不要取消城市已有的各项政府机制，不要在州债务偿还上违约。零星的暴力持续了数月，叛变者和激进的社会主义者带着武器、成群结队地在市中心游荡。温和的社会主义共和国在柏林宣告成立，即便在效忠于它的军队到达后，汉堡仍旧是一个火药桶。1918~1923 年，每年都有严重的政治性暴力事件爆发。

虽然不可能指望革命在寂静的巴德乌拉赫发生，但这些事件的重大特点，对这个 16 岁的少年是显而易见的。俄国发生布尔什维克政变后，他开始读德国社会民主党作家鲁道夫 · 希弗丁的书。“一般来说，我比我的同学要更加偏左。”他后来回忆：“我不同意我父亲和他家族的老派资本主义观点，更多地在人性和社会方面存在不同意见，超越了政治问题。”但西格蒙德对（在斯图加特，后来在汉堡和柏林的）革命暴力看得越多，就越倾向于明显是防御性的自由主义。社会学家马克斯 · 韦伯和实业家瓦特 · 莱德纳拥护自由主义，是战争和革命激励两人投身政治。作为新成立的德国民主党的领头羊，韦伯和莱德纳希望通过与温和的大多数社会民主党人合作抑制革命。韦伯力图通过总统立宪保留资产阶级社会，而莱德纳力图通过平行的一套社团主义机制保留资本主义。1919 年春，在有关立宪的国民议会选举前夕，西格蒙德在韦伯于海德堡的家中见到了他，他对主人近乎“疯狂的”辩论风格印象极深。（他后来在柏林见到莱德纳，莱德纳显得更冷静，但性格一样令人钦佩。）这位年轻人很快投入那年激烈的政治辩论中，辩论集中在德国的自由主义。德国新《宪法》应该有多少学美国的成分？税收系统应如何累进？他后来回忆说：“我不认为共产主义或社会主义在那时是我要面对的问题。更多的则是内心想找到一种方法的欲望，这种方法能使混合经济和新税制奏效，并将它们调整为一个可以克服第一次世界大战浩劫的经济。那时，对抗社会主义，我并不能发挥更大的作用。”沃伯格假设“一种……社会主义兼左派自由党联盟”将出现并继续生存。到 1920 年，他成为了民主党青年委员会的一名成员，并认真考虑从政。18 岁时，他成为了一个自由理想主义者，虽然他用现实的眼光寻找有影响的庇护人。

经济战略

参政是马克斯不得不考虑的一个选择。甚至在革命爆发前，德意志帝国政权就争取进行宪法改革，虽然改革姗姗来迟并且失败。最后一任帝国首相巴登亲王马克斯请沃伯格出任财政部长一职，但被他拒绝。一个月后，亲王马克斯再次邀请，示意沃伯格做他的经济部长，甚至有意聘他作为德国唯一的代表参加和谈。沃伯格拒绝所有这些邀请的理由说明，他知道激进的右翼已经对他的处境构成威胁："民主和社会民主目前的结合正在出现。"他写道："但不应该被染成资本主义和犹太式的。"他后来回忆："我了解德国人，知道他们永远不会接受一个犹太财政部长。另一方面，社会民主党人将视我为资本主义的代表。"1917 年，汉堡参议院选举，他以微弱劣势落败（显然在意料之外），未保住席位，这反映出在战争期间，反犹主义依然顽固。尽管被参议院提名为第一人选，他的提名遭到下议院否决。带着这个经历，他拒绝作为战后下议院选举的候选人，并从可能的德国人民党候选人名单上把自己的名字撤下，该党候选人是为了参加 1920 年举行的共和国国民议会选举，这是前一年在魏玛（因此得名"魏玛共和国"）制定《宪法》后的第一次选举。然而，沃伯格愿意在幕后发挥重要的政治作用。"缄默"是他在整个 20 世纪 20 年代的口号，虽然他苦恼于不得不保持低调。"啊，老天！"凡尔赛和谈后不久，他去信给妻子惊呼："如果我不是犹太人，那我现在真可以大显身手！"

在马克斯 · 沃伯格的眼中，《宪法》改革是次要的。像他经常说的，根据停战协议，德国是"一个对象，而不是一个主题"。因此，首要问题是合约将以什么形式出现。带着这种想法，他不但同意以德国财政代表团财务顾问的身份参加凡尔赛会议，而且还请他的生意伙伴、杰出的卡尔 · 梅尔基奥担任其中一位德国官方代表。马克斯和梅尔基奥对德国如何以弱者的处境向协约国施压有精明的想法，他们在凡尔赛提出的论据具有说服力、令人信服。他们争论道，如果协约国没收德国在海外的资产和商船，同时又施加开放式的赔款负担，将不可能使德国货币稳定。货币贬值的结果将导致德国出口的倾销，协约国的措施会造成社会动荡，将导致布尔什维克主义进入德国。这些论据对约翰 · 梅纳德 · 凯恩斯（他作为战时英国财政部一名公职人员出席会议）的影响，在他极具影响力的小册子《和约的经济后果》里清晰可见。1919~1923 年，马克斯 · 沃伯格和梅尔基奥不断地重申他们的立场，1921 年规定的全部赔款为 1 320 亿马克，只有把赔款数额降下来，并允许德国在美国发债，德国货币才能稳定。那些年里，马克斯的重要性经常被历史学家低估，原因就是他在公开场合保持沉默。虽然他在德国国际立场的观点与莱德纳的观点相同点很多，但他强调德国可以通过货币贬值施加财务杠杆的观点既有开创性，又具影响力①。他的修正主义观点也不是狭隘的民族主义。此外，他发扬了他在战时对国际机制的信奉：

> 这是未来50年的（主要）问题。如何设计各种国际经济协议，最终使种族和国界变得次等重要，并在国际联盟的主导下，使单个国家议会可以派代表参加“超级议会”，在那里，基本的全球问题可以以寻求一种比现在更有广泛共识的方式加以解决？……用这种（方式）……我希望我们将能够消灭私下斡旋、军国主义和海军至上主义……

反映马克斯愿景的一个非同寻常的例子，是他对未来世界性银行的勾画，那种银行不受金本位制限制地管理国际信贷——这一想法还要经过另一次世界大战才能得以实现。

然而，马克斯·沃伯格的战略有严重的瑕疵。他认为，货币贬值可以作为修正主义的杠杆，这种观点不仅在经济上是错误的（德国货币政策宽松不但没有增加德国的出口，反而加速了进口）。货币贬值在延续1920年以后德国通货膨胀的问题上，也至少起了一些不好的作用。虽然马克斯反对他的汉堡商界同行威廉·坤诺在1922年年底成为首相，但他支持坤诺用拖欠赔款的方法要法国摊牌的决定——此举直接导致法国出兵占领鲁尔区——马克斯继续教条地抵制实行稳定的货币政策，直到1923年10月。尽管马克斯的论据具有说服力，但这些论据严重低估了一个彻底崩盘的货币给德国经济带来的危险。直到赔款被降低，德国才能有平衡的预算或稳定的货币政策，这样的话说起来简单。但实际上，它鼓励了德国政治人物增加政府开支，却没有让他们认真地去尝试提高相应的税收。早期，历届魏玛政府欣然把德国所有的问题归咎于赔款，在政府开支上惊人的草率，它们印发越来越多的钞票为日益扩大的赤字埋单。马克斯希望，即将到来的混乱会导致对《凡尔赛和约》进行重大修改，但这是不现实的。因为，德国在外交上的收益微乎其微，而由适度进入滞胀产生的经济、社会和政治上的成本远远更高。

这些失算可以部分地追溯到经济和政治的区别，它是马克斯·沃伯格的思想核

① 像莱德纳一样，他把“履约”解释成，德国应当通过试图（和无法）履行《凡尔赛和约》和伦敦付款计划来证明它们不可能的性质。他也认为，德国同时应该利用其在“东西方”之间的位置，要么威胁向布尔什维克主义屈服、要么主动推动苏联经济再度整合。

心。“目前所有国家都在经历政治灾难。”他在 1921 年年初写道：“这表明，未来需要将经济政策与纯粹的政治分离。”他认为，经济力量对德国有利，但被政治人物的优柔寡断和无能所羁绊。虽然沃伯格在 1918 年不是一个民主派，但他的自由主义或“自由的保守主义”（他倾向后者）可以与魏玛体系真心地达成协议。当他在凡尔赛代表德国提条件时，他明确坚持“在最广泛的民主基础上，建立帝国和各个联邦州（并）……创造一个依照宪法办事的议会”。这位所谓“德皇身边的犹太人”在君主交接时也没有显露出太多悔意。首任社会党首相弗里德里希 · 艾伯特，显然相比威廉二世来说是一位更亲和的国家领导人，马克斯在战争期间与他结识。马克斯对政治反应不屑一顾，并认为 1920 年极保守的沃尔夫冈 · 卡普领导的武力暴动流产是“愚蠢的”。但他对经济学原理的信念意味着，他对魏玛共和国的支持是有所保留的。他对 1919 年煤炭行业国有化的提议持怀疑态度：“为了把工人和职工的要求降到一个可以容忍的程度，也许有必要请（他们的）代表看一眼账目……当然，国有化不能阻碍实干精神。”很明显，当历任魏玛政府试图扩大国家在经济中的作用，恰好可能阻碍这种精神时，他对此大加批评：

> 受传统西方和现代东方世界观的夹击，我们的使命是为新的经济和政治秩序找到正确的基础（他在 1920 年 10 月写道）。但今天实验议会制度，明天实验社会主义化，同时又通过税收搞去资本主义化，没人可以以这种方式成功。

马克斯逐渐并毫无根据地相信，魏玛体系在社会政策上造成的公共开支不但浪费，而且对经济不利，这意味着，整个 20 世纪 20 年代，沃伯格都在考虑进行宪法改革，旨在限制议会对经济的影响。1919 年，他短暂地考虑帝国实行全面中央集权，限制联邦各州过度支出。1923 年 8 月，他和实业家雨果 · 斯坦尼斯讨论了“财政指挥部”的可能性——一个三人领导小组，在财政上有专政权——目的是“在货币供应上去政治化，以使经济（可以）运行，独立于当前的国家形式和掌权者”。“这种形式的议会制度，”他 3 个月后评价：“在艰难时期不是正确的办法。”总之，马克斯接受魏玛自由的核心，但他把经济放在首位的思想，使他批评魏玛的社会主义和社会福利元素，并使他愿意支持宪法改革。这低估了一场更激进的宪法改革所带来的危险，那样的改革也许不但会葬送议会制度，而且会使独裁乘虚而入，独裁的目的是将经济置于过度膨胀的民族主义目标之下。

进入家族企业

西格蒙德·沃伯格的叔叔在政治上有相当大的幕后影响力，这个至关重要的因素使他有预见性地决定离开乌亨费尔斯，并加入汉堡的家族企业。当然，正是这个决定使西格蒙德走上了当银行家的道路。不过，要知道他最初的想法是从政。没有比为马克斯·沃伯格做事作为从政的起点更好的了。马克斯实际是“履行”《凡尔赛和约》这个措辞带误导性政策的幕后金融操纵者。西格蒙德后来回忆，自己“主要的理想”是：

> 进入政界，无论台前还是幕后。很多老一辈人普遍认为，进入政界并不与其他行为相斥，反而会融合得更好，比如律师行业、实业家、银行家或学者……我1920年毕业后随即进入商界，我认为此举只是我从政的垫脚石。

去汉堡有另外一个也许更紧迫的理由：经济上必须这么做。要知道通货膨胀对所有德国家庭的打击并非相同。相对来说，工薪阶层受益，因为通胀政策使德国就业维持在虚高的水平。他们受租金控制的保护，而且更能通过集体行动取得加薪。商人也可以保护自己，或是通过投资实实在在的资产，或者投资坚挺的货币。因此，M·M·沃伯格公司在通货膨胀的那些年里业绩相对还好，虽然该银行在1924年年底的资产比战前缩水了大约28%，和许多其他汉堡公司相比，这样的结果相对不错。而真正的输家是那些依靠工资或存款收入的资产阶级家庭。马克斯·沃伯格作为社会的一分子，真切地感知到社会上正发生的一切：“期刊、学术性的结社、各种文化活动……不得不被放弃……孩子们不能按以前理所当然的标准接受教育。人们不得不变卖豪华住宅和传家宝。我们正目睹一种不引人注意的贫困……”这一过程的受害者包括西格蒙德的父母。当乔治斯在1923年10月去世时，正是滞胀的最高峰，他深陷财务危机，像西格蒙德的小姑父奥托·考拉一样，后者的存款损失殆尽。西格蒙德也许萌生去大学深造的念头，但时局困境使他的任何学术抱负成为泡影。他后来这样说：“我积极地受雇于银行业，因为我必须挣钱养家。”事实上，解决他从父亲那接手的经济问题，耗费了他至少10年的时间。所以，害怕另一次高通胀的想法伴随他的一生，同样跟随他的是，他相信通货膨胀根本上是政治现象，原因是“政府没有勇气降低开支或增加税收”。他后来表示，德国的滞胀是

“一次政治灾难的经济后果”。他后来这样总结他历经痛苦才学到的教训：“在可被观察到的经济史中，控制不当的政府开支，对全世界来说都是通货膨胀的主要根源。”

西格蒙德 · 沃伯格加入M · M · 沃伯格公司是他的叔叔马克斯的意思，当西格蒙德的父母在 1920 年 6 月访问汉堡时，马克斯向他们作出这个提议。虽然西格蒙德对叔叔的“力邀”表示惊讶，但他立即接受了。“这……对我而言很清楚，”他这样写给他这位行善的亲戚，明显很激动，“我无法拒绝，但我必须而且能自觉、自信地说我接受”：

> 如果有一件特别的事让我最近感到上学很乏味，那就是我内心越来越有股冲动，想做一些真正的事情，一些超越个体范围之外的事情。对我而言，有一个机会去做这样的事情。我的决定自然需要我父母的同意。但那似乎是可能的，因为摆在我面前的事业背负着太多的家族传统，涉及太多的至亲，比如您、艾比叔叔和弗里茨叔叔。

他的叔叔回信道：“世界局势如此不明朗”，让西格蒙德在家族企业可靠和经过考验的环境里工作至少两年是合理的。他总是可以选择做学问或管理乌亨费尔斯的家产。

19 世纪 20 年代早期的汉堡是一个令人刺激的地方，而战时的巴德乌拉赫却使人昏昏欲睡。这位年轻的施瓦本人，不打算让银行家学徒的职责阻碍他享受大城市的生活。他在汉堡大学听讲座，他继续参加民主党，与像厄恩斯特 · 科切塔勒和阿诺德 · 伯格斯特拉瑟这样志同道合的年轻自由派成为朋友，前者是一位经济学家，与瓦特 · 莱德纳走得近；后者得到了马克斯 · 韦伯的眷顾。“我们谈论政治。”他后来回忆说：“而且讨论哲学以及世界观，我们的谈话经常持续到深夜。”作为自由主义的自由德国青年组织的成员，他周末进行长途徒步旅行，有时从黄昏到黎明一直在漫步或闲谈。同时，他为“年轻的社会主义者和工人”上大学争取建立奖学金。他利用每次去柏林出差的机会去各个剧院看戏，尤其满足于欣赏马克斯 · 莱因哈特富有创新力的制作。像赛巴斯提安 · 哈夫纳一样，他似乎也享受这新鲜的自由，这种自由是那个时代如此鲜明的特征。“有很多痛苦的时刻。”他回忆道：“但也有快乐和狂喜的时刻。”他终生的朋友、超级投机者雨果 · 斯坦尼斯的儿子埃德蒙 · 斯坦尼斯记得，西格蒙德曾和维也纳女演员艾达 · 罗兰有染，后者将嫁给泛欧运动创始人康登霍维-凯勒奇伯爵。另一次在维也纳“有选择的靠近”是和一位远亲伊丽莎白 · 希夫，她更朴素的妹妹西奥多拉后来向他介绍了笔迹学艺术。那时，西格蒙德年轻、帅气、衣冠楚楚。作为德国第二大城市最成功的投资银行得宠的雇员，他不缺钱。如果说任何人能在魏玛相对稳定的短暂时期享受昙花一现的欢愉，那只有西格蒙德 · 沃伯格。如果有一个时代让沃伯格严格的清教主义教养屈服于肉体的诱惑，那就是在通货膨胀的年代里，那时所有的价值——不只是货币价值——都在下滑[①]。

但随着时间的推移，家族和企业成为主宰。这也许对西格蒙德 · 沃伯格是一个意外，正如我们已经看到的，他从小接受的观点是瞧不起他汉堡的亲戚们，并一心从政。一个重要的原因是卡尔 · 梅尔基奥对他强大的影响力。梅尔基奥沉稳、聪明、细致，并且极度敏感，他在M · M · 沃伯格公司是马克斯 · 沃伯格的另一个自我，他的镇定制衡了这位高级合伙人的热情奔放。梅尔基奥给年轻的西格蒙德 · 沃伯格的印象是有着双重灵魂。可以肯定的是，西格蒙德最初因梅尔基奥矜持的权威气场而敬畏他：

> 不过很快，在这些权威特征的背后显露出对人性的理解和内心的平静，这坚定地鼓励（我）当着卡尔 · 梅尔基奥的面说话，并频繁向他求教。多年来在很多次对话中，卡尔 · 梅尔基奥留给我最深的印象是他谦逊、尊重事实，以及客观的态度……他通过艰难的内心挣扎，充满激情地努力实现他所保持的最高形式的客观。它包括不断教育自己，某种程度上几乎是自虐，目标是克服他本能的主观，（同时）又不压抑自己强烈的感情。实例比劝说更有效。卡尔 · 梅尔基奥在客观（和）节制方面做出的榜样，对所有真正了解他的人是持久的激励。和（这种）客观很自然地结合的，是他的公正感，这也许是他这个人最大的动力。他通常是矜持的，他不可能一言不发地接受不公正的言行。正义对他不是一件形式上的事情，而是关乎寻求真理，这恰好符合一句法国箴言：即，“公正是追求真理的行动”。

---

① 在1928年的一次授课中，他的叔叔艾比 · M认为，通货膨胀和巴洛克风格有着意味深长的相似之处，巴洛克时期是文化的通货膨胀，那时，通过古代艺术画面继承下来的“黄金储备之苦”因印刷厂大量印制而贬值。对艾比 · 沃伯格而言，军事失败和革命的双重打击太大了：他神经崩溃，不得不住进路德维希 · 宾斯万格在瑞士的疗养院。

当约翰·梅纳德·凯恩斯在凡尔赛遇见梅尔基奥时，这些品质在许多方面同样打动了他。凯恩斯几乎被梅尔基奥所吸引。但对西格蒙德来说，梅尔基奥则是楷模。后者证明了，从小接受严格的完美主义教育，可以被很好地应用在顶级金融领域。

沃伯格做银行学徒时，另一个对他有强烈影响的是马克斯·沃伯格的弟弟保罗。虽然保罗娶尼娜·洛布 7 年后，直到 1902 年才成为美国公民，但他在建立联邦储备系统中发挥了领导性的作用，并作为联邦储备系统理事会的创始成员，成为美国总统伍德罗·威尔逊的智囊。本杰明·斯特朗是纽约联邦储备银行的第一任行长，直到他过早地于 1928 年去世。据他说，联邦储备系统是保罗·沃伯格的“孩子”，虽然他原来的计划（大体效仿德国的系统）不得不被大幅修改，以通过谨慎国会的审查。该系统为应对 1907 年爆发的金融危机而建立，那场危机暴露出，美国金融系统中唯一的最后贷款人是J·P·摩根。但是，美国在 1917 年参战后，反德情绪使威尔逊在续聘保罗于美联储的任职问题上含糊其辞，并迫使威尔逊辞职。更不利的是，雅各布·希夫，这位库恩–洛布公司的高级合伙人，被支持美国干预战争的人指出是亲德派，他亲英的同事奥托·卡恩不得不努力抹掉这一诋毁。战后，保罗·沃伯格也不掩饰他对出生地的同情。他是 1919 年 10 月签署的阿姆斯特丹银行家备忘录的幕后推手，这份备忘录号召对《凡尔赛和约》的金融条款进行评估。虽然他坚称，他在帮助“形成一个纯美国式的观点”，但显然，他的同情是在他二哥马克斯身上，他倾向于认同马克斯在国内外事务上的观点，故同情德国。

对于西格蒙德，50 岁的保罗·沃伯格似乎在沃伯格家族同辈人中是“游离在外”的那一个，他们在战后第一次见面。这个年轻人惊叹于他对德国文学的驾驭，这个主题主导了他们的第一次对话。他还对保罗·沃伯格在大西洋两岸的生活和身份感到好奇。后者是汉堡M·M·沃伯格公司和纽约库恩–洛布公司的合伙人，又是 1920 年成立的国际承兑银行的创始人，该银行是首家真正国际化的金融机构之一，其创始股东（除了保罗担任合伙人的上述两家银行）包括伦敦、阿姆斯特丹和苏黎世一些领先的投资银行。建立联邦储备系统，他将德国联邦中央银行的模式引入美国；建立国际承兑银行，他力图将基于承兑汇票的欧洲投资银行模式引入美国。最后，西格蒙德被他叔叔那谨慎，甚至悲观的性情触动，这和马克斯·沃伯格不知疲倦的乐观截然相反。他把保罗和马克斯的关系比做托尼奥，和他朋友汉斯·汉森的关系，后二人出自托马斯·曼的中篇小说《托尼奥·克律格》。克律格理智，有文学气息；汉森健硕、好动。西格蒙德后来这样回忆保罗·沃伯格：

> 他是非常有远见的，但他的悲剧是他从不执行良好的直觉。1921年，他已经警告二哥马克斯，汉堡的企业不应再按有限责任合伙制经营，但马克斯·沃伯格没有留意这条好建议，马克斯巨大的魅力战胜了保罗更好的直觉。保罗认为马克斯在困难时期太过乐观和冒进。

这些预感被证明太有预见性了。

欧洲与美国的对比

想成为真正的投资银行，在视角和运营模式上都要做到国际化。罗斯柴尔德家族巅峰时，在法兰克福、伦敦、巴黎、维也纳和那不勒斯都有分支机构。沃伯格家族在20世纪初要求扮演类似的角色，但却以汉堡和纽约作为大本营。这种自命不凡，可能会被认为，沃伯格家族将是罗斯柴尔德家族的竞争对手。到20世纪20年代，时局已经很明显，像N·M·罗斯柴尔德父子公司和M·M·沃伯格公司这样相对小型的家族控制的企业，只有通过合作才能有效经营——最明显的就是安排特别银团形式的国际贷款。在更普通的层面上，像罗斯柴尔德和沃伯格这样的银行家族可以在教育和培训未来潜在合伙人上合作。因此，1926年，西格蒙德·沃伯格被派往英格兰继续他的学徒期，并在罗斯柴尔德伦敦分支所在地圣瑞辛巷新场，学习金融城与众不同的经营方式。这是他首次访问大不列颠，在此之前，作为初级职员，他只有过一次到国外出差的机会（去维也纳和布达佩斯）。

鉴于在10年内，西格蒙德将定居英格兰，他对这个国家的第一印象可能会是良好的。但事实并非如此。在进入新场所在的受人崇敬的区域以前，他在剑桥大学待了寒冷的6个月，他在那里听各种讲座，其中印象最深的是C·W·吉尔博的讲座，他是艾尔弗雷德·马歇尔的外甥，马歇尔参与了《经济学原理》的编写；还有C·W·奥格登的讲座，他是心理学家、语言学家，翻译了路德维希·维特根斯坦著的《逻辑哲学论》。由于受到梅尔基奥的眷顾，西格蒙德得以与凯恩斯会面，现在凯恩斯已经成为剑桥大学主要的媒体评论员，就当今经济政策问题在英国媒体上撰文，从不可能收回惩罚德国的赔款，到英国又回到金本位制的愚笨。这位伟大的经济学家没有给他年轻的德国访客留下好印象，西格蒙德发现他狼狈得“放荡不羁”。凯恩斯绝对不像西格蒙德遇见过的德国教授那样：

> 那是上午 11 点后，他穿了一双红色拖鞋接见我，对一个保守的德国人，这令我大为吃惊。我听说过他是一位伟大的人，但我们第一次会面，我根本不喜欢他。他有点女人气、有些不敬。在我看来，他用一种开玩笑的方式处理严肃的事情……给我的印象是，他身上体现了一种典型的英式混搭——对学术的怀疑，结合了……用最高的标准评价人的思想和行为。如果他可以察觉到人们思想过程中最轻微的失误，他可以用几乎虐待的程度摧毁他们的论据，不管这些论据可能是好意。

西格蒙德对N · M · 罗斯柴尔德公司里的君子资本主义道德观的反应不太积极。罗斯柴尔德在伦敦的分支曾经是全球金融体系的中心，但到 20 世纪 20 年代，它更接近于一间绅士俱乐部而不是银行。一名高级职员很少在中午前上班，然后，他在下午 1 点钟去吃午饭，2 点 30 分又回家了。罗纳德 · 佩林“很少在上午 10 点 30 分前到，总指望周末两天的空闲时间”。西格蒙德的同事似乎是从P · G · 伍德豪斯的小说里走出来似的。“瞧，我的孩子。”有人这样对他说：“这是伦敦最好的俱乐部。我们真应该缴会费，而不是领工资。”这位好似清教徒的德国访客惊呆了。尽管处于初级职位，但他惊奇地发现，自己被交给为普鲁士威斯特伐利亚省安排发行 83.5 万英镑债券的大部分工作。“我对那家公司的第一印象是，”沃伯格后来评价道：“与汉堡的工作方式相比，这里懒散、随意，甚至邋遢。”到他离开英格兰时，西格蒙德开始怀疑，“不列颠帝国已完全走过它的鼎盛时期，英国人独有的政治技巧已严重退化”。在英国期间，留给他印象最深的，事实上是另一个德国人：一个来自莱因兰的有抱负的年轻银行家，他叫赫尔曼 · 约瑟夫 · 艾比斯。

西格蒙德 · 沃伯格回到欧洲大陆不久，于 1926 年 11 月 8 日结束了单身生活，那年他 24 岁。他娶了瑞典姑娘伊娃 · 玛丽亚 · 菲利普森为妻，她是瑞典商业银行负责人莫瑞茨 · 菲利普森的女儿。有超过 170 位宾客参加这场豪华婚礼，婚宴有 8 道菜，包括最好的蒙地卡罗比目鱼和蒙特默伦西鹿鞍肉，佐以 1919 年的波罗杰香槟和 1916 年的木桐–罗斯柴尔德酒庄的红酒，婚礼还有瑞典民歌、施特劳斯圆舞曲和歌剧《蝴蝶夫人》的片段助兴。幸运的是，这对夫妻确实比平克顿和蝴蝶夫人更幸福。

“遗憾的是，”西格蒙德·沃伯格曾说：“多少特别优秀的男人都有歇斯底里的太太。”但他从来没有遇到这个问题。在西格蒙德的一生里，伊娃·沃伯格不但是爱，而且是感情稳定和理智的源泉。他喜欢收集格言，其中两句话是：“爱上某人，并得到对方的爱，不为别的原因，只因此人。这太罕见了，当它发生时，简直就像奇迹……与另一个人相爱、与生命相爱——这两种爱结合成一种伟大的爱，它是给予我们最大的礼物。”以21世纪初的标准看，他们的关系当然在诸多方面不平等。他比她受过更良好的教育。在他们第一次跨大西洋之旅期间，她请他教她哲学。他忙工作、出公差，经常长时间不在家，而她总是做琐碎的家务活。一度，她甚至学打字，希望能在商旅中陪伴他（如果她有试过的话，那也是很短暂的尝试）。她的丈夫花心，自己承认至少有一次出轨，那是在20世纪30年代，和苏联芭蕾舞女演员亚历山德拉·丹尼洛娃。1930年11月，他们的女儿安娜出生后，伊娃被诊断出乳腺癌，必须做乳房切除手术，这几乎肯定影响西格蒙德和伊娃的性关系。但把伊娃想成某种逆来顺受的附属品，也是一个错误。正像西格蒙德·沃伯格后来表述的那样：“两个人在婚姻中最难的是，他们必须持续努力，去平衡独立和互相依靠（这些用在个人关系上的词语，现在被用在国际关系中很恰当）。”他和伊娃的关系绝不是无条件的主宰，伊娃能够通过威胁离开西格蒙德，迫使他了结他和丹尼洛娃的关系。因为到现在，尽管他婚姻出轨，但他在其他很多方面逐渐依赖他妻子。他们的儿子回忆说：

> 在感情和现实层面，管理她丈夫的生活不能没有她（幸运的是，她全身心投入）。他把公务带回家处理，并和她讨论，在他很多棘手的非家庭决策上，她发挥了作用。对于一个从未学过驾车、从未煮过鸡蛋或换过灯泡的男人……伊娃负责有效地管理他的家庭生活，并负责办公室之外不受欢迎的任务。她有强烈的审美感，并把家里上上下下布置得大方舒适，让他陶醉其中。她的天性乐观帮助他抵消了忧郁的倾向……但除了这些，对于像西格蒙德这样情绪波动的情种，更镇静并在某些方面更具世俗智慧的伊娃则是重要的制衡。她常试图阻止他不要激动地“爱上”他遇见的人（当然不总是成功），而丈夫显然看重妻子对人性清醒、灵敏的判断（通常比他的判断更苛刻）。

从一开始，在宗教问题上，这两个人的婚姻是平等的。虽然菲利普森家族原来是叫杰里迈亚斯的犹太家庭，但伊娃从小信仰新教，事实上，新娘和新郎的曾曾曾祖父都是伊莱亚斯 · 塞缪尔 · 沃伯格。在她和西格蒙德私密的婚礼仪式上，犹太教士和新教牧师均在场。西格蒙德这样向岳父解释："我们完全自觉地想同时以新教和犹太教精神，构筑我们的婚姻生活，并抚养我们的孩子信仰两种宗教。"夫妻俩同意，"鉴于他们姓氏的特点和与之相关的一切"，他们的孩子将被要求接受犹太教信仰。这需要伊娃改信犹太教，她后来也这么做了。为了婚礼，西格蒙德尽其所能地找到一位自由派犹太教士，这位教士愿意为他们的婚礼赐福，不在乎，也不会提及她信奉的基督教。

1937 年，那是对所有犹太人都危急的时刻，两人结婚时更无法想象会有这样的时刻。那年，西格蒙德写信给伊娃，这封信只能在他去世时才能打开。信中，他深情地宣布对她的爱：

> 请永远不要忘记，我们在一起的所有时光里，我都深爱着你，一个人可以爱另一个人有多深，我就爱你有多深。对于性格如此强烈的人来说，夫妻俩怄气在所难免，我们的爱也偶尔会被乌云遮挡，但它总能以新的力量拨云见日。回首往事，我欣慰地说：我们一起共同度过了一段精彩时光，共同分享生命，分享爱情，那是多么美好的感觉。

西格蒙德的婚姻，给他带来了另一个好处。他很快和岳父形成了牢固的友谊，岳父似乎填补了他青年时期缺少的那种世俗的父亲的角色。菲利普森是一个顽固的商人，他是斯德哥尔摩商界的支柱，他娶了路德会教友英格丽德 · 霍恩格伦，这在某种程度上预示了西格蒙德和伊娃的婚姻。菲利普森比较现实、易怒，并喜欢抽雪茄，他逐渐代替马克斯 · 沃伯格成为这位年轻银行家的导师。值得注意的是，西格蒙德在给莫瑞茨所有的信中均以"亲爱的父亲"开篇。"您确实令人开心。"他在 1927 年写道："……您给予我真正家长式的关心和理解……上次聚会，您给予我许多良好的建议，我十分欣喜。这些建议总是一针见血，几乎不会在这冰冷的世界里遇到，甚至不会从最近、最亲的人那里获得。"

1927 年 5 月，西格蒙德和伊娃 · 沃伯格离开汉堡前往美国，他在那里继续接受金融培训。沃伯格并没有立刻在库恩-洛布公司上班，他选择去波士顿的莱布兰德、罗斯兄弟和蒙哥马利公司学习美国会计原理。他和伊娃离开他的纽约亲戚们在上东区的豪华住所，在纽约布鲁克林区租下一套朴素的公寓。他从上午9点工作到下午5点，而她负责料理家务（这肯定是她此生第一次周围没有一帮仆人）。1927年9月，就是在这里，他们的第一个孩子乔治降生。总之，他们尽力去迎合对美国中产阶层新婚夫妻的看法。

像无数在他之前到来的欧洲人一样，西格蒙德·沃伯格努力通过与欧洲的比较和对照了解美国。通常，他的第一印象是有些看不起。美国人非常相似，他们有一种令人不安的“一致”。“在这里，”他在给一位汉堡友人的信中写道：“你不太可能指望有洞察力的理解。”人们友好却浅薄。他们“花很长时间认真谈论高尔夫”就表明了这一点，沃伯格一生对高尔夫都很反感。当然，美国人被“一股特别强烈的能量和生气”所支配。他们的生活节奏更快（比伦敦快多了），社会交往更“民主”，也有“特别普遍的相互善意和极大的社会活力”。但这里：

> 缺乏欧洲人引以为荣的某种智力上的洞察力。命运使美国人比欧洲人更容易将烦恼和痛苦置于千里之外，但必须承认，美国人比欧洲人自觉、从容地使他们的生活更舒适。美国人将他们自己置身于不需要太多努力就能得到的欢乐中，而欧洲人把需要煞费苦心得到的欢乐看得最有价值。

他还察觉出美国人对批评有些过于敏感，这是他在伦敦没有遇到过的。但是，随着沃伯格更深入地了解美国的文学、政治和经济生活，他逐渐改变了他的观点。工作上，他尤其对美国会计更高的效率有所触动，会计是美国商业操作中显著标准化的一个功能。资产负债表必须按照严格规定的模板出具。他一边比较美国体系和欧洲体系，一边开始想，是否前者事实上是后者迟早必须采用的模式。在波士顿一家会计师事务所的办公室里，他看到了经济的未来，而且它似乎奏效。美国经济显得如此有活力，他不得不将其与欧洲历史上的一个高点进行比较。美国人最初让他感到缺乏城府，但也许，那就是在美国宏伟创业精神的“必要的一面”。

在某些方面，似乎我必须将美国现在这个时代与文艺复兴时期对比。两个时代都有大量躁动的能量，在文艺复兴时期，这种能量更多地表现在审美方向，而在当代的美国，它更多地表现在社会和科技方向上。两个时代过去和现在都伴随着很多怀疑……不公正和粗糙的事物，两个时代曾经和现在都产生了一批冷峻、硬朗的面孔。

当西格蒙德和伊娃搬到纽约后，他迅速意识到的问题是，这次经济上的“文艺复兴”似乎把在美国的沃伯格家族抛到了后面。

正像我们看到的，当战争一结束，西格蒙德就和叔叔保罗 · 沃伯格在德国会面，他对保罗相当崇敬。他也有感于保罗的弟弟费利克斯和他精力充沛的妻子弗丽达给予他们的热情和欢迎。但不久，他开始发现，许多亲戚的合群好客“对我们的生活更是一种阻碍，而不是帮助”。他们在第五大道上的多处宫殿①，装饰着伦勃朗的画，对他来说那都是暴发户的住所。西格蒙德可能没想到，他和美国沃伯格家族的下一代在一起时感到不自在。他们有些人毕业于哈佛大学或耶鲁大学。所有人似乎更热衷于高尔夫和跑车，而非文学或经商。在他的脑海里，他们出奇地符合祖先是英国新教徒的美国白人纨绔子弟的模式，F · 斯柯特 · 菲茨杰拉德在他的小说里已经对这种人进行了带有矛盾看法的描写。甚至亲戚们庆祝圣诞节的热情，都让他觉得好笑。总之，他们似乎已过分地成为美国人，就像沃伯格家族上一辈过分地成为德国人。财富取代高贵作为势利的基础，美式橄榄球取代击剑作为智力活动的替代品。他这样向岳父倾诉道：“在我的许多美国熟人当中，我自己的族人使我最不高兴，但除了保罗 · 沃伯格以外……他们整个圈子，在精神和人性方面如此令人乏味、空虚，在金钱上令人窒息……”这个问题在社会层面已经够糟了，但对库恩-洛布公司的未来有可能却是灾难性的。

当西格蒙德 · 沃伯格到达纽约时，库恩-洛布公司仍被认为是华尔街最重要的银行之一。然而，它重点依靠为美国铁路网络的需求提供服务，这一行业已经度过其扩张的高峰期。诚然，库恩-洛布在美国长途铁路的所有持股接近 60%，公司还可以依赖大量的股利和利息收入。诚然，公司有一批大型工业客户，如美国冶炼和美国橡胶。但莫蒂默 · 希夫似乎对多元经营不感兴趣，1920 年他的父亲雅各布去世后，他在银行的 5 位合伙人中占主导地位。西格蒙德无法做到让他对为新一代公用事业提供融资感兴趣，那可是 20 世纪 20 年代最有活力的经济行业之一。希夫也不考虑重建该行在海外的业务，因为他恐俄的父亲雅各布拒绝为协约国对德作战提供

① 一个很好的例子是费利克斯和弗丽达 · 沃伯格位于第五大道 1019 号与第 92 街交汇的官邸，它是由建筑师C · P · H · 吉尔伯特按照早期文艺复兴法国风格设计的，修建于 1908 年，这种风格通常被称为弗朗索瓦一世。大厦现在是纽约犹太人博物馆。雅各布 · 希夫的住所离得不远，位于第五大道 965 号，希夫儿子莫蒂默在 932 号。费利克斯家正对面的 1100 号就是奥托 · 卡恩的住宅。

融资，这使该行海外业务在战争期间瓦解，将机会让给了J · P · 摩根。“库恩-洛布公司今天依然是一颗光芒耀眼的星星。”沃伯格在一封给岳父的密信中报告：“但我担心，这颗星星正在快速地失去光泽。各合伙人……不是以清醒、有效率的企业家精神做决策，而是以个人虚荣、嗜好和势利做决策。”“公司经常忽视员工并对他们管理不当，已到达令人吃惊的地步，再加上公司内外对争吵有极高的热情”，这让他倍加受挫。事实上，他逐渐认为，这家银行实际上由“文员们管理，尽管公司有多位合伙人”。库恩-洛布绝对还没有终结，相反，它庞大的资本、它在纽约的地位和与美国工业的联系，赋予它“巨大、未开发的可能性”。但是，由于缺乏更进取的领导力，上述这些优势终将被浪费。重振库恩-洛布的愿景多年来诱惑着西格蒙德。早在 1928 年，他就有这种想法。

最初，西格蒙德对国际承兑银行印象更深刻。毕竟，它是他的叔叔保罗创立的。然而，现在掌管国际承兑银行的大权落在西格蒙德堂哥詹姆士（“吉米”）和他“一群半傻的哈佛社团混人”手里。吉米给西格蒙德的印象是“令人害怕的吓唬人的高手，更是一个辩论能手，而不是一个真正有能力的人，不管人们在哪里认识他，他都极不受欢迎”。马克斯 · 沃伯格指示西格蒙德，要培养与库恩-洛布和国际承兑银行的良好关系，但此事远没有那么容易。西格蒙德试图向他的叔叔解释，莫蒂 · 希夫和保罗 · 沃伯格之间出现了根本性的矛盾。前者，在他对外国业务感兴趣的范围内，对汉堡沃伯格家族没有强烈的忠诚感。到 1928 年，他与德国的达姆施塔特和国民银行的雅各布 · 戈尔德施密特有更多的生意往来。相反，保罗 · 沃伯格意图使国际承兑银行成为跨大西洋业务的管道，将库恩-洛布、M · M · 沃伯格和其他持股银行永久地联系起来。在这个问题上寻求对峙，不是保罗的风格，但他的儿子吉米似乎愿意与希夫摊牌。西格蒙德 · 沃伯格警告叔叔马克斯，库恩-洛布和国际承兑银行之间存在“窃窃私语、夸大其词和不信任感”，但警告是徒劳的。到 1928 年中，他偕妻子和儿子返回德国时，他早期对美国经济可能性的速度和规模的热情，正在让位于对跨大西洋金融，尤其是家族关系的一种更清醒的悲观情绪。

在 10 年的时间里，西格蒙德 · 沃伯格经历了革命和搬迁。在德国，他瞥见了一个社会民主共和国的政治未来，他希望在其中扮演领导角色。在美国，一个重整旗鼓的库恩-洛布的经济未来在他眼前闪过，公司在他的领导下将实现业务现代化。

令人好奇的是，后一个愿景使他重新审视前一个愿景。在德国爆发革命时，他向友人厄恩斯特·科切塔勒解释说，很明显，年青一辈比老一辈知道得更充分。直到现在，西格蒙德“总是对如今的老一辈有很强的敌对情绪，他们的根扎在战前那个年代，他们接触的自由主义或多或少是虚弱的，但我在年青一辈身上看到了对组织强烈的、也许不完全是法西斯主义的渴望”。但那只是在欧洲。相反，在美国，两代人的关系又截然不同。

> （美国的）老一辈人给自己定的目标是（像在欧洲一样）基于自由的功利主义，以一层薄薄的理想主义作外衣，而欧洲人讲的“自己活也让别人活”，被译成“人人机会均等”。美国的年青一辈甚至对他们的父辈没有反应，有的只是完全的空虚……我曾听过一句格言，大意是：“没有点燃革命之火的一代是无用的一代”……我认为，很少有一个群体，像当今美国年青一代这样，有如此多平庸的心和思想，有如此多的俗人。

出于这个原因，西格蒙德带着一种预感离开美国，那是一种担心，担心“灾难性的事件”迟早会降临在茫然若失的美国年青一代身上。那是 1928 年 1 月。他又怎能知道灾难即将降临。

第3章

一个共和国的衰落

HIGH FINANCIER

每天早晨，约有8个人参加大概两个小时的合伙人会议，大家在会上持续（表达）不同的观点，大多数情况下，会议无果而终。其后果是形成一套内部复杂、外部曲折的体系，由于马克斯·M·沃伯格的行为呈现“动脉硬化”的迹象，银行经营继续恶化。尽管公司业绩依然稳定，但这不应该归功于领导人的技能，而应归功于围绕在家族姓氏周围那真正神秘的光环。

西格蒙德·沃伯格
1927年

经济衰退中的管理

魏玛共和国的没落，过去被认为是阶级斗争和与之相关的政党政治分歧的结果。但在很多方面，辈分与辈分之间的冲突同样重要，也许更重要。官方的说法是，魏玛政治应该走阶级路线。20 世纪 20 年代的许多最重要的议会争执，存在于社会民主党人与人民党人之间，前者认为他们自己代表组织起来的工人阶级；后者倾向代表工业，尽管叫人民党这个名字。国家人民党被视为普鲁士贵族的党，民主党则代表公务员。甚至中心党都可以用阶级概念来理解，虽然表面上它是一个天主教的党，但绝大部分党员是农民和工匠。经过仔细观察发现，这些党派与它们在社会学上的分层不尽一致。一大部分工人阶级（不要忘记还有大量的知识分子）是共产党人。中产阶级的德国人，包含商人、学者、专业人士，他们属于各个所谓的资产阶级政党，这些政党中至少有 4 个政党表明，阶层不是它们组建的原则。事实上，20 世纪 20 年代德国社会中产阶级，在社会学上的一个显著特点是政治解体。一群转瞬即逝、分裂出来的党派，就是魏玛政治低迷的表象之一。当这些政治碎片被一个在 1929 年后出现的全新政党吸收或取代时，它也有悖于阶级的分析。这个新政党自称是国家社会主义德国工人党，它成功地吸收了来自几乎所有社会团体的支持，包括工人（只有天主教证明对它提供的这种新式有效的政治宗教，采取不成比例的抵制）。

对许多当时的人而言，纳粹有能力跨越社会分裂，这是它吸引人的地方之一。另一点是它动员新选民的能力。生于1900年以后的德国人，比在此之前出生的人，在1930年和1932年两次决定性的选举中，明显更愿意投票支持希特勒。在纳粹政治宣传中，最有效的主题是把希特勒描述成去除衰老腐朽体系的领袖，而且还是反抗一代的青年领袖。这一主题在许多20多岁的德国人中产生共鸣，他们感到有太多旧式、不可信的制度，从德意志帝国延续至魏玛时代。虽然西格蒙德比大多数人更早识破纳粹主义真正代表什么，但毫无疑问，这个主题也对他产生了触动。

如果魏玛共和国能够实现经济稳定，德国两代人之间的矛盾也许不会变得如此紧张。

德国在20世纪20年代中期相对稳定，并有一种幻觉的性质。一方面，通货膨胀遗留下来的是一个不平衡的经济体，银行资本不足、重工业产能过剩。随着许多初级产品的价格下跌，德国农业感受到自20世纪20年代中期以来的全球通货紧缩。随着高度工会化和在政治上受保护的工人们抵制降低名义工资，德国工业的利润被日益增加的劳工成本不断侵蚀。公营部门也遇到瓶颈，当国内和国际金融市场向德国各级政府贷款时，各家金融机构要求高风险溢价，因为它们一直担心新增赤字可能会引发另一轮通货膨胀。例如，各地方政府发现，为公共房屋计划融资越来越困难，两次世界大战期间，公共房屋在整个欧洲都是一个如此重要的刺激经济的源泉。许多左翼人士为建立魏玛福利国家，欲实施雄心勃勃的计划，这种局势使计划更加难实现。

对柏林的中央政府而言，1924年道威斯计划所规定的新的赔款，进一步制约了财政状况，该计划的名字取自美国银行家查尔斯·G·道威斯，他后来成为了美国副总统。虽然该计划重新调整了德国支付赔款的时间，因此缓解了在预算上的短期压力，但并未减少赔款总额，以至于德国仍承受着巨大的债务负担。诚然，德国将国民收入的几个百分点用来支付每年的赔款，所以并不是承担不起，1924~1930年，每年的赔款额平均只占到国民收入的2%。然而，用在国内项目和政府部门工资上的支出相对慷慨，加上一般不愿意通过增加税收支付赔款，这意味着，转移支付在很大程度上不得不通过借款来融资。如果私营部门是经常账户盈余的话，那可能不太困难。但整个20世纪20年代，外国持续歧视德国制造的产品，导致进口超过出口，而且国际投资未带来任何重大收入，这意味着，德国经济依赖于外国资本。事实上，德国政府用从国外借来的硬通货支付赔款。新货币帝国马克，紧钉住恢复后的金本位制——它与美元的固定汇率是 4.2 帝国马克兑 1 美元——外国投资者应该对投资德国有信心。当时只有一些人明白，如果他们的信心由于任何原因被削弱，德国政府将不得不在通货紧缩和破产之间选择。也许这两项不得不都选。

如果德国工业生产力取得持续的增长，尤其是如果它能增加德国的出口（特别是对美国）。但是，商人们受高税收、高利息和高工资的重压。他们更喜欢求助于操纵价格的垄断集团，或向政府要补贴或关税保护。诚然，20 世纪 20 年代目睹了工业合理化浪潮的兴起，它是以合并和其他朝着更高水平整合的方式出现。不幸的是，这往往减少了竞争，而不是提高效率。根据德国工业在战前骄人的表现，外国投资者开始时存在较高的希望，希望德国经济可以快速复苏。但他们逐渐意识到，20 世纪 20 年代德国经济本质上存在问题。华尔街金融危机通常被视为大萧条的前奏，在金融危机发生很久之前，魏玛经济已经病入膏肓。

因此，1928 年年初，西格蒙德 · 沃伯格回到的德国是局势糟糕的德国。他离开的纽约的情况也令人不安，在那里，家族内部出现不和，而且经济发展并未完全起飞。不幸的是，他在汉堡看到的情况更差。在有精美隔断的M · M · 沃伯格公司的办公间里，魏玛共和国代与代之间的冲突将在这个微观世界里上演。

西格蒙德 · 沃伯格对德国经济复苏的看法可能不完全是悲观的，尽管赔款对复苏构成障碍。他在 1927 年 8 月写道，虽然“偶尔严重的副作用”不可避免，但他有信心，德国“从长远来说，可以进一步巩固自身、取得进展，并在这个过程中，继续借助外国贷款的重要帮助，尤其是美国的贷款。就像在战前，欧洲货币盈余在美国找到了出口，而如今，美欧之间的情况将发生倒转”。西格蒙德对“道威斯计划”有信心，因为该计划强调货币稳定，他简直不能想象“容忍在支付赔款上的分歧，会威胁到德国履行近年来与美国以及其他外国投资者达成的贷款义务”。

但西格蒙德很清楚，美国对德国的信心部分是出于无知。在纽约，他对人们对德国货币“非比寻常的乐观”感到不可思议，而且德国经济的内部虚弱并没有得到真正改善。正像他返回德国看到的那样，“税赋被极大地增加”，以至于“资本积累和由此产生的生产方式积累”实际上变得“不可能”，如果商人们可以维持他们的生意，就应该感到幸运了。西格蒙德尤其担心德国各地方政府不断增加的短期外债。他确信，“目前，管理德国财政部的绅士们实行的挥霍政策”迟早会“导致严重的危机”。他认为，通过降低德国国内的开支，并争取达到完全用财政盈余支付赔款的目标，德国政府将更有可能劝说西方强国减少其赔款负担。一项极度节俭的政策将使德国请求赔款减免变得“似乎可行”，同时该政策还能鼓励德国商业。“唯一不会欢迎（这样一项政策）的人是坚持泛日耳曼主义的政治人物，不得不承认，他们今天仍然统治德国，这在逻辑上符合日耳曼民族的政治倾向。”总之，西格蒙德把他的希望寄托在帝国财政的政策方向发生改变。

正如我们已经看到，西格蒙德希望他自己能为政策方向在政治上的改变作出贡献。但他的时间越来越多地被家族企业内部的权力斗争占据。德国境内经济状况越严重，他对叔叔马克斯的领导越感到不自在，对他来说，马克斯的领导，其假设过于乐观、方向过于鲁莽。问题是，向叔叔提出挑战，西格蒙德还不够强势。毕竟，他是马克斯的穷亲戚，马克斯是出于好心邀请他加入家族企业。马克斯的儿子埃里希在 1927 年被擢升为高级经理，并于 1929 年成为合伙人，从一开始，西格蒙德就低他一等。出于尊敬，西格蒙德被要求在职位上与埃里希保持差距，前者在 1929 年被聘为高级经理，并于次年成为合伙人。虽然西格蒙德和银行的其他高级经理相处融洽，尤其是和厄恩斯特 · 施皮格尔贝格，但没有什么可以打破他和家族汉堡分支的从属关系。

西格蒙德 · 沃伯格抱怨叔叔马克斯的管理风格，这预示着他后来将对伦敦金融城的其他机构也品头论足。事实上，不能理解他在什么地方不喜欢他叔叔的管理方式，就不可能理解他自己的管理风格在后来发生的演变。之前，卡尔 · 梅尔基奥对马克斯可以起到制衡作用，但前者现在越来越多地被政治事务缠身，施皮格尔贝格也无法替代他。艾比 · S 和弗里茨不愿意或没有能力对抗专横的马克斯，内定的继承人埃里希也做不到。在西格蒙德看来，埃里希是“一个好人，但肤浅得难以形容”。在众位高级经理中，西格蒙德与路德维希 · 罗森塔尔和鲁道夫 · 布林克曼是潜在的盟友，但他认为更高位的汉斯 · 迈耶只是一个谄媚者，后者靠讨好马克斯这位强势的合伙人，赚取他高额的分红。其结果就是专治：公司变成了“德皇马克西米利安”的统治。更糟的是，这种专治延续了“战前时代的原则……公司业务集中在汉堡并依靠与库恩–洛布的友谊”。沃伯格觉得，拒绝承认时代已经改变是公司衰老的第一征兆。马克斯“皇帝一样”的“浮夸言辞和姿态”，只有他酗酒的侄子吉米（帕夏 · 詹姆士）配得上，后者是在纽约的马克斯。

西格蒙德和马克斯冲突的主要症结是，M·M·沃伯格公司是否在柏林开设永久性办公机构。西格蒙德认为，否认汉堡作为金融中心相对下降的重要性是徒劳的，况且战争显著加速了这一下降趋势。德国最大的一批银行，出于实际目的，都把总部设在柏林，包括德意志银行、贴现公司（1929年与德意志银行合并）、德累斯顿银行、达姆施塔特和国民银行、柏林人贸易公司，以及国有的帝国信贷公司。德国最大的工业企业也都在柏林。因此，对德国感兴趣的美国银行家们也派代表去柏林。西格蒙德在伦敦和纽约也遇到类似的集中化趋势，这种趋势对他有不可抵挡的诱惑。若M·M·沃伯格公司继续像以前一样经营，那将使公司被边缘化：

再多的往返差旅也无法真正发展与柏林市场的亲密关系，因为那些汉堡老爷将逗留在柏林的时间降至最低，并乐在其中。只有真正在一个城市待上一段时间，在当地建立网络，才有可能和这座城市建立联系。任何其他方式都不到位，而不到位经常比什么都不做更糟糕。

双方经过角力，西格蒙德成功劝说其他合伙人在柏林建立办公室，他自己担任负责人。但他的叔叔马克斯继续将汉堡公司作为主营公司，尽管该公司大部分业务不赢利。与此同时，马克斯对巴黎（家族银行维持着一间价格昂贵的办公室，西格蒙德认为那是多余的）和阿姆斯特丹（战后建立一家叫沃伯格公司的子公司）显示出更多的兴趣，并超过他对柏林的兴趣。到1930年，西格蒙德充满挫败感。他在写给纽约的国际承兑银行的卢西恩·纳克曼的两封绝密信件里，以最强硬的措辞，谴责了马克斯对汉堡公司的管理。公司不但在核心业务上不挣钱，而且迫切需要出售其金属交易部，并提高年轻合伙人的股份（他、埃里希和施皮格尔贝格每人只占5%）。他慨叹道：

现在有必要改变我们的整个商业政策，不幸的是，这也意味着马克斯·M·W必须允许他具有王朝特点的个人观点，在某种程度上退居幕后。许多变化……我和他，以及其他合伙人谈论了很多次，这些变化很早以前就该执行，但被他（一人）阻挠。有很多次，他单独决定汉堡公司增加新的贷款，并反对减少公司持有证券的数量，尽管我们持有的股票投资组合大于公司的资本，我们实际上是用借来的钱维持公司的部分经营（我认为这样经商不合法）。

从西格蒙德的角度看，也许最令人受挫的是，他自己实际上仅仅通过“拒绝任何二流的业务和任何长期的贷款”，并只集中与西门子这样的柏林一流客户做常规、短期的交易为公司赚钱。

西格蒙德·沃伯格在1930年9月写下了一份令人难以置信的“控诉”[①]。但是，那时公司躲避灾难为时已晚。即使在华尔街崩盘前——始于1929年10月24日——德国经济已进入衰退。失业自1928年年中一直攀升。到1929年9月，德国行业工会估计有14.5%的德国工人失业，一年后，失业率达到24%。而各金融机构早在1928年5月因股票市场下跌纷纷受到冲击。那一年，流通中的货币增长速度急转直下，在第三季度和第四季度增速为负。美国发生的事件，只是加速并恶化了德国已经发生的衰退。

危机中的巨大亏损

> 第一眼看上去，美国现在的繁荣似乎可以永久持续，但如果仔细观察，你会发现很多元素包含着很多危险的可能。众所周知，这个国家拥有的资源是巨大的，但我担心，已经在这些基础上并正在这些基础上建造的经济和金融的“摩天大楼”，从长期看是过高的，而且顶楼负荷过重。举例而言，我认为，流入股票市场的贷款资金——即使考虑美国的规模——也是过大的，而且是以赌博为目的，其程度就更大了。这两点可以造成一种局面，这种局面可能轻易使股票和货币市场经历长足的发展。

这几句话是西格蒙德·沃伯格于1927年12月写给塞缪尔·斯蒂芬尼的，后者是罗斯柴尔德银行在伦敦的总经理。西格蒙德担心，他目睹的股市繁荣事实上是一个气泡，它也许以“火山般的”爆发终结。正如我们所知，这一形容并不过分。正像西格蒙德意识到的，困难的是确切地知道危机何时开始。“在我看来，”他对埃里希说：“以美国巨大的资源储量和人力资源产生的势头，美国经济几乎好像（可以）以同样的速度继续发展下去，直到几年后，才发现它过度发展……”至于是什

① 这封信对马克斯·沃伯格的批评如此激烈，以至于家族银行授权的历史学家，直到1981年才将这封信公开。

么东西有可能戳破气泡，也并不容易说出来，房地产市场和股票市场都存在泡沫。西格蒙德在美国期间，他仔细跟踪了一批不同的行业，以及一些他担心的预示危机的指数。比如，收紧对移民数量的限制，推高了美国的劳工成本，这些因素有可能是加速崩盘的致命催化剂吗？

沃伯格家族内，不光只有西格蒙德对 20 世纪 20 年代末的美国经济表示担忧。保罗 · 沃伯格也预感到了崩盘的来临。事实上，西格蒙德在 1927 年年底的观点，几乎肯定地反映了他更老道的保罗的观点。1929 年 5 月，他的叔叔保罗再次对他所谓的“目前投机的混乱”表示出忧虑。他警告，联邦储备系统理事会“向美国证明它可悲的无能”。他疾呼，“人们不能忽视中央银行的每一项慎重的原则和做法，他们终将为此付出代价。一个受政治控制的体系，并受一种欲望支配，并希望永久地保持商业繁荣，这样的体系必将导致我们前所未见的灾难。”然而，保罗警告末日降临，并敦促他在美联储的继任者们进行变革是一回事，而保护他自己的公司免于即将到来的灾难又是另一回事。虽然保罗 · 沃伯格于 1929 年，在某种程度上降低了国际承兑银行的风险，但力度太小、时间太晚。西格蒙德后来回忆，他从叔叔保罗那时的犹豫中学到了一则重要的教训。“他对我有重要的影响，”西格蒙德说：“他的影响不仅是他有意识教我的那些东西，他还把一种担心灌输给我，我可能会重蹈他的覆辙，无法遵循我自己正确的直觉。”

与美国一样，德国银行系统的崩盘导致深度衰退，升级为灾难性的大萧条。历史学家一般把 1931 年夏天达姆施塔特和国民银行的倒闭，定为德国银行危机的开始。这对总部在柏林的各大银行来说的确如此。但是，在汉堡发生危机前已经有过一次危机，它主要的受害者就是 M · M · 沃伯格公司。

德国银行业危机过去的假设是外部压力造成的。某些历史学家认为应归咎于美国资本撤离德国。还有人认为，1931 年 5 月，奥地利维也纳信贷银行未能公布其年报，实际承认破产，危机是它的金融后果波及德国所致。不过，更近期的研究显示，德国银行体系出现危机，更多的是内部因素造成的。在德国的外国和本国投资者，不得不权衡三个截然不同但又相关联的风险。第一，帝国政府将无法履行赔款支付，因此引发国际危机。第二，帝国银行将无法维持德国货币与黄金的兑换，因此以马克计价的资产被困在德国，有一天可能一文不值。第三，德国有些银行或者所有的银行将无法偿还在这些银行存入的任何货币的存款。要分开这三种危险实属不易。

对当时发生危机的一种解释是，整个20世纪20年代，德国的银行自身很脆弱，因为它们的资本和资产比率以及它们的流动性过低。它们的资产负债表已被滞胀和货币改革消耗，许多银行通过（德国和外国人的）短期外币存款，力图恢复它们的头寸。到1928年6月底，美元存款占德国各家信贷银行整个存款的42%。从这个意义上说，最鲁莽的机构是柏林的大型银行，特别是那些在德国有分支网络的，它们似乎认为自己大到不可能倒闭（换言之，它们指望帝国银行在危机时援救它们）。1931年春天，投资者很大一部分的外币存款被取走，这证明是致命的。起初，这反映了对货币贬值的担心（美元兑换暂停）超过对银行倒闭的担心。达姆施塔特和国民银行受影响最重，就是因为它的贷款大部分集中在效益不良的行业，比如纺织业，尤其像破产的北方羊毛公司，还有德国多个自治市。虽然该银行很大，但它没能做到大到不可能倒闭。帝国银行也根本救不了它，因为帝国银行的硬通货储备实际上已枯竭。事实上，储备外流逼迫帝国银行提高贴现率，恶化了货币已经严重不足的局势。只有政府立刻放弃美元兑换——比如提前到7月4日，而非7月15日——达姆施塔特和国民银行才可能获救。（或者，只有帝国银行在更早的时候——在1930年——就停止对大银行的优待，与美元挂钩的机制才可能保住。）换言之，是对德国货币的普遍挤兑，导致特定银行发生危机。

那么，又是什么引发的危机呢？有人强调是德国政府在1931年6月6日作出的赔款声明导致的，声明措辞强硬——“德国人民已经到了承受的极限”。其他人指出，是有关帝国财政状况的负面新闻导致，该消息于6月9日曝光。还有人把危机归咎于国内的政治事件，从1930年7月的政府危机开始，到两个月后公布的选举结果，这些都加强了极端党派在德意志帝国议会里的权力，并推动了总理海因里希·布鲁宁实施更有对抗性的外交政策。

一个被忽视的事实是，导致达姆施塔特和国民银行在1931年倒闭的危机，曾经有过“彩排”，那是在1930年秋天的汉堡。这对我们来说并不为奇。私有银行与柏林有很多分支机构的大型银行相比，对积累外币存款更热情。1929年12月，私有银行的全部储蓄中有58%是外币存款。虽然缺乏准确的数字，但M·M·沃伯格公司很可能是这一趋势的先锋。当1930年下半年的负面政治新闻令某些外币存款人急于提款时，M·M·沃伯格公司遭受尤其严重的影响。在1930年的最后一周，该行发生挤兑，被迫支付了80%的外币存款和50%的本币存款。情况很快明朗，没

有马克斯 · 沃伯格的美国亲戚们，特别是保罗和他的儿子吉米的大力协助，这家汉堡的银行事实上将无法存活。到 1931 年 10 月，马克斯计划访问纽约，显然打算向弟弟求援。但在他动身前，保罗的儿子吉米到达汉堡。西格蒙德在一个月前曾致信纳克曼，有理由假定，吉米至少知道这封信的一些内容。

对于西格蒙德 · 沃伯格来说，重要的是要利用叔叔马克斯立场中的弱点，对汉堡的家族银行进行迟来的改革。“使改革很难实现的是，”他意味深长地说：“我们面临这样一种挑战，我们要对业务进行重新评估，但不能让那些应该去作重估的人意识到，这个任务已交给了年青一辈，或者是年青一辈中的一员。”现在，很多责任已移交给吉米，这也有不少问题，相对而言，西格蒙德对吉米信心不足。他试图向这位美国人解释，他认为M · M · 沃伯格公司需要进行的主要改革有：

1. 公司业务集中在大型工业交易上，这意味着，如果有可能的话，派两名合伙人去柏林；

2. 撤销金融业务和巴黎办公室等，（并且）有更清晰的责任分工；

3. 某种程度上少一些家族式的风格，多采取理性的、按资本主义方式经营的扩张。

在这两位年轻人不多的、单独在一起的时候，西格蒙德试图向吉米保证，德国没有消亡、家族企业不是失败的事业。尤其是，他试图使吉米相信，“德国仍然在生命和思想上有巨大的力量，如果所有战后的问题最终都能解决，那将使德国在欧洲比过去承担更具领导性的角色”。但是，吉米被说服似乎令人怀疑。不知什么原因，西格蒙德选择这个时刻，全家离开汉堡到他热爱的德国南部度假。在静谧的海尔布伦，他坐在内卡河岸边，开始写日记，他重申他的信念，家族银行的“年青一代比老一代，明显能更好地驾驭局势”。但他担心，“在当前紧张的压力下，公司可能会做出过于草率的举动”，因为“很典型，公司的紧张状态是暂时的，而不是长期的”。

在西格蒙德不在公司时，马克斯和吉米之间达成了什么并不重要。5 个月后，维也纳信贷银行的垮台几乎是M · M · 沃伯格公司的救命稻草。总体而言，奥地利和德国的金融联系是有限的。但是，马克斯 · 沃伯格是信贷银行监事会的成员。正如我们已经看到，他的银行一直是罗斯柴尔德银行欧洲网络的一部分，而且，维也纳信贷银行也是该网络的一个主要分支。奥地利政府的援救措施实际上是将信贷银行国有化，但却无法阻止沃伯格家族的银行遭受巨大损失，这也不是该行唯一的问题。当吉米 · 沃伯格在 1931 年 6 月——一个月后，达姆施塔特和国民银行倒闭——返回汉堡时，他发现家族银行亏损累计超过 350 万美元（1 500 万马克），坏账包括向破产的嘉士达百货商店的贷款，到向汉堡州政府 580 万马克的贷款，这些贷款似乎不可能被偿还。根据吉米的计算，汉堡公司需要 700~900 万美元（2 900~3 800 万马克）清除其所有坏账。虽然这个美国人有意让他的叔叔马克斯破产，并指责他管理不善，但德国政府出手相救，提供了 3 000 万马克，以避免政府担心出现的整个汉萨银行体系的倒闭。换言之，如果没有此举，M · M · 沃伯格公司将破产，德国银行危机将提早一个月开始。

为什么有可能救马克斯 · 沃伯格，而不救雅各布 · 戈德施密特？吉米 · 沃伯格在组约观察事态，他不明白为什么政府介入援救马克斯的银行，而不是戈德施密特的达姆施塔特和国民银行。在吉米的回忆录里，他声称，父亲曾主动提出支援德国政府挽救达姆施塔特和国民银行，但却被总理布鲁宁拒绝，原因是担心暴露该行最大的不良贷款之一是给予帝国总统的儿子奥斯卡 · 冯 · 兴登堡。但是，支持这一说法的证据不足。更直接的解释是，一旦帝国银行的美元储备在 7 月开始用完，那么，达姆施塔特和国民银行庞大到以至于无法被拯救，远不是庞大到不可能倒闭。马克斯在汉堡的银行得以幸存，原因是当危机袭来时，帝国仍然可以负担得起援救。而且，家族银行（像维也纳的信贷银行一样）有能力向富裕的外国亲戚求助，就像在伦敦和巴黎的罗斯柴尔德挽救信贷银行一样（它们也挽救了维也纳的罗斯柴尔德，如若不然，同样将倒闭），保罗和吉米 · 沃伯格的国际承兑银行也帮助 M · M · 沃伯格公司转危为安。无论如何，很难相信保罗有能力援助庞大且破产的达姆施塔特和国民银行。他自己的国际承兑银行到 1931 年也经历了很大困难。西格蒙德后来回忆，保罗发现，1931 年夏天，像许多参与国际贸易的银行一样，经他贴现后的大批商业票据都找不到买家。因此，他不得不"手拿礼帽，央求大通国民银行买他的承兑票据"。对一个如此骄傲、严谨的人，这是"最大的耻辱"。那年夏天，他第一次患上中风，之后连续几次的中风使他在 1932 年冬与世长辞。"在他生命的最后几个月，我没见过比保罗 · 沃伯格更悲伤的人了，"西格蒙德事后多年回忆说："他留给我的遗产是，他使我变得更加坚持己见，他的榜样让我不易被人说服。"

西格蒙德 · 沃伯格对这些事件的判断，在那个时代是具有典型性的，那些事件几乎毁灭了他的家族的金融王国。在他看来，这次危机是老一辈人自我纵容的结果。在 20 世纪 30 年代初的乱世，他断断续续地记着日记，日记中他从不吝惜他的批评。20 世纪 20 年代初，他一度“以骄傲的自信，期待着在带有我们姓氏的公司干一番事业，总是认为家族企业不是赚钱的工具，而是德国乃至世界经济，以及社会的一个重要和富有建设性的部分”。但是，“阴影”逐渐遮住了这一美好和令人鼓舞的愿景：

> 一方面，这些阴影代表了老一辈人无法适应变化的时局，对我来说，这种无能越明显，由布鲁宁实行通缩政策造成的深度危机对公司的影响就越大。另一方面，阴影代表了这个大家族堕落的症状，特别是那些与公司联系紧密的各家族分支。

西格蒙德尤其谴责“将个人、家庭事务与客观的商业事务混在一起”，这会导致“决策人纯粹出于个人原因，为公司采取错误的措施，实施错误的政策，并会导致出于孝顺家庭而错位的尊重，(以及）来自未得到满足的女性不必要的干涉”（不清楚他指的是哪些女性亲属)，“总之，家族企业集合了一个堕落家族所有不好的特点：比如，拜占庭主义，缺乏对诚实和名誉的崇敬……有的则是阿谀的成功、带着空虚的同情、演戏和虚伪、做作以及一种温室的氛围”。

然而，西格蒙德认为，公司败落的主要原因正是由于叔叔马克斯的嫉妒。西格蒙德再次将马克斯与末代德皇对比，“马克斯尤其爱听信献媚的小人，他把所有的事情都和自己的个性与虚荣联系起来，他还有肤浅的乐观主义”。但是不像威廉二世，马克斯“皇帝”妒火中烧，他不但怀疑对他领导地位的挑战，并且怀疑对他指定他儿子埃里希继承家业的挑战。西格蒙德现在意识到，他自己对此构成了挑战：

> 这些年来，我在公司里逐渐建立起强硬的地位。我经过一番艰难争取，终于脱离汉堡，在柏林设立了办公室，一旦柏林能为汉堡提供决策支持，许多重要的谈判往往经过我的手，包括最终扩建海外网络。尽管发生了这一切，但马克斯痛苦地尽其所能，为他和他的儿子保住公司的领导权，但他没有注意到，权力早已从他身上溜走。他的儿子性情可靠、幽默，但没出息，他受他父亲指

> 使，因此人格扭曲，他也想尝试做伟大的事情，但这超出了他的能力……一个王朝会出现的所有事情都出现了，它的堕落在员工身上也可以体现出来，他们全部失去了自己独立人格之下的动力。

这是对亲戚们的一种责难性的评价，而正是他们使西格蒙德走出施瓦本，走出默默无闻。

西格蒙德对自己家族的批评当然是衷心的，但批评得公平吗？事实上，他几乎把家族银行的所有困难都归咎于马克斯的性格缺陷上。这肯定低估了政治和经济剧烈震荡的作用，要知道震荡波及了整个德国银行业体系。西格蒙德有年轻人的自信，他能做得更好。不过，在他漫长的职业生涯中，他再也不会面对这样规模的金融危机。即使M·M·沃伯格公司完全由西格蒙德执掌，他也无法确定公司能安然无恙地度过1930年的那场危机。

政治倾向

德国的银行业危机终结了达姆施塔特和国民银行，也结束了战后赔款体系。1931年6月20日，美国总统赫伯特·胡佛提议暂停偿还所有战争债务和赔款索取。一个月后，伦敦召开国际会议建议冻结所有给予德国的外国贷款。到9月，德国与其主要债权人已达成“静止协议”。对那些认为赔款是魏玛共和国最大问题的人来说，事态的发展应构成一次重大的胜利。但是，政府外交上的成功，早就被通货紧缩给经济造成的混乱所掩盖。随着消费者价格指数的下滑——1932年夏天，年通货膨胀率为–12%——产出和就业也大幅下挫。1932年的德国工业生产水平不到1929年工业生产量的60%。新增房屋建设量下降56%，造船数量下跌83%。当年7月，49%的行业工会成员失业。用标准做法进行比较，德国整个民用劳动力的失业率达到约37%，甚至高出美国（34%）。这就是为什么取消赔款也拯救不了魏玛共和国的原因。事实上，解除《凡尔赛和约》的经济条款使共和国的覆灭更加容易。正像哈罗德·詹姆斯说的，赔款原来是一种“支撑”，它将德国民主凝聚在一起。随着赔款的解除，那些本来就主张废除《凡尔赛和约》所有条款的人的可信度大增。

那么，1931年和1932年经历的灾难性通缩是不可避免的吗？也许可以。但是，有迹象显示，备选政策也许能避免危机。如果政府不通过增加税收和大幅减少支出来平衡预算，而是保持巨额赤字，那么，需求也许不会下降得那么猛烈。还有，如果政府更早地放弃金本位制，帝国银行作为银行体系的最终贷款人，也许能更有效地采取行动。这就是西格蒙德 · 沃伯格当时的观点。正像他觉得他比年长的亲戚们能更有效地管理M · M · 沃伯格公司一样，他同样认为他比总理布鲁宁和他的部长们能更好地管理德国经济。因为在 20 世纪 20 年代，西格蒙德没有失去他的政治抱负。事实上，他强烈主张在柏林建立家族企业分支的一个原因是他可以在首都待更久。昏昏欲睡的魏玛经历了短暂的革命间歇，政治生活又回到了柏林。1929~1933 年动荡的岁月里，西格蒙德和共和国的主要政治人物联系频繁：不仅有总理布鲁宁本人，而且还有社会民主党人赫尔曼 · 马勒，布鲁宁于 1930 年 3 月取代马勒；人民党人古斯塔夫 · 施特雷泽曼，他长期担任外交部长，于 1929 年 10 月英年早逝，这给魏玛体系造成了严重的打击；他的继任者朱利叶斯 · 库尔修斯；戈特弗里德 · 特雷维拉努斯，他先后任布鲁宁内阁的被占领区部长和交通部长。“我确信，”他后来回忆道，“如果德国已经发展成为一个健康的共和国，我肯定会进入政界。我要说的是，1932 年年末和 1933 年的前几周，我这个年轻人（他刚过 30 岁）依然时刻准备从政。”

在这个关键时刻，西格蒙德的政治倾向到底是什么呢？布鲁宁被任命为帝国总理，西格蒙德的政治倾向似乎转向总统领导的政府，他曾“在那时写了多份备忘录，主张总统制对魏玛共和国的必要性，而不是议会立宪制”。他深深了解布鲁宁越多地行使总统紧急立法权，魏玛体系议会化的程度就越小。他拥有韦伯式的思维，这使他并不为此担心。然而，他对布鲁宁实行的具体措施持批评态度。用西格蒙德自己的话说，他“对上层处理问题的人有明确的观点，并……强烈批评财政部部长赫尔曼 · 迪特里希在执行必要的补救措施时太过迟缓”。1930 年 9 月 30 日，他在日记里将想法和盘托出：“政府现在可以做很多事情稳定局势，甚至可以通过采取快速、有力和有远见的措施建立群众支持（鉴于当前群众的情绪，苏维埃五年计划在这方面就是一个极好的范例），即使这些措施……从客观角度证明是有害的。”但是，他继续写道：“官僚体系不知道政治渲染的必要口气，不幸的是，布鲁宁又是一个糟糕的宣传者，没有方向感或感染力。”

如果这样的语言对于一个自由派银行家是极为刺耳的话，那么，他第二天的日记则更加温和，甚至在语气中有官僚的味道。考虑到政府最新的财政提案，他抱怨政府犯的错“是那时德国政治中常见的错误，即只做绝对有必要的事情，只试图回避问题，而不是想要去创新”。为什么政府对高级公务员和初级公务员的工资不实行削减20%和6%的措施，而是分别削减了25%和10%？正如他3周后在写给岳父的信中说，他担心这些措施，加上从美国李 · 希金森银行取得的贷款，只能暂时缓解政府面临的财政问题——贷款只是“过桥性质，只是再度把预算的亏空补上，但未能抓住问题的多个核心”。这似乎与他后来向帝国银行行长汉斯 · 卢瑟所作的“偏向凯恩斯主义的”建议有很大出入。总之，西格蒙德深知布鲁宁政府政策的弱点，他同时对德国社会日益渴望激进措施抱有同感，这种渴求不只存在于年轻的选民身上。正像他富有预言式地说的：“降低公务员薪水、从帝国预算中剔除失业保险金，只有当这些极不受欢迎的提案在12月成为德意志帝国的法律时，才能决定议会体系能持续多久。”政府提出的措施无法在议会取得多数票通过，这迫使政府越来越频繁地依靠总统的权力。根据《德意志帝国宪法》第48条规定，总统有权以紧急令的形式颁布法律。

令人困惑的是，西格蒙德仍对从议会统治转向总统统治可能的后果保持极度自信，甚至是自满。他后来回忆说：

> 我以为危机将使政治体系相对不变，我肯定没想到变化到来的程度……我想象魏玛共和国将度过所有这些危机，那将是一个经过改革的共和国，与法国类似。我意识到其中的危险，但可能过于乐观。我没想到纳粹会完全胜利。

后来，他同样谴责魏玛晚期的政治人物，不只是布鲁宁。他后来把“布鲁宁时代”形容为“一批年轻领导人制造的半信半疑的妥协时代，他们作的决定既不出于国家团结的利益，又不为阻止糟糕的事情发生——结果是他们自己妥协了，更糟的是，他们对所坚信的整个事业妥协了”。他在1974年说道，魏玛时代是这样一个时代，德国被“一群好意的庸人和懦弱的骗子所领导，他们的奋斗目标不是基于对事实冷静、清醒的评估，而是基于妄想，或者应该说基于胡思乱想”。但正如我们将要看到的，他自己也未能免于这时的激进方案的诱惑。他在私人日记里慨叹，他认为“德国资产阶层在智力上，更重要的是在性格上明显堕落”。“中产阶层过于温和，”他回忆道，话里充满矛盾，“他们不缺乏深刻的见解，也不缺乏敏锐的洞察，缺乏的是激进的意愿”：

> 不幸的是……国家社会主义相比而言有最激进的意愿，但却极度缺乏见解和洞察力。中产阶层和法西斯主义互补得这么好，但它们都挡住了对方的路！这是生命中不断出现的悲剧，相对立的两极可以互补得如此充分，但很少能从它们之间富有成效的紧张中迸发出权力的强劲火花。

如此辩证的分析很快就被认为是异想天开，德国的命运从总统统治被一步一步地推向没有法律的独裁统治。沃伯格对老一辈人缺点的不满，致使他灾难性地低估了“激进的意愿”，而代表这种意愿的就是阿道夫 · 希特勒。

第4章

流亡

HIGH FINANCIER

人们经常在收音机里听见他的声音。对我而言，他似乎是一个奇怪的混合体，他既是虐待狂，又是最差的狂热分子，他是一个狭隘的人、一个疯子，他能有如此多的追随者让我难以理解。纳粹党的成员，我一个都不能理解。在他掌权后的几周里，我的观点有了彻底的转变，但我大部分的朋友和同事，直到20世纪30年代后期才意识到此人的危险。事实上，我是汉堡公司里唯一一个有此想法的人。

西格蒙德·沃伯格
1976年

纳粹上台

1933年3月4日，西格蒙德·沃伯格惊叹于一个令人不可思议的政治巧合。富兰克林·德拉诺·罗斯福在华盛顿特区发表他作为总统的就职演说，就在同一天，另一位新当选的领导人向另一个深陷大萧条的国家发表讲话。第二位领导人就是阿道夫·希特勒，他的演讲——大选前在国家电台播放——虽然在内容上与罗斯福的演说在某些方面惊人的相似，但在语气上有巨大的区别。西格蒙德有感于“两人独特的对比，一方面希特勒的演说煽情，带着悲天悯人的语气，另一方面罗斯福的讲话却一本正经”。也许，罗斯福想，“这种对比同时显露出美国人和德国人社会的不同特点”。他有一种奇怪的想法，客观地说，希特勒的煽情是否优于罗斯福平淡的风格。

鉴于我们知道1933年年后发生了什么，这个受过高等教育的德国犹太人能提出如此问题，或者在提出该问题时，下意识地用了国家社会主义这个词，这似乎显得不可思议。但这仅仅说明，当纳粹在德国夺权时，很难再次捕捉那时的人所感受到的极大的不确定性。回顾历史，我们看到，在希特勒被任命为帝国总理这则事件之后，不但对德国，而且对世界都造成了巨大灾难——尤其对欧洲的犹太人。我们可以看到，对于罗斯福所有的激进言论（演说中明确将大萧条归咎于肆无忌惮的金融家，并威胁要忽视国会的权力，以抗击经济的紧急情况），他的“新政”对美国的个人自由没有实质威胁。然而，那时不太容易预见到“新政”和“新秩序”的巨大区别。即使那些在纳粹统治下会失去大部分财产的人——像沃伯格家族这样富裕的德国犹太人——也没有立即领会到希特勒所代表的威胁。相反，他们相信他们的财富、社会地位，更重要的是，他们真诚的爱国主义将保护他们。

从选举的角度看，纳粹上台真像闪电一般。1928 年 5 月举行了大萧条前最后一次普选，纳粹党只赢得了 2.4%的大众选票，这使该党在帝国议会只获得 12 席。1930 年 9 月，纳粹赢得 18.5%的选票，获得 107 席。在未来不到两年的时间，他们赢得不到 38%的所有选票，在帝国议会意外地立即成为最大的党派，有不少于 230 席。这时，拒绝给予他们组建政府的机会确实很难，虽然总统冯 · 兴登堡周围的阴谋小集团在那年余下的时间里正在忙于此事。不过，到 1933 年 1 月，所有可能的备选方案都被用尽。海因里希 · 布鲁宁、弗朗茨 · 冯 · 巴本和库尔特 · 冯 · 施莱克尔将军试图借助总统的紧急权力，不让议会多数党参与国家管理，他们连续几次的努力都以失败告终。1933 年 1 月 30 日，希特勒作为纳粹和德国国家党联合政府的领导人，最终宣誓成为总理。

历史学家过去认为，大萧条是这次政治“地震”的主因。1929~1932 年，正如我们已经看到的，德国经济产出实际下降了大约 23%。通胀率从约 4%下跌至–12%。就业率下滑了 37%。注册失业人数从不到 125 万人攀升至超过 600 万人。面对这一经济“地震”，魏玛体系显得束手无策。事实上，被采用的通缩政策竟使危机恶化。民主系统在困境下开始瓦解，以至于 1929 年以后，有越来越多的立法是通过紧急令颁布的。这么说来，自 1930 年以来，希特勒政府是第 4 个独裁政府。但历史依然迷雾重重：为什么德国爆发的大萧条催生了第三帝国，而其他国家的经济同样遭受严重打击，却维持民主政府和法治？ 1932 年，德国的失业率和美国的失业率几乎同样高，但美国人选举了罗斯福。在他担任美国总统的 12 年里，他只通过了两个很小的《宪法》修正案，而德国人选举了希特勒，他不但推翻了魏玛《宪法》，而且推翻了经过更长时间建立起的法治，剥夺了德国人的政治和民权，迫害犹太人和其他少数族裔到被灭绝的地步，并发动了现代历史上最具毁灭性的战争。

为什么德国对大萧条的反应比美国要激进得多，西格蒙德 · 沃伯格在纳粹夺权的决定时刻，写下令人难以置信的私人日记，日记里提供了一条线索。日记是一份吊人胃口的文件，因为日记写完后的某一时刻，不知道是谁小心翼翼地用折叠刀或柳叶刀，把某几句，甚至是一些整段裁剪掉。好在西格蒙德的日记有足够的内容幸存下来，日记对纳粹掌权提供了独到的见解，他这个高智商、好口才的德国犹太裔精英，恰好经历了纳粹上台的全过程。

纳粹思想的渗透

也许可以认为，西格蒙德 · 沃伯格有充分的理由对希特勒当选总理产生的影响感到悲观。20 世纪 20 年代不止一次，汉堡早期的纳粹组织，比如德国民族党、铁锤联盟或者保护和进攻行动联盟，对西格蒙德的叔叔马克斯在凡尔赛和谈中发挥的作用予以攻击。早在 1919 年 5 月，汉堡证券交易所曾发生扭打事件，起因是一名保护和进攻行动联盟的成员开始散发反犹太人传单。马克斯 · 沃伯格被迫以诽谤罪将两份“右翼”报纸告上法庭——其中一份是纳粹的《民族观察报》——但判决的赔偿很少。1922 年，合并后的德国大众保护联盟列出一份名单，其中有显赫的犹太人，包括马克斯；外交部部长沃尔瑟 · 拉特瑙的手下，当年 7 月，他本人在开车穿过柏林大街时被袭击，还有记者马克西米利安 · 哈登，马克斯侥幸逃过一次刺杀。警方建议马克斯 · 沃伯格搬家，并为其配备保镖，但马克斯认为最好干脆逃离公众生活选择出国，他首先（以假名）去荷兰，再去美国，他在那里待了数个月，并且行事低调。1923 年 11 月 8 日，纳粹在慕尼黑策划政变，但以失败告终（所谓的“啤酒馆政变”），虽然汉萨联盟很少有人支持，但马克斯极度担心，他再度离开汉堡前往纽约，直到危机过去。他放弃去犹太礼拜堂，自己在私下里祈祷。在这一背景下，我们就能理解西格蒙德参政的决心。这是一个大胆的企图。

20 世纪 20 年代的大部分时间，激进的“右翼”局限于规模相对小的社会团体。但从很早就有迹象显示，纳粹的思想也能渗透主流的魏玛各党派。在汉堡，泛德联盟和新成立的德国国家人民党都采取反犹态度，并以此吸引选票。当马克斯 · 沃伯格请求保守的帝国公民委员会创始人弗里德里希 · 冯 · 洛贝尔，抵制在德国国家人民党内的反犹主义时，洛贝尔予以反对，认为“公开抵制反犹主义将容易在我们当中招致反抗和分裂”。虽然德国人民党汉堡分支准备公开对反犹主义予以否认，但马克斯无法说服该党领袖古斯塔夫 · 施特雷泽曼在德国层面作出同样的声明，因为该党的南德分支有反犹倾向。

1919年3月，汉堡各商业联盟举行会议，马克斯坚持认为，“把国家放在心上的”犹太人能“支撑德国国家身份”，同时，“试图建立一个与这个国家身份兼容的多元的资产阶层”，虽然他在自己的权力上让了步，这具体表现在他接受了他们认为的“居住在这里的德国犹太人” 和从东欧移民到德国的犹太人“有明显区别”。极端“右翼”并不对这一区别很感兴趣。拉特瑙遇害后，马克斯努力去理解他们对所有犹太人不加区别的敌视：

> 所有不满的人，事实上都是铤而走险的人，并且正成为暴徒，你在他们身上只能看到贫穷和绝望。正是这种绝望……导致这种行为。父母在家向子女鼓吹仇恨，家庭不再是安宁之所，而（已经）成为错误说教的源头。由于误导产生改进（事态）、改变（事态）和动员全体的欲望，这使矛头轻易地指向少数族裔，所以自然就形成了反犹主义。当然最终还有《凡尔赛和约》，但它只是一个次要因素，卡尔·赫尔费里希和德国国家人民党右翼的同志们蛊惑人心，他们吸引了年轻人的注意力。

马克斯告诉他的朋友莉莉·杜·布瓦–雷蒙，这不仅意味着“个人安全受到威胁，而且德国也面临危险，它将永远陷入二等国家之列，这些二等国家是犯过大屠杀的国家，除非现在就发生决定性的变化”。在一份公开抗议信中，他强调反犹主义与“东方野蛮”的联系，警告“内战心态”，并不遗余力地消除反犹的种种荒谬说法，比如“背后捅刀子”的传说，这些不实之说将德国在1918年的军事失败归咎于犹太人，说他们当年在国内煽动革命。

在相对小的汉堡犹太社区以外，针对反犹主义动员反抗的困难是激进右翼势力不会对汉堡大多数非犹太权贵阶层构成直接威胁。1932年，当反犹团伙袭击该城富裕的西区，并对鹿特鲍姆区的犹太教堂进行破坏时，富裕的非犹太人感到，这次袭击似乎没有他们在1918年年末革命期间经历的无产阶层对哈维斯特胡德区的攻击那样令人恐慌。不管怎样，1914~1918年战争目的与求和目的的争吵，已经使诸如理查德·克罗格曼、赫尔曼·保宁和马克斯·冯·辛克尔这样的非犹太裔汉堡商人，与新成立的祖国党中的早期法西斯分子进行了接触。同样的，马克斯·沃伯格对1918~1919年发生的事件或多或少持包容的态度，但对克罗格曼、保宁和辛克尔之流，他们对魏玛时期的“11 月罪人”绝不会妥协。1919 年，供“罪人”使用的汉堡国民俱乐部，明显是一个反革命、极端民族主义的实体。精英右翼和小资产阶层右翼在很多方面是有区别的。当地纳粹党视自己在诸多方面是反资产阶层的党派，他们力求调动年轻人和失业人群，还有工人、公务员、店主和工匠，反对“实业家身上体现出的自由资本主义经济目前的生活方式”。虽然纳粹在富裕的哈维斯特胡德区和鹿特鲍姆区获得了较高比例的票数，仔细观察后发现，大部分西区投给纳粹的票来自低收入团体，他们住在相关选区周围不富裕的地带。但是，纳粹领导人很快学会弱化党内各级活动分子的激进情绪，以吸引德国的社会精英。早在 1924 年，汉堡泛德联盟与国家社会主义德国工人党合并选举力量。两年后，希特勒首次被邀请去国民俱乐部发表讲话。1929 年，当他第二次在那里演讲时，他将他的党描绘为“维护秩序的力量”。有证据显示，大约在那时，一些汉堡企业开始向纳粹捐款。更重要的是，汉堡精英开始认真对待纳粹，将其视为潜在的政治伙伴。汉堡至美国航运公司董事、前总理威廉 · 库诺希望希特勒能助他再展仕途。1932 年，汉堡商会 4 名成员公开支持希特勒，主张在希特勒、兴登堡和德国国家人民党领袖阿尔弗德 · 胡根贝格之间达成分权协议。把纳粹纳入一个保守政府（期望权力将缓和纳粹的激进主义）的想法，似乎也促使另一个汉堡商人组织加入威廉 · 开普勒的团队，成为希特勒的经济顾问。这些人并不是忠实的纳粹党党员，他们认为他们在和“反革命”打交道，很多地方像商业团体处理 1918 年“十一月革命”一样，力图尽可能地使汉堡经济远离难以预料的大众政治。不过，对于其他人，支持希特勒不只是权宜之计，尤其当希特勒成为总理后。许多人，特别是年青一辈，视政权变更是一次机会，它将使汉堡重回战前建立海军和殖民贸易的辉煌。有人希望恢复德意志帝国的社会秩序，而其他人期待纳粹的文化革命，它将使德国焕发青春，而不仅仅是让时光倒流。汉堡权贵中只有极少数人正确地辨认出，1933 年的“国民革命”比 14 年前的“十一月革命”，对该城传统整体的威胁要严重得多。

幻想破灭

特别是鉴于西格蒙德 · 沃伯格的叔叔在 20 世纪 20 年代的遭遇，西格蒙德可能会被认为是有先见之明的反纳粹的少数派一员，但他不是。事实上，他也受到诱惑，和他非犹太人的商业同辈们一起欢迎纳粹的胜利。早在1930年9月（他赢了对本月普选结果的打赌），西格蒙德认为，“让右翼‘极端分子’进入政府是正确的，就像工党为英格兰带来很多好处一样。他们一旦进入政府，首先将变得头脑清醒，然后会再度失去支持。”西格蒙德认为，“完全有可能使纳粹党人逐渐变得理智。我们的社会民主派也曾是不负责任的煽动者，今天几乎都变成了资产阶层，而且愿意妥协。”他没有轻易放弃这极具误导性的类推。西格蒙德后来承认，虽然他读过《我的奋斗》，但他“认为，书里没有包含一个可能发展德国的方案”。他曾“愚蠢和自满地”相信，这个政权“不会长久”。

西格蒙德清楚，希特勒被任命为帝国总理是一个危险的事情，不只是对德国的犹太人。1933年2月27日——离希特勒宣誓不到一个月，就在这位自封的元首要求再次进行选举的前一周——沃伯格决定开始写日记，“过去几周经历巨大的政治动荡，一定会使犹太裔德国人感慨，对我自己而言，我感到整个人无法与我在大日耳曼的根割裂开来”。那天晚上，一个精神错乱的名叫马里纳斯·范·德尔·吕伯的砌砖工在帝国议会大厦放火，他是荷兰共产党员。纳粹指控这次纵火袭击是共产党政变的开场白，遂迅速宣布国家进入紧急状态，并逮捕德国共产党多位领导人，同时，禁止所有左翼报纸在未来两周出版，包括社会民主党人的报纸。这意味着3月5日的选举远不是自由和公平的。横扫一切的紧急令经兴登堡批准，根据紧急令条款的规定，纳粹党人和他们穿褐色衬衫的党羽能够不受惩罚地恐吓他们的反对者，还能同时主宰德国媒体。西格蒙德深知，希特勒作为总理已经滥用职权。他时刻想着这个关键问题：“新领导集体的反犹主义将使事态如何发展？”但是，他在极大程度上，宁愿对新政权抱着试一试的态度。为什么会这样？

1933年3月4日晚，西格蒙德在广播里收听希特勒的讲话（可能是第一次）。他的反应是明显矛盾的。前半部分讲话给他的感觉是“煽动，攻击他的敌人，卑鄙地论战，到了施虐的地步”；但后半部分“充满纯粹的理想主义、强有力的积极性，话里透着真正的灵感和行动所需的不羁的意志”。从西格蒙德这一时期的其他日记里可以看出，希特勒传递的信息中有一些元素对西格蒙德产生了共鸣，后者一心想着德国需要激进的改革，以解决战争期间资本主义社会的明显缺陷。西格蒙德对纳粹选举胜利的反应也是矛盾的。历史学家倾向于不看重选举结果，因为纳粹只获得了不到44%的普选选票，好像不拿到绝对多数票就不能被视为真正的胜利（特别是鉴于政府党派享有的优势）。但以魏玛的标准，西格蒙德认为，这次胜利“超出所有的预期”。诚然，它是“一个靠许多滥用和恐吓手段，靠谎言和向群众许下邪恶诺言取得的胜利”。但它也是“这样一种胜利，人们必须承认它的理想主义力量，正是这股力量使选举胜利”。“这股理想主义力量已经证明，它在纳粹运动中比在渺小的人类个体中更强大”：

> 如果要为选举结果寻找一个更具历史性的解释，那就是动态的一边和静态的一边的较量。年轻和热情站在动态的一边，资产阶级行业工会、战后的官僚体系和商界大亨则站在另一边。懒惰的资产阶层想要保留他们的利益、他们的财富、他们的舒适。他们有的是谨慎和经验，但他们的对手既没有看见果断的分析，也没有看出自我牺牲的斗志。动态的一边胜利了，现在必须显出他们能做什么。他们的前景是光明的……

换言之，纳粹承诺社会革命，这和西格蒙德的想法相契合，很长时间以来，他对汉堡资产阶级社会的自满感到心灰意冷，他的家族的老一辈人就是例子。

不可思议的是，西格蒙德甚至察觉出，新政权有可能允许德国犹太人制定自己的家规，就像新政权整顿德国中产阶级那样。要知道德国资产阶级满足于资产阶级社会，因为它允许资产阶级将“一种倾向包容的能力与……精神上的肤浅和折中主义”相结合；因为它允许资产阶级不用“是”或“不是”回答问题，而是用“也许”。如果犹太人不是这种“腐朽的德国资产阶级”的重要人群，这次政权变更对这些犹太人难道不是一次机遇吗（西格蒙德显然想着自己）？因为这些犹太人能“敏锐地分清‘是’和‘不是’，能分清公开承认和否认”。

> 也许新上台的这个人现在在雅利安人和犹太裔德国人眼中正是这一类人，这种犹太裔德国人因此可以理直气壮地说，如果不是因为纳粹的反犹主义，他也会是一名纳粹。与此同时，他几乎要感谢这种反犹主义，因为反犹主义肃清了他身上的自大、轻浮和推诿，它创造了我们最需要的——一种在民众中的动态感觉，这些民众受够陈年问题的困扰，心力交瘁。

对沃伯格而言，“国民革命”似乎对德国犹太人中的某类人是一次机会，他们“针砭时弊、主张革命，充满活力和理想”，他们要和“资产阶级自由派的机会主义分子”划清界限，后者似乎在德国犹太社会中占主导地位。

重要的是，沃伯格难以抵御的是希特勒在国家救赎上许下的狂言。纳粹很明白如何把希特勒包装成俾斯麦的继承人，甚至追忆德国历史，以新改革时代的预言者自居。德意志帝国晚期民族主义如火如荼，对任何成长于那个年代的青年，包括西格蒙德·沃伯格来说，它带有极强的吸引力。在大选后的日子里，西格蒙德赞许地拜读了阿图·莫勒·凡登布鲁克写的开创性著作《第三帝国》，他同意书中主张的“弘扬国民道德思想，使之作为所有生命的基础，而不以个人或人类整体意志为基础”。他迫不及待地推测，法德关系的难题需要“法西斯式而不是资产阶级式的”解决办法。那么，纳粹的反犹主义又如何解决？他思忖道，纳粹是政治的暴发户，“即使是最得体的暴发户，我们也不能要求他一开始就彬彬有礼，他有的不过是朝气、力量和前进、建设的意志”。希特勒的种族主义与暴发户的粗俗一样，一阵子就过去了。在这一点上，沃伯格（他和他亲戚圈子的人都如此认为）本质上误解了新政权的性质。他希望充满活力的年青一辈可以反抗臃肿的老一辈，但德国年轻人在希特勒脑海中的主要角色其实是炮灰。沃泊格希望在平衡的实力基础上建立欧洲和平新纪元，而希特勒从一开始就决意发动战争，决意驱除1918年的“魔鬼”。沃伯格希望反犹主义是纳粹主义的附带现象，但是种族仇恨却是纳粹主义的核心。多年以后，当西格蒙德指责别人“异想天开”时，他不能忘记他自己对希特勒也有过自欺的行为。

其他人将在这种幻象中再过上5年时间。然而，直到接近1933年3月末，西格蒙德·沃伯格突然领悟到第三帝国的真相，鉴于他早前矛盾的态度，反思如此迅速是不可思议的。“德国有法西斯主义了，”他在3月21日的日记里写道，“一个大大的问题是，它是否会是好的法西斯主义，换言之，它是想要秩序和公正，类似意大利实行的，还是接近莫斯科实行的，后者导致专断，导致残暴和不容异己。”起先，他还对此保持乐观，现在他视自己是悲观主义者。在接下来的数天、数周乃至数月里，沃伯格愈加悲观，以至于他不久便开始考虑彻底离开德国。

是什么使他突然改变？简单地说是一系列事件。重要的是记住，1933年年初“国民革命”是如何真正的革命。从这个角度说，纳粹运动中最激进的分子——尤其是穿褐色衬衫的冲锋队成员——攫取了胜利带来的机会，他们不但和左翼的政治对手算账，而且和他们长期最暴力敌视的对象犹太人算账。2月6日晚，冲锋队和其他右翼民兵团体，举着火把在汉堡游行，嘴里喊着“让犹太人去死”。根据一位目击者回忆，游行队伍里有人公然“唱，让犹太人的血从他们刀下的伤口喷出”。虽然汉堡发生了几起袭击犹太人生意的事件，但这样的口号并未立即被付诸行动，即使在 4 月 1 日下令全德国抵制犹太人之前。但是，在公共、公民和经济生活中排斥犹太人却是即刻开始。早在 3 月 14 日——即使在国家通过立法开除所有犹太公务员以前——马克斯 · 沃伯格被新任市长卡尔 · 文森特 · 克罗格曼从汉堡财政代表团罢黜，后者是国家党人、船东理查德之子。一些汉堡的公司步克罗格曼后尘，请求马克斯辞去公司监事会的职务。这之后汉堡发生了政变，当地的纳粹借助柏林新政府的支持，要求参议院把汉堡警察的控制权交给纳粹，这是把帝国的地方政府进行“一致化”的一部分，这个过程预示着议会统治作为政治中心的终结。随着重要的《使能法》最终在 3 月 24 日——为取得 2/3 的多数票，该事件被放缓——被帝国议会通过，希特勒最终被“松绑”，他将完全依靠法令统治，无须理会帝国议会或兴登堡。独裁统治的第一批“成果”是一连串限制犹太人公民权利的激进措施。1933 年 4~10 月，他们被禁止从事公务员、专利律师、国有保险机构的医生或牙医、任何岗位的公职、文化机构的董事，或者记者。

正是出于这一背景，西格蒙德突然决定离开德国就可以理解了。暴力加上系统性的歧视，几乎一夜粉碎了他对纳粹统治性质缥缈的幻想。他不是唯一有如此反应的家族成员。西格蒙德流亡后，弗里茨的女儿英格丽德也随之仿效。其他人觉醒后，则有更加绝望的反应。1933 年，卡尔 · 梅尔基奥死于中风，可能是害怕被国家秘密警察逮捕。德意志银行的董事保罗 · 沃利克生下来是犹太人，但后来接受洗礼，并娶非犹太人为妻。他因无法再忍受歧视，于 1938 年自杀，他只是 1933 年后席卷德国犹太人社区自杀潮中的受害者之一。

决定移民

根据西格蒙德自己的说法，他流亡的决定是个人信仰突然完全改变的结果——这一启示性的时刻发生在柏林的德国外交部，这可是一个不可能的地点。西格蒙德后来告诉乔治 · 斯坦纳，1933 年 3 月 9 日，他曾与外交部部长康斯坦丁 · 冯 · 纽赖特会谈，纽赖特是巴本任命的职业外交官，他将有近 5 年的时间在希特勒手下任职。

> 我说我对一系列事件深感忧虑，冯·纽赖特问我应该如何处理，我答道（为这次谈话已认真准备），虽然兴登堡年事已高，但他不是纳粹，如果像冯·纽赖特这样的人跟兴登堡说除掉希特勒，他会那么做的，而且有军队的支持。事实上，魏玛《宪法》里有一段话，如果总理违反基本的法律，总统有权采取行动。纽赖特答道："你说得对。我很明白，兴登堡完全信任我，我可以像你说的那样影响他，但这有风险，我不能那么做。从国家的角度，我还不被认为是可靠的。"与冯·纽赖特的会谈，对我来说像一次神秘的经历。我醒了，坐车回家后，我告诉妻子收拾行李。"如果冯·纽赖特承认我是对的，但又说他无能为力，我还能做什么？"

后来的作家重复这则生动的故事，但任何留存下的文件并没有提到这则故事。西格蒙德的日记里没有记录过和纽赖特的会谈，虽然我们也不知道它是否发生：纽赖特这位来自施瓦本的贵族是西格蒙德父母的近邻，在西格蒙德童年时期，常到乌亨费尔斯做客。不过，有证据显示，去纽约出差，加上德国反犹势力的高涨，促使西格蒙德把妻子和孩子送往伊娃父母在瑞典的家。这发生在西格蒙德回忆与纽赖特进行会谈的3周以后。

1933年3月27日，西格蒙德详尽地阐述了他如何反抗德国现在猖獗的反犹主义，包括和马克斯·瑙曼的一次会面，后者是亲纳粹的犹太人，他组建了德国国家犹太人联盟。历史更久的德国犹太教公民中央联盟就这一主题发表声明，沃伯格批评该声明"缺乏热情"，他规劝瑙曼和他在纳粹运动中认识的其他一些人，"激进的反犹主义实际是不可能的（不可能作出种族的诊断，不可能执行种族的鉴别，每一个关于纯种人的假设都是虚假的，道德上形成不能包容的品性，鼓吹一种建立在血统成分上的共同生活，而不是建立在充满力量的性格和内心的活力上）"。这种论调显然不能招来太多支持，马克斯让西格蒙德去纽约见他们的亲戚和在库恩-洛布公司的同事，西格蒙德欣然答应。但他不放心把妻子和孩子留在德国，鉴于纳粹"过分之举"所带来的威胁，如果威胁进一步升级，可能危及他们的安全。再加上伊娃想探访她残疾的母亲，这些是她几天后带孩子前往斯德哥尔摩的原因。西格蒙德也劝他母亲离开德国，并把她送往瑞士的亲戚家。

沃伯格非常明白，这些仓促的安排也许意味着一次重大诀别。他想"当我们返回德国时，我们的家和我们的生活方式是否还能像我们离开时那样”：

> 没有什么创伤或冤屈可以破坏一个人在德国当家做主的感觉，但当这个人的工作、个人自由和个人尊严被剥夺时，他也许必须作出符合逻辑的结论，就像19世纪中叶德国最伟大的爱国者们在他们离开祖国时所作的，不是为了放弃与祖国的纽带，相反，带着喜悦和恢复的力量，为祖国和它的重生而奋斗。

这里提到的是1848年革命，在某种程度上它是具有讽刺意味的。当沃伯格预订前往纽约的头等舱时，他绝不是追随卡尔·马克思的脚步。无论如何，他被美国吸引的另一个原因是有可能动员沃伯格家族的美国分支——尤其是吉米，他认为吉米在1931年危机期间是潜在的盟友——抗衡马克斯对汉堡公司的管理（在西格蒙德看来是管理不当）。然而，他向岳父表明，他离开德国的主要动机是出于政治。选举暴露出德国保守右翼的弱点，突出了“激进分子”的“虐待情绪”，增加了“丹顿与罗伯斯庇尔对决的概率（希特勒相当于米拉博，戈林相当于丹顿，戈培尔相当于罗伯斯庇尔）”。西格蒙德之前批评“德国资产阶层的失败、它的惰性、拜金主义和怯懦”，自大选后他对“德国人民群众的粗鲁和残暴”深感迷茫，特别是抵制犹太人运动，这是“有良知的犹太人在心理上或物质上所不能容忍的”。“我已经开始考虑移居。”他坦言。纳粹有意管理德国公民出国旅游的消息，使他对祖国正在发生的事情愈加感到“羞辱”，他坚信自我放逐——在必须逃亡前——是唯一可能的选择。“希特勒的野蛮群众偃旗息鼓，恐怕需要很长时间，”他在跨大西洋的航行中思索着。“在这期间，最爱国的人……通过在海外奋斗，将为他们的祖国做得更多。”

但移居到哪里呢？显然美国是一个选择，它是20世纪20年代世界经济最具活力的国家，也是到目前为止西格蒙德待的时间最长的海外国家。他于4月6日抵达纽约，不清楚他是否明确讨论迁往纽约的可能性，但这似乎很有可能。莫蒂默·希夫也许愿意让他担任合伙人，或者至少去库恩–洛布公司工作。5周后，正当西格蒙德的旅程接近尾声时，他的助手从布拉格打来电话敦促他“不要回家”，西格蒙德已把业务迁到布拉格，以避免纳粹窃听电话。问题是，1931年《静止协议》使沃伯格家族在德国有大量资产持续被冻结，该协议规定暂停偿还德国在大萧条前获得的外国贷款，吉米·沃伯格和库恩–洛布公司的其他合伙人都不想让西格蒙德放弃他在德国的岗位。他是德国家族企业中值得信任的一员，他们希望这个人能和新政权开展业务，不只和亚尔玛·沙赫特，后者现在又被推上帝国银行的行长（他之前为抗议“杨计划”辞去该职，该计划旨在调整赔款时间，得名于美国商人兼总统顾问欧文·D·杨）。如果西格蒙德移居，一切希望将变成泡影。他的助理警告说：“沙赫特不在场时被人算计……纳粹中的布尔什维克派系日渐强大……如果美国的银行在下周，能以60%或70%的折扣出售在德国的贷款套现，即使事态不会恶化，西格蒙德也强烈敦促它们这么做。”（吉米·沃伯格冷酷地形容这是“令人高兴的消息！”）

第二个可能性是瑞典。西格蒙德在去纽约前，明确询问过岳父，自己在斯德哥尔摩是否有位置。菲利普森的回答坦率且带有恭维。在那种形势下，经济阴影开始笼罩瑞典，对“一个有你这种资历，特别是在纽约和伦敦有极广泛人脉关系的人”，没有合适的位子。第三个可能性当然是英格兰。鉴于西格蒙德后来在伦敦的成功，而伦敦是他的第三个选择，这也许会令人惊奇，伦敦甚至是排在阿姆斯特丹后的第四个选择。更令人不可思议的是，他不得不被岳父说服考虑伦敦的可能性。1933年5月，西格蒙德曾在英格兰短暂停留，菲利普森富有预见性地说，沃伯格具有“可以令你取得在德国同样成功的素质，在此之前你有多少位富有天赋的移民同胞取得过成功”：

> 你熟谙英国商业生活中英国人的特殊心态。我认为，果断的作风适合你，你熟悉不成文的规则，那就是对人要公平和慷慨……虽然你不是体育健将，但你在金融城总是受到朋友们的尊敬和爱戴。你是德国犹太人的事实，不论在开始或以后都不会被人遗忘，但你有关系、经验，并擅长外交事务（英国事务）。我有一种感觉，你可以成为那种愿意利用好自己优势的人，起码不会让优势贬值，你也很快会被英国精英阶层所接纳。

西格蒙德收到信后过了几天，似乎要将他所面临的抉择拟人化，他发现自己坐在从伦敦去哈里奇的火车上，他将在那里乘渡轮返回欧洲大陆，火车上同行的不是别人，正是玛琳·迪特里希和沙赫特本人。帝国银行行长力图向沃伯格保证，德国新一代领导人会“讲理”，尽管他们现在都带着“固执和野蛮”。但沙赫特对希特勒的热情，只不过确认了沃伯格对希特勒的印象，虽然希特勒充满“新鲜与活力”，不过却“极端不可靠”。现在，沃伯格相信，只有“很糟的经历，才会让纳粹回归情理或者警醒他们的追随者”，他预计这一过程需要“4~8年的时间”。因此，他必须移民，但一定非得是伦敦，而不是纽约吗？“英格兰总是重在内部的静谧、坚毅和安全，”他在东行的火车上写道，窗外是东安格里恩单调的景色，“但美国经济更健康、更强大，而就是在这方面，英格兰近年败下阵来。”同时，临近的欧洲大陆正朝着经济和政治的“巴尔干化”发展。不清楚这一趋势将如何影响大英帝国，但明显的三个主要的受惠者将是“欧洲以外的三大帝国，即美国、俄罗斯和日本”。

沃伯格后来提到连夜迁移，虽然听起来很浪漫，但他又在德国待了一年。在这期间，他不停地出差——两次去伦敦、柏林，一次去法兰克福、伯尔尼、巴塞尔、苏黎世和巴黎。不过，他继续在汉堡办公。直到1934年3月，他还在权衡法西斯主义的利与弊：

> 法西斯专政……表面上有很大的吸引力：街道干净、列车准时、乞丐很少、房屋整洁、制服笔挺、列队威武、行进整齐划一。表面上很好，引人侧目，这就是为什么法西斯主义能赢得肤浅的大多数人。但独裁者不会问，国家会怎样，他们的支持者赞叹目前的成功，却不问最终为此付出的代价有多高。因此，结果经常是经济上入不敷出，《宪法》上出现一个领导、大众被领导，但在这两者中间毫无领导力可言。

沃伯格预言，德国“不仅在物质生活水平上，而且在精神追求上急速下降”，这将最终导致“道德无政府主义，甚至是战争？”这个问号是巨大的。不过，他对德国的武装速度，尤其是德国空军装备建设的速度观察得越多，就越确信战争将是德国在希特勒领导下的最终目的地。沃伯格现在认为希特勒“只靠有组织的暴力创建和统治一个帝国，他没有任何更好的精神品质”。沃伯格已经察觉出希特勒是一个铤而走险的人。主要问题是：在德国经济被高速军备拖垮前，西方民主国家会不会向希特勒屈服？他敏锐地总结道，最有可能的结果将是由纳粹政权挑起的一场战争，作为由自己造成的经济危机的出路，这样的一种冒险不可避免地将以“灾难”收场。

与此同时，纳粹政权的反犹主义没有减弱的征兆，相反，到1935年，用沃伯格的话说，正朝着“反犹共产主义”方向发展。他逐渐看出，希特勒的意愿是要

“消灭犹太教”，为了这个目的，他可以依靠群众支持。虽然沃伯格在1934年4月正式成为英国的外籍居留者，但在那之后又过了几个月，他和妻子才最终决定移民，即使在这个阶段，他们的目的地还是未知数。伊娃·沃伯格显然倾向于巴黎。但是，她的丈夫越来越想在伦敦开创一番事业，他现在发现自己有40%的时间是在伦敦，虽然这违背他自己的期望。

成立新公司

西格蒙德在为自己和家人选择一处新家时，他想得最关键的问题是，在动荡的时代，最佳的商业机遇在哪里。也就是在此时，沃伯格得到了他整个职业生涯中最重要的顿悟之一。他对马克斯以及M·M·沃伯格公司的其他高级经理的失望之情，到这个阶段是无限的。西格蒙德已经放弃改革费迪南德街行事方法的所有希望，无论如何，随着德国走向毁灭之路，再一味要求改革显得越来越没有意义。为M·M·沃伯格公司效力，基本上意味着减少该公司资产负债表上的长期非流动性——1931年危机遗留下的产物——这份工作既得不到感谢，还吃力不讨好。相比而言，西格蒙德开始意识到，在阿姆斯特丹和巴黎有一种非常不同的生意可做，它源自大萧条后非常复杂的国际货币和金融体系。资本和外汇管制在全球扩散，被冻结的账户和法定货币纠缠在一起令人困惑，这让已经建立起来的公司很难开展它们的传统业务。它们最需要的就是金融的专业知识和建议，沃伯格把这种需求称为“斡旋”（他马上补充道，“其意思是广义的、有建设性的调解”，他料到这一提法毫无疑问会遭到库恩-洛布公司人的怀疑）。需要做的是建立一套“在国外寻找这种业务”的机制。这需要富有经验的人，而非大笔资金。那是“高素质的中介活动”，沃伯格这样总结他脑海中的这个商业模式。这在垂死的欧洲金融模式中，被证明是开创性的。

为这个模式找一个可行的载体是一个挑战，它将利用沃伯格的品牌和网络，而又不用对汉堡的“卫道士”负责。沃伯格再次体现出他天才的一面。首先，他争取弱化甚至切断M·M·沃伯格公司与它在阿姆斯特丹的分支沃伯格公司的联系。同时，由于汉堡的公司想为一部分资产设立离岸“避风港”，他试图找到利用伦敦出现新局面的办法。1933年年底，沃伯格家族与布兰德斯·戈德施密特公司的董事长

保罗 · 科恩–斯派尔（他是马克斯已故的妹妹奥尔加的丈夫）合伙，创建了招商和综合投资公司，它是伦敦的一家小型信托公司，资本金只有 84 000 英镑，旨在为汉堡的家族公司担当离岸“流动性储备”和临时落脚点。正式说来，它是阿姆斯特丹沃伯格公司在伦敦的投资实体，虽然前者本着投资目的，但有义务遵循被动投资战略。到 1935 年，沃伯格有很大一部分时间用在管理招商和综合投资公司的投资组合上，并将它视为一种“储备储蓄银行”。虽然这很有必要，但并不足够。1934 年，阿姆斯特丹的沃伯格公司与柏林人贸易公司合伙，又成立了一家新公司，叫荷兰国际集团。这家新公司随即在伦敦成立第二家分支——“一家新兴且更具活力的金融中介公司”——它将由一小部分英格兰投资者共同拥有。为避免“产生排外情绪”，沃伯格最初只作为有关各公司的顾问“代表”。但显然，他的意图是要成为这家新金融调解公司的推动力，不过，这家分支机构的名字却反常得不起眼，叫新贸易公司。

公司就这样诞生了。它从一个想法，成长为逐渐被同时代人视为传统意义上的投资银行，并逐渐执行投行交易。但事实上，它的核心是高质量的财务咨询，随着企业客户应对 20 世纪中叶纷繁复杂、过度监管的国际经济，该公司将为它们解决难题。

新贸易公司不只名字低调，而且办公室也不大，只占据布兰德斯 · 戈德施密特公司在威廉国王街办公地点的两个小间，威廉国王街穿过市中心的金融城，位于地铁“银行”站和“纪念碑”站之间。起先，公司什么业务都做，包括自营股票交易，协助英国公司在美国发行股票，组建棉花财团购买价值被低估的纺织企业的股票，并管理沃伯格家族各成员的资产。西格蒙德的美国堂兄吉米对这一新的安排干脆持怀疑态度。“你要么为阿姆斯特丹的公司效力，由那里支付报酬，”他在 1938 年 10 月致信西格蒙德，“要么在伦敦为新贸易公司效力，由它支付报酬。”在吉米看来，“目前的状况对你、对公司都不利”，他向马克斯 · 沃伯格也说过多次。“我继续说，”吉米向西格蒙德推心置腹：

> 我……说，我认为你的创业精神需要一个不同类型的组织，而不是一个家族企业，历史的发展清楚地表明，像现在这样的安排，一方面阻碍你施展才华，另一方面对你热衷的事务很难控制。我说，我认为你在一家管理优良、纪

律严明的组织里，会是一名值得尊敬的同事，但如果你自己在伦敦一家没有纪律的组织，将变成一个危险的家伙。

这一坦诚的批评只说对了一半。西格蒙德·沃伯格事实上急切地想摆脱汉堡家族钳制的手。作为独立经营者，他离“令人危险”还差得很远。相反，他对1931年马克斯遭受惩罚记忆犹新，因此变得格外谨慎。他知道罗斯柴尔德的商誉是不可估量的资产，他小心地不去“得罪潜在有敌意的第三方”。与此同时，他坚持使该公司的资本“有很高的流动性”，尽管这样成本不菲。他的目的是建立“一家服务型公司，没有巨大的风险，因此利润稳健而不至于令人兴奋”。最重要的是，从公司初创起，西格蒙德就把公司成本降至最低，并引以为荣。但也没有什么可以炫耀的。第二次世界大战爆发前，公司只有一年派过股利，其利润被放进隐蔽的资本公积科目中。1935年，瑞士的布雷托尔公司被劝说投资6万英镑，这样新贸易公司的法定资本就达到25万英镑，其中实收资本达到17万英镑——以今天的钱衡量大约有5 200万英镑[①]，这对刚起步的公司来说是不小的一笔数。（为便于比较，历史悠久的投资银行克兰沃特父子公司，1935年其合伙人股本达到320万英镑。）沃伯格的风险厌恶政策意味着，当伦敦股票市场在1937年出乎意料地下跌时，公司的亏损被限制在12 000英镑。

迁居英格兰

沃伯格对德国的爱和对英格兰的未知，让他在某些方面渴望移民。放弃积累的财产，开始一种新的、更简单的生活。他根深蒂固的禁欲主义被这种想法深深吸引。他欢迎“目前现有资本主义秩序”的终结。丢弃“物质和舒适”将是一种福气——只要你的理想主义足够强烈——那将导致“精神价值的升华和更新”。他在1933年表明，“我们应该喜悦、坚定地为一种好的共产主义作准备。”“伟大的资本主义个体化和巨大的阶级差异”时代，逐渐退出历史舞台，并为“社会主义化的小资本主义”让路。他迫切地期待“心灵可以在一个新式宗教的社会里得到新的发

① 为了合理计算出这相当于多少今天的英镑，我倾向用名义国内生产总值作为分母，而不是用价格指数。

展，远离政治的老套，远离传统评价的老套，远离教堂的老套，走向一种新的简单和本质”。但从两方面看，这又是一种幻想。首先，我们将看到，当沃伯格一家迁到英格兰时，他们不是生活在贫困中，虽然毫无疑问，他们的生活要比在汉堡、柏林或纽约俭朴得多。其次，在 1939 年以前，这次流亡并未断绝与沃伯格出生地的频繁往来。在 1939 年战争爆发前，西格蒙德 · 沃伯格从未与德国完全失去联系。例如，他与德意志银行的赫尔曼 · 阿布斯保持联络，并经常去汉堡和柏林出差。没有证据显示，返德期间他受到纳粹政权的骚扰。

沃伯格以前的生意伙伴现在实际上当了希特勒的经济幕僚，他又如何评价这些人呢？在一份 1941 年起草的重要备忘录中，他试图理解纳粹统治下众多德国商人采取的“中间立场”，这一立场的特点是，“资本主义阶层的重要倡导者们，为保持他们的物质和社会地位，愿意完全摒弃自己的自由派传统”。那些身处自由主义和利己主义矛盾中的人浑然不知，沃伯格讥讽地说他们是政治的“两性体”，但他们其实更危险，因为他们表面上比那些纳粹“罪犯们”更有名望：“因此有许多德国经济领袖并不视自己为纳粹，却成为纳粹最有效的帮凶。”他特别指出，这些人包括联合钢铁厂董事、工业家阿尔伯特 · 沃格勒；通用电力公司董事赫尔曼 · 布赫；安联保险公司的库尔特 · 施密特；钾肥辛迪加的奥古斯特 · 迪恩；钢铁大亨弗里德里克 · 弗利克。沃伯格观察到，这些人有一点是共同的。用他们自己的话说，他们有时与纳粹在 20 世纪 30 年代犯下的罪行保持距离，但是他们没有做任何阻止纳粹政权的事。相比之下，沃伯格几乎可以原谅弗里茨 · 蒂森，后者在 1933 年以前曾慷慨地资助过纳粹，等他意识到暴君希特勒的本性时已经太晚，不过随即与希特勒决裂。

先见之明

1933~1939 年，大约有 25 万名像西格蒙德 · 沃伯格这样的犹太人从德国移居英格兰，有更多的人去了美洲、巴勒斯坦、远东和其他目的地。但也有几乎相同数量的犹太人留下了。马克斯 · 沃伯格没有走，他决定不离开他热爱的德国，并强烈批评西格蒙德离开德国的行为。由于马克斯的原因，西格蒙德很难成功说服他的沃伯格家族的亲属在德国是没有未来的。马克斯 · 沃伯格被排除在德国经济生活之外，他徒劳地与之抗争了将近5年，他和M·M·沃伯格公司的其他董事曾在许多公司的董事会任职，但马克斯被这些公司一个接一个地逐出，包括拜尔斯道夫股份公司、嘉士达百货商店、汉堡至美国航运公司，以及布洛姆与福斯公司。他被迫从商会退出。M·M·沃伯格公司也被从帝国贷款联盟中逐出。1938年，马克斯最终向不可避免的大势低头。鲁道夫·布林克曼和保罗·沃茨这两位非犹太裔高级雇员和一些德国及外国的机构成为家族银行的法人，虽然直到1941年，公司才真正改名为布林克曼·沃茨公司。从西格蒙德的角度看，在“财产充公”问题上的争执证明，当1931年危机爆发时，他曾主张将家族银行出售给柏林人贸易公司的建议是正确的，当时银行的国际网络和商誉仍有一定的价值。为满足所有意图和目的，该银行现在不得不被贱卖，原本卖价可以更高[①]。对西格蒙德来说，更重要的事情现在是保证荷兰沃伯格公司的独立性。私下里，他将汉堡企业的债务一笔勾销。1938年12月，西格蒙德将乌亨费尔斯儿时的家出售，毫无疑问这使他内心悲痛不已，但找不到任何表达痛苦的记录。他母亲现已栖身于瑞士的疗养院，随后将在英格兰与儿子及家人团聚。

事实证明，沃伯格在正确的时间采取了行动。那些选择在纳粹德国居住的家庭成员，付出了更大的感情代价——1942年，当西格蒙德带儿子去看自己的姑父奥托·考拉时，年轻的乔治不敢相信眼前所见，考拉最终在1939年逃离德国。考拉曾是一名法官，曾被纳粹青年暴打，大学住校期间也曾因决斗在身上留下伤疤。由于想着将要从他热爱的德国流亡，“他眩晕得可怜……心不在焉地拖着脚走，精疲力竭”。对于马克斯·沃伯格而言，他推迟离境直到最后可能的时刻。据说，他留在德国是出于天真的想法，他相信通过他对沙赫特的影响，他能够保留家族企业的独立性。事实上，在马克斯出版的回忆录里，他流露出这种印象。当然，他作为犹太商业领袖之一，愿意设计出某种方案，以缓和纳粹反犹太人的经济歧视，这样的

---

① 甚至到1933年，该银行仍有资本金1 800万帝国马克、总资产为1.2亿帝国马克。财产充公过程中，据说净资产有1 160万帝国马克（不到500万美元），但实际被出售所得降至640万帝国马克。另有300万帝国马克被扣留作为对该行的“息事宁人费”（不日被清算）、85万帝国马克支付帝国资本外逃税、100万帝国马克支付充公费、122.1万帝国马克支付犹太人财产税、45万帝国马克支付移民税。还有120万马克被转移至德国在荷兰的一个冻结账户，并收取90%的手续费。各种扣减的合计事实上超过该行声明的净值。大约有30家德国犹太人开立的银行遭受相同的命运，还有更多的银行干脆被清算。

人还包括维多利亚保险集团的埃米尔 · 赫茨菲尔德、柏林私人银行门德尔松公司的鲁道夫 · 洛布、乌尔斯坦出版社的汉斯 · 谢弗[①]。奥托 · 瓦格纳是希特勒的经济顾问，他于 1933 年 4~6 月，短暂地担任过帝国的经济代表，马克斯在与瓦格纳的一次非正式会谈中，甚至表达了支持禁止东欧犹太移民进入的想法，并从政府部门逐渐驱逐犹太人的想法。埃米尔 · 赫尔费里希是卡尔 · 赫尔费里希的弟弟，前者是汉堡至美国航运公司亲纳粹的董事会主席，1933 年 8 月，马克斯询问埃米尔，是否：

> 有可能与纳粹党达成某种协议。埃米尔完全同意，犹太人不能再活跃于政府、不能再领导大型企业，但仍要给予他们某些权利。犹太社区的痛苦是非常深的……应该至少试一次，与主要的纳粹党人进行探讨。埃米尔认为，犹太人现在愿意全面让步。

1937 年 8 月，马克斯 · 沃伯格与党卫军上校威廉 · 斯图卡特会面，后者是内政部的助理国务卿，并强烈反对犹太人。两人讨论了“推动犹太人离开德国”的种种方法，马克斯在这一问题上给斯图卡特写过一系列备忘录。但是，应该公正地评价马克斯，作为德国犹太人援助联盟的主席，他的主要动机是尽量帮助其他德国犹太人离开德国，并将他们的存款汇出。他为巴勒斯坦信托公司提供融资，根据 1933 年纳粹政权和英国巴勒斯坦银行达成的《转移协议》，该信托公司得以将移民的资金转移至巴勒斯坦。1935 年，马克斯和他小弟弗里茨提议组建一家“清算银行”，允许希望移民的德国犹太人随身带走至少一部分存款（上缴纳粹惩罚性税后的余额），交换条件是帮助德国出口融资。由于美国反对、德国改变主意，该计划流产。然而，经过他们持续的努力，几千名德国犹太人在 1936 年上半年，得以随身带走不超过 5 万马克（约 2 万美元）去巴勒斯坦。在德国留守，这两位年长的兄弟[②]现在面临巨大风险，他们本可以很容易地去找他们的美国亲戚。当希特勒和戈培尔发动后来被称为“帝国水晶之夜”的大屠杀时（1938 年 11 月 9 日），第二天清晨，犹

---

① 1933 年初夏，这几个人与一些非犹太裔商人会晤了两次，这些非犹太裔商人是：巴斯夫公司的卡尔 · 博施、古斯塔夫 · 克虏伯 · 冯 · 波伦和哈尔巴特、卡尔 · 弗里德里克 · 冯 · 西门子，以及联合钢铁公司的阿尔伯特 · 沃格勒。他们还希望安联保险公司的库尔特 · 施密特加入，但他被任命为经济部长，使这一计划成为泡影。

② 1938 年，马克斯已 71 岁，弗里茨已 59 岁。

太教堂和商铺的碎玻璃遍布柏林和其他德国城市的街道，事实上，马克斯·沃伯格那时正在美国看望女儿蕾娜特。只有当弗里茨·沃伯格被捕并被关进汉堡附近的富尔斯布特监狱后，马克斯才被成功劝说不要返回德国。科尼利厄斯·冯·贝灵博格—高斯乐家在经济上和社会上都与沃伯格家族有联系，由于他的介入，弗里茨·沃伯格两周后出狱，1939 年 5 月，弗里茨和妻子安娜被允许迁居至安娜的出生地瑞典。

至此，沃伯格家族长期对德国尤其是对汉堡的影响力和投资、感情和慈善贡献，已完全被摧毁。可以确定的是，由于及时移民，西格蒙德的近亲中没有一人被纳粹杀害，在这方面，他们比数百万名其他欧洲犹太人要幸运得多。另一方面，西格蒙德·沃伯格早在 1939 年以前就非常清楚，希特勒统治下的德国必将把欧洲拖入一场新的战争。他比大多数人更早明白，这样一场战争对德国的犹太人意味着什么，并且对所有欧洲的犹太人意味着什么。1939 年 1 月，希特勒在帝国议会发表了臭名昭著的演讲，这位独裁者预言战争爆发后犹太民族将在欧洲灭亡，3 个月后，西格蒙德草拟了一份极不寻常的备忘录，他警告说："有效的政治宣传，加上一个 8 000 多万人的国家，方向松散地以希特勒的意志为转移，势必将毁灭犹太教"：

> 每当德国感到一个国家有反犹倾向时，（在慕尼黑的犹太人问题调查）研究院就提供免费的伪科学论据，针对每个国家特别改编，全部假设这些国家的崛起和恢复，只有通过铲除人口中的犹太人才能实现。匈牙利和罗马尼亚就是这样，这样的情况将会发生在希特勒影响范围内的每一个国家……今天，直接在德国压力下的犹太人有 125 万人，明天有可能是 420 万人（加上罗马尼亚和波兰）。苏联有 245 万犹太人，该国的犹太人问题像一个谜，就像苏联这个国家本身一样。

1933 年，西格蒙德还不是特别有先见之明，虽然他很快就改正了他起初对希特勒政权的误解。然而，能够预料到 1939 年大屠杀的数量，并把希特勒说要杀人的话当真，那可实在是有远见。

第5章

与敌人交易

HIGH FINANCIER

《如何当一个外国人》，这是一本由匈牙利幽默作家乔治 · 迈克斯于1946年出版的书。

对英格兰的失望

西格蒙德 · 沃伯格于 1939 年 4 月成为英国臣民，这之后不到 5 个月，英国就面临它历史上最为严重的军事威胁——威胁正好来自西格蒙德的出生国。他加入英籍，也是很矛盾的。英国收留了他，册封了他，但在某种程度上总视他为外人，并视他为金融城俱乐部潜规则的破坏者。他选择了英国，但总认为它已过了巅峰状态，是一个否认其没落的帝国。正如我们已看到，当考虑移居何处时，他开始时倾向美国，而非英格兰。处于衰落过程中的英国具备“内心平静、大国风范、泰然处之”的特点，这些也许令人羡慕，但美国“更健康、更强大”。英国的君主很大程度上只是象征性的角色，沃伯格并没有认真对待他们，当乔治六世登基时，沃伯格逃离伦敦，用他的话说，因为他“非常厌倦老一套的欧洲，并且厌倦我们周围非自然的惯例和义务”。沃伯格清楚地感到，他已迁居到一个腐朽的社会。

他对战争期间“英国人卓绝的勇气和纪律”印象深刻。他惊叹于英国人面对丧失亲人展现出的自控，那不是“由于缺乏感情，而是由于某种宗教的纪律，这种纪律让人能够接受不可避免的事”。然而，这些优点被两个严重的缺点掩盖，第一个是长期的效率低下。从很早的阶段起，西格蒙德就非常怀疑被后来一代人所称的“英国权贵阶层”：他们是这个国家的统治精英，他们中的许多人属于“那种糟糕的类型，极度喜欢吹牛、摆架子，既不用智慧，也不用心，但他们只有一样资产，如果它能够算得上是一种资产的话，那就是正确的礼仪”。他在战时的日记里，多次严厉斥责“高层的意志力广泛瘫痪”。他抱怨道：“仍有太多‘朽木’混迹在各个政府部门、国有公司、重要工业公司、交通组织、地方政府，以及国家生活的其他很多领域”。他们“对速度和胆识缺乏足够的理解，而这二者至关重要”。与效率低下紧密相连的是权贵阶层的社交性，它的表象是“对可能因强硬和无情的措施使个人或社会关系受损，显示出极大的懦弱以及缺乏勇气”。沃伯格最不喜欢他的接收国的方面就是这种“校友关系网”：

> 某一群男性掌管一些主要机构，一旦其中一人因为死亡或其他原因放弃他的职能，他的位置就被他的同事取代，指派的那个人一定要和其他人合得来。这套体系当然不能被形容为腐败，因为不存在金钱贿赂，但是这样的关系网形成这样一种机构，在那里，年轻人和有进步思想的人极难获得可以负责任的岗位。从圈内人的观点看，上述那帮人最善于投机取巧，那些倾向于绥靖或最少抵抗的人，获得成功的职业生涯的把握最大。

沃伯格不止一次指出，效率低下和“圈内主义”的种种特征，是英国公民服务的主要瑕疵。但是，他同样对他在伦敦金融城里遇到的私营机构持批评态度。到1942年，他建议对英格兰银行的治理进行全面改革，这完全符合他的特性：

> 英格兰银行行长及各位董事……应当由英国财政部聘任，不应该由金融城的代表们选举。英格兰银行的董事会当然应当包括一批富有经验的银行家，但大部分成员应该是工业家、行业工会会员、会计和经济学家。其结果是，英格兰银行将成为英国经济生活的中心，它将刺激商业和社会发展，而不是变成被动的堡垒，正像它如今在很大程度上表现的那样……至于英格兰银行的实际政策，其主要目标应是在繁荣时期阻止通货膨胀，在萧条时期阻止通货紧缩。但很遗憾，在战争爆发前的20年，英格兰银行正好背道而驰，它在繁荣时期允许过度投资，而在萧条时期却通过限制信贷投放强化了危机。

在这个集团内部，有维护自身利益的因素。社会精英阶层排斥大众的加入，我们所有人往往对他们表示反感。另一方面，正如我们将要看到的，沃伯格在金融城并非像他所说的是一个局外人，正是出于这个原因，他从权贵阶层彻底改革的收获比想象中的要大打折扣。他对英格兰的矛盾心情，不是出自一个暴发户或者一个自命不凡的人在陌生的环境下感到不自在，而是来自一个仰慕者，他失望地发现他钟爱的对象正走下坡路。正如艾赛亚 · 柏林所说的，第二次世界大战已经过太多年，但沃伯格“还是深深地迷恋英格兰，但在某个阶段……他放弃了拯救这个国家的全部希望，其衰落缓慢并带有尊严，但仍旧不可避免。这一点他曾跟我说过很多次”。

新团队

尽管西格蒙德 · 沃伯格对他的接收国存有怀疑，但新贸易公司多年来都带着明显的英国印记。该公司第一任董事长安德鲁 · 麦克费迪恩爵士，这位牛津大学毕业的财政部官员和政治人物，在 20 世纪 20 年代成为德国金融领域的专家，他先后担任后凡尔赛赔款委员会秘书、道威斯委员会秘书，以及设在柏林的收入监控署署长。1925 年，麦克费迪恩因公共服务而被封爵，他是残余的国家自由党的领导人之一，他一生始终是忠实的自由派[①]。这就是英国值得尊敬的地方，再加上她的智慧与勤奋——即使沃伯格私下里不信任麦克费迪恩“自由主义的……观点，但这种观点以奇怪的方式涵盖了体面、宏观、惰性和空想”。一位同样给予新贸易公司深刻英国烙印的重要之人，是公司的董事总经理哈里 · O · 卢卡斯，他与沃伯格一样生下来就是犹太人——卢卡斯的母亲姓戈德斯米德——但他无论在教育还是礼仪上都属于“老伊顿帮”。直到战争爆发，卢卡斯辞职加入经济战争部，公司才又雇用了（正如沃伯格轻蔑地说的）其他多位“伊顿校友”。在一次公司的午餐上，卢卡斯的谈话如此傲慢，竟招致清醒的苏格兰人麦克费迪恩的抗议。

然而，在权贵的外表之下，公司形成了一个强烈的中欧核心，成员们在态度上意气相投，甚至在性格上都相当接近西格蒙德 · 沃伯格。沃伯格生命中的一次关键时刻是首次遇见 31 岁的海因里希 · 格伦菲尔德。后者移居英格兰后，改名为亨利 · 格伦菲尔德，在某种程度上他不可能成为伦敦金融城招募的对象。他生于普

① 麦克费迪恩是执著的泛欧洲人，也许是因为他翻译了两本康登霍维-凯勒奇伯爵的书，引起了西格蒙德 · 沃伯格的注意。他也许还启发了沃伯格，使沃伯格在私底下表达过喜欢苏格兰人胜过英格兰人。

鲁士省西里西亚的布雷斯劳，但在柏林接受教育，年仅 20 岁就接管A · 涅德斯德特——他父亲的公司——的运营，并在德国钢铁行业摸爬滚打了 10 个年头。该公司生产钢管和结构型钢铁，是位于西里西亚的格伦菲尔德家族企业的一部分，家族企业还包括巨大的俾斯麦钢铁厂。1926 年，年轻的亨利因成功捍卫俾斯麦钢铁厂而声名鹊起，那时它的竞争对手曼内斯曼和蒂森试图利用德国和波兰之间引入的关税击败亨利，根据《凡尔赛和约》的规定，上西里西亚的东部被割让给波兰，所以，俾斯麦钢铁厂的大部分资产位于波兰。这一争执显示出格伦菲尔德出众的谈判天赋，随后，他代表钢铁工业与贝鲁宁政府就后者的强制减价政策进行谈判。1932 年，格伦菲尔德在德国境外被广泛认可，因而被任命为西班牙领事，虽然纳粹拒绝批准这一任命。

正如格伦菲尔德自己经常说的，他生命中决定性的时刻是 1934 年 4 月，他被布雷斯劳的国家秘密警察逮捕，这“极大地改变了他对生命中什么重要、什么不重要的观点”。（“目睹了许多人缺乏勇气，在那以前，他们表面上是我的朋友，”他后来写道，“我再也不以表面现象来评价某人。”）几乎纳粹一掌权，他和他的父亲就受到巨大的政治压力，纳粹让他们交出公司的管理权，就像在汉堡一样，充公化过程是由公司内部员工中的机会主义纳粹分子主导的。最初，柏林的压力比布雷斯劳的压力更严重，这促使格伦菲尔德和他父亲干脆把业务中心转移到西里西亚。但是，在德国多处地方风起云涌的革命氛围下，在纳粹夺权和党卫军清剿——又被称为“长刀之夜”（1934 年 6 月 30 日）——之间，他们受制于当地的秘密警察。4 月 20 日，格伦菲尔德被捕入狱 3 天，并侥幸避免被送往集中营。他的谈判技巧对他而言从没有如此重要过。他强调作为西班牙领事的权利，终于获得在法官面前申诉的机会，法官判他应予以释放。格伦菲尔德现已结婚，儿子尚且年幼，他没有浪费一分钟。取回被秘密警察没收的护照，他前往伦敦——就像沃伯格在他之前那样做的——寻求其他职业，但 6 周后返回，一无所获。他朋友的朋友是柏林一家小型银行的经理，名叫霍斯特 · 乌尔里奇 · 瓦格纳 · 冯 · 卡滕伯恩，后者想出了答案。通过他，格伦菲尔德被引荐给艾尔弗雷德 · 霍尼格曼，后者是荷兰国际公司的董事会主席，该公司是新贸易公司原来的股东之一。霍尼格曼听说新贸易公司需要有工业背景的人，他邀请格伦菲尔德与沃伯格在海牙的印第斯酒店会面①，日期是 1935 年 3 月 17 日。

格伦菲尔德无意在沃伯格手下做事。他倾向于在伦敦设立自己的公司。但他缺少沃伯格拥有的国际金融网络。他的家族的财富完全集中在德国，因此受到纳粹政权无情的劫掠。1934 年，格伦菲尔德意识到，如果他移民，能够带走的财产微乎其微。首先，根据充公计划，他和他父亲的财产是以他们公司在 1898 年的账面价值为基础被买断的。然后，还须支付 25%的帝国资本外逃税。这之后，余额被转换为所谓的冻结马克，只能以约 10%的官方汇率兑换为外币。正如格伦菲尔德后来回忆的，这样所剩的是“35 年前公司价值的 7.5%”。他不得不再次讨价还价。最终，经过数月拖延，柏林政府同意允许他用冻结马克购买机械工具，价值约 5 000 英镑，并将商品出口至英格兰。格伦菲尔德还要向一位有经验的机械工具出口商支付佣金，拿到手正好 4 000 英镑。因为有家要养，他只能拿出一半的资金作为自己新公司的资本。因此，起先，他和沃伯格只是合并双方微薄的资源。新贸易公司投资 200 英镑，占格伦菲尔德的公司的 10%，他和沃伯格挤进布兰德斯 · 戈德施密特公司狭小、相邻的办公室。经卢卡斯和贴现经纪人理查德 · 杰塞尔的建议，格伦菲尔德的公司有了一个英国名字：波特曼 · 希尔公司。海因里希改成了亨利。他尽其所能接揽新业务，维持了两年后，才同意和新贸易公司合并。没有沃伯格的关系网，独立生存过于脆弱。

尽管他们两人有相似的背景，都来自德国犹太人商业领域，都有被迫流亡的经历，但格伦菲尔德与沃伯格从外表上看有很大的不同。格伦菲尔德在新贸易公司刚开始的职务是负责风险和信用管理。但很快，他就使自己成为了公司内部企业重组的专家。在这里，他在大萧条期间积累的有关德国工业的经验至关重要。他后来回忆说：“至于对破产公司进行重组和再融资，没有什么我没见过的。”相比而言，大萧条没有使过多的英国公司破产，所以类似的经历在英国更少些。总之，格伦菲尔德帮助沃伯格解决问题：当新贸易公司需要解决不良贷款和破产时，所有人的眼睛都盯着他；当交易陷入僵局时，所有人都指望他通过谈判突破。格伦菲尔德拘泥于

① 10 年后——作为那时的黑色讽刺之一——瓦格纳 · 冯 · 卡滕伯恩和他的老板都将死去，他们在东线的武装党卫队里服役，而霍尼格曼将被联军拘留，他被判在德国占领荷兰期间与德国合谋。

细节，而沃伯格把握大方向；格伦菲尔德精于计算，而沃伯格的管理风格具有演员气质。（格伦菲尔德曾不明显地赞扬他的朋友，“你能以性情中人的方式表达你的异议，这令人耳目一新”。）使他们团结的（除了对笔迹学共同的信仰外）还有，他们倾向于把公司几乎视为一项宗教事业，需要勤奋、严谨和正直。格伦菲尔德曾回忆说：“一份强烈的责任感在儿时被植入我体内，而且依然是一种强迫的状态。”沃伯格曾用也许能形容他自己的话对格伦菲尔德说，“你俨然变成了一位至高无上的完美主义者”。“多年来，你不断增加极富洞察力的现实感，摒弃任何麻痹人的幻觉，你同时保持并强化了你对最高标准的正直和公正的坚持。”当沃伯格多年后回顾他们的合作时，他毫不吝啬地褒奖格伦菲尔德。沃伯格在后者 50 岁生日时写道：“除了我的家族中至亲的成员以外，我将你视为我最强有力的支柱。”他们的关系演变成“完全的合伙人”。沃伯格告诉格伦菲尔德：“我深知，如果不是因为你内心的强大，以及你不可思议的正义感和你把握有度，无论我取得什么样的成就，都将是完全不可能的。”在沃伯格临终前，他对这位老朋友的评价令人难忘：“没有我，你不可能有今天，而我今天的这一切也离不开你。”

没有其他同事能够赢得西格蒙德 · 沃伯格如此的赏识。不过，新贸易公司和它的继任公司从来不是二人帮，它从一开始就是一个团队，有众多来自中欧的难民在 20 世纪 30 年代加入公司，格伦菲尔德只是其中之一。与格伦菲尔德这位谈判大师截然不同的是，埃里希 · 科纳则是一名推销大师。他生于奥地利的马巴赫，但骨子里是维也纳人，科纳（他也很快像格伦菲尔德一样，把他姓氏里的变音符号，连同“埃里希”里的“h”去掉）将他以前在哈布斯堡当军官的自信和打关系用的亲和力带入新贸易公司。他最大的天赋是向投资者销售证券的能力，不管它们有多不受欢迎。他在金融城的整个职业生涯集中在股票市场的销售一边。格伦菲尔德后来回忆道：“每当我们在发行股票上碰到问题时，我们会问‘科纳去哪儿了？’听了问题后，他会说，‘交给我吧，没问题。’一个小时后，他会回来说，‘搞好了。’”第三位加入公司的难民是柏林人厄恩斯特 · 塔尔曼（他原来的姓氏中带有变音符号），1943 年新贸易公司将其招入，作为沃伯格的全能助手。最后，还有一名奥地利匈牙利犹太人，名叫卡尔 · 斯皮茨，自从 20 世纪 20 年代，当他在柏林的 A · E · 瓦塞尔曼公司工作时，就认识了沃伯格。不像他的同事们，斯皮茨把他的姓名完全盎格鲁化了，改叫查尔斯 · 夏普，主要是保护他女儿在学校不会受到嘲笑（他德国的姓与“吐痰”同音)。所有的“宫廷”都需要特许的弄臣，这就是夏普职业生涯中的角色，虽然他是一个永远效忠他“君主”的弄臣。1945 年年初，哈里 · 卢卡斯死于肺炎，在这之后，形势对这些带着明显德国人作风的新雇员来说很清楚，他们将承担更大的责任，这些人后来被亲切地称为“大叔们”。

家庭教育

除了决定如何生存，新移民也必须决定在哪里住。沃伯格一家在靠近克罗伊登的塞尔斯登短暂住过，它位于萨里的通勤带。他们在伦敦的第一个家是戈菲勒街 25 号，那是位于威斯敏斯特区的一排典雅的爱德华七世时期修的房子，走路就可以到达国会。这是一系列临时地址中的第一个。到战争爆发时，他们搬到了大米森登，它是阿默舍姆和文多弗之间的切尔顿山中的一个村镇。沃伯格既不喜欢这个镇子，也不喜欢住在郊区。镇上有过多的社交活动，往返郊区的路程又太长——住宅的花园需要经常打理。由于缺乏汽油和仆人，1943 年年初，他们再次搬家，这次选择了伦敦西南、树叶茂盛的住宅区，他们家是洛翰普顿巷的一栋现代公寓，靠近里奇满公园（因此，对于往返金融城更加方便）。

在哪里教育两个正在成长的孩子，这个问题现在凸显出来了。乔治（1927 年出生）先被送往希尔布劳预备小学，它是位于拉格比的一所严格的教育机构，以培养诗人鲁伯特 · 布鲁克而闻名。从一开始，他的父亲就对英格兰私立教育的影响感到矛盾。沃伯格不确定是否让他儿子去伊顿或拉格比，但他又担心希尔布劳校长的“教育观念有些太过常规”。1939 年，他参观后抱怨道：“学校整体氛围非常纯净，但太过狭隘，而且在精神和道德上相当懦弱。这当然是我们这个时代上层和中上层人的症状。”到 1940 年年底，他决定不把乔治送往任何一家主要的私立学校，而将他送往位于诺思伍德的默钱特 · 泰勒男校，使他“完全远离依靠校友关系的环境”，理由是，“鉴于这个国家变化了的时局……最好从生命的角度教育男孩一丝不苟的工作，这比社会生活更重要”。默钱特 · 泰勒男校的优势在于它是一间走读学校，因此一旦战事急转直下，乔治可以待在家里。然而，担心德国入侵的恐惧退却后，乔治被送往威斯敏斯特学校住校。

沃伯格已经在他儿子身上察觉出禀性的本质不同，英国教育对这方面不作任何限制。沃伯格在日记里沉思，“毫无疑问他温柔、善良，但他应该更主动，有更多的责任感。”1939 年除夕，沃伯格以“长篇演讲”的形式给予这个 12 岁男孩三点严正训诫：

1. 明年他将 13 岁了，他必须知晓自己的责任。他的家长将继续在各方面帮助他，但他必须越来越习惯于自己在生活中作决定。

2. 他必须将不重要的东西，比如食物、游戏以及所有外在的享乐看得不重要些。鉴于我们这个时代事态发展很严重，所有这些东西现在尤其不重要。他必须特别小心，不要对不重要的东西情绪失控（他完全可以对重要的东西发脾气）。我向他建议，当他就小事控制不住自己时，他的父母就试图帮他克服这种情绪，可以通过说一句特别的话，我提议就说“我的孩子”。

3. 做梦是……很有必要的，但它不应该只是空想。他应观察他的梦想，向真实的目标引导。根据男童子军的规定，他应每天早晨思考想要做的一件好事，如果可能的话思考许多件好事，晚上睡觉前，他应自问，是否完成了足够数量的好事。

这是父亲们容易犯的一个错。事实上，沃伯格正向儿子施压，希望儿子尽可能成为自己年少时的翻版，尽管儿子不但在处境，而且在性格上很不同。13 岁时，乔治利用假期在父亲的办公室里打工，“履行某种信使的职能，还有复印、计算等”。如果儿子有意取悦父亲，那么他成功了：乔治“比我在他那个年龄，对生意更感兴趣，”西格蒙德在给小叔弗里茨的信中自豪地报告。不过，他对威斯敏斯特鼓励乔治“过高地评价男性特征，过低地评价女性特征”仍表示怀疑。

给乔治的妹妹安娜的压力则没有那么大。西格蒙德在 1940 年 6 月写道，她是一位“非常快乐、善良的年轻女性，她有一种健康的倾向，以温和的方式戏弄、取笑别人”。但是两年后，他有了更进一步的判断。他告诉小叔弗里茨，“安娜就属于我们家族的类型，非常活跃，善于开拓，非常热爱生活，但在极少数情况下又非常悲伤，比如当事情发展得不尽如人意时。另一方面，乔治与伊娃的父亲一家有很多相似之处。他非常整洁、精确，在某种程度上更细致而不活跃，他没有安娜反应那么快，但对特殊的嗜好和职责非常用心。”西格蒙德感到，安娜继承了热情的气质，虽然他有时担心她的“态度太随便”。她显然满足了父亲把他的孩子们当做成年人看待的偏好，父亲和他们打桥牌时，甚至允许她吸一口他的雪茄。当伦敦先后受到

V–1 型飞弹和V–2 型火箭的威胁时，他欣慰地写道，她和她的家长在一起，“非常平静地对待此事”。她读圣保罗女子学校，后来在牛津大学研读现代语言。她父亲陪她参加了面试，这是他的风格。1945 年，西格蒙德告诉岳父，“过去这几年，我在许多有关政治和商业的事务上相当活跃，但无论我在这些事务上投入多少精力，我在两个孩子的教育上倾注了更大的心血……我认为目前，我在他们的教育上的主要工作是与某些学校的影响抗衡。”

如果说西格蒙德的书信中藏着谜的话，那就是他生命中最亲密关系的特点：他的婚姻。毫无疑问，伊娃给予西格蒙德 · 沃伯格家庭的稳定。如果她抱怨他的工作习惯——比如，数小时的口授和周末电话，频繁出国不在家——这些抱怨都无据可查。如果她曾经对她丈夫定期的情绪失控感到悔恨，虽然只针对“重要的事情”，那么，这也从未被付诸纸端。可以说，她是一个禁欲主义的妻子，顺从地听着他就大战略和战后政治发表的“长篇大论”，甚至在他们度假时，默许她丈夫在战时对俄语课的热衷。可能是战争的动荡重新构筑了丈夫和妻子之间的纽带，他们因此向世人呈现出婚姻和谐与平静的“统一战线”。沃伯格开玩笑地说，他们家有两位贵族——伊娃和乔治；两名无产者——西格蒙德和安娜。然而，笑话却能透露出某些信息。多年后，安娜总结她母亲的困境，形容她“上了刀山又下火海”：

> 严厉的父亲要求她绝对服从，她嫁的丈夫又要求她绝对和持续的配合。他们的关系是浪漫的，从在汉堡秘密交往，到他们一生相守……当发生异议或出现裂痕时，西格蒙德不会忽视它们，直到它们被解决。虽然她的角色属于屈从……但她在感情上更坚强，并且明白这一点……她像西格蒙德一样，被身上的职责所束缚。她的角色使她没有自己生活的空间，尽管她将这个角色做到完美，但她知道，她的贡献是重要的、有价值的，并因此得到满足。

尽管伊娃 · 沃伯格长期与癌症抗争，但她决心比她的丈夫活得更长，她相信(她后来说)，“他不能没有我”。

与希特勒斗争

西格蒙德 · 沃伯格的入籍申请得到金融城各主要银行家族的支持：罗斯柴尔

德、巴林、汉姆布鲁斯以及塞缪尔。正如我们已经看到的，他在满足了规定的合法居住5年的要求后，于1939年4月成为英国臣民。但即使在这之前，他就开始以本国国民的心态对英国政治显示出热忱。也许可以预料的是，他坚决反对对纳粹德国实行绥靖政策。1938年2月，他从苏黎世返回后致信哈里·卢卡斯："如果人们……认为可以用善良的言辞和行动教育希特勒及其盟友，那完全是在幻想。从历史经验和真实心理学出发，很显然，除非如果极端的纳粹感到他们将要与之抗衡的军队太强，以至于他们没有战胜的可能，否则，他们将最终决定采取军事行动。"根据西格蒙德在柏林的消息来源，赫尔曼·戈林"更支持在其他国家，尤其是大不列颠在武器装备上取得更大进展前速战速决"。希特勒也许在"战争这个重大决定上"犹豫，但最后他将被"他的极端追随者以及戈林说服"。绥靖的支持者低估了他们面临的危险，"疯狂和鲁莽目前在德国政府的一些主要领导层中盛行"。沃伯格正确地预测了奥地利将被吞并，他判断捷克斯洛伐克不久也将难逃厄运，虽然根据张伯伦与希特勒在慕尼黑达成的协议，捷克人的苏台德区已被割让。沃伯格警告，希特勒将把注意力转向德国以前的殖民地问题，如果殖民地不被恢复，就以空袭威胁英国和法国。唯一的补救措施是"再度武装以及政治宣传，从模棱两可的'放任'氛围转变成斩钉截铁、有建设性的政策宣言，这（无论有没有国际联盟）将立刻以不列颠帝国为首召集一批国家……它们足够强势，以震慑这些独裁国家"。沃伯格因英国首相内维尔·张伯伦明显的胆怯而感到沮丧，他开始幻想"在大不列颠成立涵盖各党派的组织，该组织将试图警醒英国内外的人们"。他甚至为这个实体设计了一个名字，叫英国民主同盟，并勾勒出它可能的诉求：

1. 不列颠帝国的安全。
2. 与美国和法国，这两个伟大的民主国家密切合作。
3. 裁军，但不能在单边的基础上。
4. 只要不进行裁军，再度火热扩军就有可能，尤其在空军和空中防御方面。

沃伯格所倡导的与金融城里大多数人的情绪是不一致的，金融城内许多公司的资产被冻结在德国，一旦开战肯定受损。财经媒体中，只有《经济学人》和沃伯格有相同观点，坚定地反对绥靖政策。

当战争终于来临时，沃伯格本能地知道英国政策将何去何从。"愿老天把我们从张伯伦的愚蠢中解救出来。”他在日记里慨叹。相比而言，丘吉尔“令人受启发”且“非常聪明”。“假意抵抗”的数月里，在 1940 年的整个伤亡中，沃伯格一直担心张伯伦的绥靖思想也许仍胜过丘吉尔的抵抗思想。1939 年 10 月 6 日，他自问：“这里的领导层何时才能意识到不列颠帝国正在作最后的努力……”“到目前为止，没有任何建设性措施来面对这次尝试，当问题出现或者已经发生时，解决的办法不是姗姗来迟就是未经思考。”和丘吉尔一样，沃伯格察觉到，如果要打败德国，联合苏联是不可缺少的，他痛斥“张伯伦及其派系对苏联人的偏见”。他对张伯伦下台的反应是一种“宽慰”，虽然他不禁钦佩这位绥靖设计师失败的尊严。在敦刻尔克大撤退后的那些黑暗日子里，沃伯格依然“心存感激，我们在这时能有如此伟大的领袖丘吉尔，他像古代著名的领导人一样伟大”。他甚至起草了一份“英国欧洲联邦大宪章”，作为丘吉尔的政绩，就像伍德罗 · 威尔逊在第一次世界大战期间提出的“14 点”。可是，他继续担心“外交部的软弱”和“在领导岗位上有许多‘朽木’一般的人”，他梦想设立一位新的“民主效率大臣……这位大臣将被告知这个国家所有效率低下的情况，调查这些情况，并无情地惩罚或撤销那些责任人”。1940 年 5 月，丘吉尔当选首相，沃伯格说：“在战争开始后的 8 个月期间，人们经常有这种感觉，保守党的许多人士更倾向于保住该党控制的政府，而不是赢得战争。”这种印象使沃伯格对保守党和英国较高阶层的公职人员长期带有偏见。

沃伯格不满足于将他的政治观点只写在纸上，他很快开始向英国政治权贵中的显赫人物表达他的观点。1939 年 9 月，他抱怨“经济战争部无能，我们似乎没有能力正式参战”，这让保守党议员利奥 · 埃默里印象深刻①。他还和瓦奥莱特 · 博纳姆 · 卡特以及她母亲牛津夫人玛戈成为朋友（后者是已故首相赫伯特 · 阿斯奎思的遗孀），沃伯格与这两位女士经常有书信往来②。是牛津夫人向他介绍了弗雷

① 埃默里坚决反对绥靖，并坚定地捍卫不列颠帝国。他在哈罗和牛津接受教育，并快速崛起于保守党媒体及党内各种职务，这使他可以不顾自己的母亲是匈牙利犹太人这个事实。多年以前，沃伯格只见过埃默里一面。1939 年，他劝埃默里成为一家新公司的董事长，该公司有意从中立国购买商品。后来埃默里被任命为驻印度大使，遂不得已辞职。

② 1943 年，当沃伯格正和瓦奥莱特 · 博纳姆 · 卡特喝茶时，她儿子马克突然出人意料地出现，马克刚逃离意大利战俘营，徒步 640 公里后重获自由。马克的父亲平淡地迎接这位年轻人，父亲没有去握马克的手，或者亲他，而只是简单地说：“好，好，真好！”沃伯格对这一幕印象太深了。这让他们的客人感到是一种典型的英国人的风格——就像牛津夫人的名言：“宁可在伦敦炸死，也不在苏格兰闷死。”

德里克 · 利思–罗斯爵士，后者是新的经济战争部的总监。另一个新关系是媒体大亨、凯姆斯利勋爵戈默 · 贝里，他拥有《每日画报》和其他出版物。残余的自由党领导人是阿奇博尔德 · 辛克莱爵士，沃伯格使他确信“纳粹主义有极大的危险，另外，整个张伯伦政府从上到下效率低得令人震惊”。通过埃默里，沃伯格结识了哈罗德 · 尼科尔森，后者是支持丘吉尔的又一显要人物，并在战时效力于信息部。

通过向那些伟大和重要的人物主动提供建议，这位超级活跃的年轻移民毫无疑问地崭露头角。他提供建议的高质量意味着，假以时日，权力通道上的各扇门就没那么费力地被打开了。举例而言，1941 年 1 月，在哈利法克斯勋爵去华盛顿特区履行大使之职前，沃伯格被请去向他做简报。5 个月后，他与前首相戴维 · 劳埃德 · 乔治进行了一次长谈，后者对战争的悲观常常超过沃伯格。沃伯格向空军部报告了德军的士气。他斗胆劝说安东尼 · 伊登，将“拥护绥靖的共谋和顾问”从外交部剔出，后来，他又力劝伊登，丘吉尔应停止将首相办公室与国防部办公室合并。另一方面，斯塔福德 · 克里普斯爵士出使莫斯科和印度回国后，沃伯格积极与他建立友谊，托布鲁克战败后在国内引发危机，沃伯格与他讨论了更换首相的可能（“捣毁整个政府”，有可能用克里普斯自己替代丘吉尔）。克里普斯不是沃伯格在战时交好的唯一的极左人士，另一位是伊曼纽尔 · 欣韦尔，他是工党主席，曾因煽动政治极端主义在政坛出名。

并不是所有来自德国的流亡分子都像西格蒙德 · 沃伯格一样，决心要看到希特勒失败。当他的叔叔马克斯于 1939 年秋来伦敦看望他时，马克斯试图劝说西格蒙德，“虽然所有德国犹太人热衷于打败希特勒主义，但这样会伤害他们仍在德国的朋友，不管他们是不是雅利安人，所以应采取某种抑制措施”。他的侄子回应说，“只要希特勒政权还在，不管有没有任何阻碍或限制，我都有意尽我所能和德国斗争到底”。

这些都不是空话。之前对沃伯格生活的记录显示，他的商业活动仅限于战时控制时被允许经营的。但也不尽然。从一开始，他主动为英国政府提供服务，具体是“在德国宣传，并与德国保持联系”。至于英国对德宣传的内容，他有很多主意，他向英国广播公司德语服务组建议可以改进的地方，甚至起草他认为丘吉尔应当采用的演讲稿。作为英国臣民，他是在伦敦的各种德国流亡团体之间的中间人。最初，沃伯格掂量着建立某种德国流亡政府。但因为希特勒迫使各式各样的人流亡，所以，建立一个单一实体不可行。沃伯格尤其很难忍受赫尔曼 · 劳施宁，后者是格但斯克参议院前主席，他自己曾是纳粹，后来看清希特勒事实上是危险的反革命[1]。经济学家弗里茨 · 德穆思则更有亲和力。弗里茨、沃伯格和其他人创立了自由和公正理事会，主张“进行宣传，打经济战，甚至是处理与一个第四帝国（德国的一个新政权）的关系，如果它成立的话”（沃伯格认为这一前景遥不可及）。新设立的特别经济委员会旨在讨论可能破坏德国战时经济的方法。同时，沃伯格建议，利用他与中立国家的商业联系，如荷兰、瑞典及瑞士，从与德国有联系的公司那里搜集情报。他给经济战争部的官员写的备忘录如雪片一般，并设计出英国政府可以减少德国从中立国进口的方法。他早就把贸易视为外交政策的一个潜在杠杆。现在，他主张英国大规模从中立国进口，也从非结盟的南欧国家进口，如南斯拉夫，目的是剥夺德国人占有原材料，如瑞典的铁矿石。他一贯敦促在经济战争的行事中，要“多些无情，少些顾忌”。虽然这样的建议起初没被像利思–罗斯这样的官员所考虑的，但沃伯格还是一如既往，他（联合投资银行罗伯特 · 本森公司）设立了一家新公司，叫海外商品信托，专门从事这样的贸易。

战争期间，沃伯格几次前往欧洲大陆——1939 年 10~11 月，去法国和瑞士；1940 年 1 月，去瑞士、比利时、荷兰——搜集有关德国的经济情报。他遇到许多德国人，弗里茨 · 蒂森是其中之一，这位钢铁大亨曾是纳粹最早的商业支持者之一，但已与政权断交，战争爆发后移居瑞士。其他人——像赫尔曼 · 劳士领，他也是钢铁行业的领军人物——依然效忠希特勒，但仍准备与这位刚刚入籍的英国人会谈。到 1940 年年初，沃伯格文件中的证据显示，他从上述线索购买情报，有一次用财政部的经费采购了从德国走私出的黄金。杰罗 · 冯 · 舒尔策–格弗尼茨试图借助一份非官方的和平提案将沙赫特送往美国，但计划流产，沃伯格也参与其中。战争后期，当他不可能再去欧洲大陆时，他继续传播他从马库斯 · 沃伦堡这样的瑞典商人那里得到的信息。

沃伯格的情报质量高。他的一个德国消息来源在 1939 年 12 月通知他，“预计在 1~3 月期间的任何时间，将会有一次大规模军事进攻，可能通过比利时和卢森堡，也可能通过荷兰”。另一个来源在 1940 年 5 月 6 日的警告，比利时和荷兰将

① 作为一位纳粹局内人的作品，劳施宁写的两本书《虚无主义革命》（1939 年）和《希特勒说》（1940 年），这两本书吸引了英国和美国的关注，受关注程度超过书本身应得到的关注。

即刻遭到攻击，之后“大不列颠将受到大规模空袭”。在他征求的观点中，只要希特勒的战争进展顺利，很少人相信德国会出现国内危机，更不会出现政权变更。相反，沃伯格担心，希特勒的一次和平提议也许会耗尽英国人的士气。因此，沃伯格不像他的堂兄埃里希——1939 年 9 月，后者向沃伯格打赌 5 英镑，“希特勒到 1940 年 9 月 10 日将不在人世，而且德国到那时将战败”[①]——他对战争可能的持续时间和不确定的结果更加现实。然而，他从未认真想过离开英格兰，尽管他在美国有众多亲戚。他致信一位美国人说，大不列颠现在是“文明的堡垒”。他和伊娃同意，即使德军打到巴黎，“离开英国也是错误的，逃跑更是无济于事。如果我们在这个国家的战斗万一失利，我们在世界任何一个地方都无法回避”。除了“打下去”别无选择，他们意识到“我们还不必牺牲一切，但在放弃战斗之前不得不作出许多牺牲”。

沃伯格脑子里清楚，一旦纳粹胜利他将做什么。1940 年，他告诉母亲：“万一希特勒控制了英国，在我看来这仍是不可能发生的事情，我宁可自愿结束自己和身边至亲的生命，也不愿活在奴役中。”这种丘吉尔式的情绪强有力地佐证了盎格鲁化。（巧的是，几乎在同时，哈罗德 · 尼科尔森也发誓，一旦德国入侵成功，他和妻子维塔将自行了断。）西格蒙德和妻子还决定不把子女送往美国，“英国人，尤其是英国犹太人，不应该在这种时候试图为他们自己或他们的孩子获得优待”。相反，沃伯格强烈地感到，有义务代表众多德国流亡者去调停，这些流亡者在 1940 年长达数月的危机中，被当做敌人的外侨遭到拘留，他们中的大多数像沃伯格一样敌视希特勒，许多人在战争经济中发挥了重要作用。（亨利 · 格伦菲尔德有数月都活在被当做敌人的外侨因而拘留的恐惧中。他起得很早，在海德公园里闲逛，他总认为警察往往在上午 8 点至 9 点围捕嫌疑犯。）沃伯格建议“那些不能协助捍卫英国要塞的人”撤离到加拿大，但他从未把自己归于那一类。当沃伯格申请延期服兵役时，他泰然自若地强调新贸易公司对战事的重要性。

对一个商人而言，沃伯格对战时宣传和士气的重要性极为敏感。战争初期，他

---

① 这不是沃伯格在战争初期参加的唯一一次打赌，这再次印证了那时人们对战争可能的持续时间感到不确定，并普遍低估了希特勒的野心和德国的实力。甚至沃伯格自己（在 1940 年春）都曾表示，战争到 1941 年有可能取胜。不过，这样的胜利“只有在完全毁灭、消耗整个欧洲大陆以后”才能得以实现，这话他说对了。

主张丘吉尔式的“14 点”原则，就是因为他认为在争夺国际支持上，有必要超过戈培尔。他努力劝说埃默里，不列颠帝国可以“在很大程度上，为世界取得国际联盟未曾取得过的成就：只要英国政府愿意“无保留地宣布整个帝国内各种族平等”，不同国家和民族之间进行和平、自由和富有建设性的合作将成为可能”。沃伯格早期支持轰炸德国的居民中心——对于一个在德国出生的人来说不可思议——也跟他认为需要削弱德国士气有关。1941 年，他说：“一旦英国轰炸机的威慑超过秘密警察的，英国轰炸机将取代秘密警察成为主人。”但是，在沃伯格眼里，第二次世界大战的胜负将最终取决于经济因素——正因为如此，才阻止他在 1940 年习惯性地陷入绝望。他认为，贸易最能吸引中间派国家导向同盟国这一边。他强调限制德国和意大利取得原材料的重要性，不管是以公平或卑鄙的手段。他相信同盟国将取胜，只要它们“摧毁了……轴心国在非洲的据点，为的是不失去地中海”；只要它们超过轴心国的飞机的生产量；只要它们维持“对欧洲大陆进口石油的封锁，因为欧洲大陆单单依靠罗马尼亚和苏联产的石油是不够的”。沃伯格领会了针对德国潜水艇的大西洋战役决定性的特点，以及保证美国进口畅通的重要性，就像他明白德国人攻打苏联的重要性一样（他准确地预测进攻将在 1941 年 6 月 15 日~7 月 7 日之间发生）。他认为在西欧登陆、开辟第二条战线不能早于 1944 年，这一点他也是正确的。他只有几次判断失误，比如他夸大了同盟国在空中占上风的影响，以及 1942 年 5 月苏联的军事实力，他想象战争到那年年底就能结束——托布鲁克失守使这一幻想破灭。

对于英格兰战时的相对艰苦，沃伯格绝没有不喜欢，他反而乐在其中。聚会变得少了（那些是“愚蠢的社交任务”），看戏变得少了，花园里玫瑰的旁边种上了土豆。他们搬到洛翰普顿后，也依然只有一位仆人——他们的厨师。所有这些正好符合这位苦行的年轻金融家的口味。他一周工作 6 天，有时甚至工作 7 天。沃伯格被迫与欧洲大陆脱离，他第一次在生命中广泛地穿梭于英格兰，走访未来可能具有商业机会的工业地区。对于他和其他处在国内战场上的人一样，战时的拮据在某种程度上可以被和平可能带来的崇高愿景所克服。战争后期，随着战后乌托邦式的主要机制被仓促建立起来，英国涌现出了惊人的政治创造力：工党长期承诺将主要的各经济板块收归国有，威廉 · 贝弗里奇提出从摇篮到坟墓的福利国家，以及凯恩斯的需求管理。沃伯格一向激进，所有这些对他都有吸引力。事实上，他认为，如果战后英国想避免魏玛共和国的命运，剧烈变革是必需的，要知道魏玛共和国未能履行它向工人阶层作出的革命承诺。当同盟国胜利时，工党在选举中压倒性地击败了丘吉尔，沃伯格的反应正好相反："金融城里的大多数人害怕新上台的工党政府，而我要告诉他们，新政府也许能给拥堵的隧道送去大量新鲜的空气，我很高兴这么说能吓到他们。"

在国际关系中，沃伯格也预见到战后革命性的变革。早在1940年6月，他就指出某种风险，"战后德国解体也许是以下这种性质，一大部分德国领土将在没有抵抗的情况下落入苏联的手中，以至于可能出现一个苏联和同盟国割据的德国，类似于近期被德国和苏联瓜分的波兰"。事实上，他把向苏联大规模出让领土视为斯大林倒向同盟国一边所付出的代价，沃伯格敢肯定，如果没有这一点，德国战败将不可能实现。沃伯格预料美国第二次从欧洲战场撤军，同时担心斯大林可能也觊觎西欧，他开始为一个由英国主导的西欧联盟或欧洲国家联邦设计宏伟的战后蓝图。他还确定"要解决战后问题，英国不得不加强与各管辖地以及西欧各国的联系，完全不能依靠美国"。

灾难中的生意

也许人们会问，这样一个无名的贸易公司在全球大灾难中能找到什么生意做？这次灾难导致全球贸易更大的下滑，甚至超过之前的大萧条。1939年以后，经济战争加剧，在伦敦没有合适抵押的情况下，承担任何海外信用风险都是极端危险的。取而代之的是，该公司广泛参与了大部分针对英国公司金额相对小的贷款和投资。比如说，1940年2月，沃伯格筹集了价值不到14万英镑的信贷额度，分配给28家不同的公司。3个月后，他起草了11条高度限制性的规定，以管理所有类似交易的规模和期限①。新贸易公司曾与匈牙利出生的杰出电影导演亚历山大·柯达合作，他的德纳姆实验室本应向英格兰提供最新的设备，使其利用染印法洗出彩色的胶片电影，上述规定的出台可能是受到新贸易公司投资失利的启发。柯达是20

① 例如，新贸易公司参与的任何工业或商业公司的非上市证券，其净份额不得超过18 000英镑（也就是新贸易公司实收资本的10%）。

世纪 30 年代商业上最成功的导演之一，他的一系列作品包括《亨利八世的私生活》(1933 年)、《猩红色的繁笺花》(1934 年) 和《四片羽毛》(1939 年)。他之前的德纳姆工作室在财务上得到了联合艺术家和保诚保险公司的支持。沃伯格和他的同事们被柯达的魅力所折服，而不是他的财务数字，他们把柯达新公司的股权安排出售给保诚和其他蓝筹投资者。柯达的期望证明是过度乐观的，尽管换了一位新的董事总经理，但德纳姆实验室很快陷入破产。沃伯格被击垮了，发烧卧床，喉部感染使他说不出话来。直到格伦菲尔德介入此次违约，并和律师开会后（从上午 9 点开到午夜），才得以劝说德纳姆工作室全部收购破产的子公司。

1941 年 3 月，当金融城的大部分公司闲置时，沃伯格向马克斯自信地报告新贸易的进展。“与某些金融公司截然不同”，公司能够“以不菲的利差赚取费用”，主要凭借“为日益增长的客户提供信用交易、财务顾问以及财务援助”。必须承认的是，该公司大部分业务或“直接或间接地服务于战争，即为进口和出口融资，尤其向那些为供给部门服务的企业提供融资”。1942 年 4 月，沃伯格解释道：“大体来说，新贸易公司的业务可以分为两部分：第一部分，为我们感兴趣的公司提供秘书业务和顾问服务；第二部分，为客户安排风险较大或较小的商业信贷……该业务……不是传统意义上的银行业务，而是服务和投行业务，它强调贸易及援助……贸易，而不仅是融资方面。”该公司的一些客户是德国犹太移民建立的公司，譬如鲁道夫 · 哈恩[①]建立的 B · K · L 合金公司，他是马克斯 · 沃伯格的女婿，该合金公司证明制造了更多的麻烦，而非创造了更多的收费。更麻烦的是厄恩斯特 · 明登创立的萨里精密工具。新贸易公司极为感兴趣的公司包括纽扣生产商拉克里诺德产品有限公司、纽曼拖鞋有限公司、化学工程公司萨克利夫斯皮克曼，这些公司问题较少。新贸易公司做的业务不怎么耀眼，但很赚钱。如图 5–1 显示，新贸易公司在战争年代比战前有更显著的利润。公司巨幅增加的营业额在金融城整体业务量大为减少的背景下更为重要。如果新贸易公司没有表现出不断壮大，那么，沃伯格也许要自己出马了。

但是，比新公司从事的业务种类更令人印象深刻的是，在沃伯格领导下发展出的业务处理方法（战争期间，他是唯一的全职董事）。1940 年 5 月，他起草的《公

① 哈恩娶了马克斯 · 沃伯格的大女儿罗拉。他是教育家库尔特 · 哈恩的弟弟，库尔特从德国移民后，在 1934 年创立了以严格著称的戈登斯当学校，他早前在德国开办了创新型的塞伦城堡学校。该学校的学生包括爱丁堡公爵以及他的 3 个儿子。

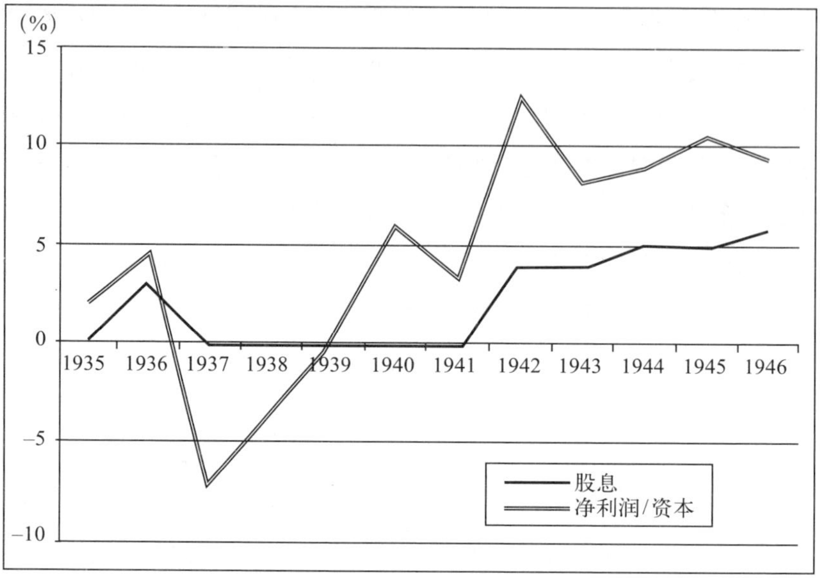

图 5–1　新贸易公司的股息和赢利情况（1935~1946 年）

资料来源：约翰 · 古德温文献

司组织章程》为公司今后的发展奠定了基调，可以不夸张地说，他一生从未偏离这个章程。这些规范值得细查，因为它们可以让人了解沃伯格以极其开创性的方式构思出的管理方法。规章（a）规定，应该举行“每日晨会，内容包括阅读信函，由董事会成员以及亨利 · 格伦菲尔德和埃里希 · 科纳参加”。信函应由主要董事和经理集体阅读，这一概念本身就具有革命性，金融城内没有其他公司以这种方式经营（虽然每日晨会是战后施罗德公司引入的，该制度受到亨利 · 蒂亚克斯在皇家空军服役时的启发）。至于沃伯格的信贷规范，其最高目标是控制。“参加晨会的人中，应至少有两人同意，才能以个人账户或沃伯格名义购买证券”。同样的规则适用于“为新老客户增加超过原有额度的贷款”。对工业企业的投资和个人事务每月进行定期检讨。该控制将通过集体责任制和书面记录来维持。晨会上“有关任何重要的贷款”都要以“特别备忘录”的形式落实在文字上。“以一名晨会参会者的指示登记贷款日志……晨会上建议贷款的人和另一名参会者需为贷款签字”。晨会都有会议记录。根据规章规定，“未向晨会提交一份简短的说明，不得提出对某些证券的建议”。

字面上，这似乎意味着一种非常日耳曼式的官僚主义。但事实上，沃伯格确实认为德国组织总体上优于英国组织，他发现英国企业“在统计、归档等事务上太原始”。但实际上这套管理办法的效果——正像原来所担心的——并未抑制主动性，而是将公司各委托人的利益绑在一起，通过定期面对面地沟通和习惯性记录的做法，并以这种做法作为防止人为失误的保险。集体责任制与集体主义至关重要。可以肯定的是，这套制度是否奏效取决于新贸易公司规模非常小。到 1939 年，公司大幅壮大，需要较大的办公地点，遂搬到邻近的威廉国王街 82 号，在贴现经纪公司杰塞尔托因比的楼下①。公司在战争爆发前只有 23 名员工，但到战争结束时约有 30 人，它一直是一家小型的企业。

由于服兵役，公司会不断失去有经验的员工，这只是战争使沃伯格难以履行他苛刻的经营规章的途径之一。1941 年 4 月，一枚导弹击中临近的办公楼，新贸易公司的所在地被严重损毁，这让沃伯格觉得他“既是银行家，又是清洁女工”。曾经，公司不得不借用罗伯特·本森公司的办公室。还有一次，一家附近的酒吧被击中，结果惨不忍睹。但战争也让沃伯格更加沉浸在长时间的工作中。在纳粹德国轰炸伦敦期间，他和格伦菲尔德经常在金融城里守夜，为防止火灾值班，这使得他们可以充分考虑“有趣而复杂的财务问题”。以详尽的讨论作集体决策的原则在战争年代被牢固地建立起来。招商和综合公司是沃伯格家族在伦敦两家公司中不太成功的那一个，西格蒙德很不喜欢听到该公司一把手说“当他代表那家公司谈判时……‘我将发放这笔贷款’，‘我将参与这次投资’等。在新贸易公司，我们宁愿遵循复数的原则，以‘我们’相称。”

在战争黑暗的日子里，西格蒙德获取和培植有权势朋友的天赋至关重要，比如路易斯·斯特林爵士，他曾是英国留声机公司和英国哥伦比亚唱片公司（EMI）的董事总经理，他的新公司A·C·科瑟是一家领先的收音机零部件和其他电子设备制造商。1942 年年底，保罗·科恩–斯派尔去世后，沃伯格劝说斯特林接替保罗

---

① 著名的“两顿午餐”制度就发源于此。新办公地点包含一间董事会议室，隔壁是一间厨房。但由于过于节俭以至于无法负担在公司内部解决吃饭问题。新贸易公司接受理查德·杰塞尔的建议，两家公司共担成本。杰塞尔托因比公司从中午 12 点 30 分到 1 点 15 分吃午饭，新贸易的董事们中午 1 点 30 分再开始吃午饭。战后，S·G·华宝公司搬到在格雷沙姆街的新地点，和杰塞尔托因比公司分担午餐不再实际，但“两顿午餐”的制度延续下来，以使餐厅的利用率最大化。有时，埃里克·科纳一天出席两顿午餐，但是和不同的客户。

成为新贸易公司的第 4 位董事。生于美国的斯特林，在战时的英国具有异常的创新力：他先后是留声机唱片和无线电收音机的先驱，并已经深入地参与电视机的开发。相反，沃伯格和其他英国制造型公司接触得越多，越对它们的董事和经理的低层次感到触动——并愈加有感于新人可以取得的进步。1943 年年初，他告诉马克斯："我强烈地感到，给合适的人选找到合适的工作在今天比以往更重要……它比实质金额的积累和组织技术重要得多。"公司初期，合适的人选经常是西格蒙德·沃伯格本人。新贸易公司联合罗伯特·本森、英国股东信托、鹰星人寿保险公司及宝诚组成银团，出资购得化学工程公司萨克利夫斯皮克曼的控股权后，沃伯格加入该公司董事会。但是随着战事的深入，他必须作出一些授权。沃伯格越来越依靠迈克尔·理查兹，后者是阿舍斯特·莫里斯·克里斯普律师事务所的一位年轻合伙人，他常代替沃伯格参加公司董事会①。

然而，新贸易公司的创新也是有局限性的。公司创建初期，更多地依靠罗斯柴尔德父子公司的眷顾，20 世纪 20 年代，西格蒙德曾在那里当学徒。不管新贸易公司是充满等级还是平等，也不管是被盎格鲁化还是带着德国的特点。罗斯柴尔德公司对这个新公司照顾有加，向沃伯格倾斜业务（需要承认的是，不是所有的业务都很赚钱），当代表沃伯格承兑票据时，只收取不高的手续费。沃伯格从依靠的处境，逐渐转向几乎实力相当。比如，1939 年，在安东尼·冯·罗斯柴尔德的提议下，新贸易公司被任命为中间人，解决在英的美国商品进口商与承兑行联合体之间由于《美国中立法案》产生的困难。1943 年，沃伯格得以劝说罗斯柴尔德公司和罗伯特·本森加入新贸易公司牵头的股票发行团。公司早年另一个有价值的资源，是和杰塞尔·托因比公司关系甚密，程度超过共用一间餐厅。尽管沃伯格批评英格兰银行，但他仍尽力与乔治·博尔顿建立紧密的关系，后者是英格兰银行外汇管制的专家，也是最接近兴趣相投的高级官员了。总而言之，新贸易公司在金融城里非常低调，它巧妙地进入伦敦市场，寻找乏人问津的领域，不管该领域有多低端。当亨利·格伦菲尔德被问及新贸易公司在成立之初是否有详细制定的战略方案时，他总是斩钉截铁地回答"没有"：

① 沃伯格从大米森登乘火车被抓到没买票，他的律师建议他不要上法庭，这之后，沃伯格才第一次注意到理查兹。沃伯格买了票，但把票弄丢了，他拒绝对逃票的指控认罪。当理查兹同意代表沃伯格并打赢官司后，他成为新贸易公司倾向使用的律师。

金融城并未特地为我们等待，在公司初创时，实际上就有几张空桌子，我们的想法集中在两个方面：第一，如何挣费用；第二，如何产生新业务，特别是做那些不与金融城内大型老牌金融机构竞争的业务，但又与它们做的业务互补，我们希望通过这种方式与它们合作。

在战争结束前，沃伯格已成功将新贸易公司建成一间小有赢利的企业，该公司提供新式的金融服务，同时又稳固依托老金融城。他向M · M · 沃伯格公司的元老厄恩斯特 · 施皮格尔贝格报告："我们现在约有 15~20 个工业客户，我们不仅为它们提供银行服务，而且还提供综合顾问服务。我认为，内部组织现已最终到达一种坚固的状态，公司视自己在保守的伦敦市场上已建立起一席之地，我认为，它现在扮演着一种特殊的角色，我将其称为一家提供综合服务和金融的机构。"早在 1943 年，他和格伦菲尔德就讨论过如何在战后扩展业务，也许可通过作为美国投资英国工业的管道，或者可通过起一个比"新贸易"更具启发性的名字，格伦菲尔德一直觉得公司名称用词荒谬不当 [虽然今后数十年，客户持有证券的被提名名称用的都是"纽特拉科"（新贸易公司）]。但是，什么名字更适合这样一家公司呢？它只在短短 10 年间，就"从一间金融公司发展为一家投资银行"。

疏远犹太教

当战争获得胜利时，像对任何人一样，它深深地感动了沃伯格。当英国广播公司宣布英国士兵已穿过比利时与荷兰之间的前线后，沃伯格哭着把荷兰国歌听完。但他也马不停蹄，试图去荷兰重振沃伯格公司的业务，沃伯格公司是M · M · 沃伯格公司之前在阿姆斯特丹的附属公司。他同样渴望访问美国和加拿大，以恢复跨大西洋的业务联系。欧洲胜利日标志着第二次世界大战在欧洲正式结束，甚至在此之前，沃伯格就派埃里克 · 科纳前往纽约。

奇怪的是，沃伯格对第三帝国倒台以及最终无条件投降的反应，没有留下任何记录。对于纳粹对犹太人犯下触目惊心的罪行，欧洲解放后，随着有关事实的曝光，他也没有为后代记录下他的感情，虽然他已肯定地预测了类似大屠杀的事件。他的女儿回忆，他在战后不久罕有地去了一次犹太教堂。他出生的国度一片废墟。

他的祖先所在的宗教社区已被彻底消灭。但他与德国和犹太教依然保持距离。他现在以愈加自信和几乎是无瑕的英语（尽管有口音），把德国说成并写成是外国。他在1940年写道："俾斯麦帝国的形成真是历史上令人悲伤的事件，因为俾斯麦强加于德国的政治发展……把德国人最丑陋的品质暴露出来。"这与A·J·P·泰勒在战后出版的《德国历史进程》里面的论点神奇的相似，该书表达了一种古典观点，认为德国统一是一个错误。对于犹太教，沃伯格也越来越疏远。虽然他鼓励他的子女祈祷，但他不让他们接受正规教会教育，并建议他们在学校表格上的"宗教"一栏填"不信教"，只把"犹太教"这个词按字面意思理解。西格蒙德·沃伯格是以一个英格兰人，而不是一个德国犹太人，欢呼和平的开始。他难掩自豪之情，对岳父说："这个国家的人民显示出他们最好的性格，甚至也许超过正常年代。他们的目标虽然永远不可能达成，但那些目标确实是指引着人们的耀眼的星星。比如，不带怨言地去做艰难的事情；不必虚情假意地说是；以和气的态度说不；坚定不屈，不急躁；接受不可避免的事情，而不从任何值得打的战斗中退却。"当然，这不仅仅是对英国人顽强决心的评价。它也是一家公司道德观的浓缩写照，这家公司由一个盎格鲁化的外国人历经和平与战争创建起来——从今以后，这家公司将带有沃伯格的名字。

第6章

恢复原名

HIGH FINANCIER

投资银行的名字是它最宝贵的交易资本。

厄恩斯特·勃克
1963年

我记得很久以前你曾说过，你个人有两大抱负，一是把在伦敦的沃伯格打造成如同巴林银行一样受人景仰的公司；二是在汉堡恢复家族企业。

埃里克·福克纳对西格蒙德·沃伯格说
1970年

战后的转变

第二次世界大战结束后，沃伯格家族再也称不上是金融王朝了。马克斯·沃伯格临终前最后几年待在美国，他和老友托马斯·拉蒙特做着重建欧洲的美梦。他再也没回过欧洲，并于1946年逝世。只有最小的弟弟弗里茨·沃伯格活的时间比他长，弗里茨安静地居住在瑞典，后来又在以色列他女儿的集体农场内策尔·塞雷尼生活了16年。虽然马克斯和他的4个兄弟共有18个孩子，但他们分散在全球各处。马克斯的女儿中，两个定居英格兰，一个在波士顿。保罗的独子吉米更喜欢政治，而非金融。费利克斯·沃伯格的4个儿子对各自嗜好的喜爱程度超过对银行业的喜爱：他们一个养赛马，一个拉大提琴，一个涉足外交，一个收藏现代艺术品。弗里茨的两个女儿战后搬到了以色列，各自嫁了犹太复国主义者，大女儿英格丽德嫁了一名意大利前共产主义者。父亲去世后，马克斯的儿子埃里克移居美国，并把名字中的“h”去掉，他独自想着战后也许能在德国重振家族生意。

作为一家银行品牌，“沃伯格”这个名字因纳粹充公的政策而被忘却。1945年5月，没人可以肯定布林克曼·沃茨公司如果还存在的话，它还剩下什么。阿姆斯特丹的沃伯格公司也只是个空壳。在西格蒙德·沃伯格看来，“未来数年，在汉堡做任何事情都毫无意义”，阿姆斯特丹最多只是临时住处。除此之外，只有成立不久的埃里克·M·沃伯格公司，它是马克斯的儿子在纽约成立的。多年来，亨利·格伦菲尔德和其他人一直认为，新贸易公司这个名字不能令人满意，尤其是这家伦敦公司经营得愈加像一家投资银行。西格蒙德·沃伯格“个人……不情愿更换名字”。但（他向厄恩斯特·施皮格尔贝格解释道）[①]：

> 所有我重要的朋友都强烈建议我更改公司名称，不只是董事会里的同事们。一般的看法是，我们的公司从综合性金融公司起家，现已发展成真正的投资银行，因此应该依照金融城的法则，以与公司有主要关联的人的姓名命名。

西格蒙德怀疑，他的叔叔马克斯和堂兄埃里克不会批准，但他清楚地表示，他认为自己“以前的合伙人”的意见都不重要。毕竟，他们在设立埃里克·M·沃伯格公司之前，没有咨询西格蒙德。1945年年初，当西格蒙德第一次向他们提出有关战后可能的改革时，他们没有显示出多少热情。埃里克和他的父亲强烈反对。但西格蒙德没有妥协，虽然他没有放弃“M·M·沃伯格公司老合伙人之间未来合作”的可能，但他坚持认为，合作应基于“设在各重要金融中心的各独立公司，每间公司在所在地从事建设性的工作，并遵守所在地的特色和要求”。这是一种委婉的说法，正像一位朋友开玩笑地说的，“一艘快速驶过的轮船，它的船长也无法令船停下去救海上的幸存者”。双方争吵无果、愈加激烈，其间沃伯格半认真地威胁将公司改为沃伯格-菲利普森，但他的堂兄敦促他把新贸易公司改为安德鲁·麦克费迪恩——1946年1月28日，公司正式启用S·G·华宝这一名称。至于姓前的缩写，西格蒙德带着讽刺意味解释说：“它意味着，我不想让任何其他家族成员卷入任何错误，这些错误要么是我公司犯的，要么不是我公司犯的。”

更名后的公司的规模仍然偏小，但已经不是一个人的独角戏了。除了格伦菲尔德、科纳和塔尔曼，西格蒙德越来越依赖赫尔曼·罗比瑙管理投资部。为平衡公司里全是日耳曼人的倾向，也为了使公司为战后英国工业提供专家级建议，沃伯格

---

① 格伦菲尔德怀疑他的合伙人仍未从M·M·沃伯格公司迅速衰落的阴影中走出。

雇用了杰拉尔德 · 科克[①]作为董事，战前他曾是一家钢铁厂的副董事长。沃伯格从开始就表明，公司更名后，其在战后时期的主要目的应是“为英国工业企业服务”。1946 年年初，他向岳父解释说，公司：

> 不做承兑或存款业务，但首先是作为向工业和商贸客户提供建议的服务型银行，其次是作为募集和发行证券的银行。除了通常的一般客户，我们现在有一批大概 20~30 家的工业和贸易企业客户，我们为这些公司担任总顾问，并代表投资联合体控制其中一部分公司，投资联合体由我们牵头，还包括宝诚、弗莱明、本森、罗斯柴尔德和我们自己。对这 20~30 家企业，我们不但安排所需的长期和短期融资额度，而且还为它们提供成本控制、市场营销和一般性管理方面的建议。我们有一条规定，我们承担的融资风险，无论如何不能超过公司资本的一个非常有限的比例。我们主要的风险在于我们的费用支出，考虑到我们所做的工作依靠最高质量的管理，我们的支出相对偏高。

1947 年，科克成为力拓的董事，9 年后成为力拓的董事长，他在这家新投行与这家英国乃至全球最大的矿业公司之一中间建立起极其有用的联系（虽然力拓从来没有成为沃伯格的客户，而是坚定地忠于N · M · 罗斯柴尔德）。

公司重新打出沃伯格这个名字的背景不太吉利。由于德国空军的破坏，金融城一片废墟。战时的管制摧毁了投行业务。至少对于一家老牌投行克兰沃特父子公司来说是如此，“利润如此之低，我们有可能关门大吉”。新上台的工党政府，承诺将经济的“制高点”国有化，并对收入和财富进行史无前例的再分配，新政府不太可能和蔼地关注一个成立不久的资本主义企业。西格蒙德 · 沃伯格私下里担心会发生“某种政治和经济动乱……甚至是轻微的剧变”。但他希望，新政府将“开展亟须的建设性工作”。沃伯格不止一次更喜欢充当金融城里仅有的社会主义者。他重

① 科克这个“老伊顿人”从牛津大学获得现代史学位，但成绩平平。战争期间，他在苏格兰卫队里升至陆军中校。他是汉德尔音乐的鉴赏家和收藏家。当他加入公司时，沃伯格表示，科克是“一个奇怪的混血儿，75% 是雅利安人，25% 是非雅利安人。他的爷爷是莱斯特伯爵，他的外公是伯纳姆勋爵（册封前叫利维—劳森，他曾是《每日电讯报》的东家）。他娶了亚历山大 · 卡多根爵士的一个女儿”，卡多根爵士是外交部永久次长。但是，沃伯格又指出（也许并不诚实），“我想说明，他加入新贸易公司，不是靠他的社会关系，而是因为他人极好而且聪明”。

拾与斯塔福德·克里普斯爵士在战时的交情，后者刚当上贸易局的主席，沃伯格和他讨论1944年在布雷顿森林与美国达成的新国际货币安排的影响。沃伯格对《租借法案》（美国在战时曾援助英国）的取消表示欢迎，他正确地预料到一个“非常坚定的和平政权”，这个政权将和克里普斯的名字不可分割。沃伯格还对一个叫哈罗德·威尔逊的年轻工党政治人物印象深刻，后者接替在贸易局的克里普斯，而克里普斯被任命为经济事务大臣，之后担任财政大臣。威尔逊认同沃伯格的观点，货币贬值“尤其不合理，甚至在现在不道德，因为它将给很多人造成一种印象，好像货币贬值能解决我们的问题，而它只是治标不治本”。二人达成共识，认为降低英镑兑美元的汇率不一定能缓解英国的支付平衡问题，因为美国对从英镑区进口的需求有限。沃伯格也肯定威尔逊的观察，“黄金是众多弗洛伊德式的标志之一，它在这个世界上承担了过分的角色”。

但是，克莱门特·阿特利政府实行的政策让沃伯格的热情有限。比如，企业税赋较高。尽管“对多边贸易和货币自由兑换的要求说了很多”，但进口限制和外汇管制依然被维持。毕竟有过多的中央集权。克里普斯甚至计划把设在各个火车站的酒店收归国有，这让沃伯格觉得很荒谬。无论如何，沃伯格出于个人原因与克里普斯建立友谊，微妙地把他们的对话从战后国家大计，引到新《公司法》和限制国外出生的人当董事的规定上，沃伯格认为后者带有歧视（不只是针对他）。到1949年9月英镑贬值，英镑兑美元的价值下跌了30%，从1英镑兑4.03美元，下降到1英镑兑2.8美元，沃伯格在战时对工党的热情锐减。同年8月，沃伯格在一份备忘录里痛斥，战时有太多的限制被不必要地保留下来。这个国家在防卫上花费太多。而且，利润和薪酬“过高”。人们——管理层和员工——的工作时间不够长，不够勤奋或不够有效率：

> 雇主们经常对他们创造的利润抱有幻想，他们有关股利政策、管理层分红和管理层成本的行为，一般经常是根据这些幻想而制定的。如果提取恰当的重置储备金，许多工业企业的利润将会更小，或者根本不会有任何利润。夸大利润或者幻想其实不存在的利润——除了有许多其他不幸的后果——很多时候阻碍了必要费用的减少……雇用员工的公司显示虚高的利润，员工们经常受其鼓舞，但更重要的是，他们受到限制性贸易工会条例的影响……同时要求更短的工时和更高的工资。

最让人头疼的是，“两大主要政党……缺乏勇气……去告诉英国人民，为了克服当前的危机，他们中的大部分人将不得不工作更长的时间，那些工作时间不长的人，将不得不满足于更少的真实工资”。沃伯格认为，除了“降低生活水平”别无他路。以经济水平衡量，他认为，“今天，这个国家的状况也许比在敦刻尔克时期该国的军事状况更严峻”。不是所有学习战后英国经济的现代学生都能接受这一诅咒性的“诊断”。但很少人会否认，战后的英国期望与现实之间有很大差距。

在沃伯格看来，经济薄弱的一个主要原因是统治精英（不管忠诚于哪个党）不情愿削减英国在海外的军事承诺。这些军事承诺给这个国家带来财务压力，加上已经背负的外债，事实上构成这个国家的主要宏观经济问题，并导致支付平衡危机的重复上演。沃伯格以极为清晰的远见认为，1945 年不列颠帝国的经济未来所剩无几。需要承认的是，他朋友利奥 · 埃默里提出“尽可能将英联邦铸成一个经济体，在很大程度上独立于外部世界的波动”，沃伯格对此表达了有保留的支持。不过现实中，当其他人看见的是机会时，沃伯格看见的只是一般的管理费用。他不想和南非法西斯式的种族隔离政权有任何来往。坦葛尼卡也“在我们的利益范围之外”。正如我们将要看到，沃伯格也不把跨大西洋的“特殊关系”看做英国战后经济复苏的唯一出路。沃伯格总是盯着西欧，他认为：

> 关于在非洲和亚洲的所谓“欠发达”国家中正进行大量新兴开发的言论不绝于耳，但也许最大的新兴开发将在欧洲大陆现有的国家中进行……它们有如此庞大的资金，那里的人受过高等教育，也非常勤劳，他们既保持优良传统，又带有强大动力。

苦于工党的外交政策缺乏方向，到 1950 年，沃伯格把目光转向保守党，希望保守党——尤其是埃默里——能承担某种领导职能。他甚至游说自由党领导人克莱门特 · 戴维斯，“指出经济政策中，他认为有必要指出的不受欢迎的地方”。

新公司成功的一个重要因素是英格兰银行承担金融城主要监管职能的态度。沃伯格兴奋地跟保守党国会议员鲍勃 · 布思比说，英格兰银行干得“很漂亮”（这与沃伯格对其他国有化机构，和他对 1945 年以前英格兰银行的态度截然相反），因为英格兰银行已“在集中的政策和分散的行政之间找到平衡”，而且“一个强有力的顾问团队位于经理们之上”。但不是所有该行的官员都领情[①]。“那家公司绝不属于第一梯队”，这是1951年“针线街”（指央行）对新公司的一份轻蔑的判决。“它喜欢被人称做投资银行，但我们更喜欢把它视为一家融资或投资公司。它对许多工业和商贸企业感兴趣，那些企业毫无疑问将把资金存放在它那里。它从事一定量的募集和重组，并代表客户开展股票交易业务。”两年后，另一位央行高级经理就“沃伯格公司不断快速扩张”表达关切，并补充说：“新公司的资产负债表看起来强健，但它的实力取决于存款的牢固和贷款的稳健。”另一位央行官员在“历史记录”里，带着势利和反犹主义姿态写道，“历史将记住，在战争年代和战后不久，新贸易公司在英国和南美的行为，至少是令人非常怀疑的”：

> 沃伯格不但将自己锻炼成一位领先的国际级犹太金融家，而且正朝着他曾宣布的要成为“犹太国际金融核心”的志向努力。他为一批德国前犹太银行家族担任顾问和存款托管人，包括弗斯滕伯格家族（柏林人贸易公司），并通过他在瑞士、美国、加拿大和北欧的关系，将财富从欧洲转到美国。1942年，沃伯格是埃德蒙·史旦尼斯博士在布宜诺斯艾利斯的托管人。1950年11月，沃伯格致信英格兰银行的证券监管办公室，信是关于转换他在荷兰国际公司的股份的，这份材料显示了战时黑名单的人名……他是个国际犹太人，对他来说没有国家或时局的限制。他在许多业务领域雇用犹太人，这些业务常招致政府的猜疑。他聘请聪明的人和头脑敏锐的犹太人……他爬到他们的肩膀上站得很高。他对雇员不留情面，但从未与那些“自己人”交恶，他们曾帮助他……取得他现在的位置。

如此的偏见在战后时期的英国权贵阶层中极为普遍。

但是，至少有一位央行官员愿意肯定沃伯格是“一个好人”。乔治·博尔顿[②]认

---

① “他（沃伯格）的圈子有点狭小。”C·F·科博尔德以那时俱乐部排他式的风格，向央行行长约翰·伍德爵士汇报时说。

② 博尔顿曾是央行的顾问，后来成为央行的执行董事，他在战后外汇管制的讨论中扮演了重要角色。后来，1957~1970年，他担任伦敦和南美银行的董事长，并与S·G·华宝公司在多项交易中紧密合作，尤其在欧洲美元市场（见第8章）。博尔顿强烈支持使英镑可兑换的“ROBOT计划”（由三个主张该经济政策的人的姓名组成），但该计划在1952年遭到丘吉尔的拒绝。不同寻常但又有先见之明的是，博尔顿觉察出伦敦金融城可再次成为金融中心，尽管英镑作为货币有其劣势。

为沃伯格很正派，他宣称自己“最近在两个场合被问到我们（即，S · G · 华宝公司）接受 200~250 万英镑是否合适时，都特别高兴地给予肯定的答复”。沃伯格请求增加他公司的资本金，超过财政部资本发行委员会规定的每年 5 万英镑的标准，博尔顿予以“全力支持”。博尔顿也支持沃伯格系通过收购该委员会的一位现有成员（见下文），在显赫和强大的承兑银行委员会中占有一席。反过来，沃伯格告诉博尔顿，他希望“把博尔顿当做听金融城银行家倾诉的神父，就像已故的蒙塔古 · 诺曼[①]多年来的角色一样”。到 20 世纪 50 年代，沃伯格系和央行变得更加和谐，这在很大程度上是由于审慎地尊重央行的权威（实际上是由于国有化已被大大削弱）。

如果S · G · 华宝公司要想从融资公司转变为投资银行，其在承兑银行委员会的成员资格很有必要——换句话说，从一个“非常好的公司”，转变为“可以做任何交易金额的投行”。没有成员资格，由公司承兑（担保）的票据不能拿到英格兰银行再贴现，这使得这些票据比那些由像罗斯柴尔德这样的老牌金融城银行承兑的票据更不具流动性[②]。但首先，沃伯格有意在其他方面加强他的公司。1952 年，他提议S · G · 华宝公司与布兰德斯 · 戈德施密特公司（下称“BG”）合并，新贸易公司最初曾在这家金属经纪公司的伦敦办公室办公。合并的理由是“S · G · 华宝公司如今完全控制伦敦BG公司的方向，从行政角度看，两家公司合并符合逻辑”。这次并购是逐渐融合过程的顶点，该过程可追溯至保罗 · 科恩–斯派尔去世，在保罗的儿子埃迪 · 科恩–斯派尔眼中，这一过程让人想起杜鹃在别的鸟窝里下蛋的行

① 1920~1944 年，诺曼担任央行行长。两次世界大战期间，诺曼是伦敦金融城里占主导地位的人物。尽管留着姜色络腮胡、举止古怪，但他在货币问题上极为保守，并对金本位制的消逝表示遗憾。由于他对勃拉姆斯的喜爱和他与亚尔玛 · 沙赫特的友谊，使他支持绥靖政策。

② 1961 年，一篇被沃伯格批准的草稿，扼要地解释了承兑系统，以及该系统在他眼里的重要性：“当一家投资银行的名字……出现在汇票上，该行的客户凭票提款，汇票在英格兰银行被视为可接受货币，并且可以按最佳利率被票据经纪人再贴现。票据经纪人以此为目的，从英国各储蓄银行的盈余资金中借款。通过这种方式，交货和付款之间的时间差就可以被弥补，反之，将迫使生产过程不规则地变动，直到货款到账。迄今为止，承兑是最便宜的融资形式：除非某环节出现问题，承兑无须占用银行的自有资源，不像贷款和透支，因为银行借出的不是现金，而是名誉。提供这项服务，银行收取手续费，费率由银行利率法庭公布，一等借款人手续费在 1.25%~1.5% 之间，其他借款人可能要支付 3%，虽然这是例外……很难指出哪种特别的业务对S · G · 华宝公司是极其重要的。但是，该公司几位发言人均坚持强调要扩大公司的承兑业务，可见公司对进一步增加承兑业务量的重视程度。”

为。但英格兰银行认为，合并是明智的合理化改革[①]。直到1955~1956年，加入承兑银行委员会的问题才正式向央行提出。央行愿意再贴现沃伯格系承兑的票据，“检疫期”至少需要一年，只有在一年以后才能加入。当得知这个情况后，沃伯格联合格伦菲尔德收购了塞利格曼兄弟公司，它是一家小型公司，但受到尊敬，又是承兑银行委员会的长期成员。（用央行的希尔顿·克拉克的话说）沃伯格也不满足于“这份‘大奖’……即，沃伯格公司的票据被我们接受，而且被视为‘优质银行’”。克拉克还坚持认为，S·G·华宝公司应该继承塞利格曼公司在英格兰银行的账户。正像《经济学人》指出的，作为一家刚成立10年的银行，就能跻身“承兑银行之列的内部圣地，其进展可谓创下纪录”。

可以肯定的是，“针线街”的人仍对沃伯格的魅力有所抵触，尤其是行长卡梅隆·科博尔德本人。雷金纳德·塞利格曼被迫辞职后，他找到科博尔德，抱怨被沃伯格系“陷害”。其他人则响应埃迪·科恩–斯派尔对沃伯格无情的指控，特别是出版商、西格蒙德的远亲费德里克·沃伯格，他控告西格蒙德首先从家族其他人手中“夺走”新贸易公司，又从科恩–斯派尔家族那里收购布兰德斯·戈德施密特。但每一个敌人的出现，又增加了两个或更多的朋友。早期，西格蒙德被央行里的人误叫成“西吉斯蒙德”·沃伯格，到1959年，人们更亲切地叫他“西吉”（虽然总在他背后）。如果雷金纳德·塞利格曼很快厌倦了受制于沃伯格，那么，杰弗里·塞利格曼和他堂弟斯潘塞（“博比”）就没有这种感觉，他们很快就适应了新体制。

即便英国经济从战后的节俭走向20世纪50年代中期的繁荣，沃伯格仍很谨慎。他在1955年年底抱怨，保守党财政大臣R·A·巴特勒“将国家的经济形势说得太好了”。“巴特勒告诉人民，他运用货币政策能改变现状，而不是说丘吉尔式的‘汗与泪’之类的大话。”沃伯格在苏伊士危机前夕悲叹，伊登政府“可能是自从诺思勋爵时代以来，效率最低的英国政府”：

> 我在想，有多少政府以外的人还认为纯粹用货币手段能够对必须治愈的“疾病”有真正影响，比如提高央行利率。我猜想，只有那些既傲慢又低效的人，就像现在的政府才这样固执己见，他们的观点已经被证明有误，他们应该

---

① 1946年5月，S·G·华宝公司联合力拓，收购布兰德斯·戈德施密特公司。6年后，沃伯格系向力拓支付作价，购买后者在水银证券公司的股份，水银证券是S·G·华宝公司的母公司。

> 采取必要的严厉措施，诸如刺激出口；试图促使雇主和工会之间达成影响深远的协议，好比薪金合并、股息冻结；未来的政策更应强调提高生产力，而不是出台负面、有阻碍性的货币限制措施。

沃伯格说，如果英国的经济增速可以有德国的一半的话，“那么，现在有关英国是否繁荣的争论对我来说……完全没有意义”。这些较为苛刻的话，甚至连工党领袖休·盖茨克尔都感到不太恰当。但两党的这种自满只加深了沃伯格的忧虑。1957年，他向新任教育大臣黑尔姆勋爵慨叹道：“在行业工会以及与之对立的金融城和工业领域，同样广泛地存在着一种平庸和懒惰的因循守旧，程度令人害怕。这种懒惰的奉从主义是今天这个国家的一大危险，应该反对这种自满。”1957年，哈罗德·麦克米兰当选首相后不久，他漠不关心地声称，英国人民的“生活从没有这么好过”，沃伯格对此大为失望。1961年，在一份致媒体的罕见的声明中，沃伯格警告“贸易周期中即将出现一种有益的下行趋势”。

这种对未来的麻烦永远担心的状态，解释了沃伯格厌恶风险几乎到了强迫的地步。1952年3月，他在一次董事会上“就明年我们是否有能力从传统银行业务中赚取费用，表现出极大的悲观……未来几年，也许更长一段时间，预期将经历商业收缩”。为了存活，公司需要“逐步培植传统银行业务以外的业务”。他和罗比瑙就公司财务数据打赌，内容是“截至1953年3月31日，S·G·华宝公司的各项财务数据将比……上一财年更糟。”结果，沃伯格输了5英镑。两年后，沃伯格向博尔顿坦言，他“当前最大的担忧是，人员数量增长过快，我们业务的总体规模太大，高层的工作质量势必会受到影响”。他还非常认同积累隐蔽的储备金。1959年，他解释说：“因为现在国际上私人开设的银行公司，我认为非常脆弱，像我们这样的私立银行公司，今天比以往更需要大量的储备金。”

然而，这些是公司成长过程中的阵痛，不是严重问题。不管哪个党在台上，不管英国经济多么艰难，S·G·华宝公司持续快速崛起。在西格蒙德46岁生日时，他的堂姐罗拉感慨道：“就一次，请你把这个世界的悲伤忘掉，想想你那多么耀眼的天赋……在威廉国王街……格伦菲尔德富有远见和效率；科纳富有独到的眼光，他的魅力能使欧洲建筑柱顶上干枯的石头中流出金色的泉水；厄恩斯特·塔尔曼镇静的光彩折射出他的睿智，既富判断力、又有执行力……所有这些人，还有其他许多人，他们在S · G · 华宝公司这片沃土上忠实地成长。”这些都是事实。20世纪50年代，S · G · 华宝公司的财务表现令人印象深刻。1949年，公司的实收资本只有275万英镑。13年后，公司市值达到2 000万英镑（以2008年的水平计算，约10亿英镑）。1961年,《泰晤士报》指出，某人7年前买100股水银证券公司的股票，它是沃伯格公司的母公司，只需投资237英镑：

> 投资这么多钱，他现在将有274股，按每股18英镑计算，它的投资价值为4 930英镑，比他的初始投资翻了20倍……在这段期间，公司的利润扩大了6倍，股息增加了9.5倍。这意味着，原始股投资人持有到现在，相比其初始投资的成本，股息增长率达到42.5%、利润增长率不低于145%。

正像该报表述的那样，这是一个“惊人的增长率”（见图6–1）。这段时期，国家正从战时管制转向有些业余的、凯恩斯式的需求管理，其表象是经济大幅波动：20世纪50年代，各保守党政府声名狼藉的“停停–走走”政策，导致货币和财政政策变化过勤，为的是应对通常在支付平衡与政治性商业周期之间存在的相抵触的压力。能有这样的增长率，尤为令人不可思议。

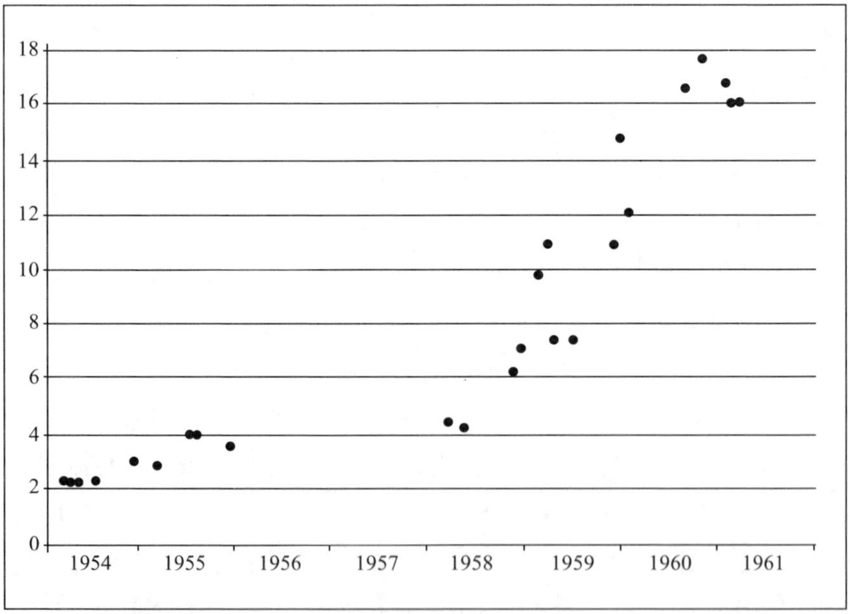

图6–1　水银证券公司的股价，月度数据（英镑），1954~1961年

开拓国际业务

虽然英国工业理应是S·G·华宝公司战后主要的焦点，但公司的这位灵魂人物即刻返回欧洲大陆寻找国际业务，那才是他真正的职业。1945 年年底，他访问了法国和瑞士。瑞士一贯稳定，而法国总显得不那么稳定。第二年，他又去了瑞典、荷兰和捷克斯洛伐克（后者的边境上，“铁幕”还没有被拉开）。在瑞典，他试图与富裕的沃伦堡家族和他们的斯德哥尔摩恩斯吉尔达银行重新建立联系。战后，沃伯格首先有一些设想，其中之一是联合罗伯特·本森公司和法国国家工商银行，在伦敦设立英法银行，旨在服务于法国的殖民地。战争结束、工党政府当选一年后不久，沃伯格提出这一计划，他尽力取得英格兰银行“善意的同情”。他注意到，政府里（甚至公职系统里）有人对伦敦作为国际金融中心的飞快复苏存有敌意——这意味着政府对资本流动的管制有所放松——沃伯格深知，央行作为官方盟友的重要性。“针线街的老妇人”（指央行）的意见并非那么明确，对提议的新公司的董事长、董事总经理人选有所保留。不过与此同时，央行让沃伯格明白，他们原则上“以善意的眼光”审视这一方案，表示“如果新公司设在纽约而不是伦敦，将会很遗憾”。这里有一个重要的窍门：两大主要金融中心长期处于竞争关系，各家央行习惯性地希望在自家后院增长国际业务。沃伯格知道怎么打这张牌。他视乔治·博尔顿为可靠和有效的盟友。正如沃伯格后来回忆的那样，他对博尔顿有很高的评价：

> 他试图巩固英国在金融领域为国际合作创造新工具的角色。尽管他完全意识到相对于在那时（即，战后）美国压倒性的金融实力，英国在金融上存在劣势，但他以全部的能力和说服力，为保持英国显赫的地位而奋斗——这倒不是建立在英国的物质资产上，而是建立在英国的专业素质和英国作为东西方桥梁的职能上……乔治·博尔顿除了为恢复西方世界各央行之间的紧密关系效力以外，他还鼓励金融城内的私营公司从伦敦构建国际业务，尽管存在外汇管制以及其他障碍。你总能感到他的影响力向个人创业倾斜，并向那些试图打开国际合作私营新渠道的个人倾斜，这与国家机器匿名的权力截然不同。

沃伯格比大多数人更早领会到伦敦金融城的复苏就像它在过去的繁荣一样，不可能基于英国资本的出口。相反，在可预见的未来，英国将需要从国外吸收资本。

因此在1948年2月，他征求了他在瑞士的一些联络人的意见，看“瑞士有没有可能，利用它不足的黄金储备，为英国或不列颠帝国的需要提供融资”。4年后，他审阅了一批可能的项目，“为了这些项目……联合王国可以筹集硬通货币的贷款，主要在美国，但在很小的程度上也在瑞士和加拿大”。后来很多年里，他工作中一个重复出现的主题是设法吸收欧洲和北美的资本到英国，不只是为英国工业现代化提供融资，而且是为把伦敦变成国际交易的通道。

但是，直到1949年，西格蒙德·沃伯格才回到他的出生地。在第二次世界大战结束前，沃伯格就想加速德国经济和政治的复苏（与亨利·格伦菲尔德截然相反）。这不是出于宽宏大量，更不是漠视第三帝国的恐怖，而是出于实用主义。沃伯格对这两种人分得很清楚，一种是“主要的歹徒”——他指的“不但是那些政治罪犯，而且是所有以任何可能的方式，无节制地从纳粹政权攫取利润的商人们”；另一种是“相对无知的人，他们加入纳粹党，为的是保全他们家人的性命”。他认为，后者被不必要地迫害，因为占领军实行高度机械地去纳粹化政策，而前者——他们应该被“投入劳改营”——巴结“愚蠢的军人管理者们”得逞。1949年，沃伯格刻薄地评价道，“近年来，如果一个人说话不得体、没有礼貌，其举止让人联想起希特勒统治下所有糟糕的事情，那么，大多数德国人会认为这是一种冒犯”，举止的表象是“一种奇怪和典型的组合，既傲慢又天真”。他不反对“最终将德国分割成东区和西区”，并倾向于法国提议的“将鲁尔区置于国际社会控制下单独管理”。然而，他脑子里考虑得最多的是联邦德国经济的飞快复苏。为了实现这一目标，他准备好至少对其中一位“以任何可能的方式，无节制地从纳粹政权攫取利润的商人”视而不见。

1947年7月8日，赫尔曼·阿布斯——这位丢脸的德意志银行外国部的前负责人——写下了他漫长一生中仅有的几封恳求信中的一封。这封信是写给西格蒙德·沃伯格的，它值得详尽引述，不是因为信中令人诧异的蹩脚英语，也不是因为信中谦卑的口吻，（对于阿布斯而言）这不像是他的特点。

> 离我们上次于1939年2月在伦敦相见，已经过去8年多的时间，你可以想象我有太多的事情想和你讨论，直到现在我才有这个机会。一年多以前——一定是在3月——我以如此美好的方式梦见了你，以至于自那以后，我

感到应该写信给你。家中的沃伯格太太和你的父母可好？请告知他们的情况。你儿子一定已经长大，现在也许上大学了。这些年不容易，我们经常在家里谈到你。

阿布斯继续提到了他和他的家人在与世隔绝的农场的安静生活，农场在莱茵区，靠近雷马根镇（那里曾是战场）。他坚称："我们都很高兴再次团聚，并快乐地生活在乡下。"接下来，他谈到了这封信的主要事由：

这种乡村生活在今天有很大优势，每天的辛劳……帮助我最终忘记那些悬而未决的问题，那些问题常常纠缠着我。即使远离银行和金融业的任何活动，但只要想起欧洲的命运，仍无法将悲痛释怀，想起自身的缺点和责任，就有一种良知。无论在哪儿，无论何时，只要被召唤，就尽己所能参与重建工作当中。

对于我是否还有利用价值，似乎有不同的观点，所以我必须保持耐心。耐心是基督教的伟大美德，我需要尽力奉行。要对这个国家形成一个公正的观点一定非常难，我不会佯装我的判断是正确的。把我想和你谈论的全写在一封信里，实在太难了……你的回信将给我带来极大的快乐，请代我问候沃伯格太太。

沃伯格的回信是友好的，但却一针见血，他回忆的不是他们在1939年的会面，而是1926年"我们在伦敦度过的一段愉快时光"，现在看来像"几个世纪以前"发生的。他嘲讽性地祝贺阿布斯的乡村生活，"你过的是禁欲的生活，而我在伦敦金融城过着忙碌的生活"。谈到德国，沃伯格用"你的国家"，对妻子和孩子的消息，他一笔带过，然后直奔主题：

有一次或两次，我被问及对你的意见，每当我被问及时，我都非常高兴地说，我总能感到你竭力主张的反纳粹态度，你在很多场合通过英勇的行为证明了这一点。如果需要，我愿意在这一点上作证。因此，在这个问题上，你有任何需要我做的，尽管让我知道。我对你多年的友谊和高度的尊敬不变。

沃伯格经常表达对阿布斯作为商人的钦佩，他的诚意是毋庸置疑的。但沃伯格对阿布斯声称在20世纪30年代"竭力主张的反纳粹态度"能信多少，就是另一回事了。虽然阿布斯从不曾加入纳粹，也从未因犯战争罪行受审，但他在没收犹太人公司的行动中扮演了重要角色，比如门德尔松公司，以及阿德勒和奥本海默公司。他曾主导德意志银行吞并奥地利信贷公司，并积极在欧洲被占领地区的金融机构之间搭建网络。事实上，战时，他在 45 个公司中占有董事席位，其中有 1/4 的公司处于被吞并或被占领地区。另外，阿布斯还是法尔本公司监事会的一员，这家化工公司建造了奥斯威辛集中营旁边的合成橡胶厂。他还密切参与了德意志银行收购从欧洲犹太人那里掠夺来的黄金。对于那些反对纳粹政权的活动分子，阿布斯也没有给予实质性的支持，虽然有很多人找过他，比如亚当·冯·特罗特·祖·索尔兹、赫尔穆特·詹姆士·冯·莫尔克，以及彼得·格拉夫·约克·冯·华登堡。战时，阿布斯唯一的冒险是在瑞士积累了一个金库，以防德国失败①。

我们不敢肯定阿布斯是否知道德意志银行的黄金很大一部分来自大屠杀的受害者。我们也不知道，沃伯格对阿布斯无辜的郑重声明到底相信多少。但有一点可以肯定，尽管在阿布斯头上笼罩着疑云——事实上，战争刚结束，他就被美国人抓获，并被关进监狱，但从未受审——沃伯格仍尽其所能，加速阿布斯的平反②。到 1947 年年底，这个德国人又重出江湖，还为“重建贷款公司”发行债券的技术细节，辅导沃伯格的儿子——他被他理想的大学和武装部队拒绝后，现正接受训练，准备当一名会计——阿布斯被任命为这家公司的二把手。沃伯格的目的很明确：利用阿布斯作为伦敦和德国经济联络官的角色。沃伯格相信，德国经济在战后的衰落不会持续太久。他向让·弗斯滕伯格保证，阿布斯是“至今任何新成立的金融组织在德国最好的人选，并且……从我们的角度来说，如果我们要在德国干点什么的话，他将成为主要的吸引点”。沃伯格曾说，“很少有人能在商业世界里，可以做到他那种地步，既有现实主义又有想象”。是的，现实主义加想象——这样的品质阿布斯有很多，它们很快把他推到在联邦共和国有特殊影响力的位置：先后成为新德国第一任总理康拉德·阿登纳的顾问、德意志银行董事长、德意志银行顾问会主

---

① 即使根据 1952 年德国和瑞士签署的条约，德意志银行的资产被解冻，这 307 公斤黄金仍被留在瑞士。阿布斯固执地拒绝考虑出售甚至转移这些黄金。在他去世后，这些黄金最终被出售，卖了 560 万德国马克（合 380 万美元）。德意志银行明智地将这些钱捐给了犹太人慈善机构。

② 令人惊讶的是，阿布斯的传记作家洛塔尔·高尔忽视了阿布斯和沃伯格的关系，以及沃伯格在阿布斯平反中发挥的重要作用。在伊恩·弗雷泽的回忆录里，他描述了沃伯格后来谄媚地想讨好傲慢的阿布斯，但在战后的那几年，反而是阿布斯求沃伯格了。

席。对沃伯格而言，帮助阿布斯在未来数十年都有巨大的回报，但其中也包括对这位德国银行家从 1933~1945 年明显缺乏公民勇气的视而不见。

阿布斯不是与西格蒙德 · 沃伯格恢复联系的唯一一个德国商人。但是，当沃伯格返回德国时，他第一站去的不是汉堡，而是法兰克福和杜塞尔多夫，这意味深长。从一开始，他决心不原谅继续管理以前是M · M · 沃伯格公司的布林克曼 · 沃茨公司（简称“BW”），那些人是第三帝国的受惠者。在沃伯格眼中，唯一恢复汉堡家族企业合理的基础是重建“1938 年以前的整个现状……至少在原则上”，换言之，推翻汉堡家族银行所谓被充公的局面。在去纳粹化的时期，他愿意帮助布林克曼，但不愿帮助他的生意伙伴保罗 · 沃茨，沃伯格把保罗视为一个更加狂热的纳粹，而不只是一个机会主义分子。但是，1949 年 12 月，等到沃伯格沉思着围绕阿尔斯特湖走了一圈返回费迪南德街后，他的态度缓和下来。家族银行似乎管理良好。“里奥” · 布林克曼既有魅力又有效率，他在自己家以一顿“非常可口的”家宴款待沃伯格。可以肯定的是，沃伯格看到这么多熟悉的银行职员，情不自禁地感到不安，他已经有 15 年没有见到这些面孔了。他回忆说，“回到德国”使他感觉好像（再一次）“坐在火山口边缘”。但他不能否认，“就汉堡而言，火山口上的生活不但忙碌，而且很惬意、舒适”。沃伯格支持经过艰苦谈判达成的临时协议①，它规定“沃伯格集团”在布林克曼 · 沃茨占 25%的股份，附带一份 5 年的期权，其持股可增至 50%（不过，该期权未被行使）。在这 25%的股份中，47%分给马克斯 · 沃伯格的后人，26%分给弗里茨 · 沃伯格，西格蒙德、埃里克 · 沃伯格、厄恩斯特 · 施皮格尔贝格各占 9%。1948 年货币改革后，家族银行首次出版以德国马克计价的资产负债表，报表显示公司资本金为 310 万德国马克、资产为 2 550 万德国马克。实际上，就西格蒙德 · 沃伯格在家族银行的占股，他本应收到相当于 75 780 德国马克（约合 7 500 英镑）的股票，但这部分股票凭证在他家被盗。

沃伯格态度改变的原因不是非常显而易见，但可以说，态度改变没有费很长时间。到 1950 年，他和埃里克讨论有必要为布林克曼 · 沃茨公司雇用多位新经理，

---

① 根据英格兰银行的一份内部备忘录，“沃伯格家族和布林克曼家族私下里达成了一份秘密协议，德国一旦出现不利于犹太银行业的状况，沃伯格家族有权持有公司 25%的权益，并有权恢复原名”。布林克曼最初表示，他仍愿意遵守协议，但他的几个合伙人不愿意，他最多出让 10%的股份。不过最终，他还是被说服履约。

并提出恢复使用老公司的名字，只要埃里克愿意一年有1/3的时间在汉堡。1950年，西格蒙德指示他的儿子，“如果布林克曼万一和你联系，请……听着就是了……在他傲慢和以自我为中心的外表下，他不但非常精明（当然，不要过高估计），而且善良，还带有东方的智慧，虽然有些安静”。然而，一年后，沃伯格打消了这种想法，认为布林克曼“非常倾向于以自我为中心，而且懒惰”。到1952年，沃伯格加速恢复公司的原名，他至少邀请了一位新合伙人加入，并把银行变为有限责任公司，目的是稀释布林克曼的影响力。那年夏天，沃伯格访问汉堡，证实了他对汉堡的疏离感：

> 在我看来，布林克曼的情绪类似“军官”和“女主唱”，令人捉摸不定，比他之前的状态还糟（暗指他来自土耳其的母亲）。我经历过好几次，当他作陈述时，既不坦率也不诚实，我注意到，他看每一个问题都是从他个人需要地位的角度出发，这让人非常不舒服。因此，在汉堡发生的所有事情只是动嘴皮子，并没有结果。我对他的描述没有什么值得补充的了，直到我们再次见面。同时，我得出一个肯定的结论，即，我以后很少有可能会与BW公司打交道。

也许是不走运，沃伯格无法坚持这一决定。1953年年初，他说，他发觉自己不得不在布林克曼·沃茨公司上花费“大量的时间”，“只为防止任何非常不利的事情发生”。一度，他以为他已说服他的堂兄埃里克，接受S·G·华宝公司在德国设立新机构，布林克曼·沃茨公司也许会占一小部分股份。不过，到1954年下半年，沃伯格建议埃里克考虑出售他在前汉堡家族银行的股份，沃伯格认为，与德意志联合银行，或干脆与杜塞尔多夫的一家新“工具”合伙，将比继续与布林克曼·沃茨合作更有利。但是，埃里克决心以汉堡为基地，并将他的能量更多地投入前家族企业，为的是接替赫尔曼·希林成为合伙人，沃伯格对此困惑不解。事实上，沃伯格想把他在布林克曼·沃茨的股份卖给埃里克。当这家前汉堡家族公司邀请西格蒙德加入其融资委员会时，他答应了，但条件是恢复M·M·沃伯格这个名字，并任用“一批有真才实学的年轻人”做合伙人，这两个条件都被布林克曼拒绝，他现在似乎有意把公司传给他的两个儿子。也许又到了要分道扬镳的时候。但沃伯格仍不太可能割舍。他最终同意加入该公司的融资委员会，尽管布林克曼继续拒绝接受他的两个条件。毕竟，沃伯格仍“十分喜欢这家老汉堡公司”，即使他有时佯装与“布林基”关系和睦，但私下里仍轻蔑布林克曼的自大，并深深怀疑后者的裙带倾向。

对西格蒙德·沃伯格而言，答案似乎很清楚：恢复原名、重振公司，并使其作为S·G·华宝公司在联邦德国的合作伙伴。但他朝这个方向走的每一步，都受到布林克曼的制约。比如 1960 年，沃伯格提出妥协，将公司改名为M·M·沃伯格·布林克曼公司。他更进一步表示，布林克曼的抵制也许是出于“德国人对犹太名字敏感”。当埃里克提议用布林克曼·M·M·沃伯格公司时，西格蒙德威胁从融资委员会辞职。布林克曼又提议他 32 岁的儿子克里斯蒂安担任合伙人，沃伯格反驳说，“我们这个时代比以往更不主张王储式的裙带主义，他建议让他的儿子立即出任合伙人，在我看来是完全错误的”。布林克曼现在的立场是，恢复原名的时机应该是战后不久，到 20 世纪 50 年代中期就太晚了。西格蒙德告诉他不太确定的堂兄，“过去 15 年，布林克曼非常习惯被唯唯诺诺的人所包围，他倾向采取这种态度——任何不同意他的人都是不友好、不忠实，或者缺乏善意的”：

> 你我一味防守已无作用。我认为是时候向布林克曼的自大——我担心如今不但显出凶恶，而且还有衰老的征兆——进攻了，而且，他必须被告知，他欠M·M·沃伯格公司老合伙人的太多了。1938 年，他们交给他的不只是一个“躯干”——布林克曼用了多么天真的一个词——而是一间公司，尽管赶上纳粹的局势，公司仍保持极好的名誉、极佳的赢利能力和非常重要的储备金……他不应忘记，这一切应归功于公司的老合伙人，也是你和公司其他员工战后支持他的结果。

布林克曼“试图在汉堡建立布林克曼王朝”，而且“没有大张旗鼓地恢复公司原名也算得上是丑闻”。其结果是一个妥协：布林克曼的儿子做合伙人，但同时汉斯·伍特克也成为合伙人，后者曾在戴姆勒-奔驰工作，他深得西格蒙德的支持，并以“强烈和独立的观点”——独立于布林克曼——回报沃伯格的信任。事实上，到 20 世纪 60 年代初期，汉堡公司相对在经济上的重要性大为下降，其金融利害关系已被削弱。沃伯格抱怨，公司的业务“非常局限”，完全专注于商业信贷，完全脱离了为德国工业融资的制高点。但沃伯格继续活动，欲稀释布林克曼的影响力，正如我们将要看到的，他从未迷失在汉堡恢复沃伯格名字的终极目标。

所有这些工作，沃伯格显然不是出于狭隘的自身利益。随着S·G·华宝公司不断崛起，如果汉堡的银行还叫布林克曼·沃茨，不带有著名的沃伯格的名字，那会对沃伯格是有利的。一个不可能避开的结论是，在争夺汉堡公司的持久战中，他的主要动机是为了追溯。很简单，这是个原则问题，以充公化名义起的公司名称不应再被沿用下去。同样，西格蒙德认为埃里克在纽约使用家族名称是对沃伯格品牌的稀释，不能容忍。当他听说埃里克考虑将他的公司E·M·沃伯格单独上市时，西格蒙德立即写信坚持要求，如果埃里克不再占大股，他的公司应放弃使用家族名称，否则，将构成"滥用家族名称"。当埃里克将他纽约公司的一半股份出售给莱昂内尔·平卡斯时，沃伯格公开表示反对。当纽约公司改名为E·M·沃伯格·平卡斯时，沃伯格勉强表示欢迎。

对西格蒙德·沃伯格而言，控制关乎一切。毕竟，谁能肯定平卡斯将在沃伯格的名字上贴金，而不会有损沃伯格的名字？正如我们已经看到，沃伯格甚至在大萧条前就认识到私人合伙制的局限，私人合伙制是家族控制企业最简单的结构。S·G·华宝公司将采用非常不同的组织架构。1954年，S·G·华宝公司超过99%的普通股由一家叫水银证券的控股公司持有，后者原名中央铁路货车（控股）公司，它是铁路国有化所剩下的壳公司。水银证券公司后来在伦敦证券交易所上市。以这种形式将银行做上市，有三层道理。第一，有机会吸收外部资金。第二，控股公司推动多元化。正像沃伯格告诉格伦菲尔德的那样，除了S·G·华宝公司，"我们必须设立更多的子公司，因为银行业务有风险。"从一开始，水银证券也收购并经营非金融业务，从与金属贸易商布兰德斯·戈德施密特合作开始，公司经营继续走多元化路线，速度之快以至于到1960年，沃伯格可以谈到"我们的保险经纪业务、我们的广告代理业务、我们的房地产开发业务"。第三，控股公司的结构保证沃伯格保留对沃伯格名字的控制权。格伦菲尔德想起他的合作伙伴说过，"无论如何，上市公司的名字里都不能有沃伯格"。"因为……你不知道会发生什么。"1956年，水银公司的股票掌握在272个股东手里，母公司及子公司各董事只掌握了1/5的股票。沃伯格自己只持有6.29%的股份。另一方面，通过创始人股票——其投票权是两级普通股投票权总合的3倍——S·G·华宝公司被另一家"沃伯格延续有限公司"所控制，沃伯格、他的妻子以及他们的两个孩子拥有后者52%的股份（余下的股份由公司各高级董事持有）。这个结构远没有那么直接，但似乎奏效，它结合了家族控制的传统、股票上市的市场规则以及多元化的防御机制。

关注德国

1950 年 10 月，西格蒙德 · 沃伯格的母亲去世。他和她的关系一直是亲密和强烈的。作为一个男孩，是母亲露西给予他更好的教育。她在文学修养上训练他，强度大过任何校长。是她向他灌输她自己的独特精神：那是一种古怪的混合，既有清教徒式的自我否认，又有犹太人的自我批评，这种混合同时激发了禁欲主义和焦虑——它不但是一种属于亚伯拉罕家族的归属感，而且是一种如果一行字抄错或一个字拼错，“会员资格”也许将被取消的感觉。总之，没有人对沃伯格有更大的影响力了。这种严格的责任感，这种完美主义，对警句的热爱，对社会上势利现象的轻蔑——这只是他从母亲那里继承的众多品质当中的一部分。

也许可以预料，他母亲的亡故在某种程度上将减弱他对德国的热爱，因为他在她的陪伴下度过他的成长阶段。相反，沃伯格依然关心他的祖国，就像以前关心他祖国的命运一样。整个 20 世纪 50 年代，联邦德国经济取得了惊人的奇迹，这为新成立的伦敦公司创造了机会，而关于原汉堡家族公司未来的争执，在很多方面都是一则插曲。尽管联军轰炸给德国造成了严重破坏，但其资本存量非常现代化。从东德被赶出的德国人强化了教育水平已经很高的劳工队伍。1950 年朝鲜战争爆发，刺激了大量的出口订单，新兴的联邦共和国，其经济增幅在欧洲历史上是从未有过的。德国工业的表现，尤其在 1948 年货币改革后，用沃伯格在 1951 年 6 月的话说是“不可思议的”。但必须承认，他一生对德国人在政治立场上持矛盾看法，谴责他们“缺乏政治能力，并缺乏现代和客观意识”，但他从未低估他们在“技术和工业组织”上的潜能（以及其他才能）①。他和赫尔曼 · 阿布斯的关系产生了众多生意机会：比如，为汉堡的船坞德意志船厂融资、重振德国金属公司的管理层、出售工程公司曼内斯曼的股份。1952 年，沃伯格找阿布斯谈论设立“一家英国和德国银行，类似英国和法国银行”。1953 年，他又找阿布斯谈论“在加拿大设立加拿大和德国融资工具”。到 1954 年，沃伯格向他的堂兄埃里克宣布，“我们在德国最紧密的联系是和德意志银行”。沃伯格和阿布斯都想到，为主要的德国公司在伦敦证交

---

① “德国人在音乐、诗歌和形而上学方面很伟大，同样在技术和工业组织上也很伟大，但天地之间的事情，比如外交、生活的艺术、政治平衡，以及政治公平的做法，多数时候是在他们的潜能和偏好之外。”（沃伯格写给汉斯 · 谢弗的信，1951 年 7 月 16 日。）

所发行股票。双方还想到引进德国资金，投入英联邦开发融资有限公司。1957 年，沃伯格试图使阿布斯成为“拉近英格兰银行与德国国家银行（德国联邦银行的前身）理解的某种中介”。1958 年 1 月，他告诉阿布斯：“在德国处理任何重大商业交易都与你合作，至少将有关情况通知你，即使交易处在萌芽阶段，我把这定为一个原则。”因此，当有消息指阿布斯与希特勒政权曾经合谋时，沃伯格感到极不舒服。消息首先是来自东德，后来是几位西方作者开始披露，尤其是汤姆 · 鲍尔。

然而，把沃伯格和德意志银行之间的关系形容为某种独享是带有误导的。其实不然。随着越来越多的德国公司寻求在伦敦（和纽约）发行股票，英德合作机会众多，沃伯格不仅仅与一个生意伙伴合作。举一个例子，1959 年，他提出收购巴伐利亚联合银行“很大一部分股份”的可能。同时，他和让 · 弗斯滕伯格探讨“公司和柏林人贸易公司之间建立紧密联系”的可能。沃伯格系也有可能独立行动，比如 1960 年，为奥古斯特 · 蒂森钢铁公司的一部分股票募集资金，这是自战后以来第一家欧洲大陆公司在伦敦证交所挂牌。事实上，沃伯格尽其所能，为德意志银行在伦敦上市向阿布斯提供帮助。

到 20 世纪 60 年代初，沃伯格很清楚，无论是布林克曼 · 沃茨还是德意志银行，都不能为他提供他在联邦德国市场所寻找的立足点。因此，S · G · 华宝公司在 1964 年（联合伦敦和南美银行）收购了一家在法兰克福的银行汉斯 · W · 彼得森，将后者改名为S · G · 华宝有限合伙人公司，并派曾在美国投行李 · 希金森效力的格特 · 惠特曼，与这家法兰克福银行的创始人彼得森以及他的合伙人理查德 · 道斯共同管理新公司。当沃伯格更加乐观时，他想象着新公司“在战后不久会复制伦敦公司的成功，那时，培训和打造一支合适的团队，最终证明是长期繁荣的主要因素”。但是，他也希望这一举动将削弱鲁道夫 · 布林克曼的地位，甚至也许可以逼迫后者在汉堡家族公司名称的问题上就范，这符合沃伯格的特点。但这种希望受到德国股市暴跌的阻碍，法兰克福新公司成立时，正好赶上股市下跌开始，下跌延续到 1966 年年底。由于汉斯 · 伍特克和埃里克 · 沃伯格都加入了法兰克福公司的董事会，法兰克福公司和汉堡公司便开始合作。到 1967 年，沃伯格对新公司的幻想破灭，他与伍特克和道斯发生争吵，并指控他们对他在新公司里的地位患有某种“情结”。1969 年，沃伯格担心法兰克福分支在过度扩张，他将新公司与J · M · 福伊特控制的德意志证券和汇兑银行合并，组成证券银行–沃伯格股份有限公司，合并过程中罢黜了道斯。到这时，沃伯格找到了一位新德国盟友——德国商业银行的保罗 · 利希滕贝格。1967 年，阿布斯从德意志银行董事长一职退下后，保罗逐渐取代了他的位置[①]。与此同时，布林克曼仍留在汉堡，他无可救药，似乎也无法被撼动。

尽管西格蒙德 · 沃伯格在联邦德国有这么多商业活动，但如果认为他已经完全原谅并忘记德国人过去的种种罪行，那可就错了。他经常表达他对联邦德国政治人物的怀疑（虽然不包括联邦共和国的缔造者康拉德 · 阿登纳）。社会民主党人卡尔罗 · 施密德给他的印象是“傲慢、固执”。联邦总统西奥多 · 霍伊斯的优点是“不拘泥于玩政治战略或战术”。副总理兼经济奇迹设计师路德维希 · 埃哈德“善良、有才华，但却是不受约束的无赖”。有时，他的批评对人不对事。沃伯格分得清被定罪的纳粹分子和德国群众，他认为德国群众在第三帝国的作用没有那样恶毒。“关于纳粹主义，”他在他的警句簿里意味深长地写道，“引诱善良和成熟的人们似乎是那么容易。”正像他在写给雷曼兄弟的保罗 · 马苏尔的信中说的那样：

> 我认为，全世界大部分人没有对抗恶霸的勇气，恶霸掌握压倒性的权力工具，并且毫不犹豫、无情地使用这种权力。另外，我担心纳粹制造的凶残暴行——虽然纳粹人数更多——不会比几个世纪以来罪犯和变态分子犯下的残暴更糟糕，这些人在任何一个国家都能找到——确实也不会比现在在世界各个角落发生的残暴更糟糕。纳粹暴戾特别让人恐怖的地方是，他们作恶的权力应用了我们这个时代的种种科学的方法。

然而，正是出于这个原因，沃伯格对德国精英阶层发挥的作用大加批评。1956 年，他告诉一位英国友人，“恐怕‘命令就是命令’这句话今天依然存在于德国人的心态中，它也适用于大部分上层和中产阶层的人”。1959 年，他评述许多德国人“真的从希特勒时代吸取了教训”，但依然如故的是，“一大批重工业领导人像以往一样自负、傲慢”。

另一方面，20 世纪 60 年代，社会上出现对激进民族主义的国家民主党的短暂支持，沃伯格并不为此担忧，他认为那是一种反常。就沃伯格而言，新德国的民

① 令人奇怪的是，阿布斯的继任者拒绝参加水银证券在德国的私募。沃伯格不为所惧，他力图补救与德意志银行的关系，并主张与德国商业银行建立三角关系。

主基础是牢固的，埃及的反犹势力，甚至南非的种族主义政权，更令犹太人害怕。1967年，他告诉一位记者，“一个民族主义和扩张主义德国的复兴”，比“中东统治者奢侈和完全不负责任的野心”危险更小。而且，不像20世纪20年代，德国右翼对领土丧失或统一问题，并没有希望动员群众的支持。在冷战条件下，除非牺牲联邦德国的自由——这是苏联所有为结束德国分裂的提案的价码——否则，德国不可能实现统一。新德国真正的麻烦不是它保持不变，而是它已经改变，并且超出沃伯格所希望的。1960年，他告诉儿子，现在“人性过于物质，有太多的自满和自大——经历了过多的自怜之后，现在又走向另一个极端”。他继续密切关注德国的政治生态，留意任何反犹的惯犯，他从未怀疑“有国家社会主义心态的人”依然存在，但他对纳粹真的卷土重来不抱什么预期。即使生硬保守的巴伐利亚人、基督教社会主义者弗朗兹-约瑟夫·施特劳斯，也显然不是纳粹，虽然他也许“沉浸在喧闹的表现主义中，几乎像希特勒一样粗俗”。

不可避免的是，有人会批评沃伯格在推动战后德国经济复苏中所投入的精力。其中包括前M·M·沃伯格公司的经理汉斯·迈耶，他现在人在纽约。当沃伯格听说迈耶反对两间“犹太银行”（沃伯格系和罗斯柴尔德系）负责蒂森在伦敦发行股票时，他几乎抑制不住心中的怒火。沃伯格控告迈耶“虚伪、肤浅”，他提醒迈耶：

> 希特勒政权上台后仅几周，我向MMG公司和沃伯格公司强烈主张我们应该尽快撤离德国，不仅是为我们自己，也是为其他德国犹太人做个榜样，以此作为激励和支持他们的一种行动，并且应该尽可能避免任何与那时主宰德国的人接触。请再回顾一下那个时代。我着重表达了与你以及和你有相同想法的人的不同观点，但从一种道德或准道德的角度看，我没有质疑你动机的可靠性。
>
> 就像在希特勒政权的年代我感到我们应该不惜一切代价远离那个政权一样，如今我感到，一个正派、有政治家风度的政权在管理德国事务，在伦敦、纽约或者其他地方的商人，无论是否是犹太人，都应该积极参与来自德国的合理的商业事项，都不应该为参与其中而感到羞耻。对我而言，最好能使正派的人变得更加强大，虽然他们可能立场不够坚定，但他们历经磨难，想重新做人，（沃伯格是指阿布斯吗？）而不是想讨好恶霸。换言之，我更喜欢和阿登纳领导下的德国正派的工业家们打交道，而不是和希特勒统治下的那帮人打交道。

这不仅是经济务实主义的事情。它也反映了沃伯格对德国在西方一体化中的战略重要性的理解：

> 当我就蒂森的事情开始谈判时，最初我的脑子里就非常清楚，如果我们做了这样一笔交易，我们可能会被各方批评，尤其是被某些英国军国性质的媒体。然而，我们不应该被我们可能遇到的这些团体的反应所吓倒，这些团体在第二次世界大战之前的 6 年中，没有像现在那样反对德国。相反，如果我们想强化亚特兰大共同体，我认为这是当前政治和社会最重要的奋斗目标——任何能实现并鼓励德国商界和西方世界其他商界开展业务的事情，在我看来都具有极大的重要性……

发挥关系网的作用

当然，现实是西格蒙德 · 沃伯格一生在很多方面都是一个被迫离开故土的德国人。他的老友保罗 · 兹格勒曾说："西格蒙德非常德国化，而且……还是 19 世纪的德国人，还带有很强的尼采的风格。后来希特勒来了，希特勒使他成为永远无家可归的人——我总是对他完全没有英国人的样子感到吃惊……所以，他的生意成了他唯一的家园。"这就是为什么他无法在汉堡家族公司的名字问题上屈服的原因，不管其金融影响有多微不足道。最终，沃伯格成功了。1969 年，当布林克曼 80 岁时，沃伯格得以达成协议，在资本金增加了 600 万德国马克的背景下，将公司改名为M · M · 沃伯格–布林克曼 · 沃茨。消息是在 1970 年 1 月宣布的，这在沃伯格整个职业生涯中是最难取得的胜利之一。他告诉堂兄埃里克："我不否认，我为这个目标努力工作，有时，发现我要面对的障碍的性质几乎无法忍受。"劳埃德银行的董事长埃里克 · 福克纳回忆说，沃伯格有一次曾宣布他的两个个人抱负，一个是将"沃伯格"建成与伦敦巴林银行齐名的家族企业；另一个是在汉堡恢复家族名称。实现第二个抱负比第一个多花了 10 年时间。

一种对他过去在德国生活产生的亲近感，使沃伯格于 1968 年接受了在乌拉赫母校校友聚会的邀请①。他告诉另一位校友，他总是"抵制德国人有所谓的集体负

① 大多数他以前的同学已成为新教教士。他们带着无法形容的施瓦本的狭隘，对沃伯格还未秃顶的事实印象最为深刻。

罪感这一命题，因为任何形式的归类，都是对智力和道德公正犯下的大罪”。1977年，他第二次访问乌拉赫，甚至想买回在乌亨费尔斯的老宅，他曾在那里度过他的少年时光。沃伯格以一种不原谅的精神，试图为他母亲的可动产寻求赔偿，纳粹曾阻止将这些财产运往英格兰，战争期间，这些财产在对斯图加特的空袭中被毁。他和他的祖国完成和解是在1973年，那年，维利·勃兰特政府授予他联邦共和国荣誉勋章。1973年，他跟德国驻英国大使说，他的忠诚包括两层意思，“既对他的出生国，又对他的接收国”。

但是，英德和解不是沃伯格的主要目的，虽然毫无疑问，这个目的是他支持的，也是他培植的。用他一位德国老友埃德蒙·史旦尼斯的话说，有一次沃伯格在电话里坦言，他的“人生使命是把分布在全球（大写）名字中有‘沃伯格’（大写）字样的‘投资银行’整合，从伦敦到纽约，从苏黎世到法兰克福”。即使夺人眼球的大写单词不是沃伯格写的，而是史旦尼斯写的，这话也没错。为了实现这个目标，仅仅恢复与德国的老关系是远远不够的。同样重要，也许更重要的是，重建与纽约跨大西洋的金融关系。在这个问题上，沃伯格家族在战前的关系网同样将发挥主要的——但不总是有用的作用。

第7章

大西洋联盟

HIGH
FINANCIER

正如你所知，我强烈地认为，没有什么比英美在各个领域合作，包括在商业层面，对我们西方世界更为重要了。

西格蒙德 · 沃伯格
1952 年

直到那时，英国权贵阶层感到，任何大公司管理层发生任何激进变化都是错误的……这种自满被英国铝业"战争"击碎，这种自满带着错误的傲慢，还带着懒惰……迈克尔 · 贝利是富林明集团的合伙人，他也是那时金融城的一位主要银行家之一。他对我说："如果某人购买了一家公司的股票，并获得在该公司的影响力，但随后更换该公司的管理层，那么，这个管理层中还有哪个成员能睡得安稳呢？"我答道，如果那个人做得不好，他就没有理由睡得安稳。

西格蒙德 · 沃伯格
1976 年

令人失望的美国业务

1927年，西格蒙德·沃伯格认为华尔街投资银行库恩–洛布公司是“一颗光芒四射的星星，但恐怕这颗星星正在逐渐快速失去光泽”。他发现该公司的几位高级合伙人（西格蒙德与他们有远亲关系，因为他的“叔叔”费利克斯和保罗分别娶了洛布和希夫家族的女儿）对“个人虚荣、嗜好和势利”，比对“实际的、商业性的企业家精神”更感兴趣。他告诉叔叔马克斯，“我在库恩–洛布公司待得越久，就越感慨于该公司的魅力和绝妙架构，更重要的是它内部广阔、未开发的可能。这些可能的开发，需要人为（途径）或一种极大的努力。它完全依赖于与公司利益相关的各合伙人。”在之后的30年或更长的时间里，西格蒙德·沃伯格怀揣着梦想，想要振兴库恩–洛布，恢复1920年雅各布·希夫死后消失的活力。大萧条前，该公司因发行美国铁路债券和股票赚取利润并得以壮大。后来，因1933年《格拉斯–斯蒂格尔法案》的颁布，公司（和其他投资银行）不得从事商业银行业务，慢慢地，公司变得自满、厌恶风险，对战后美国出现的新的生意机会似乎漠不关心。公司在华尔街仍是最受尊敬的名字之一，只仅次于摩根。公司的客户名单几乎是美国大企业名录，从安海斯布希公司到威斯汀豪斯电气公司。当一位合伙人被问及公司有多少人曾经在这些大企业工作过时，他的回答很出名：“大约有一半”。

这也许就解释了为什么1946年2月当西格蒙德在战后首次访问纽约时，他主要关心的是为S·G·华宝公司设立一处独立落脚点的可能，而不是恢复与库恩–洛布的老关系。事实上，他竭力告诉保罗·马苏尔，“我们绝不会受库恩–洛布公司的限制”。当曼哈顿银行愿意腾出一间办公室给沃伯格时，他欣然答应。库恩–洛布的新领导层包括约翰·希夫、威廉·怀斯曼爵士、本·巴登威泽，以及约翰·迈耶，沃伯格对他们的第一印象是，“我们不应指望他们在处理复杂的国际交易上显得灵活或者敏锐”。在这个阶段，他最愿意考虑的是一种“柏拉图式的友谊”。当美国政府对库恩–洛布和其他华尔街主要发行银行提出起诉，指控它们存在反竞争的做法时，这进一步强化了沃伯格的这种感觉。在他看来，“公司的美名及其巨大财富”与公司管理层结构“混乱得令人难以置信”之间存在明显的不符。沃伯格对他以前的两名德国同事厄恩斯特·施皮格尔贝格和乔治·斯皮策的印象更深刻，因为这两个人似乎渴望抓住战后的种种新机会。因此，沃伯格决定减少他的公司在海外商品信托的持股，持股行为在战争期间已经停止。沃伯格转而关注一家叫美国欧洲合伙人公司的新实体，该公司在施皮格尔贝格的领导下，有意成为“一家纯粹的融资及控股公司”。

20世纪40年代末，沃伯格又先后几次造访纽约，1947年6月和11月，以及1949年1月。那时横跨大西洋仍依靠轮船，因此这样的旅程不是小事①。为弥补在纽约的短暂时光，他每一天都安排了数量惊人的会议，每次会议限制在30分钟。但开始时，会议的结果却令人失望。到1948年年底，他和他的同事们去美国不下14次。由此产生的业务量“极为可怜”。欧洲合伙人公司成立的第一年，其业务“要么是偶然的交易，要么是一种‘垃圾’商店……业务种类……不适合银行家或专业投资者投资”。1949年1月，沃伯格直白地总结道，“美国欧洲合伙人公司对S·G·华宝公司没用”。“很明显，欧洲合伙人公司为自身或者为S·G·华宝公司，都未产生任何特别有价值的投资业务……未取得赢利……当S·G·华宝公司的各个成员访问大西洋西岸时，美国欧洲合伙人公司都不能负担他们产生的费用”。总而言之，该公司证明是“一片杂草丛生的自留地，腐殖土太少，园丁和石头太

① 因为需要被迫出席社交场合，沃伯格总把跨大西洋之旅看做一种挑战。1951年10月，他回到伦敦后致信埃里克说，“如果船上没有那么多熟人，我会更放松一些，因为他们全都不在正常时间睡觉……大多数情况下，缺乏睡眠和消耗多少杯威士忌之间存在算数关系”。

多”。到 1950 年，沃伯格的幻想破灭，他得出结论，伦敦比纽约有更多值得做的业务。当怀斯曼公开表达愿意用沃伯格替换罗斯柴尔德，作为“库恩–洛布公司在欧洲，尤其是在英国的主要联系人”时，沃伯格婉拒了。然而，这绝不意味着他终止了对美国或者对库恩–洛布公司的兴趣。

对冷战的判断

正如我们将要看到的那样，虽然西格蒙德 · 沃伯格一生支持欧洲一体化，但他从不认为这和坚定的亚特兰大主义不兼容。他的确可以宣称自己为《大西洋宪章》的起草提供了灵感，该宪章为英国和美国之间在战时和战后的关系奠定了基础。1941 年，就在哈利法克斯勋爵去华盛顿出任大使前，沃伯格建议哈利法克斯勋爵应在他首次的美国记者招待会上提出“一份针对世界的新的大宪章”，而不只是为英联邦。母语是英语之外的一种联盟，其目的很明显。早在 1940 年，沃伯格以卓越的先见之明看到，法国沦陷也许最终将意味着“苏联势力的进一步延伸”，有可能延伸至莱茵河。希特勒的战败是以向斯大林交出欧洲大陆为代价，在整个战争期间，这种担心在他脑海中挥之不去，并为他在冷战期间坚定地反对苏联奠定了基础。1942 年，英国的亲苏情绪高涨，像工党内的许多人一样，虽然沃伯格在战时对苏联的“现实主义、大无畏和目的感”有感情用事的时候，毕竟，苏联比西方民主国家在追求胜利上流了更多的血。

今天，人们很容易忘记冷战那一代人生活在怎样的阴影下，超级大国对峙产生的破坏性，远远超过第二次世界大战。1949~1987 年，这种破坏的可能性从未完全消失。1949 年 10 月，沃伯格写信给他的友人威廉 · 舒巴特说，“如果苏联人掌握了原子弹，那么我非常确定，他们有能力把原子弹打到美国……如今地理距离不再成为保护。当今唯一相对安全的地方可能是那些相对远离人口和工业中心的地方”：

> 谈到这个话题，我想起了一个从中欧来的难民的故事，他大概在 1938 年来到英格兰，他担心下一个地方应该去哪儿，但不能下定决心。有人问他，“你到底想去哪儿？”他答道：“很远的地方。”那人又问：“很远的地方在哪儿？”他答道，“离所有地方都很远的地方。”

这样的观点在今天比以往任何时候都更普遍。这是一种徒劳和歇斯底里态度的征兆，这种态度伴随着道德、社会和经济的解体。这种解体始于第一次世界大战，几乎从那时起，它愈演愈烈，尽管会有较光明的短暂间隔。鉴于这种解体，大部分不愿意被歇斯底里的情结吞没的人，要么按照伏尔泰所说的“管好自己的事”，要么过一种积极的生活，即我们周围好像没有发生解体一样。

事实上，沃伯格不得不以一种重要的感觉度过余生，“好像”这个世界既不危险，也不腐朽，但他内心知道并非如此。

但沃伯格直觉上对核战争风险规模的判断是正确的，就像他很快就意识到威慑和相互毁灭，这两者产生的稳定性的作用。朝鲜战争白热化时，道格拉斯·麦克阿瑟将军结合极端好战和政治野心，让人不安地联想起第一次世界大战德国将军、希特勒早期的支持者艾里希·冯·鲁登道夫，即使在那时，沃伯格仍旧明白，超级大国之间的全面“热”战，比“持续冷战伴随在朝鲜和印度发生局部热战的可能性要小”：“我甚至想到这样一种可能性，过不了多久，我们也许开始把冷战视为在未来1~20年的一种常态，那时我们也许会逐渐平静下来，不会像到目前为止那样紧张。”事实上，早在1951年，沃伯格企图展望后来被称为国际关系缓和的时代，甚至展望超级大国们走到一起：

> 如果一个人愿意沉浸在特别乐观的期待中，那他也许想象得到，冷战持续10年后，东西方也许习惯了共处，习惯了以一种奇怪的混搭精神，互相怀疑又互相容忍。这是心理学的一次熟悉的经历，抽象地说，虽然怀疑和容忍之间存在对立，但在现实中，适当的怀疑加上适当的容忍，可以产生合理的精神催化剂，调解对立思想态度之间的关系，这同样适用于个人和国家。因此，在一段很长的时间后，东西方相互之间也许会慢慢采取和平的态度。同时，东方阵营的发展方向也许会变得不那么集权、集中，而西方阵营在更广泛的区域基础上和更社会主义化的模式上，也许会变得更加有组织。

使沃伯格感到乐观的原因是他逐渐意识到，西方领导人不会重复绥靖时代的错误，但乐观不符合他的特点。“与1938年秋天和1940年春天相比，”他告诉一位记者：

> 今天，虽然西方世界仍处于极度危险中，但比那时更加觉醒。顺便说一

> 向，我的乐观之所以得到些许强化，是因为几乎所有反对我在1933~1939年对第二次世界大战所作的预言的人，现在都接受第三次世界大战即将爆发的说法。那些在1938年，甚至在1939年相信“我们这个时代是和平的”内维尔·张伯伦的追随者们，现在反而悲观地预言灾难即将到来。

冷战稳定的关键是北大西洋公约组织的出现，它是西欧安全可靠的保证。早在1950年5月，沃伯格确信，西方的安全依靠“真正的防御，以及北美和西欧之间的货币统一”。他甚至提出建立两党制的协会——大西洋联盟之友——该协会旨在将“工业、金融城和行业工会”团结在新兴的西方联盟后面。有趣的是，沃伯格形容这个机构“比那些试图推进联合国、联邦制和欧盟的各个协会重要得多”。正像沃伯格向保罗·马苏尔解释的那样——保罗担心“苏联将从局部热战中得利”，他还担心“打败苏联唯一的可能在于第三次世界大战”——沃伯格有信心，“西方列强与其盟友一致的政策，将继续削弱苏联，从而不会导致第三次世界大战”。沃伯格邀请了以下几位加入新机构，包括前外交大臣哈利法克斯勋爵，沃伯格的同事、银行家弗朗西斯·格林，还有经济学家詹姆士·米德和莱昂内尔·罗宾斯。后来招募的还有工党领袖休·盖茨克尔、自由党领袖乔·格里蒙德、前司法部长哈特利·肖克罗斯，以及小说家丽贝卡·韦斯特。各方达成的目标是通过“至少定期举行部长级理事会议，配备共同的秘书处”，加深现有的大西洋防御联盟。

同时，沃伯格明白，与纳粹德国相比，苏联是一个有着不同特点的敌人。他在写给军史学家巴兹尔·利德尔·哈特的信中说，“对纳粹德国来说，它从未准备共处，只热衷称霸世界。不过，对苏联来说，情况和纳粹德国时代有所不同”：

> 克里姆林宫里的独裁人物，与希特勒主义者一样残忍，但除了这些独裁者以外，还有一些非常精明、有建设性的思想者，他们试图从专制统治者手中取得控制权。当然，没人能预见这场发生在克里姆林宫内合理与不合理之间的斗争将如何化解，但东西方的冲突至少有机会以共处为结果。唯一能实现这一目标的方法是，首先，通过继续加强西方盟国的实力；其次，提高东方国家（尤其是东南亚）的生活水平；再次，通过缓解紧张关系……

冷战也许不只一次升级为热战。它的确在一些国家变成热战，不仅在韩国，后来在印度，而且还在危地马拉、柬埔寨和安哥拉，这些国家是“第三次世界大战”的主战场。但在沃伯格眼里，“第三次世界大战”基本上是两个在某种程度上相似的军事、工业和政府综合体之间的对抗。1955 年，他好奇地听到时任美国空军部长哈罗德·塔尔博特的讲话，后者“谈论美国空军对战苏联空军……就像一个工业公司的董事总经理谈论另一个工业公司”。如果美国政治人物很少打动沃伯格的话，至少他们不太可能犯沃伯格预见的尼基塔·赫鲁晓夫犯的“极为严重的错误”。1958 年 4 月，沃伯格预测，“后斯大林时期实行的重要的集体专制，现在已经让位给个人专制。我认为其后果是，赫鲁晓夫像他之前的希特勒和墨索里尼一样，会表演得过火”。“我认为，这将是关于一个独裁者的老套故事，他的手下没有充分向他汇报，因为他们报喜不报忧，他因情报机构不得力，而得出错误的结论。”沃伯格强烈反对赫鲁晓夫在 1960 年“令人恶心和咄咄逼人的”行为——以他 10 月 12 日在联合国发言时，摔着皮鞋过激地谴责“美帝国主义者”为顶点——并正确地预见柏林危机的到来（“今天对柏林的处理办法，甚至比 1938 年对苏台德区的处理办法，还不受英格兰、法国或美国的普通民众欢迎”）。诚然，这位新任苏联领导人于 1956 年在反斯大林的“秘密”讲话中透露，国内恐怖行将结束。但是，超级大国对峙，比如建造柏林墙（1961 年）、古巴导弹危机（1962 年），以及美国干预越南升级，逐渐让沃伯格之前的担心再次复苏，“我们今天面临着一个朝着原子战争发展的趋势”。但是现在，他担心的是一次意外的战争：“没有人真想让战争发生……但是真正有实力的国家，没有一个愿意采取果断措施，保护人类免于自相残杀。”在沃伯格看来，无能比凶残威胁更大。

英美外交合作失败

尽管沃伯格把大西洋联盟视为防止苏联扩张的堡垒，但他也不是一个盲目的亲美派。相反，他非常容易被他看到的美国外交政策的双重标准所激怒。他尤其厌烦美国国会议员詹姆斯·P·理查兹，1944 年 9 月，沃伯格在和威尔士工党议员安奈林·贝文的一次宴会上遇见理查兹：

> 理查兹先生问，当谈到今天英国人民对帝国主义的态度时，他们是否愿意

放弃直布罗陀和马耳他，而支持国际机构。我们全都回答“是”，只要存在基于国际机构的解决方案。贝文说：“毫无疑问，这个国家的绝大多数人民愿意放弃遍布全球的海上主要要塞，比如直布罗陀、马耳他和新加坡海峡，还有博斯普鲁斯海峡、哥本哈根海峡和巴拿马运河。”理查兹先生随即说：“这么做很正确，但美国当然不会放弃在巴拿马运河的管辖权！”……理查兹先生大谈英国人维持在印度的政权是可耻的，但美国人对黑人的态度又是完全合理的。

沃伯格后来回忆道，战争的一个最大失误是，罗斯福“对所谓英帝国主义痛恨的理论依据有误”，这使他“向斯大林交出主要战略要地……因此，让他在西欧的英法朋友们很失望”。有时，沃伯格陷入几乎是民族主义的反美情绪：午餐时，美国人不和客人交谈，而是盘问客人；美国人的火车站混乱到无法容忍；美国人的股票市场是“蒙特卡洛，只是没它好玩”——总而言之，他们“从树上一下跳进汽车里”。“我可以总结我的印象，”战后他第一次去美国后写道：

我遇到的大部分人——即使那些非常聪明的人——都根据股市的走势改变着他们的观点。更糟糕的是，人们对喜好和憎恶的观点与推理一致得令人可怕。有时我想，美国个人主义的无差异与中止，也许和在苏联一样在蔓延，唯一的区别是，在苏联，异议的惩罚是死刑，而美国的惩罚是挨饿或者社会放逐。

沃伯格不像许多更传统的大西洋主义者，他从来没把冷战看做西方的（很少是美国的）美德与苏联的罪恶之间的斗争。20 世纪 40 年代的最后一天，他在一封信里坦露，“恐怕，这种现代野蛮行为正在‘铁幕’的东西两方进一步蔓延，不仅在西半球，而且在西欧”：

在我看来，好像在这个世界上，西方的优良传统和文化只在某些整合良好的小岛上得以保存，它们不会被现代野蛮行为的潮水所淹没。它们的确只是一小部分紧凑的个体，但它们内部凝聚的程度以及平衡的程度很高。相对于其他过快增长、过大和过度集中的个体来说，这些紧凑的个体不受令人失望的无差异的影响。前者适用于今天的苏联及其卫星国，也许还越来越适用于美国。而那些整合程度高的岛国，包括大不列颠及某些英联邦自治领（不包括南非）、瑞士、北欧国家，可能还有其他一些国家。

西方的优越感建筑在这些为数不多的“岛国”依然存续上，因为它们坚守传统价值观，而不是建筑在对“西方文明从柏拉图到北约组织”的描绘上。冷战期间，美国的大学就是这样教授的。

沃伯格对战后跨大西洋秩序在经济方面的批评是更加显著的。他提出两点反对意见。第一，由英美专家在1944年设计的布雷顿森林体系，保留了货币与黄金挂钩，即，美元可兑换成铸币。第二，布雷顿森林体系的设想继续限制国际资本流动，这是固定汇率和独立国家货币政策的必然结果。沃伯格觉得这两点都不理想。从1940年起，他就坚决反对任何类似于金本位的制度，他开玩笑地说，战后美国大量的黄金储备最好的用处是生产烟灰缸，再把它们卖给游客。从1942年以后，他主张战时的《租借法案》政策应该延长至和平年代，美国凭借该法案给予其盟友大规模信贷，以便为它们装备作战物资，虽然信贷援助以某类私营、非营利公司的形式会更好。正如沃伯格所设想的，这一实体类似于国际货币基金组织，后者是凯恩斯和他的美国同事哈里·德克斯特·怀特在布雷顿森林提议设立的。

但沃伯格希望，战后“美国人和英国人将互相帮助，通过……联合采取《租借法案》体系和工业合作，共同引领世界”，而他的希望将会落空。正像凯恩斯在华盛顿亲自发现的那样，美国人把到来的和平看做一次令不列颠帝国汗颜的机会，并不是支持不列颠帝国。到1943年年底，沃伯格悲观地总结道，“英国解决战后问题的方案是，更紧密地联系英联邦自治领和西欧国家，根本不能依赖美国”。他认为“美国侵略性的经济政策”令他十分沮丧。敌对停止后，美国即刻取消《租借法案》，这确认了英国将首先不得不保卫自身安全。同时也确认了，美国也许会投入更多的资源，帮助它以前的敌人重建，而不是帮助它以前的盟友重建。

沃伯格预料，美国不会给予更多的财政援助，他把注意力转向私营企业，看它们能有什么作为。他不止一次宣告，“那些在国际银行业发挥作用的人应该尽其所能，为连接美国和英国的金融与工业贡献力量”。他最初的想法是，美国公司应该在英国“建立制造型子公司”，专注生产战后英国可能短缺的商品，比如“节省劳力的家用设备和……便宜的住房、家具以及纺织产品”。但困难是，美国坚持要求，外汇管制应被取消，英镑应在最早可能的日期实现可自由兑换。沃伯格认为没有美国联邦储备局的支持，这些是不可能实现的。事情因美国国内的通货膨胀而变得更糟，这推高了英国从美国进口必需品的成本。同时，正像英国官员已向他表明的那样，美国公司在任何英国公司中只能获取少数股份。尽管“多边贸易和货币完全可兑换”说了很多，但恢复大西洋两岸的自由贸易和资本流动的措施，慢得令人感到痛苦。正如我们已经看到的，这就解释了为什么战后沃伯格在纽约这样努力，但财务结果却收效甚微的原因。

在这种情况下，沃伯格开始考虑另外一种北美战略就不足为奇了，他关注的地方在美国以北。1946年9月，沃伯格指出，加拿大也许能提供至少“比美国更重要的两点优势”。其一，“工业初创阶段”在加拿大“刚刚开始”，在他看来，加拿大政府“在能力上更强”。加拿大也似乎能提供一个更熟悉的商业环境，政府中更多的是职业官员，而不是政治任命的官员。同时，关注加拿大，与战后英国政府和伦敦金融城的希望是一致的，那就是在经济上恢复与帝国的纽带。因此，20世纪40年代末和50年代初，沃伯格跨大西洋的大部分活动专注于加拿大公司，而不是美国公司。其中第一家是洛蒙公司，这家灾难性合资公司的董事总经理“知道所有文艺复兴的绘画，但对银行业却知之甚少”。令人更欣喜的是三芒公司，公司成立于多伦多，在托尼·格里芬领导下，“为开发加拿大的自然资源，并扩大加拿大的工业和贸易，提供融资及技术经验，资金与经验来自英国和其他国家”。此外，越洋开发公司，在纸面上比实际上更令人印象深刻。该公司集合了一群伦敦和纽约的公司，“在美国和加拿大以外的国家做股权投资”。但沃伯格相信，和英国以前的自治领、殖民地以及附属地进行贸易往来，不可能在经济上为英国提供一个可靠的未来。事实上，他后来抱怨，他“在加拿大和商人们打交道的频繁程度，超过在任何其他国家，加拿大的商人们在面对以直接的方式提出的反对时缺乏勇气，这与他们假装具有极大的美德的程度一样高”。暴露真相的时刻在1955年到来，当时，埃德蒙·冯·罗斯柴尔德试图向沃伯格游说英国纽芬兰公司，N·M·罗斯柴尔德在该公司占大股。埃德蒙迫于沃伯格的压力“承认，尽管纽芬兰存在建造大型电站的巨大机会，但没人能说出谁会购买这些电”。

美国在战后对西欧实行的政策是不连贯的，而且以自我为中心。事实表明，这种政策只是转瞬即逝的偏差。随着超级大国在地中海东部、中欧和远东的对峙加剧——苏联外交政策口气愈加尖锐——华盛顿的态度也有所改变。杜鲁门政府突然对苏联的多米诺骨牌倒向欧亚大陆任何一方的前景感到担忧，遂抛出一份史无前例的（至今无法比拟的）和平年代援助计划：欧洲复兴计划。这项计划永远与美国国务卿乔治·马歇尔将军联系在一起，虽然该计划是他的助手和继任者迪安·艾奇的想法。该计划在1948~1952年，向欧洲各国政府给予了共计118亿美元的援助，又提供了15亿美元的贷款。美国在这段期间，相当于把1.1%的国内生产总值转移给欧洲，总援助额占所有接收国国民收入的约2.5%。诚然，这算不上是一个巨大的牺牲。的确，从美国出口商的角度看，这是一个开明的利己主义的好例子，因为援助的美元部分被花在购买美国生产的资本性商品上。然而，对于欧洲接收国来说，这正是它们所需要的："马歇尔援助"缓解了限制战后投资的支付平衡问题。如果不是出于对苏联扩张的害怕，以及哈里·杜鲁门总统倒向实行遏制战略，这一切都不会发生。该遏制战略由美国国务院的乔治·F·凯南制定。沃伯格这样评价道：

> 没有人比摩洛夫先生（苏联外交部部长）在帮助美国脱离孤立主义上发挥的作用更大。大不列颠和西欧其他国家完全应当为它们通过"马歇尔计划"获得的无论什么样的援助，向摩洛夫先生递交一封感谢信，如果递交这样一封感谢信不违反外交规定的话。

从绝对数字看，英国接受的"马歇尔援助"金额最大：总和刚好超过30亿美元，这一事实经常被人忘记。但沃伯格对援助没抱任何幻想，这只不过暂时缓解了困扰英国经济严重的结构性问题。正如我们已经看到的，沃伯格敦促斯塔福德·克里普斯（"马歇尔计划"发起时，他是首相）保持他的紧缩政策，并敦促他抵制这种把货币贬值作为快速补救方法的诱惑。同时，沃伯格继续推进"英联邦和美国之间的某种经济联盟"，他的依据是"在今天的条件下，最强的货币美元所在的美元区正在缩小；另一方面，相对弱的货币英镑所在的英镑区正在扩大。两大货币区愈加协调"。到1949年2月，他担心，"美国人民对英国的未来总的说是过于乐观的"：

> 恐怕这种态度……富有魅力，但很快就过时了，像时尚一样，人们不应该太在意。在某种程度上，美国人民现在感慨于英国取得的进步，这甚至是危险的。当失败来临时，他们会更加失望，这应该在预料之中。到那时，悲观和失望将像现在的乐观一样被夸大。

现在回过头看，我们说，沃伯格对西方世界作为一个整体的经济前景太过悲观。他对"通缩和通胀交替的恐慌"在1949年肯定是草率的。另一方面，他对英国经济在战后步履维艰的担忧又有太多的根据。1950~1973 年，英国人均国内生产总值年平均增长率为 2.4%，该国是所有西欧经济体中最弱的，德国的增长率是英国的两倍。正如我们已经看到的，1949 年英镑大幅贬值——它是英镑一系列贬值的第一次——但沃伯格并不认同，因为他认为，“把贬值作为一项新政策的起点，更加努力工作，减少财政支出，并且使西欧贸易自由化，这样的机会已完全错失”。尽管贬值刺激了英国出口，但沃伯格可以“预见，到 1949 年年底，英镑将……再次折价，关于贬值徒劳的讨论将再次开始”。这被证明是有先见之明的。沃伯格也没有对借助政府更迭作为出路抱太大希望，他预料“未来保守党政府的政策，和未来工党政府的政策之间不会有太多区别”。正如他所见，如果保守党在 1950 年赢得大选，“我们将面临更多的紧缩政策，我们甚至可能面临更多的进口货币的限制”。保守党政府和工党政府最主要的区别在于，“保守党政府不会把钢铁行业国有化，也不会沿用任何国有化的措施，保守党政府的外交政策将不会有工党政府那样被动，这也许听起来很矛盾”。沃伯格预料，20 世纪 50 年代，两党在许多政策问题上会取得共识。他认为，“极端势力……将靠边站”，并回归到“19 世纪的抢座位游戏，保守党和辉格党轮流执政，两党打得不可开交，不过它们在基本政策问题上没有太多区别，但各自侧重点不同”。沃伯格对 R · A · 巴特勒作为财政大臣的努力表示不屑（慕尼黑时代，后者在国际政策上是热心的绥靖主义者……现在，在金融问题上，他还是一个绥靖主义者）。沃伯格谴责英国协议工资制度是“完全无政府主义的”，该制度完全切断了支付能力和生产力之间的关系。1956 年 2 月，沃伯格写道：“我在想，政府以外还有多少人仍然认为，纯粹的货币措施，比如提高基准利率，对不得不解决的经济问题有真正的影响。我看只有那些既傲慢、又低效的人才会吧，就像现在的政府。”正像沃伯格预料的，保守党和工党的财政大臣一样，在战后一段时期，很难取得内部和外部的平衡。1959 年，拉德克利夫勋爵领导的货币体制改革委员会，大体同意沃伯格的观点，即，传统的货币政策不能胜任管理英国过度扩张的经济。

沃伯格认为，英国的希望不在于货币贬值，而在于外国资本，也许高级管理方法和工业方法也会随之而来。如果英国要提高生产力，这些都是不可缺少的。1950 年 5 月，关于“经济–社会防御”问题，他草拟了一份重要的备忘录，他呼吁：

1. 在经济发展领域……通过技术革新和更好的管理层提高生产力。

2. 在经济整合领域……通过各区域的管理部门以及其他类似方式，在有关各国之间实现人力资源和物质资源更有效的配置。

3. 在融资领域……通过共同的国际发行交易和理性的投资方向，刺激并吸收有关各国的存款力，实现更大的国际意义。

沃伯格主张，“马歇尔援助”应该通过新成立的大西洋金融局继续下去，“支持那些需要金融外援的国家”。他警告，如果不检讨布雷顿森林体系的话，“目前，国际上出现的贬值、重新估值和‘让货币寻找它们自身水平’（一种特别模棱两可和危险的说法）的循环局面”就没有结束的时候。其他人把北约主要视为一个军事联盟，但沃伯格却热衷赋予它金融的一面，他认为，北约不只是能缓解英国在海外多处驻军给本国经济上带来的压力。为了这个目的，沃伯格设想金融局将发放300亿美元的贷款，“贷款由北大西洋公约的赞助国承担连带担保责任”。这段时期他提出的其他计划包括，“可能在纽约成立一家组织，负责处理欧洲工业企业的美国武器订单”，以及“为英国和欧洲大陆多个国家的交通系统改造和现代化筹集国际贷款”。整个20世纪50年代，沃伯格被创建一个“北约共同市场和一种北约共同货币（不包括土耳其或希腊）”的想法所吸引。总而言之，他确信，英国的经济问题是结构性的，不能单靠货币贬值来解决。英国需要外国资本，这意味着美国资本。

在这种局面下，沃伯格对英美关系因1956年苏伊士危机破裂而感到失望，就不足为奇了。安东尼·伊登爵士终于在1955年接替丘吉尔担任首相，事实上，他是S·G·华宝公司早期的私人客户，他曾在哈里·卢卡斯的建议下，开过一个小额投资户头。自20世纪30年代，伊登脱离张伯伦后，沃伯格曾热情地钦佩这位政治人物。沃伯格赞扬伊登在1954年日内瓦和伦敦的大会上，作为外交大臣所作的努力，并为伊登迟来的首相职务欢呼。因此，苏伊士危机期间，他最初站在伊登一边。像伊登一样，沃伯格倾向于认为，埃及领导人贾马尔·阿卜杜勒·纳赛尔是中东的希特勒，1952年埃及军方夺权后，西方列强犯了对纳赛尔采取绥靖的错误。这位埃及领导人宣布将苏伊士运河国有化，5天后沃伯格思忖道，“纳赛尔的过激之举也许可以让英国和法国变得清醒”。但他补充说，一条重要的警告是，“在美国……大选年政治人物倾向于回避国际事务”。这是一个相当准的观察，因为伊登的战略——英国、法国、以色列采取联合军事行动，重新控制运河地带——犯了致命的错误，他未能预先警告美国，并至少取得美国的默许，如果不是取得美国的支持的话。不仅是艾森豪威尔政府忙于应付即将到来的总统选举，而且苏联又同时军事干预匈牙利，这增加了东西方之间全面对峙的可能。为应对似乎是欧洲帝国主义的复燃，整个阿拉伯世界倒向苏联。英法干预以政治灾难收场，沃伯格事后的分析延续了他之前的逻辑：

> 英国和法国在中东采取单边行动……本身没错，但……所用的方法——尤其之前未通知英联邦各成员国和美国（不一定之前举行磋商）——是最不幸的。更重要的是，一旦采取军事行动，中途断交是一个严重的错误。

总之，伊登的行为是“鲁莽的冒险”。沃伯格回忆说，“当然，这样的事情以前经常发生，冲突到来时，一个国家要么自己、要么联合其他国家，对另一个国家进行封锁。但我认为，伊登做了一件很绝的事，在他的领导下，英国把自己封锁了”——如果英法联军不按照联合国大会“为和平而团结”的决议撤军的话，那么，沙特将采取石油禁运，美国将拒绝力挺英镑。换句话说，沃伯格反对的不是西方干预中东事务的原则，而是伊登政策的无能。两年后，当伊拉克王室被推翻①，美军进驻黎巴嫩，沃伯格回顾这段历史时，对失去的机会抱有遗憾：

> 如果这种对黎巴嫩采取的果断行动，两年前能在纳赛尔宣布将苏伊士运河收归国有后立即实施，那么，西方面临的局势将会好很多。现在，在我看来，对美国人和英国人最好的结果是，守住中东的边界。

如果美国早一周在黎巴嫩行动，伊拉克的混乱很可能就不会发生。力度太小、反应太迟，这种情况再度发生……

这种情绪与温斯顿·丘吉尔爵士想表达的有惊人的相似之处，正如丘吉尔原本打算在 1958 年 7 月发表讲话。如果计划照常，那将是丘吉尔最后一次在下议院发表演讲。

总之，英美合作似乎在外交政策层面抛锚。那么，在金融层面会更成功吗？

---

① “蓝蝙蝠”行动首次应用艾森豪威尔教义，该教义强调美国在世界任何地方有干预的权力。目标是巩固黎巴嫩总统卡米勒·夏蒙领导的亲西方政府，与内部的反对者们进行抗争，他们视伊拉克政权的变更是一次使黎巴嫩与埃及、叙利亚结盟的机会。

接管战斗失败

1951年7月底，库恩-洛布公司的高级合伙人为西格蒙德·沃伯格作出了一项惊人的决定：邀请沃伯格成为他们中的一员。不可思议的是，沃伯格与库恩-洛布的高级合伙人、雅各布·希夫的孙子约翰之间，在性情上存在巨大差异。约翰毕业于耶鲁和牛津大学，曾是海军老兵，也是纽约上东区慈善的典范。他有两项爱好：赛马和男童子军运动。除了他们有远亲关系，约翰和西格蒙德几乎没有任何共同点。

沃伯格虽然受宠若惊，但立即拒绝，“这将让我从英国搬到美国”。根据纽约证券交易所的规定，这将要求他放弃他自己的公司对库恩-洛布的控制权。但是一年后，他和怀斯曼达成谅解，通过一个巧妙和极不寻常的妥协，“以一种快乐和有建设性的精神，建立预期的合作”。沃伯格没有被要求放弃作为S·G·华宝公司董事长的职务，或把纽约作为他主要的居住地。不过，库恩-洛布给予沃伯格总授权，赋予他“代表库恩-洛布行使对外承诺，以及从公司账户支取的权力”。他将以“独立承包商”的角色每年获得劳务费。沃伯格注意到，这个想法曾在1928年被首次考虑，这次是再次提出。这使他实际上成为库恩-洛布的合伙人，除了没有头衔以外。事实上，正如约翰·希夫的律师指出的那样，沃伯格的能量“要比其他合伙人大得多”，因为（正如沃伯格自己说的那样）“只有经过特定程序、各合伙人同意有关承诺后，签署合伙人协议的各合伙人才能对外承诺，而根据我的授权书，我可以以公司名义对外承诺，无须和任何人提起”。

在沃伯格自己的要求下，他的第一个任务是在库恩-洛布“协调各合伙人和各主要经理的工作”，同时改变公司长期的政策，保持公司资金的“完全流动，或以现金的形式，或以政府证券的形式”，而不是偶尔向工业企业投入一些资金。沃伯格工作起来干劲十足、身体力行。1953年2月，沃伯格在库恩-洛布的办公室只待了3天就得出结论，“公司里的工作长期缺乏协调，许多积极性很高的初级员工长期缺乏指导，他们既做不到足够的细致，也没有足够的商业头脑”。4月底，他为库恩-洛布制订了一个大胆的“10年计划”。他写道，“一流的私人银行业务，其重要成分”包括：

1. 道德层次。

2. 享有效率和高质量脑力工作的声誉。

3. 关系网。

4. 资本金。

5. 人事和组织。

沃伯格表示，在这 5 个成分中，库恩–洛布只有第一、第三和第四点“完全令人满意”。相反，“第二和第五点有很大的改进空间”，因为公司“缺乏恰当的协调和内部纪律”。公司有太多不同的部门，部门之间彼此毫不来往。很少有员工知道各位经理的职责是什么。高级经理们也不完全知晓进出的信件。“进展追踪”和跟踪潜在客户的力度不够。内部会议不充分，初级员工没有机会讨论“迫近的问题或长远的想法”。沃伯格采用多年前在新贸易公司实行的措施，敦促成立新的“初级经理委员会”，每周和不超过两位合伙人开会，把所有与业务有关的函件列出清单、归档，并通知该委员会全体成员，同时向新成立的高级经理委员会报告。11 月，沃伯格提议，这个高级经理委员会应被授权做所有业务的决策（除了“政策问题”），而不必知会其他合伙人，其他合伙人只需每月开会一次。该“委员会”（他建议这么叫）将包括两名一般合伙人罗伯特 · F · 布朗和J · 理查森 · 迪尔沃思，当然还有西格蒙德 · 沃伯格。最后这名成员被指定为“全权成员”，他的任务是：

1. 增强组织凝聚力，增加集体和个人在公司里的效率。

2. 关注公司内的提升、薪酬、培训和工作纪律事宜。

3. 引入措施，使各合伙人和主要经理人及时、持续地获得有关业务会谈、业务信函，以及重要内部工作的信息。

上述内容充满复杂的流程图，是一个大胆的从内部自发的革命宣言，如果它还不算是一次彻底的政变的话。英格兰银行一位不太友好的官员这样解释沃伯格在库恩–洛布的新角色，它“进一步助长了他的野心”。这位官员还补充说：“沃伯格实际想控制那里，继承他叔叔的股份，并通过迂回的方式，获得公司更多的经济利益。”

毫无疑问，库恩–洛布的管理层结构需要彻底改革。公司的财务状况也同样僵化。公司在 1952 年的总资产达到 1 520 万美元，其中，有不少于 79%的份额投资于美国政府债券（联邦、州或市）。有超过2/5的公司负债是各合伙人的股本——共500万美元——以及个人账户。公司的毛收入几乎完全被管理费用所消耗。公司在1953年的净利润低于50万美元，几乎所有利润以工资和股本分红的形式分给了各合伙人。总之，对于股东来说，公司是一棵低风险经营的摇钱树。净利润水平相当于有约9%的股东回报率，但其中，只有1/3代表债券投资收益。沃伯格是正确的，库恩-洛布行将消亡。沃伯格兼职设想出的激进改革有多么现实可行，目前尚不清楚。

沃伯格认为，他可以以一种新的跨大西洋常规推进他的计划，“春天两个月、深秋两个月，他将待在纽约”。但这根本行不通。1954年4月，他返回曼哈顿发现，公司“缺乏组织和效率……没有改变，甚至比以往更糟……周围是太多的空谈和徒劳的行动”。7个月后，他被迫就“库恩-洛布现在的一些问题”又写了一份备忘录，阐述了他所熟悉的缺点：“浅薄主义”、“办公室里充满多余的谈话”、内部沟通不足、对初级员工培训不足等。这份文件指出的很多地方，与他18个月之前写的那份备忘录几乎一样，不同之处在于，他现在建议任命“总管合伙人”，作为希夫的“参谋长”。沃伯格承认，他的努力遇到了阻力，但他决心坚持到底，即使这意味着在库恩-洛布投入“我一半的工作时间”。沃伯格带着他执行董事的新头衔，继续改进内部沟通和培训，并创立了一个统一的研究部（后与采购部合并成立投资研究组）和一个新的证券服务部。公司顺利地搬到新地址华尔街30号，沃伯格对此感到振奋。但他继续感到，“来自上层合伙人办公室的指令完全不充分”。到1955年5月，沃伯格和希夫考虑是否“在库恩-洛布和S·G·华宝公司之间，建立一个在组织上、原则上，甚至在名字上都更接近的身份”——某种形式的合并也许是沃伯格的最终目标，这次是首次提及这个目标。第二年，希夫提议，沃伯格担任董事兼合伙人，沃伯格接受了这一邀请，他认为“我的这两种活动互补①，而且对两个公司都有巨大的好处”。他仍担任伦敦母公司水银证券的董事长。他同意一年当中继续只花部分时间待在纽约。

然而，到1957年夏天，他再次对其他合伙人“明显的阻挠和拖延”感到挫败。沃伯格敦促希夫推进更激进的组织变更（包括重组合伙人制，以及合并采购部和经

① 这并不严格正确，因为“鉴于纽约证券交易所奇怪的规定”，他不得不放弃沃伯格系董事长的职务，以便成为库恩-洛布“完整的”合伙人。

销部），他给希夫3个选择：

1. 库恩–洛布让我离开，或者我主动离开。

2. 我留任库恩–洛布的合伙人，但只负责国外，尤其是欧洲业务，不再参与和公司组织有任何关系的事宜。

3. 我留任库恩–洛布的合伙人，不仅负责国外业务，而且肩负管理公司组织的角色。

沃伯格在“铝战”高潮时（见下文）致信威廉·怀斯曼。信中他透露，还存在另外一个同样充满仇恨的冲突——这个冲突不仅出现在库恩–洛布内部，而且还发生在沃伯格家族两名成员之间：

不幸的是，仍有一个很重要的因素成为实现我希望看到的那种有效组织的障碍。这个人你认识，他行为武断、情绪化，并对人性价值和人性标准缺乏客观和判断。如果有一天能剔除这个人，我们就会有一个真正优秀的团队和组织，公司可以像过去一样鹏程万里。

这个“坏蛋”分子就是费利克斯·沃伯格60岁的儿子弗雷德里克·M·沃伯格，后者的轻率（赛马和打油诗是他的强项）让他这位在德国出生的亲戚大怒。更糟糕的是，西格蒙德·沃伯格在库恩–洛布最重要的盟友迪克·迪尔沃思竟被洛克菲勒兄弟挖走，那时，小约翰·D·洛克菲勒的5个儿子似乎轻松横跨美国的政商两界，西格蒙德甚至不得不承认，洛克菲勒兄弟联手“在某种程度上有耀眼的前景”。一度，迪尔沃思的意外离职似乎可能促使希夫采取行动。但是，沃伯格向妻子抱怨道，“当希夫找不到我时，我永远不知道他是否能把握住他坚定的决心，或者他能坚持多久。”当弗雷德·沃伯格（西格蒙德常叫他“X”）指责西格蒙德梦想着“以各种迂回的方式取得库恩–洛布的控制权”时——那是一种对提议库恩–洛布与投资管理公司伍德、斯特拉瑟斯和温斯罗普合并的反应——西格蒙德被迫向希夫提出辞职，并生气地解释道：

我只想在完全互信的气氛中工作，我发现这种氛围现在在库恩–洛布不存在。尤其就我而言，公司里有一个合伙人——为了简单起见，就叫他

> “X”——他不但不信任我的动机的诚实性……而且还在各合伙人中散布中伤我的故事。他不给我反驳那些故事的机会。每当X向我表达任何批评时，他向我保证会首先和我沟通，并保证在向其他人重复他对我的责备或怀疑时，会给我一个公平的机会回应那些批评。这些承诺只是X在几周前作出的，在此之前，他对我进行了无缘无故的人身攻击，虽然事后他毫不犹豫地向我道歉。因此很显然，X许下的承诺不会是认真的。我不情愿地得出结论，我认为必须要有的完全互信的氛围在库恩–洛布不存在，因此没有真正团队合作的基础。

当理论和魅力都失灵时，这样的爆发是西格蒙德的终极手段。它通常奏效，而且，这一次也几乎如此。希夫匆忙回应说，“他不重视弗雷德所说的：我为什么要重视呢？”公司的合作律师事务所是克维斯、史温和莫尔，在该所高级合伙人唐·斯沃特兰的鼓励下，沃伯格坚持到下一次合伙人会议，会上同意任命一个新委员会（重要的是，弗雷德不是成员）以便“解决库恩–洛布的重组问题”。西格蒙德继续铲除他在各合伙人中的对手，有一次他表示，“所有60岁以上的合伙人，将担任公司的非执行董事，或现有合伙制中的特别合伙人”，即使只是为了缓解希夫的压力。希夫（西格蒙德恭维地指出）“身兼库恩–洛布的总司令、参谋长及总军需官”。西格蒙德倾向“对自家人马进行一次彻底独立的大换血”，但与另一家公司合并也是另一种稀释现有高级合伙人权力的手段。重要的是，“通过把几位一般合伙人安排做特别合伙人，这样就消除了烦恼的来源”。也许现在是时候让沃伯格与库恩–洛布合并了（这个提议有时在信函中被称为“X项目”）。西格蒙德再次大胆希望，“有朝一日两家公司合并，可以发展出某种领先的英美联合体，为欧洲借款人在美国发行打造一个重要的平台”。

1958年，西格蒙德成功提议股权交换，这的确有可能是库恩–洛布与沃伯格合并的第一步。但还有两个障碍。像以前一样，各高级合伙人认为改革威胁了他们的地位。特别是珀西·斯图尔特（西格蒙德抱怨，他行事像“水上浮现的伟大上帝”）提出反对与伦敦的公司合并。第二个障碍是纽约证券交易所。1959年4月，该所明确拒绝“X项目”，理由是一家非美国公司——在纽约证交所管辖范围之外——不能在华尔街投资银行占大股。虽然沃伯格不情愿接受被拒绝，但他显然有些灰心。他继续宣传他的改革计划，但他意识到纽约的同事们不再听他的了。到1959年6月，他第一次感到有必要对库恩–洛布欠沃伯格的各种费用“采取强硬措施”。西格蒙德向怀斯曼承认，“某种粗鲁的态度”现在已渗入双方的磋商。西格蒙德现在把磋商工作委派给亨利 · 格伦菲尔德，当西格蒙德发火也实现不了期望的目标时，他只得求助于格伦菲尔德。多年来，来自伦敦的一派继续主张变革：比如，减少高级合伙人的数量、进行公司化、再次解释与伦敦公司的关系——似乎任何变革都将把库恩–洛布从蛰伏中惊醒。西格蒙德继续定期造访纽约的办公室，他像“一位担惊受怕的小学校长”。他不在的时候，老问题随即又冒了出来。西格蒙德早就想让希夫接受笔迹分析，好像是要找到打开这位高级合伙人心结的钥匙。但是到 1963 年，经过多年没有结果的争执，沃伯格最终被迫作出结论，“美国的银行与伦敦的投资银行之间的安排毫无意义”。一年后，沃伯格辞去合伙人一职。他花了超过 10 年的时间，试图解决被迪尔沃思戏称的“库恩–洛布永远的问题”。对他而言，剩下的将是一项为某些交易整合资源所残留的安排，主要涉及国家政府债券，以及与库恩–洛布较年轻的员工乔舒亚 · 舍曼和伊夫斯 · 伊斯特尔之间持续的友谊。“我必须向你承认，”1965 年，沃伯格回到纽约随即写信给妻子：

> 你多年以来就库恩–洛布发出的警告太正确了。现在，离开库恩–洛布后，我清楚地看到，这些人有多么的狭隘和乏味——只有极少数人例外——我和他们交往是如此令人挫败。也许有必要让事情发展到荒谬的地步，也许我忠于库恩–洛布那么久，是出于我渴望虚荣。即便如此，我现在享受着一种新的自由。

如果沃伯格的目标是接管库恩–洛布——他很可能是这么想的——那么，这场战斗他失败了①。

---

① 20 世纪 60 年代的后几年，沃伯格倾向于与华尔街的公司，包括怀特威尔德和雷曼兄弟保持一种“一夫多妻式的安排”。随后与库恩–洛布不欢而散，让该公司全权合伙人纳特 · 塞缪尔斯承认，他的公司“对S · G · 华宝公司产生了精神分裂的态度，那是一种奇怪的爱与恨的交织”。沃伯格作出他典型的回答，“这当然很自然，而且类似于一场离婚。如果双方之前存在亲密关系，那么，双方决定分手时会对对方更加敏感”。虽然约翰 · 希夫在 20 世纪 70 年代中期提出“再婚”的想法，但再度合并证明不可能被执行。库恩–洛布在 1977 年与雷曼兄弟合并。7 年后，当美国运通收购雷曼后，这个名字随即消失。

英国铝业公司收购战

1956年2月15日，西格蒙德·沃伯格就英国铝业公司拜会汉姆布鲁斯银行的董事长奥拉夫·汉姆布鲁斯。沃伯格向他在S·G·华宝公司的同事们报告，“我把有关美国金属公司收购英国铝业的消息秘密通知了汉姆布鲁斯。”汉姆布鲁斯告诉沃伯格，他的银行“现在正在研究英国铝业的财务问题，该公司有意进行大笔增资”。汉姆布鲁斯“愿意在这个项目上与我们合作”。因为这次谈话，S·G·华宝公司因此“得到承销英国铝业一大部分业务的机会”。沃伯格和汉姆布鲁斯都不知道，这只是这场旷日持久的收购战的第一幕，它不仅使这两个人互相抗衡，也根本改变了伦敦金融城的文化。

所谓“铝战”一般是指英国的首例恶意收购。从现代意义上讲，上市公司的控股股东在公开市场被收购，收购的目的明显是罢黜公司的管理层和董事会。据埃德蒙·罗斯柴尔德说，“恶意收购对不慌不忙、‘绅士般的’业务风格，是一个决定性的打击”。罗斯柴尔德回忆道，“不管好坏，金融城似乎对我再也不像从前一样。”对于赫尔伯特瓦格公司的莱昂内尔·弗雷泽来说——他是沃伯格的主要盟友——这好比是“戴维战胜巨人歌利亚的故事”，沃伯格和他的公司是戴维，整个金融城实际上是歌利亚。像罗斯柴尔德一样，弗雷泽认为“铝战”是英国金融史上决定性的时刻：

> 古老的城堡坍塌了，传统的据点被入侵，新的思维致力于解决金融城的问题，前所未有的新鲜感和灵活度出现了，充满了戏剧化……所有这一切曾是安宁与和谐的，但现在不同了。投资银行家更加警觉，他们互相竞争，为行业和他们的客户提供更好的服务，有些人甚至为他们提供的金融工具打广告，各家银行纷纷采取行动，结果是更多的冒进和竞争，依靠“老朋友”的想法越来越少。当然，这些进步也许迟早要发生，但我认为，当我说这些进步大部分是从收购英国铝业开始时，我并没有夸张。

那时，彼得·斯皮拉刚开始在S·G·华宝公司工作，据他说，当时就是“一道分水岭”。在这场收购战中，西格蒙德·沃伯格既是具有颠覆性的反面人物，跟他的投资银行同行玩两面派；又是革命英雄，比具有帮派性质的老朋友圈子智胜一筹，而这种关系网主导了战后的金融城。正像沃伯格自己回忆的那样，“痛苦的一个主要因素是作为外国人遭到诅咒，或被认为是新来的，因为我不是权贵阶层的一员，不按他们的观点看问题”。有一次，查尔斯 · 汉姆布鲁斯爵士指责沃伯格“行为极端差劲”，英格兰银行行长则更甚，竟然称沃伯格“胡闹”。一位财政部官员倾向用“丛林战争”来形容沃伯格的所作所为。谈及沃伯格，一名股票经纪人则用了“海盗式的冒险”。金德斯利勋爵是投资银行拉扎德兄弟的董事长，有人听到他说他将“再也不和那家伙说话了”，理由是沃伯格曾误导过他。15 年来，据摩根集团历史学家说，摩根 · 格伦弗尔拒绝和S · G · 华宝公司开展任何业务，因为沃伯格被指有“恶劣和不可原谅的”行为。哈罗德 · 麦克米兰在苏伊士危机后接任伊登，他总结“铝战”是“一场‘君子对竞争者’之战”。一位历史学家这样评价：“对于老金融城的秩序，沃伯格的胜利受到欢迎，就像阿尔斯特地区的天主教徒欢迎比利王在博因河上取胜一样。”当然，沃伯格和他的盟友们（莱昂内尔 · 弗雷泽和伊万 · 斯特德福德）靠自己发家，而他们的主要对手是金融城内名字响当当的继承人：卡托、坎利夫、汉姆布鲁斯、金德斯利。不过，在板球运动中，竞争者打败君子是合理的，甚至是意料之中的。一个重要的问题在于，竞争者获胜是否通过正当的方式，还是存在犯规。

英国铝业公司创建于 1894 年，创立之初是利用两项技术突破，以大幅降低铝的生产成本，该公司是第一家确认苏格兰高地有水力发电来源的英国企业之一。公司从各殖民地，如黄金海岸（现在的加纳）进口矿石，并在英伦各岛建立一系列工厂，包括电解厂、冶炼厂和轧钢厂。但是，战后在加拿大、英属圭亚那和澳大利亚的投资，使公司在财务上过度延伸。1956 年的某个时候，沃伯格和他朋友美国金属的汉斯 · 沃格斯坦，指出该公司将是美国人投资的潜在目标。对沃伯格来说，这是英国工业获得美国注资的完美例证，并且也是沃伯格长期不在纽约，但他伦敦的公司依然可以赢利的完美例证，赢利不只是因为美国金属可以认购英国铝业对外募集的这部分，这部分募集沃伯格同意为汉姆布鲁斯承销。1956 年 3 月——早在收购战开始前——沃伯格报告，沃格斯坦：

> 不想只从投资的角度购买英国铝业的股票，他希望到一定时候成为行业内部的参与者，但目标不是控股地位。我向他解释，在这种情况下，我们不能保证即使是一大部分的少数股持股，就一定能在目标公司里取得内部地位。但

> 是，我感到，如果这一事项能以细致的外交手段处理，成功的把握不小……我的建议是，我们将从一般外汇角度，首先通知英格兰银行的乔治·博尔顿爵士。只有当这家美国集团购得55%的股本，我们才会通知目标公司董事会有关这次投资。在那个阶段，我们不会要求任何董事席位，只会说美国公司鉴于对目标公司管理层及其可能性有较高评价，才作此投资，但并不希望获得任何控股地位。美国公司希望在适当的时候对目标公司有所帮助……只有在一段时间以后，当机会来临时，我们才会逐步采取行动。

从一开始，沃伯格显然愿意把美国人认购英国铝业股票的事，向英格兰银行汇报，但不一定透露想占大股的计划，因此只说“在目标公司建立内部地位”，如果不是彻底被美国人控制的话。即使在和沃格斯坦达成交易以前，沃伯格就曾指示库恩–洛布和他在伦敦的公司，开始“为一些客户囤积大量英国铝业的股票”。1956年5月底以前，设在加拿大的越洋公司买入价值50万美元的股票。到1956年年底，库恩–洛布的其他客户同意买入数十万股的股票。

不是所有人都满意沃伯格的提案。克莱迈克斯钼公司的总裁——沃格斯坦请他作为合伙人参与该交易——宣布，“只要英国铝业管理层未被通知，且未表达善意的态度，就反对认购英国铝业的股票”。可能出于这个原因，到1957年年初，沃伯格和另一家美国金属公司雷诺兹金属[①]商谈收购英国铝业的事项。现在的目标是组建一家美国主导的集团，但集团内有“一家很强大的英国公司”，以缓和美国接管一项重要战略资产带来的恐慌。到1957年2月初，沃伯格设定了一个指标：他拼凑的这个集团应该认购英国铝业20%的股份，每股购买上限为80先令。只是到这个阶段，沃伯格才接触英国铝业的董事总经理杰弗里·坎利夫，并主动提出协助该公司解决财务困难。但沃伯格发现，坎利夫“在领会任何非常事件时慢得出奇，其思维和说话完全混乱”。沃伯格对“这家如此重要的英国公司，其管理层如此之糟感到非常沮丧”。正像沃伯格后来言简意赅地说的：“坎利夫属于上流阶层，他是通过良好人脉取得这个位置的，但他并不胜任，虽然他不可能意识到他的局限。”

两人对英国铝业的困境在本质上有不同看法，分歧很快显现出来。沃伯格认

---

① 虽然是一家大型上市公司，但公司仍由雷诺兹兄弟管理，其中理查德·雷诺兹在本章谈到的事件中扮演主要角色。

为，英国铝业计划为其加拿大子公司筹资的金额不够，事实上，母公司的自有股本也不足。他还认为，“英国铝业放弃与汉姆布鲁斯的老交情是完全错误的”，坎利夫似乎正考虑使用拉扎德。坎利夫对沃伯格的建议无动于衷，他直接找到美国金属公司和克莱迈克斯钼公司。如果这两个公司停止购买英国铝业的股票，他承诺“将在稍后的阶段争取英国铝业董事会对它们的信任”。令沃伯格失望的是，美国人似乎动摇了。只有理查德 · 雷诺兹在威廉 · 怀斯曼的鼓励下，似乎愿意按原定计划推进。现在，沃伯格决心“为雷诺兹公司缓慢谨慎地积累英国铝业的大部分股票，并暂且对雷诺兹这个名字严格保密”。同时，他介绍雷诺兹与另一家英国铝生产企业“钢管投资公司”接洽，后者由伊万 · 斯特德福德爵士掌管。雷诺兹在入股斯特德福德的一家铝轧钢厂后，钢管投资公司事实上就成为美国人收购英国铝业在英国的窗口。虽然安排这次合作相当费力，但到 1957 年 9 月 16 日，协议终于达成。如果双方正式控制英国铝业，钢管投资将占 51%、雷诺兹将占 49%。沃伯格很清楚，这意味着“未来要收购英国铝业，英国铝业再拿被美国人收购的危险当借口就不大可能了”。

沃伯格在一定程度上向英格兰银行作了汇报。6 月 20 日，他拜会行长卡梅伦 · 科博尔德，“向他汇报了有关我们的美国朋友认购英国铝业股票的种种经历”。根据沃伯格的回忆，科博尔德完全“同意，如果美国集团认购一流英国公司的大部分少数股东权益，任何金融城的人反对都是错误的。相反，他欢迎与良好的美国股东在金融方面开展积极合作”。然而，沃伯格没有说认购的目的是为了控制英国铝业。他也没有透露他分两个阶段实施的计划。因为英国铝业的大部分股票以小额的数量掌握在众多股东手里。1957 年 10 月，沃伯格推理，如果这些持股股东不完全是外国人，那么 25% 的股份可被视为控股。在这个阶段，以沃伯格为首的集团已经持有英国铝业 12% 的股份。一旦购得 1/4 的股票，雷诺兹–钢管投资将要求在英国铝业获得董事席位。这之后，一家设在加拿大的新公司（由雷诺兹–钢管投资组成）将购入英国铝业绝大多数的股票，并完全替换旧的董事会。所有这些科博尔德显然不知情，虽然乔治 · 博尔顿也许了解内情[①]。

---

① 博尔顿在这场收购战中的角色也许被忽视了。在争夺英国铝业期间，他停止担任英格兰银行的执行董事（虽然仍是非执行董事），以便出任伦敦和南美银行的董事长。这家银行与 S · G · 华宝公司联系紧密。事实上，就在“铝战”结束几个月后，在博尔顿的建议下，伦敦和南美银行的迈克 · 卢伯克成为沃伯格系的董事。

在其他方面，透明显然也不是沃伯格的口号。“在任何情况下，”他在雷诺兹与钢管投资达成交易后的那天早上写道：

> 都不应在公司内向任何人提及，钢管投资正在或可能购入英国铝业的股票。关于此事，我们不会有任何官方信息，如果任何人被问起，答案应该是，我们不知道钢管投资购买任何英国铝业的股票。未来几个月，消息也许会从美国走漏，说雷诺兹已买入英国铝业的股票……即便如此，我们应当正式否认知情。

这也许解释了为什么当金德斯利后来问沃伯格是否买入英国铝业的股票时，据说沃伯格断然回答道：“没有”的原因。1958 年 1 月 14 日，沃伯格通知怀斯曼，沃伯格系和库恩–洛布仍“在进一步谨慎地购入英国铝业的股票”，“到目前为止，人们还没有听到任何谣言”。这已算是一个小奇迹了，因为有不少于 11 家的提名公司被用来购买英国铝业的股票。沃伯格的目标正像他 6 个月后提出的，仍是分两个阶段完成收购。现在，实现第一个阶段将通过增加雷诺兹–钢管投资在英国铝业的持股，从 8.3%增至 16.7%。一旦达到这个比例，“实施长期计划也许要从接触英国铝业公司开始，以便为雷诺兹–钢管投资集团争取董事会席位”。但潜在目标仍是“控制英国铝业的整个董事会”。

暗处行动是关键。沃伯格这样劝斯特德福德，“在年底前向英国铝业发出收购要约也许可行”，沃伯格警告不要向英国铝业董事会“示好”，理由是“以坎利夫的心态，显得过于软弱是很危险的”。不可避免的是，对方听到了沃伯格购买英国铝业股票的风声。但是，当汉姆布鲁斯和拉扎德的一位代表问沃伯格时，沃伯格拒绝透露他代表哪一方，只是说“收购的一方能够对英国铝业的财务和工业实力作出非常重要的贡献”。正像沃伯格反复强调的那样，重点是不要太早亮出“雷诺兹–钢管投资”这一手，他一贯反对所有直接接触英国铝业董事会的建议。他反复告诉库恩–洛布的同事们，“最重要的考虑因素是必须使我们的计划完全保密”。即使是时候透露谁在“跟踪”英国铝业，也应该在私下里进行，“在保密的基础上”完成。当收购方的身份最终被挑明时，“除了波尔特董事长和坎利夫以外，英国铝业内部应该有尽可能少的人知道”。

但如果沃伯格对真相守口如瓶——应该指出，这是英国权贵阶层熟悉的技能——英国铝业的董事会也不属于有话直说型。他们远不是金融城内传统的笨蛋。

公司董事长亨格福德子爵波尔特曾任空军参谋长，他在制定联军战略轰炸计划中发挥了主要作用，并主持了英国原子武器项目。查尔斯 · 汉姆布鲁斯爵士曾任战时特别行动处执行长。这两位老将懂得如何打仗，不只是干净利索地打仗。到 10 月底，他们和美铝进行谈判，美铝是另一家成立时间较长的美国铝生产企业。在他们两人看来，美铝自然是与他们对等的美国公司。11 月 3 日，沃伯格陪同雷诺兹公司的斯特德福德和乔 · 麦康奈尔找到坎利夫，商讨英国铝业、钢管投资和雷诺兹之间的"某种整合"。坎利夫言辞躲躲闪闪，只是说英国铝业"在其他谈判中进展深入，这使得他无法谈论斯特德福德和麦康奈尔提出的这项合并"。令沃伯格反感的是，坎利夫主张：

> 同时与两个不同的公司谈判……类似于他的一个熟人的一次经历。这个熟人曾同时和两个女孩子伦敦伯克利广场吃午餐，他和一个女孩子在小餐厅吃，又和另一个女孩子在大餐厅吃。他和电话接线员说好，每 10 分钟给他打一次电话，以便和第一个女孩子待 10 分钟，再和第二个女孩子坐 10 分钟。

沃伯格现在建议，立刻写信通知波尔特"表明，雷诺兹金属和钢管投资准备以'高出市价很多的价格'向英国铝业的股东发出收购要约"。当波尔特采取拖延时，沃伯格找到汉姆布鲁斯和拉扎德，后两家公司承认"和诺福克办公楼里的绅士们打交道不总是那么容易"——那里是英国铝业的所在地。然而，汉姆布鲁斯的 H · N · 斯波伯格马上向弗兰克 · 李爵士抱怨，后者是英国贸易局的常任秘书，抱怨的内容是有关他和沃伯格之间"更迂回的讨论"，为了说明某种与美铝的"紧密联系符合英国铝业的最大利益"，因为美铝具有更优越的资源。李个人倾向于支持英国铝业与美铝联盟。彼得 · 桑尼克罗夫特突然辞去财政大臣后，德里克 · 希思科特–艾默里于 1958 年 1 月接掌财政部，相对缺乏经验的他也这样认为。事实上，希思科特–艾默里自己就是英国铝业的股东，他认为，"与美铝建立联系，比和钢管投资/雷诺兹联盟建立联系，更利于我们自己的经济，更利于英联邦的发展"。英国财政部的美元证券投资组合中也包括美铝的股票。

不过，波尔特回击时犯了一个致命的错误。美铝准备以每股 60 先令的价格，收购英国铝业到目前为止未上市的 450 万股股票，更糟的是，美铝只愿意即刻支付每股 4 先令 6 便士。当雷诺兹–钢管投资集团愿意为现有股东每股支付 78 先令时，波尔特断然拒绝向英国铝业的股东透露这份收购要约的存在，尽管（正如财政部的丹尼斯·里基特承认的那样）它显然更具吸引力，不仅是从出售英国资产获得外汇的角度；尽管（正如斯特德福德，坦率地告诉英格兰银行官员的那样）收购不可能瞒着钢管投资的股东，因此也瞒不过媒体。12 月 3 日，斯特德福德告诉财政部的联席常任秘书罗杰·梅金斯爵士，他准备召开英国铝业的股东大会，向股东们公布来自雷诺兹–钢管投资的收购要约。12 月 4 日，他着力补充道："即使钢管投资在这里被拒之门外……从美国买进英国铝业的股票仍会继续进行。"当梅金斯对召开特别股东大会的想法表达保留时，斯特德福德以一份媒体声明作出回应，并将雷诺兹–钢管投资的收购条款向英国铝业的股东公布。这几步棋中，沃伯格的风格明显可辨。

波尔特低估了他的公司的价值，而且还徒劳地将另一方的收购保密，这些只是他一系列判断失误的开始。他和坎利夫前往财政部，声称（从交通和总工会）已掌握证据，说雷诺兹"不是一家令人愉快的"公司。但希思科特–艾默里却不以为然。波尔特要求面见首相，但被告知这"过于草率"。他笨拙地指责政府"毁了"他保护英国铝业免受来自美国秘密收购的努力，并指责政府的"插手坏了事"。随后，他在一家报纸上刊登广告，进行强烈抗议，表示董事会绝"不把公司卖给美国人"。现在是沃伯格出手的时候了。媒体在"铝战"中扮演了不可忽视的角色，要知道媒体一直倾向于雷诺兹–钢管投资的收购要约。当波尔特指责雷诺兹–钢管投资试图"以一个小王国的价格买下一个强大的帝国"时，他招致媒体广泛的奚落——《经济学人》驳斥道，美铝似乎才要"以一个小公国的价格"买下英国铝业。《金融时报》的"莱克斯"专栏，尤其对英国铝业的董事会大张挞伐，那时候该专栏全是阿瑟·温斯皮尔一人主笔。这就更不可思议了，因为《金融时报》和拉扎德都属于皮尔森集团，这很能说明该报编辑戈登·牛顿和他的权力极大的董事总经理德罗伊达勋爵的独立性。英国铝业的各机构投资者（像保诚保险公司）看到报纸上说他们的董事会，试图以如此低廉的价格把公司卖给美铝都很气愤。

舆论发生逆转不是偶然的。到 1958 年 12 月初，正像沃伯格向怀斯曼报告的那样，故事中的新进展"每分钟都有……律师们为他们的客户出具意见，客户们再向媒体发布信函"。这些工作不是别人，正是由沃伯格亲自操刀的。他向约翰·希夫夸口说，现在归他支配的"律师和公共关系专员有一个团了"。重要的是，斯特德福德对媒体的宣传不承担责任，一度他向沃伯格抱怨一篇“莱克斯”的专栏，他认为是沃伯格引发这篇专栏的。亨利·格伦菲尔德反驳说，是另一方在操控媒体。在波尔特办公室里召开的一次紧张会议的间歇，波尔特把自己藏在一堵墙后，他发现一名来自金融印刷厂巴拉普斯的员工躲在那里，显然是为了搜集用于出版的声明。乔治·沃伯格在进一步询问下发现，拉扎德已经在《金融时报》、《泰晤士报》和《电讯报》预定了版面，意图公开美铝收购的消息。现在轮到斯特德福德对波尔特不绅士的行为感到震惊。他不反对格伦菲尔德在周五晚上召开新闻发布会，宣布改进后的反要约。这中间没有任何不合法的地方，这只是“诺福克办公楼的绅士们”不知道怎么玩的一场游戏。沃伯格经常表达他对宣传的反感，但不可避免的是，那些曾被他巧妙巴结过的报章，后来是这样评价他的，“这个有点神秘的人物……没有他……这次铝业收购……根本不可能发生”。

虽然，“君子与竞争者抗衡”的比喻有其吸引力，但值得强调的是，沃伯格和他的客户们绝不是被孤立或边缘的人物，他们借助媒体的力量“讨伐”庞大的权贵阶层。英格兰银行、财政部、首相哈罗德·麦克米兰，都没有明确倾向与美铝做这项交易。相反，副行长认为，英国铝业的董事会“处理此事很糟糕”。英格兰银行的官方立场是保持中立，如果“最好的一方”能赢，那将会很“美好”。私下里，官员们倾向于雷诺兹-钢管投资的收购要约。博尔顿积极鼓励沃伯格，他建议“可以完全妥协，但不能示弱”。财政部也拒绝支持波尔特和坎利夫，一部分是国家利益的原因，一部分是股东价值的原因。由于希思科特-艾默里面临利益冲突，故不参与决策过程，这使得首相只好采取一种经过深思熟虑，但并无诚意的中立。尽管麦克米兰的财政大臣倒向美铝——尽管有人在圣诞假期，看见他和波尔特一起打猎——但他明白，雷诺兹-钢管投资的收购在政治上更合适，不只因为（至少在形式上）这意味着英国人继续控制英国铝业。不久前，当科罗拉多石油和天然气公司试图收购特立尼达石油开发公司时，消息引起反对党的强烈愤怒，该收购遂被政府以技术理由阻止。如果美铝成功收购英国铝业，这将对英国船东造成不利影响，这样的担心是有根据的，因为目前是英国船东在处理所有英国铝业跨大西洋的出口。然而，作为影子财政大臣，哈罗德·威尔逊很快嗅到了一次政治机会，他向希思科特-艾默里暗示，他可能会根据《公司法》要求举行听证。麦克米兰决定把“对两个提案的选择权交给……普通股东”，因此相当于默许支持恶意收购方。他最大的担心是，随着圣诞节的到来，股东们出于某种原因，也许会选择出价较低的与美铝的交易。

因此，科博尔德向两方的呼吁就缺乏某种现实主义。他呼吁双方在新年除夕接受两个月的某种“停战”，以解决“一种可笑的局面，这种局面损害了金融城作为一个整体，也损害了相关的所有人”。沃伯格暂时警告他的合伙人，准备按照行长的意愿去做。但沃伯格和科博尔德肯定都明白，雷诺兹-钢管投资不可能现在撤销收购。对斯特德福德来说，事实已经很清楚，他也许同意暂停购买英国铝业的股票，但他无法约束雷诺兹公司，后者继续“像疯了一样地买入”。当科博尔德呼吁政府“看在金融城总体名誉的份上”进行干预时，他被麦克米兰严厉拒绝。当波尔特再次要求亲自面见首相时，他也遭到拒绝。

到现在，不论如何，波尔特几乎无法控制怒火，他指责雷诺兹的用意是“打着英国人的幌子，替美国人‘砸和抢’”。他宣布，“任何妥协的希望”现在“都不可能了”。为避免失败他作了最后的努力，他的银行家们纷纷动员他们在金融城的影响力，发出一份更慷慨的反要约。在一份1959年新年出版的通知中，金融城有不少于14家公司，包括汉姆布鲁斯、拉扎德、摩根·格伦弗尔、布朗希普利、塞缪尔蒙塔古和罗伯特弗莱明在内，都确认支持美铝的方案，并提出无条件收购，收购价格高达700万英镑，合每股出价82先令——比美铝每股支付的价格多出1英镑。（其意图不是为美铝购买英国铝业的股票，而是去买那些有可能被卖给雷诺兹-钢管投资的股票。）这串名字的确让人印象深刻。但这里，沃伯格也没有像经常假设的那样孤立。重要的是，施罗德代表钢管投资公司，该公司的股票经纪人是帕默瑞戈登和约瑟夫塞巴格，而罗斯柴尔德和巴林（可能是金融城内最受人敬仰的两个名字）都显然未能代表任何一方。两家主要的股票经纪人罗和皮特曼以及嘉诚，也试图保持中立，虽然它们实际上被汉姆布鲁斯和拉扎德胁迫就范。正如沃伯格指出的那样，“那些没有站在金融城集团的金融城公司，它们的数量甚至多过金融城集团的数量……即：巴林、罗斯柴尔德、克兰沃特、布伦特、厄兰格、阿巴思诺特、吉布、菲利浦·希尔希金森，除了代表钢管投资/雷诺兹集团的三家公司以外。”相反，所谓金融城集团，它似乎对沃伯格是“一个奇怪的组合，既有非常重要的公司，也有名不见经传的公司。主要是那些不想拒绝拉扎德和汉姆布鲁斯邀请的公司”。

谈到股市实力的较量，沃伯格系一方的出价轻易就超过了以汉姆布鲁斯为首的一方，特别是在雷诺兹-钢管投资提高收购价格至每股 85 先令后。沃伯格跨大西洋的关系网，再一次证明是实力的来源：库恩-洛布的客户，比如越洋公司，可以被轻易说服将持有的英国铝业的股票卖给雷诺兹-钢管投资。斯特德福德警告，致命的一击是，如果另一方不取消与美铝达成的协议，雷诺兹也许决定单独行动，这增加了由美国人完全收购的可能性。同时，斯特德福德在胜利时又表现出宽宏大量，他透露，英国铝业的董事会不会马上换血。1 月 8 日，“战争”实际已经结束，因为雷诺兹-钢管投资那时已经取得 65%的股票，虽然沃伯格直到两天后才宣布胜利。尽管 1 月 9 日波尔特终于见到麦克米兰，并表达了对事态的“极度反感”，但政府对批准这项收购并未犹豫。第二天，财政部财务次官 J · E · S · 西蒙在下议院回答质询时，证实了这个结果。重要的是，哈罗德 · 威尔逊宣布，“尽管金融城内某些强大的利益集团，在某种程度上表现得有损尊严……但我们认为，财政部的决定是当前情况下唯一可行的”。

君子应该赢得起，也输得起，但这次交易中的君子却没能做到。沃伯格向科博尔德承认，金融城内对他有很多批评。事实上，“几乎金融城里的所有人都很生气”。1 月 17 日，波尔特“以一种受刺激和沮丧的状态”冲进唐宁街 10 号，责备麦克米兰，抗议自己的对手是“一群骗子”。奥拉夫 · 汉姆布鲁斯气急败坏地写信给《泰晤士报》，斥责媒体“不采纳金融城的观点”（好像以他为首的一方就是金融城一样）。彼得 · 斯托蒙思 · 达林是一名正在考虑是否接受沃伯格工作的年轻人，金融城里的一位高级律师警告他说：“我们不清楚，一个盛气凌人的犹太人领导的公司，是否能在这里站稳脚跟。”1961 年，伊夫林 · 巴林告诉一位美国记者：“以我们传统的方式操作，我们不想和他们出现在招股书上。”正如我们已经看到的，摩根 · 格伦弗尔愤怒到极点，该公司在之后的 15 年里拒绝与沃伯格系合作。

对于所有这些，沃伯格能够高尚地予以反驳，他指出，也许媒体“感到自由企业原则在这场争议中岌岌可危，它们支持在英国领导下的稳健的英美工业合作……更重要的是，它们倾向保护股东权利”。因此问题来了：雷诺兹-钢管投资收购英国铝业，真的是自由企业原则的胜利，还是英美合作的胜利，还是股东权利的胜利?

必须要说明的是，西格蒙德 · 沃伯格对铝知之甚少，更何况其他金属了。但他通过广泛阅读判断出，“到 20 世纪 60 年代，全球对铝的需求在吸收所有计划产能后，可能达到饱和，这一结论是基于容量市场渗透的增加，再加上存货的再次积累”。但这一粗糙的预测过于乐观。有关沃伯格系任何正确评估英国铝业资产及其未来收入的努力，也没有证据留下。莱昂内尔·弗雷泽一定觉得，雷诺兹-钢管投资的出价过高，他在赫尔伯特瓦格公司的同事迈克尔·维里也同样认为。路易斯·雷诺兹也怀疑他哥哥理查德被骗了，出价对股东太过慷慨（甚至对钢管投资）。可以肯定的是，雷诺兹在雷诺兹-钢管投资合资公司的投资回报是相当可观的，但雷诺兹与英国铝业的交往却令人失望，尽管在普洛登勋爵的领导下，后者的治理情况有所改善。普洛登勋爵接替波尔特出任英国铝业的董事长。事实上可以说，雷诺兹只是把英国铝业最有价值的资产剥离（英国铝业在加拿大的资产）。

其实，“铝战”真正的赢家有三个。其一是英国铝业的股东，比如教会资产管理局，该机构在英国铝业股价虚高时抛出股票。其二是政府，它从一场潜在的令人尴尬的僵局中成功脱身。其三也是最大的赢家，那就是S·G·华宝公司，虽然可能只有亨利·格伦菲尔德马上能理解这一点①。从1958年夏季至1961年春季，英国股市经历牛市，股票大涨，新股发行与合并的个案数量几乎翻了一番。“铝战”绝对让那些未来的“公司掠夺者们”知道该去找谁帮忙。正像彼得·斯皮拉后来提到的那样：

> 让沃伯格派系走上前台，是一次重要的跳板。我们齐心协力，有一种“我们出头了的感觉。现在，我们是一个不可忽视的因素”。许多公司曾考虑收购其他公司，但对发起恶意收购感到紧张，它们会说：“也许我们也能这么做。让我们去找沃伯格谈谈。”沃伯格遂成为恶意收购领域的主要专家。

英国铝业被收购后不久，沃伯格的公司又为一系列考虑可能合并的公司提供建议：比如，费森斯与斯潘塞化学，然后是费森斯与孟山都。S·G·华宝公司及其母公司水银证券的业绩证实了斯皮拉的看法。1960年，净利润较前一年跃升了94%。“铝战”也为沃伯格系招徕两个新的媒体客户，即加拿大的罗伊·汤姆森。1958年，亨利·格伦菲尔德协助罗伊组织收购凯姆斯利报业集团，罗伊对亨利的聪明才智赞

---

① 沃伯格后来告诉乔治·斯坦纳：“毫无疑问，（另一方）有可能赢得这场战斗。如果亨利·格伦菲尔德在另一方效力，我们不可能取胜……除了亨利·格伦菲尔德，大多数高级合伙人感到这次胜利代价惨重，因为这些年以来，经过千辛万苦建立起的商誉在他们看来荡然无存，他们感到，我们不得不在金融城里再度打造良好声誉。”

不绝口。下一个登上头版头条的主要收购战——争夺奥当斯出版社的控制权——其赢家是塞西尔·金的镜子集团，该公司再次由沃伯格系提供顾问服务（见第 10 章）。另外，化学公司拉波特把账户从摩根·格伦弗尔转到沃伯格系，因为前者似乎对“打猎，上帝知道还有什么”比对拉波特最新的业绩更感兴趣。摩根·格伦弗尔公司的斯蒂芬·卡托承认，现实是，他们公司及其盟友“不敌对手，而且意志消沉”。

赢得“铝战”后，沃伯格告诉一位以前的雇员：“我不想打仗，我只想妥协——如你所知，我基本上是一个和平爱好者和懦夫。”沃伯格不止一次说过：“我想起丘吉尔曾说过，第二次世界大战应被称为‘不必要的战争’。争夺英国铝业之战同样也没有必要。”在某种意义上他是对的，英国铝业的董事会若在雷诺兹-钢管投资首次发出收购要约时就接受该要约，而不是寻找美铝这位“白衣骑士”，那可能就更加明智了。如果汉姆布鲁斯和拉扎德能接受沃伯格早前的邀请，“在此事上尽可能紧密合作……那可能就更加明智了，因为这三家银行都想尽力使英国铝业重回领导和权力的位置，要知道该公司在过去很长时间里一直享有这一地位”。后来，沃伯格通过弗莱明公司的戴维·罗巴茨，提出三家银行停战。如果它们能接受停战，那可能也算明智。

但“铝战”也是有必要的，在某种意义上，它的胜利超过任何其他交易。它奠定了沃伯格是金融城里最聪明的竞争者的声誉，沃伯格成为兼并与收购业务的市场领导者。他最过分的一点是在收购的第一阶段，也就是在雷诺兹-钢管投资的身份暴露前，对真相守口如瓶，而在第二阶段，当战线划清后，他在利用媒体上相当激进。整个过程没有任何不当之处，除非正当还包括默许某种安排——波尔特和坎利夫提议的那个安排——那将既违反国家利益，又违反股东利益。如果沃伯格的对手抱怨沃伯格，那么，沃伯格也有理由感叹“金融城里某些角落显示出的态度，完全不合理也不公平”，因为这种态度对波尔特表现出的“傲慢”却什么也没说。波尔特管理企业没有经验，却习惯于行使权力。有两位大胆的学者甚至在尘埃落定前就对这个案例进行了分析，他们得出了正确的结论：“金融城的领袖们沉溺于社交和阶层，而不是关心经济作价，他们认为应该以国家利益为重，这是不能成立的……结果表明，赢的那方可能就是正确的一方。”

转移焦点

其他人也许会停下来庆祝这个胜利，但西格蒙德·沃伯格却没有。他声称他“痛恨铝战的每一个部分”。到20世纪50年代，他看够了伦敦和纽约金融圈的无能，也不再抱幻想。他曾幻想一个跨大西洋的英美社会，这个社会牢固地建立在金融和战略利益共享的基础上。正像雷诺兹将帮助英国铝业实现现代化一样，S·G·华宝公司也将帮助库恩–洛布实现现代化。但只有很少人似乎能分享他的愿景。“西方商业世界现在的发展，”1959年3月，沃伯格向厄恩斯特·施皮格尔贝格坦言：

> 经常给我一种感觉，好像所谓资本主义社会的领导者，以及大小经营者，都在一艘超级“冠达”豪华游轮上航行，这艘游轮也许航行了2~3年，甚至4年，但还是终将撞上冰山。与此同时，所有的乘客实际上都在极致地享受各种鸡尾酒会、晚会和舞会，完全不知道他们势必将从狂欢中被惊醒。这艘漫无目的的轮船朝东方驶去，在冷战中继续前进。

“铝战”后的几个月，沃伯格极力修补关系。他亲自会见嘉诚的安东尼·霍恩比、理查德·弗莱明，以及奥拉夫·汉姆布鲁斯。正如我们已经看到的，他也没有立即放弃为库恩–洛布起死回生所做的注定失败的努力，如果不是收购库恩–洛布的话。但他对跨大西洋纽带的不满依然存在。特别是，他仍对布雷顿森林体系的可行性表示怀疑，随着美国投资者争抢其他欧洲资产，沃伯格想象着因资本流出美国，而导致美元贬值这令人不安的前景，他对该体系的怀疑与日俱增。早在1961年，沃伯格就预见了——结果证明超前了10年——一个可控但灵活的汇率机制。他认为，美元“与存放在诺克斯堡众多数量的金块挂钩荒唐可笑”，未来的汇率将不受这种挂钩的影响。

20世纪五六十年代，伦敦和纽约在西格蒙德·沃伯格的脑海中显得非常突出，但把他在欧洲大陆上的活动与他在英美之间的活动割裂开是一个错误。他当然没有失去对北约体现出的跨大西洋战略联盟的信心，并鄙视那些要么把希望寄托在联合国（“联合伪君子们”）的人，要么把希望寄托在一个军事上自治的欧洲人（沃伯格把后一种希望视为“戴高乐主义者的幻想”）。但是，沃伯格最终的商业目标一直是建立一个跨大西洋的最佳三角形，连接伦敦、纽约和一个欧洲大陆的金融中心，有可能是汉堡、法兰克福或者巴黎。同样的，在政治层面，他设想“欧洲大陆联合会与北大西洋联盟”——他倾向这两种机制——将在“许多方面互补”。沃伯格对“加强英国与北美，以及英国与欧洲大陆的合作”热情不减，他认为，“如果我们不想输掉冷战，那么，大西洋社会的这两个主要方面，在我看来，将需要最大的努力，不只是那些在掌握大西洋社会各种关系方面有经验的商人们需要努力”。不过，到 20 世纪 60 年代初，他对经济的焦点显然已开始从北美转向欧洲。如果说 20 世纪 50 年代是沃伯格奔波于英美之间的 10 年，那么，20 世纪 60 年代则是他往返于英国与欧洲之间的 10 年。

第8章

欧洲一体化的金融根基

HIGH FINANCIER

六国欧洲经济共同体成员国与七国欧洲自由贸易联盟成员国之间的分歧，有潜在的破坏性，它将欧洲分裂为两个部分，如果继续允许目前的趋势发展下去，这两个部分以后将无法重合。据说，大不列颠需要德国，就像莫尔伯勒需要欧根亲王、卡斯尔雷需要梅特涅一样。你是商业合并无与伦比的大师。作为最显赫的德裔英国人，你最适合为欧洲统一效力。以你的背景、学识和你富有建设性、创造性的天资，你将成功完成和平这一崇高的任务……使欧洲走向统一。我强烈地希望统一能够实现。

弗里茨·奥本海默致西格蒙德·沃伯格

1966年5月24日

欧洲债券市场之父

第二次世界大战后，西欧经济一体化走过一条曲折的道路。它始于一个共同体的创立，以监管欧洲六国煤炭和钢铁的产量与价格，这六国分别是比利时、法国、荷兰、意大利、卢森堡和联邦德国。1957 年《罗马条约》创立了一个共同市场，正式禁止这些国家对彼此贸易往来设置壁垒。在欧洲经济共同体形成之前，这六国间的贸易增长迅速，之后持续增长——正如世界贸易作为一个整体也在增长一样。但在其他方面，经济一体化却进展缓慢。农业上，整合市场的发展受到国家补贴的阻碍，直到“共同农业政策”取代了这种补贴。制造业上，各国政府通过补贴政治敏感度高的行业，或竖立非关税壁垒，继续抵制泛欧竞争。总之，欧洲各市场未完全整合，因为各个市场未被真正放开。服务业上，这样的做法就没那么常见了，因为在那时，即使在完美的自由贸易条件下，服务业也不太容易跨境交易。这一规则的例外是金融服务业——比如，向相对富裕的投资者出售企业及公营部门的长期债券——它在整个 20 世纪 60 年代以非常新颖的方式变得更加整合。

欧洲美元和欧洲债券的崛起常被看做朝着金融全球化迈出的较早的一步。早前的记录强调英格兰银行在开放所谓离岸外汇交易市场中的角色，而那时，多数其他金融市场的监管变得更严，而不是更松。但是，欧洲债券的诞生在欧洲一体化历史上也是一个主要突破——虽然政治家和技术官僚在很大程度上都未曾预见，艾伦·米尔沃德把这些人称做欧盟形成时期的“圣人”。诚然，《罗马条约》设想减少成员国之间资本自由流动的限制，把限制“降到使共同市场正常运行的必要程度”。但是，欧洲经济共同体的执行机构——欧洲委员会，好像不太重视这一点。该委员会发布的关于资本管制的第1号指令，目的是只开放与欧洲经济共同体成员国之间贸易、直接投资或投资上市股票有关的资本流动。虽然1962年的“行动计划”旨在到1965年年底放松资本管制，但第2号指令就是一个空架子，而第3号指令更是“难产”了。各国政府除了极少的特例之外，仍对资本和汇率进行管制。因此，欧洲债券市场的发展很大程度上是私营企业创新自发的结果，加之来自英国宽松的货币政府的帮助。短短几年，这一市场的初创和壮大改变了欧洲金融体系，并建立起全新的跨境机构联系和网络。然而，这仍是战后欧洲历史上空白的一页，有关这一问题最近的教科书上对此只字未提。

对于参与其中的银行家来说，毫无疑问他们的主要目的是利润。彰显地位也是一个考虑，欧洲债券发行排名榜很快成为一个衡量成功的重要标尺。但这里也有一个重要的政治层面。因为，在很多方面，欧洲债券市场像一个赚钱的工具，它也是推进欧洲政治一体化的工具——尤其在加强英国作为欧洲经济共同体成员方面。反对英国加入该经济体最强有力的论据是英镑作为储备货币的历史角色问题。伦敦囤积了各殖民地及前殖民地的英镑余额——英联邦国家在战时把钱贷给英国的后果——这使英国经济受到定期的信心危机的影响，只要英国经常账户继续出现赤字，并且资本账户出现赤字。正像1948~1982年这34年间，有13年经常账户出现赤字，这34年间，只有2年资本账户未出现赤字。20世纪50年代末和60年代末，英国持有的国际外汇和黄金储备超过10亿英镑，但其他国家的英镑余额从1958年的30亿英镑增至10年后的60亿英镑。即使经常账户盈余，但如果信心下降，资本外流增加的危险仍然存在，即使现实中，资本外流不是英镑区的国家所致。英国在这个问题上的处境类似于（虽然差于）同期美国遇到的美元问题：它们都是国际储备货币发行国，其支付系统必须保持赤字，以便向世界供应它们的货币，但这也造成它们的货币易受到信心危机的影响。法国人确信，他们正在补贴美国人，因为美元享受着“过分的特权”。法国人也担心，如果英国加入欧洲经济共同体，法国人也不得不支持英镑，因为成为共同体一员将使英国支付平衡恶化，这是查尔斯·戴高乐于 1963 年和 1967 年两次否决英国加入的主要原因，另外还有对英国作为美国“特洛伊木马”的忧虑。欧洲债券先驱者们提出的反论据是，如果伦敦作为英镑之外其他货币交易的欧洲主要金融中心得以重建，那么法国人就无法永远将英国排除在外。对于英国加入的支持者来说，欧洲债券市场的重要性之一是它使伦敦金融城从一项负债变为一项资产。

如果有人可以声称自己是欧洲债券市场之父，那么，这个人非西格蒙德·沃伯格莫属。他一生都是欧洲经济和政治一体化坚定的支持者。20 世纪二三十年代，他和其他家族成员慷慨地支持泛欧运动，该运动由理查德创立，这位康登霍维-凯勒奇伯爵曾经预言有误。对沃伯格而言，在跨大西洋的金融整合与欧洲的政治整合之间没有必然的冲突，前者是他战后 10 年的主要精力所在。相反，20 世纪 20 年代的经历似乎表明，这两者是互补的过程。根据“道威斯计划”，当资本得以跨大西洋流动时，法国与德国和解的前景似乎很乐观。大萧条时期，全球金融体系瓦解，不久后欧洲分裂。但是，沃伯格从 20 世纪 30 年代学到的第二个教训是，明确号召欧洲联盟是不可能成功的，不管经济气候多么有利，因为整个欧洲大陆民族主义反弹。这是康登霍维-凯勒奇战略中的致命瑕疵。战后，沃伯格相信，推进欧洲一体化事业唯一的方法是通过经济方式——通过商业和更重要的金融整合，使欧洲人回到一个统一的欧洲。鉴于沃伯格的展望和抱负，他成为创建欧洲债券市场幕后的推手就不足为奇了。其技术设计及其隐蔽的政治功能体现了沃伯格的世界观，前者是一个超国家的市场，可以与国家持续限制资本流动共存；后者可作为对欧洲联合会的支援。

整合欧洲资本市场

20 世纪 20 年代，作为一名在德国的年轻人，沃伯格就对泛欧深信不疑，并对此很乐观。正像 1927 年在写给友人厄恩斯特·科切塔勒的信中提到的那样，他认为，“欧洲民族主义，抑或是排他主义的顶点已经过去，并正以非常缓慢的步伐朝着整合的方向前进”。沃伯格曾与康登霍维-凯勒奇讨论，将后者的“泛欧运动”与那时取消国际军备的声势联系起来。这时，沃伯格的一项提案是“通过一个仲裁法庭，在军事问题上实行主权集中，使欧洲的一些国家统一起来，它们包括德国、荷兰以及北欧国家，等等”。10年后，希特勒的独裁已稳固建立，掌权的激进民族主义者遍及中欧、南欧及东欧。上述想法似乎显得天真。但沃伯格继续帮助康登霍维–凯勒奇——比如，为他的作品找一家英国出版社。即使战争在1939年爆发后，沃伯格仍抱有某种欧洲政治联盟的想法，他认为战时英法结盟可作为“新联邦潜在稳固的基础，这种新联邦不应该是什么都包括，而应该是一个核心，涵盖那些有欧洲背景真正强大的人”。法国已被占领，看不见战争何时结束。沃伯格继续想着“西欧联盟”，他相信，英国战后的未来在于与欧洲发展联系，而不在于与帝国联系。1942年，他敦促斯塔福德·克里普斯“利用所有设在英国的难民政府，宣布某种欧罗巴合众国的《宪法》，无论该《宪法》可能有多么支离破碎”。沃伯格为克里普斯起草了一份备忘录，他提出战后“在英国领导下的西欧联盟，将作为欧洲联邦国家的核心”。沃伯格表示，该联盟将在“军事、交通及通讯、公共项目规划和货币安排上具有致高的权力”。他说，指望美国长期支持欧洲战后的稳定是没用的。英国应该首先采取主动，“把暂时的联盟与战时的结盟，转变为一个具有经济利益和有效权力的混合体，使它自由、持久、走得远”。像在20世纪20年代那样，沃伯格在20世纪40年代仍旧热衷于明确的政治联盟。在一份同样主题的草稿宣言中，他直言不讳地号召结束“老套法律意义上的”国家主权，并提出战后欧洲各国应“把某些根植于它们主权里的特权，委托给它们的联合会，该联合会再把某些权力委托给共同的各欧洲机构”。1942年年底，沃伯格写了一篇文章，题目为“联盟的原则”，文中进一步深化了这条论断。整个20世纪40年代后期，他一直希望，在英法的联合领导下，某种欧洲联盟也许会出现。

但即使在这个早期阶段，沃伯格已经表明，这些共同的欧洲机构将主要担任经济职能，比如管理“欧洲交通（铁路、公路、水路及航空通讯）；欧洲经济规划；货币事务，包括货币、信贷发放；其他欧洲共同机构”。因此，当英国政府不追求一个由英国领导的欧洲联盟，而法国政府倾向关注让·莫奈提出的国民经济计划时，沃伯格不一定非得彻底放弃欧洲整合的愿景。各国政府对政治上统一的欧洲也许没有准备，但这并未阻止“私人努力”，比如，沃伯格设想英法商人们定期开会，以便推动“两国之间更紧密的关系”。他定期往返于英法两国，有意识地开始试着在商业，尤其在金融领域实现某种整合，这似乎在政治上做不到。虽然他继续参与一系列联邦制的倡议，但从20世纪40年代以后，他越来越把他的精力转向经济整合。他认为，这将为政治联盟在更远未来的实现打下不可缺少的基础。举例来说，1950 年 7 月，他和现任财政大臣斯塔福德 · 克里普斯讨论“建立西欧合作的可取性……应实现统一的西欧交通系统，而不是像‘舒曼计划’提出的统一的西欧重工业”。这个方案的融资，可通过“英国与其他欧洲大陆国家联合”贷款实现，这似乎比康登霍维–凯勒奇现已过时的愿景更有希望[①]。当欧洲煤炭和钢铁共同体的想法盛行时，沃伯格克服了他最初的怀疑，并试图开发煤钢共同体最高执行机构的角色（它是未来欧洲委员会的原型），以超越它最初狭窄的职权范围。沃伯格系中的一些怀疑分子质疑沃伯格定期去卢森堡与煤钢共同体建立关系的价值，而沃伯格使他们相信：“等着瞧吧，我们最终会得到某些生意的。”

在沃伯格眼里，大英帝国的日子已经结束。20 世纪 50 年代，他对加拿大很感兴趣，但他比大多数人更早意识到，和英联邦做贸易永远无法代替全面参与欧洲一体化。作为英国加入欧洲经济共同体的早期倡导者，沃伯格公开支持英国在 1956 年为加入该组织所作的首次争取，他拒绝把成立于 1960 年的欧洲自由贸易联盟视为欧洲经济共同体的可行替代。不过，他再度认为有必要在英吉利海峡两岸为英国加入欧共体建立经济支持。一个典型的提案是：

> 金融城里有一部分不代表官方的人——也许还有一些工业家、行业工会组织和政治人物——他们把英国人和欧洲大陆的人联系得更紧密，并消除欧洲大陆积累的对英国政策的强烈怀疑，他们可能作出了更多贡献。

当英国的立场改为寻求在 1960 年加入欧共体时，沃伯格给予“官方圈子”很少的赞扬。沃伯格预见英国和其他“六国”之间不可逾越的差异，前者把成员国地位看做只是一项贸易政策，而后者假设“创立政治结构就能自动解决经济问题”。他敦促这个决定应提交给“一小群‘智者’”。

沃伯格设想由一位美国人出任该“智者”委员会的主席，这说明他不认为北大西洋联盟和欧洲一体化有冲突。有时，他的确谈到把扩大欧洲共同市场作为“大

---

① 沃伯格在这一时期与康登霍维–凯勒奇的通信，显示出前者的不耐烦情绪逐渐增加。1955 年 2 月，他尖刻地说：“尽管我过去一直，而且现在仍对康登霍维有极大好感，但我发现近年来，他已变成一个空想家，并到达几乎危险的境地。他总是以他想看到的方式看待事实，而不是以事实本身看待事实，因此他丧失了很多过去的声誉。”

西洋经济联盟”的序幕。他反对建立欧洲防务共同体，并继续视北约为西欧安全唯一可行的结构。更重要的是，沃伯格承认，战后时期的欧洲一体化，只能依靠美国援助才能顺利进行。正如我们已经看到，战后欧洲各国试图重新装备它们陈旧的工业，故经常账户陷入赤字，美国资金毫无疑问地帮助了欧洲经济，为欧洲经常账户的赤字提供资金。美国也许还帮助避免那种“归零的”工业关系，这种关系在20世纪20年代困扰着欧洲。然而，从沃伯格的立场看，除了向欧洲人供应大量美元外，美国援助计划的执行者们积极鼓励欧洲经济一体化，并向接受援助的国家施压，以降低贸易壁垒。

1947年，沃伯格提出一份“由英国主导的西欧全面重建计划，向众多欧洲国家发放一大批美元贷款，将在美国获得更多诚挚、慷慨的支持”，美元贷款的安排是“马歇尔计划”设想出的。但很明显，美元贷款本身可以用来鼓励欧洲人之间的合作。最明显的例子是1950年7月，欧洲支付同盟创立，该机构把美国援助各接受国使用的国际支付系统联系起来。在之后运营的8年里，欧洲支付同盟使法国和英国的经济，与蓬勃的联邦德国经济之间保持巨额支付赤字，这无疑帮助了欧洲境内贸易的快速增长。但对沃伯格而言，这只是一个开始。整个20世纪五六十年代，除联邦德国经济以外，欧洲各国均实行外汇和资本管制，他的抱负是看到这种管制的终结。他鼓励欧洲煤钢共同体最高执行机构，作为借款人进入国际资本市场。他认为，这可能会加强其地位，也会增加其资源，同时会吸引美国私人投资者，跟随他们的政府为欧洲复兴提供资金。1957年，经过漫长和艰苦的谈判，这些努力终于有了结果：欧洲煤钢共同体在纽约发行3 500万美元债券。1958年，该机构又取得一笔更大金额的贷款，1960年取得第3笔贷款2 500万美元，1962年取得第4笔同样金额的贷款。沃伯格还试图鼓励欧洲原子能共同体和欧洲投资银行在纽约债券市场上融资。他明确指出，这些交易为“欧洲一体化进程作出了贡献”。

应该强调的是，沃伯格提出的论断没有在金融城、威斯敏斯特或“白厅”内得到广泛支持。从这个意义上说，他基本上是一个局外人。直到1979年，他仍抱怨“金融城总体上对欧洲经济共同体采取了被动的态度”。但沃伯格不是一个被完全孤立的有眼光的人。其他分享他对欧洲一体化看法的人（虽然有所保留）包括英格兰银行的乔治·博尔顿爵士和财政部的弗兰克·李爵士。英国之外，德意志银行的赫尔曼·艾比斯也扮演了重要的辅助角色。另一个在德国与沃伯格志趣相投的人是基督徒、民主党政治人物兼外交官库尔特·比伦巴赫。在美国，沃伯格发现约翰·J·麦克洛伊非常同情他，约翰在创建联邦共和国期间，曾任美国驻德国的高级专员，他后来在 1953 年成为大通曼哈顿银行董事长①。

起初，"智者"委员会解决的是汇率问题。理论上，欧洲各主要经济体都与美元相连，美元又通过汇率挂钩体系与黄金相连，该体系是在布雷顿森林被设计出来的。实际上，它们不同的经济轨迹使（英镑和法国法郎）有必要定期贬值，使（德意志马克）有必要重新估值。早在 1955 年，沃伯格向博尔顿提出，"有必要使欧洲国家在货币问题上联系得更紧密"，他的观点是实现"欧洲各货币之间完全可兑换"。两年后他仍确信，"共同市场安排或者所谓的自由贸易区安排都不会奏效，除非成立欧洲联合稳定基金，这实际上意味着一个英镑和德意志马克的联合稳定基金"。艾比斯、比伦巴赫以及沃伯格曾在英德外汇稳定基金项目上合作，沃伯格一度将该项目设想为"英德货币联盟"，但该项目最终流产。开展这个项目的原因是明显的。没有什么比战后反复出现的英镑危机对战后英国经济政策造成更大的破坏了，英镑危机的原因是海外军费开支过度，以及英国出口和英镑余额相对缺乏竞争力。同时，德国政策制定者越发担心德国货币有升值的趋势。但是，将这些计划付诸实施是不可能的。欧洲各货币部门倾向于国家或国际的解决方案，而不是欧洲的解决方案，它们担心为代表它们的邻国要背负昂贵的干预成本。1960 年，沃伯格指出，货币一体化的主要障碍是"目前德国中央银行和其他机构坚持完全单边的政策"。虽然欧洲经济共同体在 1962 年实施的"行动计划"是将货币的统一列为一项长期目标，但此后就听不到任何有关的消息，直到 1969 年召开海牙欧洲经济共同体峰会，卢森堡总理皮埃尔·沃纳委托出具有关的报告。

沃伯格反而开始考虑整合欧洲资本市场，而不是货币的可能性。第一眼看去，这似乎是矛盾的一步。毕竟，正是由于欧洲缺乏资本市场整合，才能允许固定汇率的布雷顿森林体系与独立的国家货币政策同时运行。然而，我们必须在这里区分全面资本市场整合与沃伯格脑海里形式更有限的整合。在库恩-洛布，沃伯格亲眼看到华尔街银团是如何管理重大美国国债发行的。在伦敦还是主要资本出口市场的年

① 麦克洛伊是哈佛大学毕业的律师，也是洛克菲勒家族的亲密伙伴，1941~1945 年，他曾任战争事务助理部长，1947 年至 1949 年，他担任世界银行的第二位行长。沃伯格在 1960 年组建的"智者"委员会，其主席本应该由麦克洛伊出任。

代，这已经是很成熟的做法。欧洲的机构和投资者对欧洲煤钢共同体在纽约发放的4笔债券需求强烈，这使得沃伯格和其他人意识到一种可能性，即，为欧洲实体在欧洲发行美元标价的债券而组建类似的银团很容易。在合适的监管环境下，这样的银团在欧洲各国境内开展业务，不违反现有外汇和资本管制的规定，不只是因为涉及的债券以美元标价。这一根本性的领悟是欧洲债券市场诞生和壮大的基础。正像沃伯格到1958年才意识到的，“目前有关欧洲美元债券分销的状况……即，美国的发行银行为欧洲借款人承销这些美元债券，但却是欧洲的银行分销大部分债券”，很难想象这种状况的延续。同样很难设想的是，欧洲资本市场整合是建立在某种人为的“货币账户”或“多币种条款”上。沃伯格得出结论，如果在欧洲可以创建一个国际市场，回避国家汇率和资本管制的限制，欧洲市场就可以发行美元标价的债券。

欧洲债券市场必要的前提是，欧洲人手里存有大量流动的美元储蓄。这些欧洲美元是美国支付平衡出现赤字的直接结果，这使得跨国公司、欧洲各商业银行和央行，还有像国际清算银行这样的超国家实体手里的美元货币不断增加。还有，一大批富裕的个人倾向配置一部分美元资产。那么，为什么不把这些美元存入在纽约的各美国机构？答案是《Q条例》，该条例是大萧条期间被引入的，它对短期美元存款设定利率上限：30天存款利率为1%；90天存款利率为2.5%。另外，苏联及其附属国不想把它们的美元存款——持有量不小——存在美国，一旦发生地缘冲突，放在美国的存款可能被没收。它们倾向使用北欧商业银行，该银行的电报代码是“欧洲银行”，这可能是“欧洲美元”这个词的来源。1955年年中，当伦敦市场的美元利率大幅高于美国的利率时，米德兰银行抓住机会，向非英国居民提供美元存款产品。最初，这是将美国的存款注入英国经济的一种机制，因为米德兰把资金转为英镑，再把资金贷出去。但当英格兰银行准备容忍这样的美元存款时，其他银行（包括快速增加的美国公司在伦敦的分支）也迅速跟上。很快，大部分这样的存款以贷款的形式，又贷给了英国以外的公司和政府。例如，克兰沃特银行外汇部积累了大量美元存款，又把这些存款贷给了德国客户。伦敦的欧洲美元市场以惊人的速度增长，从1963年的120亿美元，增加到1969年的650亿美元，它的年增长率在1969年达到顶峰接近50%，该数字从1965~1979年未低于10%。但这个钱的性质是热钱，都处于短期存款。这就是其他中央银行对允许欧洲美元市场发展如此紧张的原因。其挑战是将欧洲美元作为一个新的长期证券市场的基础。

欧洲金融一体化的推进

到 20 世纪 50 年代末，沃伯格对这些为推动欧洲一体化而设置的机构感到幻想破灭，包括欧洲煤钢共同体、欧洲原子能共同体以及欧洲经济共同体本身，更不要说欧洲投资银行了。他担心，欧洲大陆正走向“欧洲各国之间关系再次出现危机的时候”。他在布鲁塞尔和卢森堡察觉到只有“惰性”与“阴谋”。这些暗示了发展的停滞。整个 20 世纪 60 年代，停滞影响了官方一体化进程。可以肯定的是，作为 1958 ~1967 年欧洲委员会的主席，沃尔特 · 哈尔斯坦通过强化该委员会的权力，极力去执行《罗马条约》的条款。但沃尔特的努力似乎并未打动沃伯格。令人泄气的是，欧洲经济共同体的精力（和它大部分资源）转移到了共同农业政策上，这是为保护法国和德国的农民而设计的一套体系，它与自由市场力量相差甚远。鉴于法国人推行保护性关税、德国人推行虚高的价格，欧洲进行的经济一体化是最差的一种，它基于价格支撑、存货积压，以及保护。

一段时期以来，沃伯格抱有这样一种希望，那就是麦克米兰政府决定在 1961 年申请加入欧洲经济共同体，也许会振兴已有的各欧洲机构，毕竟，他为此主张了几乎 20 年。为支持加入的可能，沃伯格雇用前英国外交官格拉德温勋爵（休伯特 · 格拉德温 · 杰布），后者担任过 6 年的英国驻法国大使，刚刚任满，他以沃伯格系非执行董事的身份，致力于推动英国加入共同市场。正像在 20 世纪 40 年代，沃伯格“确信，如果英国加入共同市场，并以合适的方式出现在各种欧洲组织中，那么，英国政府将处于领导欧洲的地位，而且没有理由担心任何将遭到英国强烈反对的事会发生，因为那些事违反英国和英联邦的利益”。他极力支持修建英吉利大桥或隧道的计划，不光是因为大桥或隧道的象征意义，而且还因为它们的商业潜力。到现在，经济上的证据强烈支持英国加入欧共体。英国经济不能和联邦德国相比，就是与欧洲经济共同体所有 6 个成员国相比，都显得像一个病人。同时，随着欧洲大陆重要性的日益增加，英联邦市场对英国贸易的重要性正在下降。然而 1963 年 1 月 14 日，戴高乐举行了一场记者招待会，他直率地否决了英国加入的申请。原因对法国人太明显了，在就共同农业政策达成交易之前，吸收英国加入将增援（相对）自由贸易的支持者，不只是因为英国农业比欧洲经济共同体任何成员国的农业都小得多。同时，英国垂死的储备货币带有长期不稳定性，法国人不想承担责任。在沃伯格看来，他从很早就明白，“就放弃国家主权而言，法国人——尤其是戴高乐——比英国大部分人甚至更加犹豫”。但他低估了戴高乐准备捍卫法国国家利益的时间：戴高乐不但拒绝英国加入，而且在1965年抵制欧洲各机构（被称为“空椅危机”），并坚持认为，当议案提交到部长理事会时，成员国应有国家否决权（《卢森堡宣言》）。沃伯格对此感到厌恶[①]，他指责戴高乐的目的是想创建“一个在法俄领导下从巴黎到俄罗斯的新欧洲，以对抗戴高乐认为的英美在大西洋共同体的优势”。

沃伯格从未放弃英国加入共同市场的希望。但在整个20世纪60年代，他的幻想破灭，以至于开始质疑英国是否应继续寻求加入欧洲经济共同体，“这班车已经错过”。一度，他甚至预测欧洲经济共同体解散，因为“大部分共同市场国家宁愿加入美国人和英国人，也不愿意依靠法国人”。欧洲经济共同体是“保护性关税俱乐部——现实中，不是真正的欧洲共同体”。在一份1968年4月的备忘录中，沃伯格批判欧洲经济共同体各机构的倒退和消耗：

> 一种狭隘的官僚主义在一个“没有空气的空间”里运转——那是一种没有意义的真空，独立于任何超国家或国家权力——它取代了一个真诚、热情的欧洲组织，这个组织在一个稳健、有效的职能框架下运转。使目前的处境变得特别糟糕的是，欧洲委员会分裂为多个部门，有的位于布鲁塞尔，有的位于卢森堡。该委员会的工业部门，尤其是煤炭、钢铁、能源设在布鲁塞尔，金融部门以及隶属于欧洲议会的行政部门设在卢森堡，而欧洲议会在斯特拉斯堡开会。事实上，除了设在卢森堡的各种部门以外，布鲁塞尔大约有30个不同的部门或团体，它们之间协调得很差，或者根本没有协调，它们被种种阴谋搞得支离破碎，这些阴谋要么来自布鲁塞尔，要么是没有通过欧洲经济共同体的6个成员国政府而造成的。

在沃伯格更乐观的时刻，他仍希望欧洲经济共同体与欧洲自由贸易联盟逐渐恢复友好关系，他建议哈罗德·威尔逊朝着这个方向努力，威尔逊也是这样努力的。但只要戴高乐还在法国掌权，沃伯格的期望值就很低。1964年10月，他写道：“那

① 当格拉德温试图为沃伯格和法国财政部长瓦勒里·季斯卡·德斯坦安排一次会面时，沃伯格对法国政治精英较低的评价仍未改善。那位法国财政部长最初问，“那个奇怪的西格蒙德先生是谁”（虽然会议后来还是进行了）。

些主张英国加入欧洲的人，应该在更广范围的目标上承认失败，并将注意力集中在一些非常有限的目标上。”他似乎对 1966~1967 年英国第二次申请加入欧共体不太感兴趣。直到戴高乐将军在 1969 年离职，沃伯格才重新想到英国加入欧洲经济共同体的可能，虽然“只有当我们能合理地确信，保护主义的倾向已被抑制”。1970 年，沃伯格在一次访问中解释道：

> 今天，欧洲经济共同体的主要特点，显然是它周围竖立的关税壁垒，如果不是因为“肯尼迪回合”（关贸总协定谈判），欧洲经济共同体的关税将依然很高。在这个关税壁垒内，在帮助欠发达地区，或设立单一欧洲货币这种关乎欧洲共同利益的领域所做的努力太少。的确，欧洲经济共同体目前的形象更多是内向型，而不是外向型。在这种情况下，英国对加入一场运动必须非常小心，这场运动也许是倒退而不是进步的。只有当我们成功加入欧洲共同体时，其重点不是建立共同的关税壁垒和农业补贴主义，而是建设性地把欧洲强大的人力资源集中起来，解决欧洲内外的大任务，到那时我才会支持英国成为共同市场的一部分。另外，在后戴高乐时代，一种更加慷慨的欧洲精神可被重新点燃，过去我对英国在欧洲的角色很积极，我将再次找回那种感觉。的确，在外向型欧洲的框架下，英国可以在欧洲与大西洋共同体、欧洲与欠发达国家之间扮演造桥者这一特殊角色，继承英国与英联邦形成的优良传统。

然而，官方一体化受阻并未排除金融一体化的继续，在 1958 年欧洲煤钢共同体发行第二笔债券时，沃伯格首先意识到这一点。金融一体化必要的构件，是为发行美元标价的新债券临时组建的承销银团和销售银团。20 世纪 50 年代，这些银团大多由大型华尔街投资银行组成。不过，正像我们已经看到的那样，欧洲借款人发行的以美元标价的债券市场，在欧洲要比仍关注国内的美国市场更大。这意味着，在伦敦至少一部分欧洲美元存款，也许可被用于投资长期证券。沃伯格和其他欧洲金融家越来越关心，为什么美国公司做的是有油水的承销工作，而把更低级的向非金融客户出售债券的工作留给了欧洲机构。朱利叶斯 · 施特劳斯来自股票经纪公司施特劳斯特恩布尔，用他的话说，“钱都让美国的银行赚了，但它们什么活儿也没干”。

欧洲美元市场得以在伦敦存在，反映了英国货币政府倾向允许金融城作为一个离岸金融中心。英格兰银行采取容忍的立场，出于振兴伦敦的利益：“不管我们多么不喜欢热钱，我们也不能一边说我们是国际银行家，一边却拒绝接收资金。”这对发展伦敦的欧洲市场至关重要，因为，其他事情保持不变，欧洲市场也许在瑞士或联邦德国更容易发展，在那里，用于出口的国内存款供应远远高于英国。虽然其他国家的货币部门限制热钱流动，但英格兰银行采取自由的政策。矛盾的是，伦敦比苏黎世和法兰克福在其他方面更是一个高度管制的市场。英国臣民购买外国证券被有效地禁止，除了用受到严格监管的“投资美元”购买。1957 年，英格兰银行还禁止金融城的银行为以英镑结算的第三方贸易提供资金，并禁止信贷再融资。虽然到 1960 年这些限制被放开，但英国国内新发行的债券仍需缴纳 4%（后降至 2%）的印花税，此外，向英国债券持有人支付的债券利息可用来抵税。同时，伦敦证券交易所继续用英镑标记美元证券的价格，好像战后英镑贬值从未发生过。直到 1979 年，英国对居民的外汇管制才放开。但正是对居民持有英镑与对非居民持有美元的区分，使得在伦敦建立一个完全分离和不受监管的美元债券市场成为可能。一位市场参与者后来回忆说：“英格兰银行允许外币证券在其资本市场上流动，并允许外币活动，是因为它完全与国内货币基础隔离。”“针线街”的情绪也在发生改变。1960 年，英国监管部门已经允许沃伯格系在伦敦为两家欧洲大陆的公司安排上市：不只是德国钢铁制造企业蒂森，还有瑞典电话公司爱立信，这项交易是与德意志银行、巴黎和荷兰银行合作完成的——这项交易是沃伯格系与后一家银行长期、复杂关系的开始。

话又说回来，英格兰银行仍需要小心行事。1962 年 6 月，乔治 · 博尔顿带着某种恐惧，与刚被任命的行长克罗默勋爵谈起这一话题。博尔顿现在是伦敦和南美银行的董事长，该行是欧洲美元市场的先驱。作为私营公司的代表，博尔顿现在跟克罗默谈的是“有关正在发生的某些想法的交流，想法涉及向广大需要外币贷款的借款人开放伦敦市场”。和同业交流想法不光包括沃伯格系的代表，还有巴林、塞缪尔蒙塔古的代表，7 月，汉姆布鲁斯的代表也加入。但是，没人愿意“更积极地推进这些想法，除非它们得到政府部门的首肯”。正像博尔顿解释的那样，交流的目的就是帮助“恢复伦敦作为一个资本市场的职能”：“伦敦市场的恢复和振兴，将使发放外币贷款成为可能，这对西方世界极为重要……唯一能帮助纽约的中心是伦敦，我们都知道，欧洲的资本市场孤立而且低效。”克罗默的回答是积极的：“我们对这份提案表示同情，”他写道，“并将尽我们所能给予实际支持。”英格兰银行尤其喜欢这个事实，它“也许要收到伦敦目前一部分波动非常大的欧洲美元”。但是，沃伯格在信函中明确表示，他和他金融城的同事们也试图向英格兰银行传递一种巧妙的威胁。“除非英国政府就印花税采取行动，并实施其他措施，这些措施将使伦敦发行市场相比其他外国资本市场具有竞争力”，否则，他们将去别处开展业务——也许去卢森堡。阿姆斯特丹也作为一个可能的市场被调查过。英国兰银行不是唯一要与之处理好关系的监管机构。起初，伦敦证券交易所拒绝安排债券上市，以至于这些债券无法在英国交割（交易结算），后来该所坚持按照战前的汇率，要求上市的美元债券以英镑标价。英国投资者不得不用所谓的“投资美元”在卢森堡购买新债券，投资美元来自政府管制的、用于外币购买的资金池。英国国内税务局也未提供多少帮助。

发行第一只真正的欧洲债券，有多家可能的备选公司。日本政府对发行这样的债券表达了兴趣。挪威政府也有意为奥斯陆市安排发债。迁怒于欧洲经济共同体，沃伯格甚至考虑为英联邦开发金融公司发行一笔美元债券。不过，到 1963 年 4 月，他和他的同事们转向了更合逻辑、更熟悉的借款人——欧洲煤钢共同体。他们是这样向英格兰银行解释的：

> 这将是一笔直截了当的美元贷款，不附带货币期权……就英国外汇管制而言，这将是一种外币证券，英国居民购买将不得不支付溢价。因此，煤钢共同体没有指望从英国有任何认购。即便如此，煤钢共同体将寻求在伦敦上市，这可以被视为在整个欧洲的基础，因此，鼓励通过伦敦实施这种交易。

英格兰银行对这个想法表示感兴趣，尽管它担心英国外交部也许会认为，“鉴于英国为加入欧共体进行谈判中布鲁塞尔机制解体，一个共同市场的机构在伦敦借款不太合适”。正如英格兰银行的约翰 · 史蒂文斯向埃里克 · 罗尔爵士解释的那样，后者曾协助爱德华 · 希思参与英国加入共同市场的谈判，“从纯粹的金融角度来说”，这样的操作将“受到欢迎”：

> 外国债券市场中，还无法向欧洲大陆提供英镑贷款，这种类型的业务（以前多次出现）保持了伦敦作为金融中心的活力，即使业务不是以英镑完成的。我希望自从布鲁塞尔机制解体后，你会感到已经过了足够长的时间。事实上，

至少在金融层面显示出没有解体会有积极的意义。这是布鲁塞尔机制解体后表达出的一种意愿，即，我们和共同市场之间采取的每一项措施都可以使谈判的恢复变得容易。

这个观点得到了英国财政部和外交部的支持。但是，债券发行需取得所有欧洲经济共同体6个成员国财政部长的批准，再加上欧洲煤钢共同体财务部主任汉斯·斯格里巴诺维茨的犹豫，使发行工作经历了数月的延误。因此，第一只欧洲债券来自意大利。

在意大利银行行长吉多·卡利的建议下，沃伯格系注意到一家叫芬斯德的意大利钢铁公司，它是大型国有控股公司工业重建研究院[①]的子公司。现在，避免国家征税再次变得很重要，所以，债券不是以芬斯德的名义发行，因为法律允许支付票息可以抵减意大利的税收；而是以意大利高速公路收费公司奥托斯特雷德的名义发行，因为该公司免于支付总票息。伊恩·弗雷泽和彼得·斯皮拉在债券专家格特·惠特曼的协助下，做了大量辛苦的工作，包括起草开创性的合同，与英国安理律师事务所的律师杰弗里·萨蒙斯、罗宾·布罗德利合作，与布朗弗莱明和默里会计师事务所的会计师休·格林伍德合作。为避免英国的印花税，债券正式在荷兰史基浦机场发行。为避免英国的所得税，票息在卢森堡支付。该交易——1 500万美元、6年期债券——由沃伯格系牵头的银团进行管理，该银团还包括德意志银行、布鲁塞尔银行、鹿特丹银行。债券由德意志银行牵头的英国和欧洲的银团担任承销，再通过更广泛的关联中介网络向投资者推介，包括施特劳斯特恩布尔、怀特韦尔德以及瑞士信贷。应该指出，尽管分销网络迅速发展，发行欧洲债券不是美国意义上的首次公开募集，而是广泛的私募。正像弗雷泽说的那样，奥托斯特雷德的发债代表了“传统伦敦‘私募’与传统纽约‘公募’的妥协”。正像《经济学人》指出的那样，这不但是“一代人以来，第一只在伦敦上市的外国工业债券”，而且还部分“推动了伦敦金融城把自身建成国际资本市场转口港中心”的目标。

现有的债券以相对小的面额为主（普遍为1 000美元），票息为5.5%，发行价为标准的98.5%，这样的债券不难募集。无记名债券匿名、便于携带，也免交预提

① 两年前，沃伯格系已经成功在伦敦证券交易所安排一部分芬斯德的股票上市——正如《经济学人》所说，“这进一步显示了欧洲主要股票市场之间的交流”。

税。典型的投资者是“类似于比利时牙医这种半神秘的人物——他们收入高，生活在有一套官僚税制的国家，在这些国家，购买国内债券的利息收入需要上税，而且这些国家的投资机会有限”。弗雷泽后来表示：

> 发行债券的秘诀……债券必须是完全匿名的，票息必须全额支付，不能有任何扣税，债券到期全额支付，不问任何问题，这些必须能在许多国家的首都做到……债券主要的最终买家是个人，通常来自东欧，但也有来自拉美的，他们想让一部分财富以可移动的形式存在，这样，如果他们不得不离开时，他们可以把债券放入小行李箱里迅速离开。

欧洲人对美元标价的债券市场的计划已经很超前了，即使美国政府在 1963 年 7 月提出利息平衡税，该税旨在阻止美国公民和机构投资欧洲。的确，如果没有利息平衡税，欧洲债券市场仍将发展，因为免除预提税提供了隐性的补贴。但是，毫无疑问，这项措施——连同后来为限制美国资本出口设计的措施——刺激了欧洲债券市场的壮大。如果没有利息平衡税，奥地利政府可能会在纽约发行美元债券。但该国政府反而通过发行欧洲债券募集了 1 800 万美元，债券由沃伯格系、汉姆布鲁斯、罗斯柴尔德及国有的奥地利信贷银行承销。这项发债为 1964 年的一系列新发债券铺平了道路。到当年年底，欧洲共发行了 44 只外国美元债券，融资总额为 6.81 亿美元。到 1967 年，欧洲债券市场发行的外国证券超过了美国，发行量是欧洲各国市场发行量的 5 倍。1968 年，新债发行量超过了 35 亿美元，4 年后，发行总额达到 55 亿美元。虽然开始时发债以公营借款人为主，比如奥地利政府、奥斯陆市和都灵市，但 1966~1973 年间，大部分借款人是私营实体。一个二级市场也逐渐开始发展，这个市场刚开始显然不存在（大多数投资者采取“买入并持有”的战略）。欧洲银行票据交换所以及位于卢森堡的中央价值结算系统这两大清算系统的创立，使由于跨境交割规则不同、跨境利息计算方法不同、跨境成本分配不同而造成的纯粹的交易问题大幅减少。

发展欧洲债券市场

可想而知，西格蒙德 · 沃伯格对欧洲债券市场引以为荣，他毫不怀疑，欧洲债券市场是“我们（沃伯格系）主要的倡议”。但沃伯格推动其向前发展又是什么原因呢？一个明显的假设是，利润动机占主导——换句话说，欧洲债券的兴起是产品创新的一个直接例子，它旨在增加S·G·华宝公司的利润。毫无疑问，这是一个动机。南非人约翰·克雷文于1967年加入沃伯格系，用他的话说，“西格蒙德足够聪明，他意识到，如果你悄悄开发出一种（新）产品，即，一只欧洲债券，但其他（金融城）银行可能抱以轻蔑的态度”，那么，就可以理直气壮地接触其他银行现成的客户了。“事实上，从后路包抄的策略非常聪明。”另外，一旦奥托斯特雷德首次发债建立了模板，欧洲债券发行就相对容易了。各银行收取固定的手续费——按照惯例，管理行与承销单位收取0.5%，销售行与经纪公司收取1.5%——这反映了一个事实，低端的债券销售人员承担了辛苦的工作。要知道，手续费不算小。1971年，爱尔兰政府发行英镑债券产生了20万英镑的手续费收入，这个数字大到让亨利·格伦菲尔德“史无前例地从度假地打来电话，以难为情的方式表示祝贺……但他很快补充道，当然我们‘非常幸运’”。实际上对承销单位没有负面风险，因为如果需求疲软，那么，或者降低发行量、或者干脆取消发行。另一方面，金融创新常常遇到的情况是进入门槛低，“市场先行者”的优势少。20世纪60年代中，董事们每周聚餐，沃伯格警告他年轻的同事们：“一旦创造了一条新业务线，所有参与竞争的银行都想分一杯羹，唯一的结果是银行的利润空间下滑或消失，这肯定会发生，我们的欧洲债券业务也将遇到这个问题。”事实证明如此。随着越来越多的美国和瑞士的银行进入这个市场——1962~1970年，在伦敦的外国银行分支数量从51家上升至129家——早期被沃伯格系、汉姆布鲁斯和罗斯柴尔德占据的格局受到挑战。1967~1972年，德意志银行在欧洲债券发行排行中名列第一，很简单，其他投资银行竞争缺乏资本金基础。就像沃伯格预测的那样，利润空间也受到挤压。尽管就每年发债排名而言，沃伯格的银行好于其他投资银行，但我们不应夸大这条业务线实际上挣了多少钱。1967年10月，沃伯格提醒他的执行董事们：

> 无论欧洲债券多么重要，这不能成为我们的首要任务……的确，我们主要的利益应该是顾及我们在英国、在美国和在欧洲大陆重要的工业客户。为其中一个大型工业客户提供优质服务赚取的手续费，远远高于我们全年做欧洲债券发行所挣的。

约翰 · 克雷文后来确认说："因为S · G · 华宝公司根本没有分销实力……所以，我们不赚钱，我们有好多年都没挣过大钱。"用彼得 · 斯皮拉的话说，"这种业务对公司声望很好"，但不是特别赚钱的业务。

第二个动机——它在现有文献中被引述得最多——是欧洲债券市场的设计师们与英格兰银行的想法一致，双方都想重建伦敦在战前作为国际金融中心的地位。这肯定影响了沃伯格的决策。他认为，在任何"真正欧洲的资本市场中……不管欧洲经济共同体与欧洲自由贸易联盟眼下有多少分歧，伦敦也应该扮演领导角色"。这也解释了他为什么坚信，有必要在欧洲债券第二波浪潮中抢占先机，这第二波浪潮意味着欧洲债券将以欧洲货币发行，而不再以美国货币发行。沃伯格的同事们抱怨，美元债券更容易销售，他向他们解释："任何详尽、客观分析过局势的人一定知道，如果我们继续发行美元标价的外国债券，整个业务将应该转到纽约，伦敦市场在债券发行中将不再重要。伦敦市场参与这种发行的唯一机会，是通过安排美元之外以其他货币标价的债券。"一种显而易见的货币是德国马克，不只是因为德国的长期利率在 20 世纪 60 年代其趋势低于欧洲平均水平。不过，从沃伯格的角度来说，纯粹是德国马克的欧洲债券市场吸引力很小，其明显的原因是，这将不可避免地巩固德国大型银行已有的强大地位。因此，1963 年 12 月，他向艾比斯提出发行英镑债券，附带德国马克期权，正像沃伯格向克罗默解释的那样，将欧洲自由贸易联盟最强的货币与欧洲经济共同体最强的货币结合。一旦取得英国（确实有些不安）和德国货币部门的批准——经过一场"斗争"后——这种英镑加德国马克的模式，用在了为都灵市发行的 500 万英镑债券上。

沃伯格对这笔交易感到如此兴奋，他罕有地就这一主题在《泰晤士报》发表了一系列文章，文章中他尽力解释，英镑债券对英国货币的稳定或英国支付平衡的稳定不会构成威胁。他认为，伦敦只是为欧洲美元和其他流动资金持有者，提供购买欧洲债券的服务。这些欧洲债券可以是投资者认为任何具有吸引力的货币，因此才有多币种债券的市场。沃伯格没有预期这种债券会在近期取代以美元标价为主的欧洲债券，但他私下表达过："如果欧洲资本市场逐渐发展……欧洲货币或欧洲货币单位将应该比现在更具人气。"彼得 · 斯皮拉开始时质疑这样的观点，他怀疑，西格蒙德设计出英镑加德国马克债券的唯一原因是确保"一家英国投行可以作为牵头行"，参与发行一只实际上是德国马克的证券。然而，当斯皮拉成功劝说帝国化学工业公司发行 1 亿美元英镑加德国马克债券时，他改变了想法。争取到帝国化学工业这个客户，对沃伯格系是一次重大突破。弗雷泽记得斯皮拉曾说："大功告成，我们做到了。"事实上，沃伯格自从 1962 年就在寻求帝国化学工业的生意，他想利用帝国化学工业收购英国考陶尔兹失败产生的负面宣传。站在帝国化学工业的角度，S · G · 华宝公司的吸引力部分在于它在欧洲大陆的关系网。帝国化学工业的管理层感到，公司需要"进入欧洲共同市场"，（正像该公司一位董事于 1963 年告诉伊恩 · 弗雷泽的那样）公司"没有人能说欧洲的语言，说印地语的倒有 5 位"。但是，直到彼得 · 艾伦爵士取代保罗 · 钱伯斯出任帝国化学工业董事长，沃伯格与该公司的关系才真正开始发展。从 1971 年起，帝国化学工业把它的国际融资业务授权给沃伯格系，替换了之前合作的施罗德。

沃伯格力争稳固伦敦作为欧洲债券市场中心的地位，双货币债券只是许多方式之一。举例来说，沃伯格系联合汉姆布鲁斯、罗斯柴尔德游说英格兰银行，免去在英国发行外国债券应缴纳的印花税。同时，针对英国注册的公司发行债券所支付的利息可以抵扣所得税，它们向财政部施压，希望取消这一要求。在一封写给《泰晤士报》的信中，沃伯格和乔斯林 · 汉姆布鲁斯表达了他们的不满：

> 局势很滑稽，一方面，伦敦金融城在欧洲大陆为美国的石油公司、意大利的国有工业，以及北欧各国安排长期借款。另一方面，为英国最高质量的借款人提供同样的服务，任何这种企图都被某些财政上的要求所阻碍，这些要求毫无实质内容，而且可被轻易取消。

沃伯格的想法不仅与英格兰银行重振伦敦作为国际金融中心的目标一致，他还向英国政府施压，更快地放开供国际投资人使用的各种伦敦金融工具。

但是，把公司利润或者使伦敦成为主宰看做沃伯格设计、开发欧洲债券市场的主要动机就错了。因为他总认为，债券市场只是连接欧洲资本市场的第一步，并且可以推进欧洲一体化这一更广阔的项目。沃伯格想把英镑加德国马克债券，当做为一个欧洲的资本市场而设计的证券。他在 1965 年 4 月这样说道：

> 创立欧洲经济共同体和欧洲自由贸易联盟的主要动机……是对现代工业最优规模的认知，它需要一个更大的市场，超过任何一个欧洲国家可以提供的。

> 随着这项政策产生效果，工业在一个真正欧洲的规模上变得井然有序，所以，越来越有必要建立一个真正欧洲的资本市场。

与沃伯格同时代的人看到这个可能性也不晚。到 1969 年，一位搞学术的经济学家总结说："欧洲债券市场已经壮大到如此程度，它预示着一个真正泛欧的债券市场。"诚然，正像雷内 · 拉雷于同年指出的那样，该市场吸引的借款人和投资者不仅来自欧洲，而且来自"世界各地"，但毫无疑问，欧洲债券市场"对欧洲金融和银行实践的现代化作出巨大贡献"。

20 世纪 60 年代后期，欧洲债券市场经历了初创时期暂时的小困难，沃伯格以特有的方式对应，他视该市场为欧洲一体化的一种手段。1966 年，一度有太多新发行的欧洲债券，沃伯格公开警告发行过多。某些新发行债券的收益首次超过 6%，相对于需求以及也许增加的通胀预期，这反映了新发行债券的供给过量。对沃伯格而言，这表明某种少量监管的必要（这意味着金融市场的自我监管）。但他表示，这需要在欧洲层面完成，而不只是在伦敦金融城。1966 年，沃伯格主张欧洲债券市场应该采用瑞士实行的那种排队系统，以阻止太多新债券同时发行。沃伯格说，"想象成立一个欧洲资本发行委员会将具有任何法律执行力，这显然是不可能的"。但以下是另一个非官方地推进欧洲一体化的机会：

> 在 6 家或 7 家欧洲主要央行的支持下，如果这些央行的代表建立一个小型委员会，那么，应该有可能安排相关发债行向该委员会注册它们计划发行的债券，并就发债时机和发行的最大规模接受该委员会的指导。

1970 年，当借款需求使欧洲债券市场无力承受时，沃伯格又重提这一主题。现在，沃伯格主张设立一个委员会，包括欧洲每个主要国家发债行的代表。

华尔街银行的"入侵"带来了挑战，同样的思维构成沃伯格应对这种挑战的基础，那就是形成更大的欧洲银行网络。在很多方面，这是欧洲债券市场鼓励的最重要的一种欧洲一体化。刚开始时，许多重大决策是在与艾比斯和其他一些人进行定期磋商后作出的。沃伯格后来回忆说，他和艾比斯"继续保持联系，我们共同商议欧洲发债的条款，并询问各自公司对我们大西洋两岸的对手在欧洲开展交易的态度"。1967 年，沃伯格考虑在其中四家最大的银行之间建立一种非官方联盟：沃伯格系、德意志银行、巴黎和荷兰银行（法国巴黎银行），以及意大利商业银行。这是沃伯格渴望建立的那种典型的欧洲金融架构，它预示着他后来为沃伯格系与法国巴黎银行全面合并所做的努力。类似的倡议是成立跨大西洋债券基金，该基金把沃伯格系、伦敦和南美银行、国民劳动银行，以及斯德哥尔摩恩斯吉尔达银行联系起来。到 1970 年，沃伯格系想与之合作的银行包括，荷兰的阿姆斯特丹和鹿特丹银行；德国的商业银行、德累斯顿银行；法国的兴业银行。英国加入欧洲共同市场并未激进地改变这一格局，这与那些期望 1973 年 1 月以后银行世界发生重大结构性变化的观点相反。正像沃伯格所说的那样："在这个新欧洲的背景下……欧洲大陆与英国的主要金融机构将联系得更加紧密……但以这样一种方式联系，双方不会失去自治的管理、自治的风格、自治的规划、自治的结构，包括它们各自与世界许多地方建立的紧密联系。"金融演变进程中，接下来合理的产物是各种银行联盟，它们在这一时期表现出繁荣的景象。

因此，沃伯格非常真诚地认为，欧洲债券市场是欧洲一体化进程中的一个阶段。这才是他追求建立这一市场的主要原因，而不是该市场内在的利润或它给伦敦金融城带来的好处。一个明显的例子是，1967 年，沃伯格建议一批英国国营公司发债，为的是与英国政府第二次申请加入欧洲经济共同体同时发生（见第 10 章）。相反，1977 年，欧洲经济共同体发行了一只欧洲债券，当沃伯格的银行未能入选时，他火冒三丈，倒不是因为错失了手续费，而是因为他的公司在开创和发展欧洲债券市场中发挥了先驱作用，落选似乎对他是一种侮辱。

金融推进欧洲一体化

然而，欧洲债券市场事实上能有多么欧洲化是有现实局限的。值得强调的是，在新欧洲债券市场募集资金的国营和私营实体，不完全是欧洲的，也不是所有发债的欧洲实体都处于欧洲经济共同体。1965~1970 年，有 37%的欧洲债券，其发行主体是美国公司；有 68%的债券是以美元标价的。1967 年，沃伯格系承揽的主要发债包括，三次为美国汽车生产公司克莱斯勒，一次为美孚石油。试图把美国的大型银行排除在这一日益扩大的新兴市场外也是不现实的。虽然由于欧洲债券管理和承销团的出现，欧洲银行之间的合作势必增加，但美国的银行也在各大银团成员名单——所谓的“墓志铭”——上占据显著位置，每次发行新债券时，财经媒体会刊登这些银团成员的名单。此外，常常是美国人去推动创新的前沿。到 1969 年，针对短期贷款出现了一个大型银团贷款市场，连同 1966 年引入的存款凭证，这些都填补了在欧洲美元与欧洲债券市场之间欧洲利率期限结构的空白。浮动利率发行的想法虽然由沃伯格系在 1970 年首创，但它最初是银行家信托国际的伊万 · 加尔布雷思脑力劳动的产物。重要的是，为意大利电力管理局安排的 4.25 亿美元贷款就是以此为基础（媒体称赞它是“由欧洲私人集团承接的最大宗融资交易”）。这笔贷款由一个银团管理，该银团不但包括沃伯格系、意大利商业银行和瑞士信贷，还有银行家信托国际，以及怀特韦尔德。

第二个困难是，随着浮动汇率的开始，欧洲债券市场对弱势货币国家如英国和意大利的吸引力注定减弱，这些国家不可能想借德国马克、瑞士法郎，甚至美元，即使这些货币的贷款利率比在本国市场获取这些货币的贷款利率还低。如果英镑兑德国马克继续无情地下滑，为什么英国利兰公司还想背上以德国马克标价的贷款？意大利公司芬斯德的例子——正如我们已经看到的，该公司实际是第一只欧洲债券的债务人——就特别明显。到 1970 年，芬斯德积累的欧洲债券债务合计有 4.1 亿美元，但现在它急迫地要偿还这些债券，或者把它们兑换成里尔，因为芬斯德担心“意大利经济的未来极度令人沮丧，所以会殃及其货币的走势”。正是脑子里想着这种问题，沃伯格发现，某种欧洲货币的一体化越发具有优势，这种一体化从价值尺度——欧洲货币——的设立开始，该尺度基于一篮子不同国家的货币（可能由 6 种欧洲经济共同体的货币构成，瑞士法郎或有或无）。1968 年，一种以此为基础的贷款，曾为欧洲煤钢共同体考虑过。正如沃伯格所说，这种交易，一家英国银行无法做主角：

> 以基于欧洲经济共同体的货币为执行机构发行债券，一家英国银行显然不可能取得领导地位，从政治和货币的角度，把英镑与这样的安排联系在一起也许不太可能。但是，如果我们在欧洲委员会（不再是执行机构）金融部门目前的决策中作出值得的智力贡献，那么，这样的贡献也许不但会对这份事业是有价值的，而且会使我们集团参与一项即将到来的金融交易变得理所当然。

然而，实际上，由于这种安排的复杂性，大多数发行主体（包括欧洲煤钢共同体）打消了这个念头。20 世纪 60 年代末、70 年代初，大部分发行的欧洲债券，其标价要么是美元、要么是德国马克（德国政府试图鼓励资本出口），要么是荷兰盾。

欧洲金融一体化将推动更加普遍的经济一体化，沃伯格对此很期待，但推动速度受到限制。1970 年 1 月，沃伯格接受《星期日电讯报》采访时说，他预见“在英国和欧洲大陆的工业企业之间，建立有机、融合的联系存在着新的挑战。这种性质的联系已有许多，即使英国不加入欧洲经济共同体，英吉利海峡两岸的工业也将继续扩张”。3 年后，他仍充满激情地谈论可能会出现的这种情况，那就是“‘欧洲的’公司在欧洲各个‘国家的’公司中持股”。像壳牌、联合利华这样的跨国公司的成功，意味着会有更多类似的实体。尽管官方鼓励沃伯格设立欧洲经济共同体工业基金的想法，但是，实现沃伯格设想的那种泛欧合并，在实践中被证明更难。20 世纪 70 年代初，沃伯格在许多时候提出过跨海峡合并的想法，如在汽车行业（英国利兰与大众、英国利兰与戴姆勒 · 奔驰）；在化工行业（帝国化学工业与拜尔）；在电力工程行业（美国詹特朗公司与西门子、美国詹特朗公司与AEG）。这些计划与它们所处的时代相比太过超前，不只是因为一流的德国公司在低迷的英国市场上收购它们不具竞争力的对手，不会有非常明显的好处。未来很多年，大部分大型欧洲公司将继续通过国内而不是泛欧合并追求行业整合。

但是，尽管有这些限制，沃伯格认为欧洲债券市场的创立和增长是欧洲一体化进程的重要一步，同意这种观点似乎合情合理。通过坚定不移地把伦敦建设成为欧洲主要的金融中心，欧洲债券市场毫无疑问地将为英国加入欧洲经济共同体铺路。通过透露多个浮动货币的成本，欧洲债券市场加强了某种欧洲货币协调的必要，其未来发展方向是欧洲货币体系、兑换率机制，最终是经济和货币联盟。沃伯格从未想过，单一货币的目标可以像创立欧洲债券市场那样，由私营部门发起实现。1972 年 10 月，他致信格拉德温说：“没有政治联盟作为前提，经济和货币联盟是不可想象的。我记得俾斯麦总说，‘政治高于经济’，我认为，这话在他那个年代千真万确，但也同样适用于今天。”不过，在沃伯格一生中，当政治联盟显得滞后时，他视经济一体化为可行的替代。20 世纪 60 年代，情况似乎就是这样，其结果就是欧洲债券市场。

在欧洲问题上，沃伯格一生都是一位理想主义者。1976 年，他向乔治 · 斯坦纳表明：

> 现如今我感到，如果我们不能实现一次新的欧洲复兴——超越 400 年前的文艺复兴——那么，我们将失去最后残存的有关自由的那个特定元素，这种自由是希腊的苏格拉底和索福克勒斯创造的，而且自从文艺复兴以来，这种自由已经扩张、传播到更广的领域，波及欧洲人的私人生活；欧洲的学习、教育及研究场所；欧洲的经济、政治活动。我认为，这种自由在世界任何其他地方都找不到相同的程度，它属于自觉、执著、不墨守成规的人，他们享受提出永远不同的观点和视角，但与此同时，他们不仅能容忍不同，而且还欢迎不断增加的各种态度。

不过，他比大多数欧洲理想主义者更明白，个人自由与经济自由是相互依赖的。虽然他把自己定位为“左翼”（正如我们将要看到的，他比他那个时代任何其他金融城内的人物都更贴近工党），但他从未停止倡导市场开放，并始终认为欧洲一体化是国际经济一体化的一部分——我们现在把后者称为全球化。1968 年年末，欧洲爆发货币危机，他联合其他人共同撰写了一篇文章，文章这样写道：

> 《消息报》和《真理报》都重复了共产主义的教义，那就是这样的危机在资本主义体系中是固有的。这完全是谬论……重复出现的经济危机，如同我们自 20 世纪初遭受的重复出现的战争一样，它是现代工业主义和技术，与过时的 18 世纪君主国家政体之间巨大冲突不可避免的症状……科学和技术不可思议的进展，以及大众对更多消费品和奢侈品不断增加的欲望，这些都需要遍布世界各地的生产设备和销售组织……但我们坚持认为，经济不再是一个国家的，而是世界的，它应该在过时的君主国家政治框架内进行发展，这一框架将世界分割成众多很小的部分。

这篇文章的主旨是，欧洲不但必须建立一个共同市场，而且还需要设立一个共同货币，最终建立一个联邦制的政府。可以肯定的是，20 世纪六七十年代发生的事情，很少能让沃伯格觉得这些目标可以在他有生之年得以实现。但同时，创建一个整合了的欧洲资本市场却可以让他重拾信心。这是不小的成就。

今天，欧洲债券占国际债券发行的大约 90%。欧洲债券市场是“世界最大、最自由的长期公共资金的来源之一”。在所有欧洲债券发行和二级市场交易中，大约有70%的份额都在伦敦，这并不是历史的巧合，而是西格蒙德·沃伯格和他的同事们在20世纪60年代自觉努力的结果。虽然不用怀疑，欧洲债券市场的设计师们这么做的部分动机是想增强他们公司的损益表，并重建伦敦金融城作为国际金融中心的地位，但他们非常清楚，他们正在以金融的方式，同时推进欧洲一体化进程。

第9章

完美的韵律

HIGH FINANCIER

对我而言，最大的兴趣和享受是人际关系……是人性的一面，实际上是人与人之间的谈判，吸引了我从事银行业。

我们公司的基本理念永远建筑在以下原则之上：从金融和声誉角度取得的成功是不够的，尽管它重要而且不言自明。但更要紧的是建设性的成就，以及在开展工作时对高道德标准和高审美标准的坚持。

一家银行机构以诚信、慷慨和周到的服务著称，这是它最重要的资产，比任何金融工具都更重要。此外，一家企业的名声好比一种非常微妙的生物体，它很容易遭到破坏，必须被不停地呵护，它主要是一件关乎人类行为和人类标准的事情。

我给英格兰带来的东西有点与众不同，因为我是一个受诅咒的外国人，一个德裔犹太人。

西格蒙德·沃伯格

沃伯格公司的独特文化

对于外人来说，S·G·华宝公司的风气有点吓人。“我认为，他（西格蒙德）觉得那里除了做生意以外没有其他功能。”来自投资银行施罗德瓦格[①]的迈克尔·维里评价道，“在沃伯格的公司里没有人开玩笑，连一次也没有”。在维里眼里，沃伯格“意外打败了既有的权贵阶层。他并不是这个阶层的一员，他不喜欢这个阶层，并试图消除这个阶层。一开始，权贵阶层排斥沃伯格，认为他不知天高地厚，是个暴发户。很少人把他视为朋友。人们嘲笑他的外国口音”。在“舰队街”[②]各种扣人心弦的文章中，沃伯格是一个神秘的人物，“几乎每项大的金融城交易的幕后都有他”——他是一位“隐形银行家”。其他报纸对他有不同的评价，比如，“精明、有能力”,“残酷但兼具同情心”,“狡诈但兼具诚实”，甚至“劲头十足”(《太阳报》)。“某些人从未在那里工作，但认识在那里工作过的人”，一名被逼着交稿的记者写道，根据他们的说法，沃伯格习惯使用“锤子砸坚果”，并且“用人非常狠”。

第一印象具有欺骗性。作为一名男性，西格蒙德·沃伯格看上去不是特别显眼，虽然他“穿着总是一丝不苟，通常是一身蓝黑西服，配铿亮的黑皮鞋……如果

---

① 1962年，赫尔伯特·瓦格与J·亨利·施罗德合并成立施罗德瓦格。

② 伦敦著名的街道，英国各主要报业集团在此办公。——译者注

他穿了一件外套，那也是黑的，他有时戴黑色小礼帽，帽子戴的角度很潇洒”。他不高，事实上，一位同时期的人觉得他“很矮……还有点驼背”，或弓背，他喜欢把裤腰穿得很高，那是两次世界大战期间的穿衣风格，这更凸显了他的弓背。沃伯格的表情据说是“一种枯燥乏味的完美表情”。他的发型从未变过：总是整洁地左分，没有一根头发错位。他的举止也很老套：

> 他做准备工作注重细节，说话、写作用词准确……他约会很少迟到，除非他想让某些不太受欢迎的访客在那里多等会儿。他也很少早到，他认为，在会议召开之前哪怕提早到超过一分钟，也会让人觉得你没有足够的事情可做。

而这位总是严格遵守时间的人物，显然有一颗充满激情的心灵。他的“眼睛似乎可以把你看穿”，一位同事回忆说。另一位同事觉得他的眼睛“像蛇一样”，虽然一位美国记者被这双眼睛“忧郁的”特征所打动。他的声音也许“缺乏自信、充满怀疑、温和并且……音调优美”，但有关他火暴脾气的故事很多。他右边的眉毛会发出“暴风警报”：当对话者说话有误时，他的右眉会怀疑地抬起。据说，沃伯格办公室的走廊里弥漫着恐惧。其他老牌公司的董事们轻蔑地指出，沃伯格公司的董事们不敢在 8 点以后到办公室，而前者——真正有绅士派头的资本家——10 点才慢慢悠悠地走进办公室。据说，沃伯格公司内部也有“很多背后的恶意中伤”，但这也“不是所有人的强项”。沃伯格公司的经理们把下班后打电话看得很平常：“晚上，他们会给你家里打电话，告诉你，让你必须立即作出 300 万或 400 万美元的承诺。”万一发生断电，沃伯格公司的雇员会被要求留在办公桌旁，靠着烛光工作。其他银行家订制西服时，会做两条裤子。而在沃伯格公司，你会从裁缝那订制两件夹克，其中一件永远挂在座椅后背上，就好像你只是暂时离开办公室，而不是回家了。在金融城那些势利到了极点的地方，沃伯格和他的雇员们就被干脆称做“那帮废物”。

对于这些人以及其他外人来说，当他们得知沃伯格系根本没有禁止讲笑话，而是积极鼓励说笑时，他们都表示震惊。查尔斯 · 夏普不仅是一个有能力的投资部经理，他还是一个有天赋的幽默作家，他定期创作喜剧剧本，请人打字、复印，再发给各位董事（虽然这些笑话显然未被表演过）。在保留下来的最早的一个笑话中，夏普“嘲笑”公司高级合伙人偏好仓促和无效的退休：

英格兰电气的乔治·纳尔逊爵士：沃伯格先生还积极关注公司的事务吗？

埃里克·科纳：某种程度上是的，比如，当他度假时，他接收所有往来信件的复印件，以及那些应该寄出，但因某种原因还没有写完的回信的复印件，但除了常规事务和要紧的事情，我们让他休息……

乔治爵士：那么塔尔曼先生呢？他还是执行董事吗？

埃里克·科纳：不是。你看，我们必须给年轻人机会。塔尔曼负责加拿大投资信托公司在多伦多和伦敦的业务，当然还负责三芒公司以及LNT。但他让下属做他们想做的，只要他们事前征得他的同意。

这些实在的话以调侃的方式写出来，夏普的笑料提供了各种宝贵的了解 S·G·华宝公司独特文化的内情。比如，在同一个笑话里，夏普讽刺投资部喜欢“客户的证券价值至少在 5 万英镑以上；这些客户贷款余额高、营业额大，但不给我们的交易员任何业务；这些客户不会因派股息而烦我们；不会造访我们的办公室；不打电话、不写信；完全信任我们的决定，但又不依赖我们的建议”。作品中一个持续不断的玩笑是，高级董事们无论如何都想砍掉公司数目过多的投资账户。

在一篇特别异想天开的作品里，作者构思了一份写于公元 5000 年有关该银行行址的考古报告，夏普取笑西格蒙德·沃伯格偏好笔头沟通，他想象沃伯格邀请亨利·格伦菲尔德吃午餐，却通过口授信件的形式（抄送所有沃伯格公司的董事），尽管他们两人的办公室紧挨着。（“这封便笺用打字机打了两遍，沃伯格签字后递出，亨利·格伦菲尔德读后只说了‘同意’，但又打电话给他秘书，如此等等。”）夏普还经常嘲笑沃伯格系加班的文化：

人们从发现的文献中试图推断那些负责管理沃伯格公司事务的人的私生活。不幸的是，这不太可能，因为那些人没有私人生活。他们的生活是一个会议接着另一个会议，中间被用餐隔开，但用餐时还是开会。他们偶尔有的唯一闲暇时间，是在伦敦飞往纽约的波音飞机上。这段空闲时间也被用来读还未来得及读的内部记录和外部函件……

沃伯格先生自己……每天花至少 8 个小时开会，4 个小时会客，3 个小时用在三个不同的午餐，3 个小时宴请同事和业务伙伴，2 个小时口授信件，1 个小时读信，

4个小时在飞机上，保守估计共25个小时，此外，每周一还要在康诺特酒店花4个小时参加董事餐会。

夏普调侃道，在投资会议上，“在场所有人被鼓励自由表达观点，讨论在民主的气氛下进行，就像在英国议会里，但不同的是，在场的人都属于反对党”。他指出，公司文件上频繁出现“HG”字样，那不是指某个人（亨利·格伦菲尔德），而是指“某种抽象事物，比如‘最高指令’或‘重机枪’”：“在此之前、之后，英语语言都未曾达到如此完美的境地。许多找到的信件是为簿记错误、忽视日期，或为计算、小数点等错误道歉，但声明中的标点和拼写总是完美无缺。”沃伯格系发生的怪事——从电脑系统失灵，到电话接线员的无能——很少能逃过夏普的戏谑。

其他公司也没有逃过他的调侃，虽然夏普的风格是把对手描写成盟友，把盟友描写成对手。“我们发现……每当格特怀特曼……出现在一个北欧的首都时，永远立刻……都有至少一名汉姆布鲁斯的员工也出现在那里，以至于结论不可避免，两家公司之间惺惺相惜、观点一致，它们中一方想做什么，另一方同时也想做这件事，反之亦然。”相反，S·G·华宝银行的“死敌是一家叫库恩-洛布的纽约公司”，后者的合伙人“极力……劝说沃伯格公司的潜在客户，地球上没有什么比一家伦敦发债行主办的英镑或美元债券更不受欢迎的了”。夏普尤其喜欢奚落一家瑞士小型银行（金融管理银行），沃伯格系在20世纪60年代末将其收购：

第一幕

（来自苏黎世夏夫里和斯坦普夫里公司的）斯坦普夫里：我想，如果西格蒙德·沃伯格爵士成为我们公司的一位合伙人，我们公司是否会失去其瑞士特征。他的性格难道不是那种控制欲极强的吗？

夏夫里：（笑着说）一点都不是那样，你会大吃一惊的。每当沃伯格说什么的时候，他很快补充道“当然要看我的同事同意与否”，或“我也许完全错了”，或“我对此知之甚少”——我们应该给他更多的自信……

第三幕

一年以后

该公司现在叫瑞士沃伯格股份有限公司，简称“S·G·华宝”……为了强调该公司的国际化特点，董事会主席夏夫里先生特别希望，所有员工现在只

> 说英语……斯坦普夫里先生已离开公司，并试图住进养老院。所有 50 岁以上的员工已被解雇，现在公司雇用了 60 人，而不是 6 人。公司占了一整栋大厦，而不只是一层楼而已，并正在寻找一栋更大的建筑。

在其他场景中，埃里克 · 科纳召集奥地利内阁，去帝国酒店商议他决定为维也纳发放贷款的事宜；法国人拒绝参加为克莱斯勒提供贷款，除非“克莱斯勒公司是一家法国公司……债券标价是以法国法郎，而且……贷款金额需专门用于推动法国的出口”；沃伯格猛烈抨击金融机构的各种排名（“在词典里查出并写下所有‘笨’和‘愚蠢’的同义词”）；埃里克 · 罗尔担任的董事职务，多到可以出版两册《人名大全》了，甚至连欧洲债券市场也被拿来挖苦。夏普假设以一名从美国中西部来访的银行家的口吻创作了一份报告，其中介绍了在欧洲销售新债券的这套制度，夏普的讽刺令人难忘：

> 贷款机构由一个主要的主办行牵头，它自身并不会提供太多贷款。它会得到一个小型共同管理人团队的支持。下一个等级是承销机构，它们保证发行的成功，只有当发行证明成功了，这种保证才有效。再下一级是所谓的销售小组，它们要获取真正投资者的认购。分配给它们的金额要在第一时间售出。排在最后的是最终买家，他们很大程度上是一个秘密团体，由编了号的账户和列支敦士登的国民组成。

但也许夏普最好的笑话，是有关沃伯格和格伦菲尔德长期的悲观情绪：“看事情积极的一面总是不对的。人总是容易陷入自满——当然，你们不会——但我们有些同事，如果他们看到过去 25 年我们不再重现的利润每年以递增的态势重现，他们也许会认为这是一种正常状态。”没有一家金融机构能被如此巧妙地刻画。当沃伯格向潜在的员工保证，他们将比在其他银行更“开心”时，他没有骗他们。戏剧化的行为和开玩笑几乎是常规。一天，沃伯格走进夏普和彼得 · 斯托蒙思 · 达林的办公室，只说了句“早上好”，然后缓慢离开。夏普惊叹道，“达林先生，这都很正常。但当沃伯格先生说早上好时，他到底是什么意思？”正如伊恩 · 弗雷泽所观察的那样，沃伯格“强烈地认为，除非员工干得‘开心’，否则公司不会繁荣，他喜欢用‘开心’这个词。因此，在跟踪一笔特定业务交易时，带点‘玩笑的元素’总会被承认、被鼓励。”戴维·斯科利表示认同。当沃伯格告诉他的朋友们，在沃伯格系工作“开心”时，他们都认为沃伯格是个受虐狂。但那种“内心的幽默感、荒唐感，只限于公司内部”。沃伯格系董事会中有一些自封的“少壮派”，伯纳德·凯利是他们的领导之一，凯利的日记里充满了各种笑话，经常包括模仿老一辈董事的德国口音。在一次庆祝的场合，比如沃伯格的 70 岁寿宴，夏普写的一篇喜剧被大声朗读，气氛很热闹。另一位年轻董事杰弗里·埃利奥特回忆说：“这不是工作，更是一段人生经历，每天上演‘让·保罗·马拉的迫害和刺杀，由查伦顿精神病院的患者们表演’，混合了英国战时广播喜剧节目《又是那个人》。”

与众不同的经营风格

但是，如果搞笑威胁到S·G·华宝公司作为“一流私人银行公司”或投资银行机构的声誉，它会被停止。正像我们看到的，这样一家银行有 5 个形成特征：道德地位、效率、关系、资本和高质量的员工。如果其他金融家不能达到这些崇高标准，沃伯格会鄙视他们。（来自第一波士顿公司的）一名美国人“不配被称为银行家，他充其量是一个赌徒”。沃伯格对纯粹的股票交易投机不感兴趣。他谴责 20 世纪 40 年代后期的华尔街是“一个赌徒的市场，而不是投资者的市场”。在沃伯格公司至少一位董事眼里，沃伯格是“银行界自命不凡的人”，他“想让沃伯格系成为精英银行，成为投资银行，为一流公司和一流政府提供经过缜密考虑的、客观的财务建议”。但是，现实总在某种程度上与这一理想存在冲突。

19 世纪最初的投资银行是高端的私人银行，一般由家族几代人控制。而S·G·华宝公司不属于这种情况。正如我们已经看到的，只有通过收购开办已久的塞利格曼兄弟公司，沃伯格系得以在排外的承兑行委员会占有一席之地。沃伯格自己通过家族控股公司“沃伯格延续”，仍在以他名字命名的公司持有控股股份。但 1954 年，水银证券成立，S·G·华宝公司的所有权公开，并且分布广泛。事实上，该银行成为了一个显著多元化集团的一部分。如此的稀释在诸如罗斯柴尔德这样的传统家族式合伙制中不可想象。

沃伯格公司的办公室也与投资银行的相反。公司最初在威廉国王街 82 号办公，后来搬到 9~13 号，其办公室至少可以说是朴素的。扩大办公区域没有带来建筑上的改变。1961 年，公司搬进“丑陋、紫红色、盒子型的建筑”，那是格雷沙姆街 30 号，正对面是圣劳伦斯犹太人教堂和伦敦市政厅[①]。被邀请去公司的客人看不见装饰在老牌投行办公室的红木和镀金。彼得 · 斯皮拉回忆道：“虽然办公室里有好家具以及漂亮的时钟，但还是被认为是简朴的……室内有大量的中国绘画，（但）其含义是，这些绘画中没有一个闲人。”走廊是白色的，明显缺少“祖先的肖像”。沃伯格自己的办公室不大，还有点冷。在他和亨利 · 格伦菲尔德的办公室之间有一个小屋，两人从各自的办公室里可以进入，小屋被坦率地称为“砸核桃套间”。当一名新董事抱怨所分配的办公间太小时，沃伯格坚持要和他交换，为的是说明一点：公司实行“宗教统治”，所有“修道士”的房间一样大，包括修道院院长在内。实际上，多数董事和高级经理在一个办公室办公，以遵守所谓的“四人原则”，即，“每项重大交易必须有四人代表S · G · 华宝公司——一名董事和他的副手，一名首席执行官和他的副手”。这样的设计不仅能建立团队精神，而且保证不会出现误会。一位年轻职员的任务是记住谈判内容（会议期间做笔记会被看不起），再将内容整理成备忘录传阅。常常是整个团队聆听一通重要的电话。公司还有一项“‘开门’政策……即，原则上任何人随时可以进入其他人的办公室”。沃伯格很反感 19 世纪“账房”的风格，其“走廊像迷宫、办公室像牢房”。

在某一点上局外人是对的。在S · G · 华宝公司内部，的确主要是工作。公司创始人的许多格言之一是：“银行家加班是不会生病的，他们只会因糟糕的组织或糟糕的业务得病。”沃伯格全力以赴，并希望其他人也能如此。用伊恩 · 弗雷泽的话说，在S · G · 华宝公司工作，意味着准备“放弃晚上……（和）周末……重要的是，它意味着早、中、晚都要想着银行的问题”。当彼得 · 斯托蒙思 · 达林离婚后再婚时，婚礼在午餐时分举行，仪式结束后，他赶回办公室开会。其他人工作得更辛苦：斯科利和斯皮拉被认为是“150% 投入沃伯格系”。1975 年发生摩尔门地铁相撞事件，迈克尔 · 本特利死里逃生，他双臂骨折、4 根肋骨骨折、多根手指骨折。意外发生后，他的一位同事说：“受伤的肯定是沃伯格公司的董事，他一定在第一节车厢里，他是那么想上那趟地铁。”公司的职业道德表现在许多功利的做法

① 圣劳伦斯被绑在烤架上烤而殉难——因此该教堂尖顶上的风向标采用烤架的形状，它是克里斯托弗 · 雷恩爵士设计的。年轻职员喜欢半认真地把在沃伯格系培训的经历，拿来与这位圣人遭受的缓慢、痛苦的焚化相比。

上，这又与投资银行的传统相去甚远。最有名的是一天在银行的办公室里与客户举行两场工作午餐，第一场从12点30分到1点30分，第二场从1点30分到2点30分。这一惯例的来源众说纷纭。沃伯格对一位记者说那是埃里克·科纳开始的，因为“科纳在一周内想和太多的人吃饭了”。现实中，正如我们已经看到的，这种做法来源于该银行早年在威廉国王街的日子，那时沃伯格系与杰塞尔托因比公司共用一间厨房。两场午餐的习惯延续下来，部分原因是公司规模相对于用餐设施有所扩张，分两场用餐合情合理；部分原因是科纳和其他人真心希望，他们宴请客户的数量能达到最大。这些理由与金融城各老牌银行的用膳风格截然不同，那些银行的餐厅里，酒精饮品充足，谈论工作被禁止。而沃伯格公司的餐厅只提供啤酒、苹果酒和水。“你被很多人包围，他们当中半数不在吃饭，因为这之后还有顿午餐，”一位客人抱怨，“所以，他们全因胃不舒服而道歉。午餐时，一位侍者在你面前收拾东西，彬彬有礼，但你知道，到1点钟时，你应该离场了。”

沃伯格对开会的方法同样注重功能性，特别是当他在国外时。在纽约，他习惯性地告诉不太重要的客户和同行，他要参加“一连串多个会议……每个会议只能在30分钟以内”。20世纪50年代后期，在一趟典型的公差期间，短短两周时间，他和57个人进行了单独会谈。像在做一项生动的工效研究，据说，沃伯格留给自己“每天仅10分钟时间浏览英格兰、欧洲大陆和美国主要报纸的标题”。他办公室外装了一盏红灯，目的是“当他忙于其他事情时，好让人不要进入，但他很少使用那盏红灯。人们随时都可以进出。沃伯格中断他的口授，和打来电话的人谈话，然后再打一两个电话，转向他的秘书，从他停下的地方继续口授书信”。但他的办公桌总是呈现出奇迹般的整洁。

沃伯格这个工作狂也是讲究方法的。早在1940年他就思考过，如何最好地管理他和他的合伙人创造的公司。他就这一问题留存下来的首份备忘录表明，他有意成为一个创新者，尤其在两个方面。他设想的规章制度应包括，“每天召开晨会、阅读信件，董事会成员以及亨利·格伦菲尔德、埃里克·科纳参加晨会”。每月第二个周三下午4点，一个委员会将审查公司控股的各子公司的业绩。每月第三个周三下午4点，一个由高级合伙人组成的委员会将考虑人事问题。如果有必要的话，应为每日召开的与公司主要投资有关的会议准备“特别备忘录”。另外，“根据一名参加晨会的成员的指示，记录一本有关各项承诺的日志”，并记录同样一本“新开账户的日志”。这些早期“商业制度”的两个主要特征是，它们强调召开董事会议的定期性，更重要的是，书面记录的神圣性。

到20世纪50年代后期，公司建立了一个常规。董事中的“核心成员”每天早晨8点前——在那个年代金融城刚刚破晓——到达公司，他们可以“阅读所有寄来的信件、所有寄出的信件和昨天的办公备忘录”。上午9点15分（除了每周一，会议晚5分钟召开）至10点，全体管理层开会讨论当日业务（这个规矩被年轻董事们称为“晨祷”）。会议气氛紧张，但相对非正式，年轻董事们轮流担任董事会主席兼秘书。（虽然其他创始董事——“叔叔们”——参加这些会议，但西格蒙德自己参加得越来越少。相反，公司每季度的董事会，通常是西格蒙德自己主持，会议极为正式，几乎例行公事，并且持续不到1个小时。）接下来这一天是一系列的内部会议和客户会谈，包括两场午餐（除了每周一，董事们需要参加水银证券的管理层会议）。办公节奏是忙乱的，同事们经常在电话会谈中或开会时走进办公室，“要么马上跟我们说一件具体事项，要么请我们有空时联系他们”。对于董事们而言，典型的一天像这样一直持续到晚上6点30分。

但当沃伯格公司的男性们离开办公室时，工作还未停止。从20世纪60年代初，偶尔（1965年后每周）会有董事晚餐——通常在康诺特酒店，虽然有时会在萨沃伊酒店紫罗兰厅——晚餐经常持续到午夜以后。那种场合的气氛很独特，既有魏玛又有温彻斯特的感觉，因为“叔叔们”试图向他们私立学校出身的门徒传授德裔犹太人的智慧[1]，不只是沃伯格最喜欢的那些“警告”，即：他们应该对失去的感到遗憾；他们应该知难而上；他们应该永远避免“胡思乱想”。每到周末，那些准备被提拔的人都会陪着沃伯格：

① 伊恩·弗雷泽很好地捕捉到了这种气氛：“我第一次参加晚餐时，西格蒙德为厄恩斯特·塔尔曼‘叔叔’的缺席道歉……后者的兄弟刚过世。事实上，他从纽约第五大道30层的窗户跳下自杀。埃里克‘叔叔’喜欢血淋淋的细节，他说，塔尔曼的兄弟坠下来，穿透一家路边咖啡馆的凉篷，‘把人行道弄得一团糟’。他跳楼，是因为他‘卖空’1万股联合利华的股票，他希望股价下跌，但事实上，股价大幅上升。亨利·格伦菲尔德‘叔叔’说，‘1万股不算什么。我们本可以让他轻松度过难关。’埃里克‘叔叔’摇了摇手指说，‘是的，但它不是有限公司，而是上市公司。’‘叔叔们’对这一情报赞许地点着头，因为联合利华荷兰母公司的股价，比其英国子公司的股价高出10倍。‘啊，是的，上市公司就是另外一回事了。’”

一起在贝尔格拉维亚区散步，并在他的公寓（伊顿广场95号）里谈话，不是谈这种或那种业务的理论，谈得更多的是某家银行、其他公司，但更重要的是谈人：这里有家德国银行，它持有某些工业公司的股份；那里有位美国工业家，他确信，为了生存，他不得不在欧洲收购制造基地；这里有一家英国公司的子公司，如果它成为某个美国集团的一部分，它发展得会更好，等等。

沃伯格还喜欢带他的弟子们去国外出差，这样，他们得以被介绍给重要的海外客户，并得以进一步接受投行艺术的熏陶。随着定期、更快速的跨大西洋航班的出现，过去在移动上的限制消失了，高级雇员预计会充分利用这一点。比如，1966年，伊恩·弗雷泽为追踪新业务，出了总共58趟差。（这反映了沃伯格强烈反对在海外长期设立机构，海外设立机构也许会让人变得当地化，这将削弱沃伯格公司在国外的声誉。）度假也不能休息。无论白天或黑夜，电话可能随时响起——甚至在圣诞节当天或新年早上——沃伯格在电话里又要询问某事了。

尽管定期召开正式和非正式的会议，而且电话也很频繁，但沃伯格体系最重要的是建立在书面文字上。所有事情都有记录。每次会议都产生备忘录，备忘录再被传阅。每天下午，收发的每项重要通讯都被总结并传阅，包括电话和内部备忘录。当董事们晚上离开办公室时，他们会拿到“一份复印的总结，长达12页，涵盖当天所有的信件和备忘录，以防止我们错过什么”。另外，沃伯格（亨利·格伦菲尔德在较小程度上也）喜欢匆忙完成简短的备忘录以便传阅。当办公室里公文来回的数量变得不可忍受时，沃伯格的解决方案是可预料的：“如果任何需要讨论的具体事宜，要么在解决这一具体事宜的备忘录里提到；要么如果我和其他人关心的话，就会收到一份便笺，说明某一点还需要讨论，只有这样，我们办公室的日子才会好过一些。”同样的，早在1959年，沃伯格也不得不抱怨，“9点15分晨会”的效果因文件传阅不够充分而受到影响：

“9点15分晨会”这一机制开始时，它的主要目的被认为是作为一个论坛，讨论需要采取行动的事宜，参会人员讨论各自考虑后的观点，这样的讨论基于对相关事实扼要的陈述，这些事实已在会前通过便笺的形式被传阅。

近几个月，在一些“9点15分晨会”上，其主要目的被忽视。比如，事情经常被提出……但在当时并不紧迫，而且开会前，这些事情在主要负责处理这个问题的 2~3 人之间没有被充分澄清。另外，便笺在开会前传阅得不充分。另一方面，“9 点 15 分晨会”有几次被误用，会上被拿来通报某些事项，而正确的程序应当是先传阅便笺。

这很快成为沃伯格对管理层问题的标准回答。客户对投资部不满意吗？那么，“我们把这些个案以便笺的形式……交给夏普先生”。向新员工介绍情况是以胡乱的方式进行的吗？那么，“在这些年轻人加入公司前，应该准备一份简短的备忘录。”总之，他在 1959 年抱怨，“太多的事情是通过人和人的谈话解决的；太少的事情是通过便笺解决的……太多人觉得把事情说清楚更方便，而不会把想法写下来。”4 年后，他又回到这一相同主题，并敦促“为了沟通的目的，我们应尽可能使用书信或电报，而不是电话。”

当然，公司面临陷入纸堆里的危险，但沃伯格也很警惕这一点。书面记录固然很重要，但只有有必要的才记录。沃伯格确信，人们把事情写下来比说出来更经济，他讨厌文件中不必要的啰唆和废话。用他的话说，他批判一份长 98 页的、为一项荷兰债券发行草拟的募集材料，“主要是不相关信息的大量堆积，除了一些律师以外，甚至连专业投资者也看不懂这份材料，其统计工作没有任何启发性，看不出为区分什么重要、什么不重要所作的努力，更重要的是，阅读材料的堆积，其目的是解除发债行任何重大或道德责任”。相反，水银证券的年报是简明扼要的范本，很少超过 10 页，年报黑白分明，使用淡蓝色装订，内容明显缺少照片和柱状图，而这后两项是更注重表面的竞争者所喜欢使用的。

这样一套系统运转离不开技艺精湛、任劳任怨的秘书们：沃伯格在伦敦的秘书原来是黛娜 · 迈耶（她后来嫁给工党议员曼尼 · 欣韦尔），1962 年以后是多丽丝 · 沃瑟曼。她们和其他两位秘书在沃伯格身边没日没夜地记录他的口授，确保复印和文件传阅的准确；确保接、转沃伯格的电话；确保管理他忙碌的出差计划。沃伯格从未学开车，那将浪费宝贵的口授时间。每天早上 9 点，一辆轿车接上他和一名秘书，他坐在车里口授，语流从不间断，甚至当他们下了车，进入办公楼等电梯时。一次，查尔斯 · 夏普优雅地赞扬沃伯格，“你总能找到足够的时间，轻松地做你要做的所有事情，好像从来不缺时间”。但这表面上不费力的勤奋，大部分归功于那些高压下的妇女耐心的劳动。她们的生存状况并不轻松。她们长期跟随她们的老板——特别是当她们要陪同沃伯格出国时——经常要承受他的不耐烦和易怒。但沃伯格也能够显示出对下属的体谅。那难以捉摸的、从愤怒到慈爱的摇摆，培养了永恒的忠实。

沃伯格的特点——他的秘书们比谁都更清楚——是一种偏执的完美主义。正像讽刺作家、维也纳人卡尔·克劳斯曾（在20世纪30年代）说过的那样，一个点错的标点对他来说比日本人轰炸上海还糟糕。所以，西格蒙德·沃伯格能把一份备忘录里的（更糟的是，一封寄出的信里，或者最糟的是，一封写给英格兰银行的信里）一处语法错误，与一家大型公司破产相提并论。彼得·斯托蒙思·达林回忆起20世纪60年代中的一次电话通话，它很能反映沃伯格的特点：

沃伯格：我希望我没有打搅你吧。

达林：没有，沃伯格先生，绝对没有。

沃伯格：那好，是有关12月22日，你就美国股市写的便笺。你面前有它的复印件吗?

达林：没有，我恐怕把我的那份放在办公室了。

沃伯格：我想提醒你，第5段第2句话……我认为“发展”一词后面，应该加个逗号……

这可是圣诞节当天。一家德国报纸关于沃伯格公司的一篇文章有一处印刷错误、广告里使用了过大的字体、雇用合同里行话使用得过多、内部电话目录格式不一致、缩略词过分使用——这些尘埃般的失误，在西格蒙德·沃伯格眼里就是一道道光束。他实际上不能让这样的失误溜走，他确信他的警觉可以阻止公司走向无政府状态。查尔斯·夏普说，沃伯格关心的是：

在任何方面的形式（这个词用了大写）：比如，在对其他人的态度上；在商业习惯上；在穿着方式上；在开会的行为上；在写信上，不但拼写、语法、句法、风格至关重要，而且正确的地址、日期、每一段布局……都要避免失误和错误。在这点上，西格蒙德爵士绝不妥协，并已到达失去自控的地步。

对沃伯格来说，这不只是卖弄学问。这是一种实施卓越的方法。

沃伯格的商业风格从哪里来，这是一个有趣的问题。许多局外人以为，那是从德国进口的。但从沃伯格的文件中看得出，并不是那么回事。相反，许多在S·G·华宝公司引入的管理做法，与20世纪二三十年代M·M·沃伯格公司的做法截然对立，后者的做法曾令他如此气愤。另一个负面的影响是纽约的库恩–洛布，沃伯格用了很多年时间试图对它进行改革，未果。沃伯格到伦敦后，没有采用德国已有的管理投行的蓝本，而是设计了自己的体系，试图从亲戚们那里吸取教训。他常提起这些，有一次，他训斥格特·怀特曼又捡起“库恩–洛布的老习惯，通过公司里大量的双边渠道开展工作”。沃伯格的方法是一场根据家族经验不断摸索的管理革命。

沃伯格坚持定期开会，并保留书面记录，但他又担心官僚主义成为个人能动性的敌人。沃伯格的管理风格，其核心冲突就在这两者之间。早在1942年他就写道：“行政组织在全世界范围大幅增加，其结果使个人主动性和个人责任感濒临危险处境。大规模的行政组织，虽然阻止错误发生、防止逃避法律和规则，但往往不能为创意工作、快速决策、果敢行动提供必要条件。”从20世纪50年代中期开始，沃伯格曾忧虑公司壮大到无法管理的地步。1955年2月，他告诉乔治·博尔顿：“人员增加过快，业务规模总量太大，高层的工作质量势必会受到影响。”两年后，他主张雇员在部门之间定期轮换，理由是：

> 我们的组织开始变得官僚起来，我们正失去某些重要的特质，这些特质应该是一家私人银行的标志。我们变得太过部门化，许多事情在部门间缓慢、笨重地移动。太多的员工只在一项特定工作上接受培训，他们缺乏公司任何其他业务的知识。

之后的20年，他一直唠叨这个主题，“随着员工和收入的膨胀，一家银行的个性势必受到影响”。应该指出的是，20世纪60年代初，在这份备忘录写出后4年，该行雇员仍只有150人。他对规模不经济的专注，解释了为什么尽管该行取得成功，但在未来20年里却增长缓慢。1982年，沃伯格去世那年，水银证券仍只有1 300名雇员。

沃伯格管理哲学的一个经典表述是他在1964年写的一篇长篇备忘录，文中他感叹道，“不幸的是，我们无法摒弃官僚主义的萌芽”，他提醒他的董事们不要忽略公司“深入细致……高质量的个人服务”。沃伯格还认为，他察觉出“自负”正在渗进格雷沙姆街30号的办公文化。当天收到的信件不再当天准时回复了。客户被要求等候。错误被故意掩盖。去国外出差准备不充分。最重要的是：

> 许多年轻同事似乎忘了，我们所作的大部分重要交易是多年培养关系的结果。一项交易的技术细节固然重要，应尽可能地以最认真、最刻苦的态度对待，但我们不应忘记，无论技术细节应用得多好，没有和相关客户直接沟通都是无益的。如今，这一点常被我的同事们忽视，而且，这样的事发生得太频繁，一旦一项具体交易达成，有关客户就即刻被遗忘。我就知道许多个案是交易后发展客户关系甚至比交易前更有必要。做我们这种业务的，延续宝贵关系的重要性超过完成任何具体交易的重要性。

关系型银行与交易型银行之间有什么区别，上述声明说得再清楚不过了。正像沃伯格看到的那样，交易的时代已经过去了，那时的银行业包含“将某些地方大量富余的资金转移到其他缺少资金的地方。而今天，银行业更多的是改变并调整工业和金融业的管理及资本结构问题，以适应变化的环境，而不再是货币交易和资金转移问题”。

尽管沃伯格对行政形式着魔，并对公司管理层的“门户开放”风气很执著，但是，S·G·华宝公司依然是一个最后的文艺复兴公国。西格蒙德是王子，他把持着一位绝对君主拥有的所有权力。希尔塞缪尔公司的肯尼斯·基思警告埃里克·罗尔：“你知道，你会发现，西格蒙德的民主是非常特别的一种。任何重要的事都得他来作决定。”这种独裁倾向更清晰地表现在他名声在外的火暴脾气上，有时可以到达“火山爆发的程度”。至于那是不可控制的发作，还是精心设计的表演，众说不一，很可能沃伯格两者兼顾。发作的导火索经常是微不足道的过失，而不是重大错误：比如，公司在纽约办公室里一张不整洁的办公桌，引发了沃伯格对那名有责任的女雇员高分贝、双语的长篇抨击。他最后说道：“我们是一家银行，不是肉店！”（彼得·斯托蒙思·达林回忆说，“似乎过了一个时代的工夫，那位办公室主任仍坐在她的办公桌前，拿出一支沙龙牌过滤嘴香烟，把烟在桌上敲敲，悠闲地点燃，然后吐出一缕长长的青烟，她看着沃伯格的眼睛说：‘天啊，沃伯格先生，你一定是有不安全感’”——她漫不经心地给了这位顶级金融家一个下马威。）当他的不安变成愤怒时，他不仅仅限于大吼。他发火的某些对象，不得不躲避飞来的电话机或电话通讯录，虽然这些东西很少击中目标。发作时几乎总有目击者，但有时——当“受害人”离开房间后——在场的其他人被阴谋式地问道：“我怎能做得出来？”同样的“戏法”在亲戚和同事面前一样会上演，著名的要算是一名衬衫店店员了，他犯了窃笑这一“致命”的错误。“你说你没有我要的那种衬衫，你怎敢嘲笑我。这不是什么店员应该笑的事！”听着父亲的怒吼，乔治吓得局促不安，伊娃试图抑制她感情冲动的丈夫，但也没用。最后，沃伯格气愤地离开，妻子、儿子紧随其后，两人都被他弄得颜面扫地。店门关上后，乔治俏皮地说：“我觉得，刚才发生的事儿会让他好好想想的，不是吗？”甚至连沃伯格的董事们也可能是他发怒的对象。杰弗里 · 塞利格曼也许是最频繁的目标，但包括亨利 · 格伦菲尔德在内的“叔叔们”也无一幸免。

值得补充的是，沃伯格不只是和他的下级发火。1947 年，他不得不忍受查尔斯 · 佩切克这位捷克出生的金融家一个小时的废话，期间，对方“把对‘马歇尔计划’的看法重复了 56 遍，把对英国限制外汇的观点重复了 52 遍”，沃伯格“爆发了，并说道，我真的觉得我们不能以这样的方式进行可靠的商业谈话了，围绕话题兜圈子毫无意义，他也许拖得起，我耽误不起”。沃伯格自己可以证明，他经常以这种方式和让人头疼的客户或商业伙伴对峙：他曾说过，“即使明智、沧桑的政治家，也会抗议最粗鲁的待遇”。他在另一个场合反思道：“除了在情绪失控时爆发以外，似乎不可能停止事后想法的涌现——尤其在对律师的表现上。”要说他没有耐心与蠢人相处，那可就错了，因为许多他嘲笑的对象，一点都不愚蠢。埃里克 · 范西塔特 · 鲍沃特爵士是英格兰其中一家最大造纸厂的董事长，这位不好对付的人物也许是沃伯格潜在开发的客户。但 1954 年，当他们在一次横渡大西洋的轮船上相遇时，沃伯格不能掩饰他的蔑视。他告诉妻子：“埃里克极有魅力，但他的魅力像合成蛋糕顶部的牛奶冻一样，掺杂了二流的糖和香料。在我认识的许多自大的金融城人物中，还没有任何人能接近他这只‘动物’自大的水平。”

这种有时是毁灭性行为的对立面，是对银行雇员福祉家长式的关心，包括他的秘书和仆人。他为一名女员工的健康感到担心，后者因相信基督教信仰疗法，故抵制她显然需要的现代医疗。他建议另外一位生病的雇员休息，不必担心工作（“某种程度上有悖于我的信念”）。1960 年，他敦促杰弗里 · 塞利格曼，为了他的健康，注意其“过度的责任心”。1961 年和 1964 年，他先后颁发指令，不要让秘书们工作过度，不要忽视秘书们的工作。当他听说“有员工也许因做事慢或笨拙，遭到欺负或不被容忍时”，他尤其生气，并号召这种行为“被彻底铲除”。当前途光明的新入职员没有在公司做起来时，这让他痛心疾首。至少有两次他担心他的董事们没有“对年轻人展示出他们所需要的仁慈和宽容，因为青年男性天性害羞，不太肯吃苦”。正如多丽丝 · 沃瑟曼回忆的那样，晚上，沃伯格“经常到各个办公室走走……他走进一间办公室，坐下，和员工聊聊当天发生了什么，聊聊他们做得如何。白天，他也经常打电话给年轻人，叫他们来坐坐”。

在此之前，没有银行是这样经营的。正像伊恩 · 弗雷泽回忆的那样，其结果是一种独特的混搭，专制与民主并存、僵化与灵活共生：

> 董事会成员、主管领导，还有总经理等，都存在正式的等级制度，但是，因在具体领域的知识和经验形成的某种自然的等级，对前者进行补充，有时甚至取代前者。这里有两个特点需要强调，即：内部沟通和培养公司的年青一辈……这种精神非常特殊，它融合了民主与基于权力的决策速度！“行政管理系统”令人讨厌，因为它会导致责任模糊，而不会使责任更明确，并会导致丧失韵律——这个词在公司里最受欢迎。公司鼓励自力更生，但那只意味着每个人应该自己悟出什么时候去请教并向谁请教，因此，就不同决定的重要性，形成一个几乎自然的等级；就决定的达成，形成恰当的方法。特别着重强调的是一种最细心的准确，有时，它被错误地描绘成卖弄学问。判断上的大错误——如果责任人承认它们的话——比由于疏忽造成的小错误更容易被忘记。

培养年轻人

公司里不止一位高级雇员把西格蒙德 · 沃伯格比做老师。根据彼得 · 斯托蒙思 · 达林的说法：“如果他不做这行，他将是一位极为专业的老师……他教会我们……一套做生意的规则，这套规则今天几乎任何公司都可以方便地照搬。”伊恩 · 弗雷泽也回忆说，沃伯格“就像老师一样受到爱戴”，虽然，入门课程非常“短暂而且严格”。这个类比也许很能说明沃伯格公司的第二代董事们，也很能说明他们的老板。除了极少的例外，弗雷泽和达林这样的人是一种教育制度下的产物，这种制度往往在他们身上留下不可磨灭的印记。英格兰的私立学校是沃伯格公司董事们早年的培养地，他们至少把校友关系网的某些道义带入银行业，这种思想因战时的经历被加固，而并非被稀释。弗雷泽先后在安普尔福思、牛津大学莫德林学院接受教育，并在苏格兰卫队服役，他表现优异（因进攻德军在意大利的一个据点，而荣膺十字军章）。伯纳德·凯利在唐赛得学校求学，并只在牛津大学莫德林学院上了一学期，就被派到皇家爱尔兰轻骑兵服役，他娶了一位菲查伦·霍华德家族的女子为妻。达林上的是温彻斯特和牛津大学新学院。虽然罗纳德·格里尔森的家族最初是巴伐利亚犹太人，但他上的也是私立学校，战时，他是一名精锐的空军特勤队成员。约翰·诺特后来加入公司，他曾随郭尔喀来复枪第二团在马来亚打仗，之后，进入剑桥大学三一学院，在那里，他成为学联主席[①]。马丁·戈登不但接到公司的录用，而且起薪高于平均水平，原因是他透露，他在牛津大学念古典学——古典语言、文学及哲学。即使候选人声称曾代表牛津大学橄榄球校队打球也竞争不过。

可以肯定的是，不是所有赢得沃伯格信任的人都是按照这个模子刻的。沃伯格对英格兰精英教育存在矛盾心理，他把格里尔森（据说）“不具侵略性和不好斗的精神”（这一批评肯定带有反讽意味，鉴于格里尔森出了名的好战性格），归咎于后者“令人讨厌的私立教育”。虽然彼得·斯皮拉是个“老伊顿人”（所有执行董事中，只有两位），但这个医生的儿子却来自中产阶层犹太背景。当他加入公司时，已经是一名有资格的会计师了[②]。重要的检验实际上不是阶层，而是文学品位。沃伯格总是要问潜在的雇员在读什么书。如果答案是巴尔扎克、狄更斯、埃利奥特，或者特罗洛普，那么，这位候选人几乎肯定受雇，因为在沃伯格眼里，对 19 世纪欧洲文学的喜爱一定标志着内心燃烧着珍贵的圣火。在所有作家中，最好是成为托马斯·曼的忠实读者，就像伊恩·弗雷泽和乔舒亚·舍曼一样。1980 年，沃伯格解释道，“那些在我公司里和我走得近的人，我也可以和他们谈论书籍、音乐、人和

---

① 毕业前，他致信沃伯格，信中他厚着脸皮说，“您是您那一代人中最了不起的银行家，而我是我这一代人中最了不起的剑桥本科生”，因此，他们两人应该见面。这引起沃伯格的兴趣，他见了诺特，并且雇了他。

② 加勒特·穆尔向沃伯格推荐了斯皮拉，后者是德罗伊达伯爵，曾任《金融时报》的董事总经理，后担任该报董事长，加勒特的母亲临终前，斯皮拉的父亲为她治过病。

人的问题……如果一个人来找我，说他的兴趣只有体育，我觉得他就没有机会了。”他还强烈抵制商学院的毕业生，以及合格的经济学家[①]。他向一名潜在招募对象的父亲这样建议：“最好让他读好的小说和有趣的历史书籍，而不要读一般性的银行或经济学的著作。我认为，年轻人在银行业有最佳前途的是那些在上学期间就是优秀古典文学的学者，这是一项规律。”当沃伯格面试时，候选人“缺乏自信”的迹象是致命的，接受递来的香烟也是致命的。亨利·格伦菲尔德曾说过：“你知道，和人打交道就像买领带，你买领带不是因为你需要它，而是因为你喜欢它。”

不过，除了给沃伯格留下好印象以外，20世纪五六十年代的潜在招聘对象，还不得不经过所有“叔叔们”的面试，伊恩·弗雷泽在1953年的经历也许具有代表性。他和沃伯格喝咖啡时显示出，他对这位德国银行界精英令人信服的熟悉程度（基于他在战后德国曾为路透社做记者的经历）。接下来，弗雷泽将接受格伦菲尔德的面试：

> 他很快发现，我不懂《公司法》和会计，并对资本市场知之甚少……“你收藏吗？”他向我发问。“不好意思，我没听懂，”我说。“你有没有什么收藏，比如银、书籍或任何其他东西？”我说，我负担不起收藏。然后，赫尔曼·罗比瑙继续面试我。

……“你收藏吗？”他问。这次我有所准备。“不，遗憾的是，我承受不起。还没有。”“那就是说你将来会收藏，我肯定你会。我收集银器，格伦菲尔德收集英式家具，沃伯格收集精致的封皮，科纳收集有历史意义的手稿。”我没听说过科纳。“科纳来自维也纳，他姓中的‘O’上原来有变音符号，但他像夏普和格里尔森一样改了姓，”罗比瑙说。我开始对沃伯格系有些感觉了。罗比瑙又说，他被要求把我介绍给另一位董事汉堡。“他和我们不太一样；我们都是德国人，而他是苏联人。”

山姆·汉堡身高不到1.5米，身材肥胖。他说的英语是地道的伦敦口音[②]。

沃伯格的妻子和查尔斯·夏普的妻子都怀疑弗雷泽有犹太血统，这符合当时环境的特点。他的德语如此流利，以至于她们推断，弗雷泽母亲结婚前的姓叫格里姆斯顿，它一定是“格伦斯坦”被盎格鲁化的结果。事实上，他爷爷西蒙·弗雷

① 沃伯格在整个职业生涯中，一直对哈佛商学院的毕业生特别轻蔑。他声称：“他们身上结合了自负和肤浅的老于世故，他们过于崇拜组织图，以为组织图所意味的一切”。

② 汉堡于1957年从克兰沃特公司加入沃伯格系。

泽是第 13 代洛瓦特勋爵；外公詹姆士 · 沃尔特 · 格里姆斯顿是第三代韦鲁勒姆伯爵——弗雷泽后来把在沃伯格系的经历写了出来，那种势利的口气显示了这一出身。

沃伯格系的招聘过程也许不完全像弗雷泽描述的那样。弗雷泽不但在战场上证明过自己，而且还是一个语言天才。格里尔森在空军特勤部队服役时不只打仗，他还被调到在日内瓦的联合国，作为欧洲经济共同体执行秘书的个人助理。文学倾向是一个理想的前提，但不是必需的。彼得 · 斯托蒙思 · 达林坦言他就没有，但仍被雇用。雷蒙德 · 博纳姆 · 卡特社会交际甚广，他是自由党首相赫伯特 · 阿斯奎思的外孙，他父亲瓦奥莱特 · 博纳姆 · 卡特是沃伯格的朋友，但还是雷蒙德作为英格兰银行顾问这段经历真正推荐了他。同样的，1967 年，当约翰 · 克雷文加入沃伯格系时，他已经是一名合格的会计师和剑桥大学法律专业的毕业生。实际上，沃伯格和他的同事们需要数字能力和文字能力，而且，大部分在银行成长起来的人都有过某些会计训练，或很快取得某些会计训练。（“太简单了，”弗兰克 · 史密斯向弗雷泽保证。“就看《皮特曼的会计学》，不懂的问我……读 1948 年的《公司法》，但就是我划的那几段……每天读《金融时报》，从第一页到最后一页。”）最后，所有招聘人员在受雇前必须通过笔记测试，它能检验出候选人主观或表层的判断力。但是，真正的考验在第一年。正如公司一位元老所说：

> 他们要好好“敲打敲打”你，看看你是谁，看看你能承受多大压力……你能工作到凌晨 4 点吗？你受得了一位董事对你的咆哮吗？你会反唇相讥吗？……这种英德式的坚毅被灌输入你脑中。你不断被周围的人含糊地侮辱，不断要为自己辩护……作为银行家，你的资格、你的教育水平和你的智力，永远都在受到检验。

沃伯格不单单只招募年轻人，不管他们镀过金与否。经验也是一个加分因素，尤其是在政府的经验。从 1960 年起，他努力招募非执行董事，这些非执行董事或曾作为大臣，或曾作为高级公职人员政绩突出。沃伯格用意明显，他想改善进入权力通道的机会，那段时期，政府在工业政策领域的角色日益增加。事实上，早在 20 世纪 70 年代初，伯纳德 · 凯利就定期参加非官方的“一边 7 人的……金融城和财政部合办的宴会”，（双方的）目的是，“彼此增进了解，而且毫无疑问的是，如果任何一方为有意思的职位寻找候选人，那么，双方可以通个气”。金融城与财政部的关系被广泛认为是一种紧密，甚至是共生的关系，但与之相反的是，这些会议往往暴露出在智力假设和物质向往之间的鸿沟，而这种分歧不容易弥合。不过，向“白厅”靠拢的战略有了些许回报。正如我们已经看到的，1960 年公司获得的一项早期“奖励”是格拉德温勋爵①，他曾在伊顿和牛津大学莫德林学院接受教育。遗憾的是，尽管沃伯格和格拉德温在欧洲一体化上的观点巧合，但两人的关系并未发展顺利。1966 年，沃伯格公司迎来风流倜傥的杰利科伯爵②，他在威尔逊执政时丢了政治仕途。丹尼斯 · 格林希尔爵士曾在外交部负责管理外交服务和高级公务员，1973 年当他退休后，随即被该行雇用。聘用埃里克 · 罗尔更是成功的一例，他曾担任一系列主要经济职务，从食品部到驻北约的英国代表，1966 年他被任命为新设的经济事务部的常任秘书。也许是罗尔中欧的出身（他生在布科维纳的哈普斯堡省捷诺维兹市附近，出生时叫埃里希 · 罗尔）帮他比格拉德温更成功地融入沃伯格公司；也许是他掌握 7 种语言，并“具备法语和德语的唇读能力”；也许是他无与伦比的国际外交关系网。另一种可能是，罗尔把他在沃伯格系的上升——罗尔于 1974 年当上董事长——归结为他对西格蒙德 · 沃伯格坚定不移的服从。他的这个特点让公司更年轻但财务上更有经验的董事们送给他“附和爵士”的绰号。戴维 · 斯科利甚至把他比做桑科 · 潘萨，把沃伯格比做堂吉诃德。对于斯科利这代人来说，一家银行曾经雇用富有才华的年轻人，现在却为权贵阶层羽翼丰满的人提供舒服的栖身之地，这违反这家银行的本意。伯纳德 · 凯利认为，罗尔“有话不直说，奉承西格蒙德 · 沃伯格”，他遭到鄙视，不但因为他善于阿谀奉承，而且他“从来没有为公司产生过一笔付费的交易”。

---

① 格拉德温 · 杰布曾先后作为特别行动处执行长、外交部经济和重建部负责人，在战时表现优异。1946 年，他被聘为联合国代理秘书长，他还是战后首个工党政府外交部政务次官助理（后升为次官）。1950~1953 年，他是纽约联合国的英国代表，后又被派往驻巴黎的英国使馆。据说，厄恩斯特 · 贝文曾说：“不论你怎么评价格拉德温，他绝不是一个令人乏味的家伙。”

② 乔治 · 杰利科的父亲是第一次世界大战日德兰半岛战役的胜利者。乔治毕业于温彻斯特学院、剑桥三一学院，他还是特种舟艇队的战斗英雄。战后，他精彩的外交生涯因一场婚外情而早早结束。他世袭的爵位允许他从政，到 1961 年，他是哈罗德 · 麦克米兰政府的党鞭。之后的几年，他担任一系列大臣职务，最著名的是 1963~1964 年任海军部部长。在爱德华 · 希思政府任上议院领袖时，他被爆又与一名应召女郎有染，其政治生涯就此终结。听到这个消息，在纽约的沃伯格致电杰利科，并告诉他：“对你的困境，我深表遗憾，但我想让你知道，如果你愿意，沃伯格公司的大门永远向你敞开。”

经营方式的谜团

沃伯格常被描写成回避媒体宣传，倒不如说他有选择地与媒体打交道更为准确。可以确定的是，他不喜欢报纸。1951 年，他抱怨道：“媒体几乎在任何地方都把数量置于质量之上，使人倾向吞下别人嚼过、消化过的思想“食物”，而不是通过更多个人和独立的努力，选择和吸收它们的精神养分。正像伊拉斯莫斯于 1523 年说的那样，‘如果可能，应该对印刷机加以制约。’印刷产品的过度膨胀，属于现代野蛮主义，我们不得不接受。”他对《纽约客》“文字的‘腹泻’和思想的‘便秘’”特别反感。然而，沃伯格对这种“野蛮主义的服从”，不排除是为了阿谀报纸的编辑们。事实上，《金融时报》“莱克斯”专栏的亚瑟 · 温斯皮尔对收购英国铝业的报道相当积极，这促使沃伯格雇用了他。沃伯格给《经济学人》的编辑杰弗里 · 克劳瑟在水银证券提供了一个董事席位。他还力图吸引《金融时报》的德罗伊达伯爵，以及该报 1972 年以后的编辑佛雷底 · 费希尔。沃伯格很乐意和记者们谈话，虽然在大部分职业生涯中，他把有关S · G · 华宝公司的故事和该行客户的故事截然分开。“宣传我们为之融资的公司”一般受到欢迎，但“宣传银行家，尤其是犹太银行家”，沃伯格“原则上反对”。原则上反对，但不一定在现实中反对。他后来以神秘的“隐形银行家”出名，事实上，这是媒体巧妙处理的产物。沃伯格并非回避媒体，他像鹰一样盯着它，并对公共关系问题思考良多。如果他觉得他或他的公司遭到诽谤，他会以法律手段相威胁。他同意协助记者们采写，但条件是在出版前要看一眼草稿。他甚至准备在媒体上做公司各项服务的广告，虽然他没有决定这么做。因此，到 20 世纪 60 年代，媒体对沃伯格系的报道几乎总是积极的。考虑到沃伯格为英国媒体融资发挥的重用作用（见第 10 章），这就不足为奇了。到 20 世纪 60 年代中，被认为怕出名的沃伯格感到有足够的自信，可以用他自己的名字发表观点文章。1966 年，当记者约瑟夫 · 韦克斯伯格为曾不受欢迎的《纽约客》撰写人物专栏采访沃伯格时，沃伯格予以合作，并接受了一系列的访问，著名的有《星期日电讯报》（1970 年）、《机构投资者》杂志（1980 年）。

在沃伯格对人划分的等级中，排在记者下面的是经济学家，沃伯格一生都对他们有“巨大的偏见”。1958 年 5 月，他告诉鲍勃 · 布思比：“那些判断肯定失误的人只会是教条的经济学家和统计学家，他们用一串绝妙的数字证明，某些确切的事情将在某一确定的日期发生。”1967年，沃伯格这样描写经济学家：“这一‘动物’种类，代表当今人类极为毁灭性的一部分。因为他们以一种几乎反常的方式，显示出在智力上的傲慢和缺乏自然的人类本能，很少有例外的情况。”沃伯格告诉乔治·斯坦纳，他“更尊重（凯恩斯）形成他思想的才华，而不是思想本身，那些思想对我常常是过于教条、过于不切实际”。同样的，“哈耶克的理论认为，历史上，一方面有时会出现完全自由的经济；另一方面，又有完全管制的国有经济。这种理论与事实冲突。”托马斯·巴洛格和尼古拉斯·卡尔多这两位匈牙利移民在20世纪60年代影响了英国工党的政策。虽然沃伯格对他们表达过短暂的兴趣，但却是两人的个性（暂时）吸引了沃伯格的注意力，而非他们的出版物，更不是他们的政策建议。他欣赏约翰·肯尼思·加尔布雷思，但主要因为后者散文风格清晰。对这一惯例，另一个明显的例外当然是埃里克·罗尔，他之前是赫尔大学经济学教授，著有《经济思想史》，此书被广泛阅读。不过，罗尔对沃伯格的吸引力是作为一名有经验的公务员和外交官，而不是作为一位经济思想者。

但是，有关沃伯格经营方式最大的谜团，不是他表面上对经济学作为一门学科的漠不关心，而是对他自己公司的基本赢利能力的漠不关心。沃伯格不愿意使用“利润”这一词，虽然他还是很关心公司损益表的分析①。一次，他告诉雅各布·戈尔德施密特：“显然，我愿意为公司和自己赚钱，但这不是一个决策点。”他坦言，他作为一个商人“对钱迷信过多、尊敬太少”——更不用说他“过于坦率，并且卖弄学问的倾向过大”。当沃伯格区分他最关心的“有建设性的工作”和排在其次的赚钱时（他经常做），他又是什么意思呢？金融世界以外的一位老友保罗·兹格勒认为他知道答案。对于沃伯格来说，驾驭各种关系是一种艺术形式，沃伯格是保罗认识的“极少数有创意的优秀艺术家之一”。沃伯格对伴随成功而来的金钱不太感兴趣，但他很在乎成功本身。正像他对乔治·斯坦纳说的那样，财富是“一流工作的副产品”。查尔斯·夏普说，沃伯格“注定是一个资本家”，但他“鄙视为了挣钱而挣钱”。罗宾·杰塞尔回忆说：“西格蒙德对挣钱不感兴趣，我认为他从来没有过。但他对公司赚钱感兴趣。这两者是不同的。”

---

① 比如，1960年，他抱怨“我们目前业务产生的收入和支出之间完全不成比例……很少人在这一时期真正为S·G·华宝公司的主要收入——我把后附的分析取名‘特殊交易收费’这个项目——作出贡献”，这个项目指的是来自公司财务顾问业务的收费。

当然，沃伯格似乎对他自己的个人财富在很大程度上漠不关心，把他的投资管理完全交给夏普或鲍勃 · 安海姆。沃伯格曾说："我的个人经验是，如果你预期奇迹般的投资回报，这将是投资失败'最好的'方式。而长期来说，最受欢迎的投资成绩是基于适度的预期，并通过宁可选择稳健、平常的策略，也不要追求新颖。"夏普按要求做到了稳健、平常，投资结果——在很大程度上，由于 20 世纪 60 和 70 年代末税率、通胀加大和汇率管制的影响——像沃伯格预想的那样适度（见第 13 章）。

部分原因是沃伯格对风险的厌恶。大萧条的记忆总像一块乌云悬在他头上，尤其是 1931 年那场危机使M · M · 沃伯格公司一蹶不振。西格蒙德愿意告诉像伊恩 · 弗雷泽这样的年轻董事：

> 我们那一代都没有经历过从 1929~1931 年的金融危机和大萧条，我们应该记住马克斯在汉堡说过的话："当灾难来袭，它永远是从最出乎意料的地方降临。"我们应该尽可能地保持银行的流动性，抵制向地产开发商贷款的诱惑……每代人都认为，新的银行业崩盘不可能发生，因为对它们的成因已有更好的理解，但每代人不得不又从头学起。一旦一项新业务被发明出来，所有参与竞争的银行都想分一杯羹，唯一的结果是，银行利润空间下降或者消失，这肯定会发生……

扩张也许显得很有吸引力，但"资本过多也是一件危险的事，它导致诱惑"。除了沃伯格系从其他金融城公司取得的价格不菲的备用额度外（事实上从未被用过），最常被引述的风险厌恶表征是沃伯格对投资管理的怀疑，即，代表客户将他们的存款用于投资。根据彼得 · 斯托蒙思 · 达林的说法，沃伯格"总认为投资管理是二流行为，只比股票经纪好一点"。达林认为，这部分是势利的问题。这种观点很不公平。正如我们已经看到的，沃伯格把银行、员工和资产的任何扩张都视为危险的骄傲自大。他也许是对的，许多该行早期的投资客户相对不重要，他们给银行的佣金不能覆盖他们账户的管理成本。20 世纪 60 年代末，当投资部开始独立运作时，沃伯格对此给予适度鼓励，并批准其在新地点单独办公（圣奥尔本斯楼，就在格雷沙姆街转角处）。1969 年，它成为完全分开的子公司——沃伯格投资管理（后来叫水银资产管理）。

如果沃伯格对投资业务有顾虑的话，那么，他对商品交易就更有疑虑了。该业务当然是金属经纪商布兰德斯 · 戈德施密特的命脉。但当沃伯格面对像哈里 · 格林和他儿子迈克尔这样的金属经纪人时，他们的道德观显然让沃伯格吃惊不已：

当我问迈克尔 · 格林工作以外有什么兴趣时，他说他特别愿意读“大众畅销书”，但他不读其他别的书。当我问他工作上有什么抱负时，他说他愿意以相似的方式进行大额交易，就像他玩桥牌一样：主要是为了玩一个赌注大的，尽可能少地和其他人分享决策，尽可能少地和其他人分享回报。

20 世纪 70 年代，布兰德斯 · 戈德施密特公司利润波动成为重复出现的担心来源。当欧洲债券业务不能保证为沃伯格带来欣喜时，他也感到相同的不安：

就个人而言，我对失望和热情这种波动不感兴趣。它适合那些完全从股市角度看问题的人，即以“股票经纪人的精神”。但是，如果我们要想成功，我们必须下决心，遵循一项建立新价值和新程序的政策，而不是按照交易商和证券销售商的角色行事，我们认为证券相对容易出手。换句话说，我们必须搞清楚，我们首先是银行家，其次才是股市交易员。

他同样对任何使公司置于流动性风险的战略感到谨慎，不管该战略有多赚钱。当他发现该行最近成立的法兰克福分支对外承诺超过自身不大的资本时，他发出严正警告：“在伦敦的S · G · 华宝公司……避免进行与自身资本不符的承诺，这已作为一项考虑周密的政策。在法兰克福的S · G · 华宝公司资本更小，承诺应至少有上限——低于其资本……我对带有过度流动性风险的公司赚取的利润不感兴趣。”正像一名前董事所说的：“沃伯格系总是乐于绞尽脑汁不让公司的资金遭受风险。”

所有这些不应被理解为S · G · 华宝公司作为一个整体漠视挣钱。虽然毫无疑问西格蒙德 · 沃伯格是以他名字命名的银行的主宰，但他从未试图建立一种完全同质化的商业风格。其他每一位“叔叔”都有自己的方法。埃里克 · 科纳的方法与沃伯格的截然不同。虽然 20 世纪五六十年代，金融城还未确立防止内部交易的法规，但公司内部禁止利用内部信息谋取私利。伊恩 · 弗雷泽回忆说：

如果一家客户公司被认为效益好，我们会被鼓励买进该公司的股票，否则卖出。但如果我们作为财务顾问，知道该公司要公告的数据，或即将宣布的股利，弗兰克 · 史密斯将会阻止所有员工进行交易……同样的做法适用于即将发生的收购要约，因为通过顾问角色，我们掌握了特别的消息。

然而，科纳频繁地规避这些规定，他通过妻子的名义，委托一家瑞士私人银行下单，这家私人银行管理他根据《联邦德国国家赔偿法》收到的补偿（向受过纳粹种族迫害的受害人提供）。伊恩 · 弗雷泽回忆说：

作为银行，每当我们知悉某家客户公司即将公告较高的利润、调高股息，或者接到一份收购要约时，埃里克“叔叔”会打电话给考夫曼。“考夫曼，我是科纳。请以最好的价格为我买入伦敦罗得西亚 2 万股普通股。”然后，他抬起头，看见我站在门口，他不确定我是否听见他以最好的价格买入伦敦罗得西亚 2 万股，他会继续用德语指示考夫曼，把这些股票记在“科纳太太”的名下，他考虑后又补充道“科纳太太的联名账户”。这最后的“转折”意味着，他的妻子在法律上是买家，但没有得到他的同意，她无法获得卖出股票的收益。10 分钟后，一份指令将从苏黎世传来……那是以“最好的价格”买入 2 万股伦敦罗得西亚普通股的指令。

弗兰克 · 史密斯多年来一直管理并购部，他认为以帮助年轻经理参与股市的形式来鼓励他们很正常。当多细胞公司发行股票时，他对彼得 · 斯皮拉说：“你一直负责这项交易，想不想要 2 000 股，每股 1 先令 3 便士的发行价[①]？”斯皮拉回答他愿意，但没有 125 英镑：

史密斯拿起电话，要求交易商卖出他自己的 2 000 股，将 1 先令 3 便士和市价 1 先令 10.5 便士之间的差额[②]为我写了张支票……这是他典型的做法——那是一种表达方式，好像在说“你一只脚已经站上梯子了，现在该你往上爬了”。

今天，某位高级经理给予某位年轻经理如此的馈赠将被视为不恰当。但所有这些发生在曾经的一个时期，那时监管金融服务业的法规和制度在很大程度上还未被

① 1 先令 3 便士相当于 2 500 先令，折合成 125 英镑。——译者注

② 差额相当于 1 250 先令，折合成 62.5 英镑。——译者注

写出。内部交易直到1980年才成为刑事犯罪。在此之前，像弗兰克·史密斯设立的赫尔墨斯这样的公司——它作为一个投资载体，使沃伯格系的经理们买入偏爱的股票——被视为合法。迈克尔·瓦伦丁回忆道，沃伯格系的员工被指示绝不能“故意违反《公司法》、《收购法典》或《证券交易制度》”。但真正重要“不打折扣的原则”是内生的：“如果存在疑问，需请教某人……如果没有更高负责人的首肯，不能使公司陷入对外承诺中，比如某项承销或某项付费，绝不做任何使沃伯格系蒙羞的事情。”

老当益壮

S·G·华宝公司历史的一个显著特点是，它的创始者们感到自己已进入暮年，但公司依然相对年轻。“叔叔们”大部分生于20世纪第一个10年，他们的沧桑在某种程度上是出于被迫移民的经历，以及几乎第二次开始他们商业生命的需要。沃伯格总在寻找他身边出现“老朽”迹象的人，他们经典的症状是“不能区分必要和非必要”。他和亨利·格伦菲尔德轮流劝对方减少工作量，早在1954年后者50岁生日时劝说就开始了。沃伯格写道：“你现在应该站在50年的里程碑处，正式决心降低你工作节奏的速度和紧张程度；决心抑制你的完美主义；决心坚决接受甚至在你眼皮底下犯的严重错误；决心限制你的职责，不管这多么违反你的本性。换言之，像一位明智、老练的政治家一样工作，像一名年轻艺术家一样生活。”沃伯格承认，这些告诫也许同样可以对他自己说。不到5个月后，沃伯格作出一项提议，该提议是为其半退休作出的多项提议中的第一个：

> S·G·华宝公司正从一家个人公司，发展为一家更具机构性的组织，我感到不能再像以前那样控制其经营，我们不得不非常谨慎，尽可能地保留一种人性化、完美主义、非官僚的方法。我提出这样一个问题，即我也许从董事长转变为高级顾问的时刻是否已经到来（不管有没有像总裁这样的头衔）。

沃伯格总想着即将退休，这与他坚信年轻充满活力相关。他非常同意凯恩斯说过的一句话：“缺乏经验但热情不减，这是成功所必不可少的。”沃伯格确信，公司必须通过补充高质量的年轻人，使公司不断焕发活力。1958年，他向格里尔森解释道："我想在不远的将来，放弃我在大西洋两岸的管理职责，成为某种高级顾问，而我年轻的同事们将以强劲的节奏承担全部责任！"那一年，他已经告诉约翰·希夫："我现在在伦敦的组织里完全没有管理职责。"他告诉塔尔曼，是时候把他的管理职责"传给更年轻的成员了"。1959 年年底，只有 57 岁的沃伯格正式宣布他决定和科纳、塔尔曼一起成为非执行董事，以便"给他们更年轻的同事让路"——虽然他仍保留水银证券董事长一职至 1964 年。他告诉格伦菲尔德，他希望"花更多的时间……做我感兴趣的事，比如文学、心理学和笔迹学"。

当然，沃伯格作为商业领袖最大的强项是他感染周围年轻人的能力。他曾写道，他想让年轻人"把我称做的S·G·华宝公司管理团队看成是一个家庭或家族，这个团队由几代人组成，包括各种智力水平和脾气"，他希望：

> 那些属于这个家庭或家族的人总会感到，他们组成了一群真正的朋友，并把公司和管理团队的持续发展看做一项事业，这项事业应超越任何妒忌、虚荣或个人财务利益的考虑。
>
> 如果我们力图保持并培养这种精神，我们应能在我们有生之年以外，世代传承一支目标高远的火炬，我们带着勇气，通过建设性的工作，追求这些目标，为我们的国家，为自由世界服务。

"人际关系和谐的氛围"比"任何的职业成功"更重要。表面上，关于振兴公司，毫无疑问沃伯格言行一致。1966 年，在公司 10 位执行董事中，有 4 位 30 岁出头，这使S·G·华宝公司（正如一名记者观察的）成为"世界最年轻的投资银行"。好像是为了象征火炬交接，年仅 29 岁的约翰·克雷文刚来公司两年就被提拔为董事。到 1970 年，在 23 名执行董事中，有 12 名在 40 岁以下。沃伯格在伦敦的时间越来越少——他先在意大利（他和妻子在托斯卡纳海岸的罗卡美亚，购买了一处夏日房产，对面就是厄尔巴岛），后来去了瑞士（他们最终全年在白朗尼定居，那里可以俯瞰日内瓦湖）——似乎年青一代已经继承了公司。

巩固新老权力转移所需的是某种形式的机制改变。1963 年，沃伯格自己提议创建"一个指挥小组，包括 4 名执行董事、1 或 2 名非执行董事……作为一个清算中心或中枢……协调公司组织内部的机构"。这个指挥小组——有时被称为管理委员会，有时被称为政策小组——应确保"决策节奏快"，沃伯格承认"快速决策需要终极权力和责任……集中在一个小型领导团队手中”。（罗尼·格里尔森设计了一套备选计划，该计划把银行的所有董事分为4个小组，正如他说的，为的是减轻“在某些人身上的重大压力”，该计划因失败而被放弃。）但这些改变没有阻止沃伯格就公司未来管理层架构，不断发出一系列书面指令，也未能阻止他在电话上花费数个小时，告诉执行董事们他认为他们应如何处理某项交易。1966年夏季，沃伯格在意大利逗留了4个月，期间，他安排他的一位秘书在附近的旅店长期待命。“当沃伯格远离他的伦敦总部时，”约瑟夫·韦克斯伯格报道说。

> 他每天接到一个大信封和两份文档，每份文档中都有许多油印的清单。1号文档包括管理层邮件和备忘录清单，该文件提到行内每一次对话和重要的电话；每一份往来的信件、电报和其他通讯。上面的人名缩写代表被分配处理某项交易的经理的姓名。管理层邮件和备忘录清单是所有文件中最重要的。文档中还包括当日剪报；一份显示所有买卖的债券和股票的清单；每日“9点15分晨会”的会议记录；可能有每周投资例会的会议记录；一份题为“秘密备忘录”的清单；所有不在伦敦的董事和高级经理的出差日程；一份银行举行的所有午餐会的清单，带有客人的姓名；一份所有新开账户清单和每日声明。
>
> 2号文档包括一份需要关注的公司的清单，一份叫当前事项的清单（所有待处理事宜的摘要），一份被贴切题为人事问题的清单，一份所有志愿在银行实习的人的名单……最后，是一份所有货币交易的清单。

正如荷兰经济学家、彼尔德伯格集团秘书厄恩斯特·范·德·比格尔向沃伯格坦诚相告的那样：“以目前的格局……尽管你已经从日常经营中半脱离，但你仍全面负责。”伦敦的执行董事们对他们疏远的创始人的指令再熟悉不过了，比如“用最苛刻的眼光对待承诺，并在承诺前的阶段保持斗志昂扬”；停止在机密文件上标记“勿写入邮寄清单”，而应标记“勿传阅”；“使用书信、电报或电传，而不是电话”；“建立进展追踪小组……以解决任何人对公司办事步骤缺乏速度或效力可能有的投诉”。退一步说，这绝不是一个理想的安排。正如克雷文所说的，这样一个安排的后果是使沃伯格系成为一个“政治性极强的地方”：

> 我们都有各自的沟通渠道——你无法画出组织图，如果画出来就像一幅欧

洲航线图！一些人彼此欣赏；另一些人曾经共事过，对彼此有更好的了解；有些人彼此仇恨……我曾经回到家中，崩溃到几乎揪自己的头发，就因为这种人与人的交往方式。

伯纳德·凯利的日记也流露出这一点。他联合克雷文、尼克·麦克安德鲁、吉安卢卡·萨莱纳，组成一个"策划人"小组或"少壮派"，他们对"老人政府"，或者叫"老朽之人"的主宰感到愤怒。但分歧不只是在一代人和另一代人之间。凯利能理解伊恩·弗雷泽对公司犹太根源表现出的模棱两可。当一个潜在客户被"该行董事长帮"拒绝后，拒绝的理由是该客户"不属于上流阶层"，（"难道他没有和三教九流的人混在一起吗？"）凯利很光火："如果是'董事长帮'的一位犹太朋友，阶层根本不是问题，但如果是凯利、麦克安德鲁、弗雷泽来自伦敦东区的朋友，银行接受客户的原则就会很高。"一次，凯利透露，"如果沃伯格和罗尔上的是一所良好的英国私立小学，而不是德国或奥地利的'文法学校'，那么，他们都将会受益良多"。

为安抚愈加感到受挫的执行董事们，公司做出了各种姿态。1966 年，沃伯格提议，所有"达到 65 岁的董事应该退休"——除了那些担任执行董事"时间很长"的人以外。这一年，沃伯格本人 64 岁，格伦菲尔德 62 岁，科纳 70 岁，他身体依然健硕。三位老一辈"政治家"同意搬到 5 层的办公室，"以稍微脱离的方式，创立一个活跃但由高级董事们组成的小组"。但这实际上也没起作用。1967 年，沃伯格用了很长的篇幅，指出"渗透进我们公司经营的种种严重不足"，他威胁彻底辞去董事一职，去当一名顾问，但这并没有发生。两年内，他组织每个部门的所有高级雇员下班开会，为了是"有机会与有关人员磋商公司事宜以及个人事宜"。弗雷泽说："我们中没有人注意到西格蒙德有任何退休的迹象。生活照旧，可能更甚。"马丁·戈登"数不清沃伯格在他漫长的银行职业生涯中曾多少次退休"。"对公司员工来说，这没有区别——随着年龄的增长，他反而越发活跃，在事业上的干劲越发强烈。"

寻找接班人

在西格蒙德·沃伯格多变的性格中，有一面性格毫无疑问造成了更多的悲惨而不是欢乐。那就是他有让你不喜欢他的能力。皮埃尔·哈斯这样形容他："他不知道怜悯，也不知道同情。哪怕一个失误，你都会发现他的脸色迅速变差。如果这个错误很严重，他将永远面无表情。一般的罪过包括一段忏悔期，从 3 天到 3 个月。对于其他人，他是无情的，并保持永远怀疑的态度，这种态度将使犯错人在几周或几个月之内辞职。”这一残酷、表面上反复无常的待遇，其早期的“受害者”是迈克尔 · 理查兹。1951 年 6 月，他被坦率告知“让你对我的感觉下降的事情”。10 年后，由于“误会”，轮到彼得 · 斯皮拉离职。斯皮拉后来回忆说：“人们被置于‘狗窝’数月之久，自己咬自己的指甲都不知道为什么。一次，当我和西格蒙德闹矛盾时，我经常如此，我记得埃里克 · 罗尔打电话叫我去他办公室，并说，‘斯皮拉，你头上还顶着乌云，但却不再下雨。’”没人被沃伯格系开除过，一位内部人士告诉记者凯里 · 瑞克。“那些不能达标的人，将被置于‘公司体系外冻僵’。”这将最终成为斯皮拉的命运。一个不同的但却更痛苦的命运等待着沃伯格的儿子乔治。

S · G · 华宝公司一个隐含的假设是，董事和高级雇员的儿子们应至少可以在公司试工。举例来说，亨利 · 格伦菲尔德的女婿奥斯卡 · 刘易森的提拔就没有遇到障碍。1962 年 8 月，他娶路易莎为妻，两个月后他加入公司，1969 年 4 月，他成为公司董事。但是，沃伯格一贯表明，家庭成员在他的公司里没有优待。格伦菲尔德的儿子托马斯，被认为不适合在沃伯格系的公司工作。另一个脱离汉堡传统的情况是，甚至连乔治 · 沃伯格都不能指望继承董事席位。西格蒙德宣布，“那些带有家族姓氏的人，他们只有完全具备能力、想象力，工作认真、努力，才能保持控股地位”。因此，西格蒙德鼓励乔治学习会计，尽管他惊讶于乔治所读的论文“极难但完全没用”（论文里“充满了不相关的税种和资产负债表的内容，让人无法消化”）。可以肯定的是，乔治在伦敦与北欧冶金公司掌握了商业的基础知识后，于 1954 年作为“新的年轻合伙人”加入父亲的公司。他效力于银团部，由于业绩突出，于 1958 年被任命为董事。但没过几年，问题就浮现了。西格蒙德似乎反对乔治的婚姻，可能是因为一位犹太儿媳更受偏爱。1956 年，乔治与埃莉诺 · 博兹彦结婚，后者是亚美尼亚裔美国人，她父亲在耶鲁大学任音乐教授（也是大学的管风琴师）。父子在工作上也有摩擦和挫败。1963 年 1 月，乔治在体检后宣布决定“以健康理由”离开公司，这不是第一次了。“无论是出于老练还是策略”，乔治要求父亲为其安排体检。但乔治在接受《每日电讯报》访问时，给出的理由更令人信服。他说：“S · G · 华宝公司……已成长为一个蒸蒸日上的商业帝国，但有些人不太喜欢帝王般的生活，而喜欢自己做些事情。”肉类加工公司史密斯菲尔德与兹瓦能堡集团是沃伯格系的一个客户。当乔治与该公司的董事长和首席执行官发生争执，并辞去该公司董事一职后，西格蒙德强烈认为，乔治与“帝国”及其统治者的关系进一步恶化。儿子的行为令西格蒙德如此困惑，以至于他把儿子的字迹样本拿去作笔迹学和“心理学”分析。到 1967 年，两人的关系接近完全崩溃。

根据保罗 · 兹格勒的说法，西格蒙德抱怨，乔治允许“家庭过多地干涉了你的工作”，西格蒙德可能也感到失望，因为“他让你接受了英式教育……这与他自己的思维和感觉非常不同”。但这不是问题的根本原因，兹格勒敏锐地察觉到：

> 像你父亲这样的人，尤其被时局所迫，才去开创自己的世界。他期望儿子是自己的复制品，并希望他青出于蓝，胜于蓝。当失望来临时，失望几乎肯定会来，其灾难性是成正比的……你父亲的生意已成为他唯一的安身之地，但他这么做自然是为了你。通过你的接手、延续，你将使公司走出虚假气氛、空白空间，并将公司与现实相连。然而，你们之间的关系却出现裂痕。剩下的一切就是保持成功之轮不停地运转，但却经常被与之打交道的人的平庸所激怒，这些人因短视和贪婪的物质主义而遭到鄙视。

乔治与前沃伯格系投资部负责人迈洛 · 克里普斯筹建他们自己的银行——CW 资本（1973 年后改为克里普斯 · 沃伯格），西格蒙德对这则消息的第一反应是矛盾的。现实是，S · G · 华宝周围的核心人物现已成为他的代用家庭。乔治的离开代表了西格蒙德的家庭圈子和工作中有选择的亲密圈子之间的最终分离。有一次，西格蒙德问多丽丝 · 沃瑟曼：“我们为什么能相处得融洽？”她答道：“这很简单，因为你可以叫我明天走人，或者今天，我也可以今天或明天提出辞职。我们之间没有血缘关系。因为我们相处得融洽，所以才能走到一起。但对于你的家庭成员或者我的家庭成员，就不太容易了。”看来她非常了解西格蒙德。

寻找一名代理儿子——那个人需要有成为西格蒙德接班人的素质——将成为西格蒙德未来多年关注的事情。有一系列的年轻人曾经占据“王储”的位置，有时一次占据多年。几乎每一次沃伯格看中的人选，迟早要被调换或被撤下。那就是彼得 · 斯皮拉的经历。斯皮拉曾笨拙地要求自己被允许以西格蒙德的寿命购买保险，以避免潜在的遗产税，沃伯格曾向斯皮拉赠予水银证券的股票，这也许会触发这种税责，斯皮拉因此从未被完全原谅。更糟糕的是，斯皮拉后来卖了一部分水银证券的股票，以买入更高收益的资产。罗纳德·格里尔森一度成为候选人——格里尔森在不知情的情况下，曾被考虑做安娜·沃伯格理想的丈夫——但到1965年，他似乎失去了沃伯格的信任。沃伯格曾极力吸引詹姆士·沃尔芬森，这位精明的澳大利亚人从未想过接受沃伯格对他的长期邀请，他反而倾向去管理在纽约的施罗德公司。有一段时间，雅各布·罗斯柴尔德是沃伯格的掌上明珠，但1970年，让雅各布离开N·M·罗斯柴尔德公司似乎没有可能，而最不可能的就是加入沃伯格系。格特·怀特曼曾短暂上升，但多数情况下失宠，就像纽约的艾拉·温德。还有阿尔布雷克特·麦图什卡伯爵，当他的一个同事泄露了沃伯格向美国退休金推介的细节后，他更是颜面扫地。汉斯·伍特克、汤姆·佩切克（查尔斯·佩切克的弟弟）也令他们的导师失望。唯一没有被淘汰的候选人（或者没有逃出沃伯格的包围）则是戴维·斯科利——但他的“登基”仍在遥远的未来。

只要继承人还没有出现，沃伯格的本能是将权力授权给一个在很多方面类似于自己的人，那个人就是亨利·格伦菲尔德。亨利的官运自1964年以来悄然上升，同年他接替沃伯格出任水银证券的董事长。1967年9月，在伦敦董事宴会举行的前夕，为应对年轻董事们的“种种抱怨”，沃伯格给格伦菲尔德写了一份备忘录，这实际上把格伦菲尔德推举为公司的最高领导。沃伯格主张，如此大的一个董事会，不可能追求“民主的一致，而更应追求民主的领导”。为此，公司会遭遇“过度议会主义以及……官僚瓶颈”的风险。因此：

> 自从我把我以前大部分的职责转交给你，直到把这些职责交给其他人，你有必要掌握最终的权力。只有当你认为是正确和恰当的时候，才和其他人分享这个权力。
>
> 我向所有董事们呼吁，无论他们是高级董事还是初级董事，请他们不要反对最终由一个人来行使权力，暂且由你自己行使，这符合公司的利益。并请他们尽量承认和尊重这种权力，无论这种权力是在与我，或在与其他初、高级董事们磋商后行使的。

这设立了一种模式，这种模式将再持续10多年。到20世纪60年代末，在达林看来，“虽然他听从西格蒙德在人事上的决定以及整体方向，但现实是……亨

利 · 格伦菲尔德负责管理公司”。沃伯格仍视自己“好像是一位政府首脑，为自己核心或外部内阁的所有行为负责——即使是有关沃伯格没被咨询的事情，即使是有关他强烈反对，但实际已采取措施的事情”。一个更准确的比喻是把沃伯格比做一位缺席的君主，但君主巡游经常远离王国。1970 年 1 月，沃伯格辞去S · G · 华宝公司与水银证券董事会的职务，格伦菲尔德越发成为权力巨大的“首相”，如果不是大“宰相”的话。西格蒙德 · 沃伯格现已升为更具象征、更具尊敬意义的总裁一职，他进入了一个新的 10 年，他对自己创立的公司既不能行使职权，也不用负责——至少在外表上显得是这样。

但现实是，他的权力从没有比现在更大过。这是一种权力，它延伸至 S · G · 华宝公司办公室之外。西格蒙德 · 沃伯格不仅是英国各大公司的顾问，而且他现在还是英国首相的顾问，他处在职业生涯的巅峰。

第10章

英国金融“诊断师”

HIGH FINANCIER

哈罗德·威尔逊……面对的是棘手的遗留问题，即，一个基于这样一种假设的国内经济，该假设是英国自1914年以来便寅吃卯粮，而且可以永远继续下去。现在，英国人民终于慢慢意识到现实……我认为，针对工会和雇主的限制做法，威尔逊准备打一场英勇的战斗，我对他能赢得这场战斗抱有极大的希望。如果他万一失败，这不是他的过错，而是英国堕落的一个征兆。事实上，英国面临的真正问题是：在未来10~20年，英国强大、有力的元素是否能证明优于虚弱、病态的元素。毋庸讳言，虚弱和病态元素的温床，主要存在于伦敦金融城内……

西格蒙德·沃伯格致信埃德蒙·史旦尼斯
1966年8月1日

西格蒙德·沃伯格一直是威尔逊财政政策方面的“拉斯普丁”。他把一些邪恶的想法强加于威尔逊，而当威尔逊识破这些想法时已经太晚。

乔·海曼
1968年2月15日

告诉我你经营中有哪些困难，我将让你实现赢利。

西格蒙德·沃伯格

“红色”金融家

“英国正沦为一个欠发达国家吗？”西格蒙德 · 沃伯格于 1956 年这样问自己。他担心（正像他一年后表明的那样），这个收留他的国家的经济正朝着低增长、高价格发展，这将导致英国在 20 世纪 70 年代濒临破产。当短命的保守党财政大臣彼得 · 桑尼克罗夫特提出，英国也许需要国际货币基金组织贷款的可能性时，沃伯格表达了这样一种观点，这是“一场不会赢的赌博，好似我们经历的 1931 年的危机，但这次，失业和价格同时高涨”。这种担心确实被夸大了，当时的失业率低于 2%，消费者价格指数不到 5%，并在不断下降（1959 年曾短暂为负）。沃伯格更有预见性的地方在于他对对话者的选择。工党影子财政大臣哈罗德 · 威尔逊是沃伯格表达预言的对象，前者在 20 世纪 60 年代将主宰英国政治，并将比任何其他英国首相都更留意西格蒙德 · 沃伯格。他们俩的关系大部分是没有官方记录的——鉴于威尔逊早前针对保守党政府提出的声明，这并不出奇。声明指出：“真正影响女王臣民福祉的决定是在下议院以外作出的……这些决定由克洛尔公司、科顿公司、拉扎德公司和沃伯格系作出。政府甚至不能主导这些行业巨头，这是政府的失职。”这位发明“苏黎世矮子们”这个称呼以表达对外国金融势力鄙视的人，竟如此依赖一个德国出生、最终移居瑞士的投资银行家的财务建议，这有点令人出乎意料。有一次，沃伯格甚至安排威尔逊与一位苏黎世银行家共进午餐——后者是瑞士央行行长埃德温·斯托珀——以便修正“英国对‘苏黎世矮子们’的误解”。

不难想见威尔逊寻求沃伯格担任财务顾问的理由。20世纪60年代初,S·G·华宝公司比其他金融城公司显得更有能力帮助历届英国政府解决它们的财务问题。以21世纪的标准来看，毫无疑问，英国在20世纪60年代的经常账户赤字不太大（1964年达到最大值，只相当于国内生产总值的1%，然而到1989年该数字高达4.9%）。资本账户净流出相对于国内生产总值也不是特别大（1960~1969年，前者的总计只有1.74亿英镑）。但因为那时国际资本相对有限，相比快速增长的国际贸易量，这些轻微的不平衡容易导致严重的经济困境——尤其对像英国这样一个国家，其在境外的海军和军事责任开销昂贵，并且外国持有大量英镑。承诺维持以固定汇率兑换美元的各国政府，不得不小心它们手中的硬通货储备发生任何大幅贬值。1949年9月，英镑贬值30%（这使英镑兑美元下降为1英镑兑2.8美元），这次贬值为英国货币只提供了暂时的喘息。1967年以前，另一次贬值已经初露端倪。1961年7月、1964年11月、1965年7月，以及1966年7月，均发生对英镑投机性的攻击。

为解决这个问题，沃伯格系建议麦克米兰政府，将财政部持有的苏伊士公司、英国石油公司及多家美国公司的持股作抵押，以英联邦开发金融公司或某一新载体的名义，筹集外币贷款。“只有女王陛下政府在英联邦国家直接或间接拥有的、具有吸引力的现有资产，外国资本，尤其是北美、德国的资本”才会向那些英联邦国家投资。用沃伯格的话说，是“一项金融交易与一种外露的政治姿态的某种混合”。然而，当沃伯格两次都提出这一方案时，官方的反应是不同的。首相本人对此热衷。麦克米兰说，这就是“一家走在前面的投行所做的事”，它比财政部或英格兰银行更容易做到。不过，财政大臣和财政部均表示怀疑，英格兰银行行长表示反对。沃伯格提案的某个版本终于被接纳，但到保守党下台时，政府仍未采取任何措施执行该提案。

整个20世纪50年代，保守党主宰英国政治，但到20世纪60年代初，保守党似乎后劲不足。围绕陆军大臣约翰·普罗富莫的私生活发生的丑闻，进一步加深了沃伯格对英国权贵阶层的看不起①。像声名狼藉的普罗富莫一样，虽然第 14 代霍姆伯爵无懈可击，但当作为爵士的亚历克 · 道格拉斯–霍姆在 1963 年接替麦克米兰出任首相时，前者并未留给沃伯格好的印象。"第 14 代威尔逊先生"（霍姆俏皮地这样叫沃伯格）似乎是一个更有活力的人。到现在，沃伯格大加批评保守党摇摆的政策……和……老朽的形象，这对英国整体形象极为不利。"像以放松著称的财政大臣雷金纳德 · 莫德林这样的大臣们已经变得"自满"了。变更政府的条件成熟了。1964 年 10 月，刚于 1963 年赢得工党党魁的哈罗德 · 威尔逊，为他的党在下议院取得微弱多数后，被任命为首相。

新首相（在 1963 年斯卡伯勒举行的工党代表大会上）作出大胆断言，"英国将在白热化的技术革命中得到锤炼，工业中的任何一面都不允许限制性的做法或过时的措施"。沃伯格和许多人一样对此感到兴奋。威尔逊曾多次呼吁"在我们的国民生活中，应出现活跃的、令人兴奋和刺激的变化"，上述断言只是其中最著名的。沃伯格对新政府面临的挑战没抱任何幻想（见本章标题下题词部分）：比如，重复出现的支付平衡问题、行业工会的限制做法、伦敦金融城内"虚弱和病态的成分"。但他满足于得到扮演"红色"金融家的机会，即使当其他银行退缩时，他依然支持新政府。1964 年 2 月，沃伯格邀请威尔逊连同一些商界人士，在他伊顿广场的家中边吃饭边进行"坦诚、轻松的讨论"。8 个月以后，他对建立与威尔逊关系的"投资"终于有了回报。现在，沃伯格一只脚已经跨进了唐宁街 10 号。

对英镑的建议

沃伯格认为，在经济方面支撑威尔逊地位的关键因素很简单：即，必须不惜代价避免英镑再次贬值。1964 年 11 月 21 日，《泰晤士报》刊登了一封沃伯格和杰克 · 汉姆布鲁斯共同署名的信，信中说，"英镑贬值措施意味着将会伤害到那些对英镑有信心的人，将使整个国家士气低落，意味着针对我们的贸易条款将会发生永久、剧烈的变化；最后，最多将会给我们的竞争力带来暂时的刺激"。毫无疑问，

① 一封写于 1963 年 6 月 15 日的信里，有这样一段话："除了政治方面的问题以外，不涉及道德问题，也不涉及品位和公众雅观问题。显然，上流人士定期举行聚会，除了面具和袜子，竟一丝不挂！聚会上，斯蒂芬 · 沃德先生组织了古罗马风格最可怕的狂欢。所有这些场合，英国上层社会的代表们均有参加。"

在威尔逊当选首相前，沃伯格已经向他表达过这种观点。因此，工党上台的第一天，威尔逊作为首相的第一个举动，就是在与财政大臣詹姆士 · 卡拉汉、经济事务大臣乔治 · 布朗开会时排除英镑贬值的可能——这一决定直到1966年才在内阁进行讨论，并且一直被“左派”视为是一个致命的失误。1964年11月30日，沃伯格首次与新首相会面，商讨金融事务，类似的会谈日后还有多次。威尔逊承认，“他对过去几周资本从伦敦流出大惑不解”。沃伯格回应，在预算公布前实行新的公司税导致热钱撤离。他列出一系列他认为能够有效抵御英镑贬值的必要措施：比如，“大幅削减国防开支”，威尔逊一贯推行这一政策；出口退税；成立“海外控股及开发公司……通过该公司，英国政府可摆脱向欠发达国家提供外汇融资的负担”，这可是沃伯格津津乐道的话题。保守党执政时，这一想法因受到行政部门的怀疑而被搁浅。不可避免的是，现在，同样的官员们提出同样的反对（英国政府用富有价值的资产作抵押，以吸引外资进入高风险项目，但这些项目有可能失败），虽然官员们似乎较晚意识到该方案真正的意图是巩固英国的国际储备，而不是投资于英联邦国家。威尔逊曾是公务员出身，他深谙“白厅”的运作方式。他在另一份持负面态度的财政部备忘录上批注道：“我不会低估西格蒙德 · 沃伯格建议的可行性。筹集国际贷款，他没有失手过。”

沃伯格完全料到英镑“将在很长一段时间内维持疲软”。然而，“从经济角度看，英镑贬值应该被避免”。1965年5月，沃伯格会见首相时又回到这一主题，他提出“在联邦储备局与英格兰银行之间，应建立一种先发制人的进攻或防守型的联盟”，这是威尔逊采纳的另一个建议。似乎还有许多其他会谈讨论了贬值这个主题。有一次，亨利 · 格伦菲尔德被从金融城叫到威斯敏斯特，去支援沃伯格的论证。格伦菲尔德对政治人物“完全搞不清状况”感到失望，政治人物给他的印象是“半吊子，他们全被与事实毫不相干的事情吓得够呛，全是因为政治”。

一段时间以来，致信《泰晤士报》成为沃伯格倾向的大众传播渠道。1965年11月，他和汉姆布鲁斯又写了一篇文章，补充了一条建议，他们建议取消英国公司在海外借款的限制。不过，这显示出沃伯格对威尔逊政府日益增加的信奉。1966年10月，沃伯格撰文，并发表了一篇通栏文章，题目叫“英镑的个案”，文章旨在反击他所说的在英国“盛行的不确定氛围和货币疑病症”。沃伯格仔细评估了相关统计，又回归到他早前的主张，他认为英国海外防御的开销与英国赚取外汇的能力不成比例。他痛斥前殖民地在独立前积累了大量英镑余额，英国持续受其所累。但他保持乐观。因为，英国的外部资产仍高于其外部负债。无论如何，贬值带来的好处，远远被较高的进口价格、其他国家竞争性的贬值以及政府丧失信誉所超过。就沃伯格所见，英国官员和政治人物自从战争以来，一直被他所说的"英镑情结"所困扰，"这的确是一种情结——在某种程度上仍然是——从这个词的心理分析意义上来说，即，它既包含自大，又带有自卑"。如果有人能使威尔逊坚持实行不贬值的政策，那个人就是西格蒙德 · 沃伯格，因为到 1966 年年底，乔治 · 布朗和卡拉汉依旧都不相信这一政策。

贬值不是沃伯格与威尔逊讨论的唯一话题。这位银行家敦促政治人物减少进口关税；引入增值税，以降低直接税赋；通过将英国的黄金储备兑换成美国货币，以对抗法国向美元施压。为维持较低的长期利率，他提议免收英国国债（金边证券或"镀金"）的资本利得税。也许进出口担保可以在境外出售，以换取硬通货。沃伯格的另一个提议是，"一家公司应该鼓励在合伙制的基础上，对内投资于有价值的项目，以推动专业知识的发展，等等"。财政部的官员们照例迁怒于此（他们对黄金的偏爱胜过美元，虽然这种偏爱最终证明是完全正当的）。左翼经济学家们也颇有微词，比如牛津大学的托马斯 · 巴洛格，他是内阁的官方经济顾问。而内阁成员怀疑，沃伯格的总体计划是使美国秘密接管英国经济。巴洛格与他在剑桥大学的同仁（也是匈牙利同胞）尼古拉斯 · 卡尔多，想的是一套非常不同的政策，包括实行一种选择性的雇用税，偏向制造业，差别对待服务业，并征收 15% 的进口附加费。沃伯格无力阻止这些措施。然而，这表明威尔逊对沃伯格越来越有信心。1965 年 11 月，南罗得西亚单边宣布独立，沃伯格被任命为罗得西亚储备银行的一名董事，该措施旨在强调英国仍控制该行的海外资产。当其他董事们因为"他们与罗得西亚中央银行的联系会殃及他们的商业利益"而考虑辞职时，沃伯格拒绝这么做，"因为他认为……这将使英国政府陷入严重的窘境"。

沃伯格和威尔逊在另一个问题上，观点也一致。这位银行家深知过分的工资要求和罢工对政府造成的威胁，他忠诚地表达了他对政府价格和收入政策的支持。政府试图通过建立一个新的国家价格和收入局，与雇主和工会达成协议，以减缓通货膨胀——虽然沃伯格也敦促政府引入"积极的激励机制"，以提高生产力和出口。事实上，他甚至主张"对价格、工资和股利进行某种形式的永久控制"，在几乎所有金融城的同僚中，他因这一观点而被划入极左派。不足为奇的是，沃伯格的建议威尔逊听进去了，这也鼓励了其他大臣们去征求他的意见。时任财政部金融大臣的哈罗德 · 利弗找过沃伯格，据他后来回忆说，“1968 年 3 月，在财政部曾举行某次子夜会谈”（但没有留下任何记录）。由于威尔逊明显的悲观情绪，利弗和沃伯格在 4 月再次会面，讨论长期存在的英镑余额的问题。

威尔逊显然满意沃伯格给他的建议。1966 年，几乎肯定是在首相的推荐下，沃伯格在女王生日表彰仪式上被授予爵士称谓（连同《金融时报》的编辑戈登 · 牛顿、作曲家迈克尔 · 蒂皮特，以及一批工业企业的负责人，包括埃索石油的董事长）。虽然沃伯格“并不热衷于公共头衔和荣誉”，但他没有拒绝这个褒奖，“他的理由是，这将给予其他难民鼓励”，而且他对收到众多的祝贺信感到满足。不管怎样，这是沃伯格的说法。事实上，亨利 · 格伦菲尔德建议沃伯格不要接受该爵士称谓，“推荐来自首相本人，他领导的政府制定了针对英国收入征收 96% 的累进税率[①]”。（因此，格伦菲尔德对威尔逊的看法是，他很“狡猾”。）在查尔斯 · 夏普看来，接受册封很“矛盾”，他的老板多年以来主张在汉堡恢复沃伯格的名誉，但现在仍愿意成为“西格蒙德爵士”。不过，沃伯格无视这些反对，他只是说：“我们都有个人的虚荣心。”金融城内的其他人觉得，甚至不应该给他这份荣誉。英格兰银行行长克罗默勋爵就表示反对，他的理由是虽然沃伯格“在他自己的领域当然很成功”，但他“没有为金融城的公益事业作出任何值得大众认可的突出贡献”。沃伯格接受封爵后不久就退休了，他有半年的时间搬进罗卡美亚隐蔽的托斯卡纳海岸度假房，这成为进一步不利评价的来源。

实际上，正如我们已经注意到的，这不是一般被认为的退休。沃伯格解释道，他和伊娃愿意从 5~10 月住在意大利：

> 但这几个月当中，我还要多次去伦敦和欧洲大陆等多个地方出差，假期经常被打断。不过，我发现这些间断不会影响闲暇时光，反而增加了休息的质量。我们伦敦的一位秘书总会住在附近的旅店——她们也轮流——她帮助我和外界保持联系，维系书信往来，并处理与我生意无关的事宜。

---

① 那时最高直接税率事实上达到 97.5%：薪金和工资的税率是 82.5%，外加“未挣得”（投资）收入的税率是 15%。

沃伯格非常清楚，这种安排在某种程度上不寻常。他说，"我的一些朋友们开玩笑地说，我的假期不是一个真正的假期，因为我总让秘书在附近的旅馆待命，每天早晨向她口授几个小时"——更不用说一天里要给伦敦、纽约和其他地方打很多电话了。1973 年，沃伯格夫妇彻底搬到瑞士白朗尼后，这一模式仍在继续（从意大利海岸收发信息不可能，这使沃伯格越发感到灰心）。虽然他也许人不在伦敦，但你能在整年之中不断感到他的存在。从被保留下来的他的私人文件中判断，带他名字的业务备忘录的数量，在他退休后事实上数量还增加了。

现在的困难是，虽然威尔逊会听取沃伯格的建议，但如何最好地抵挡英镑承受的压力，财政部自有想法，而且财政部的官员们全年都在伦敦，首相的匈牙利裔顾问们也在伦敦。对于沃伯格而言，1967 年 11 月，英镑兑美元的汇率从 2.8 美元下跌至 2.4 美元，导致贬值政策的实行表明了"一种几乎不可思议的傲慢和浅薄"。沃伯格致信保罗 · 马苏尔说："贬值的原因，最终不是经济的原因，而是心理的原因，主要产生于某种货币疑病症，它似乎成为当今西方世界蔓延的病症之一。"问题是，英国人"在军事、经济政策的许多方面，没有放弃老牌帝国主义神圣不可侵犯的东西，包括英镑作为所谓储备货币的角色"。"消除老牌帝国主义地位过时的残余，主要的障碍正是英国财政部和英国外交部"。后来，沃伯格在《星期日电讯报》上发表不具名评论：

> 当人们进入财政部高层的那种环境……他们会被一种奇怪的学术傲慢气氛所传染。他们都变成了某种无上光荣的大学导师，高兴地坐在那里，而不是在真正属于他们的牛津或剑桥。
>
> 他们都是完全正派的人，水平一流、能力很强，但当我回顾这些年，我看到的是，他们犯了他们所能犯下的每一个错误。他们很"仔细"，一个错误都没有漏掉。
>
> 举例而言，自从战争结束，我们中的某些人一直告诫财政部，维持英镑作为储备货币没有任何意义。但每当你这么跟他们说时，他们都看着你，好像想找个借口把你投进监狱，因为你也许会刺杀女王。

这样的评价也许太苛刻。如果威尔逊最终被迫采取贬值，那也不只是财政部的错误。格伦菲尔德曾抱怨的劳资纠纷以及惩罚性税收，都不能吸引外资进入英国。

向服务业征税，像征收进口关税一样失策，后者有悖于英国在关贸总协定项下作出的承诺，更不用说欧洲自由贸易联盟了。但是，沃伯格对“白厅”官员们的敌意，不是完全没有正当理由，之后的一代人把“白厅”官员们称为“汉弗里爵士们”。同样是那批精英，曾经一度反对凯恩斯及其所有作品。30年后的今天，他们大部分是凯恩斯主义者，并极大地低估了威尔逊实行的政策的风险。

针对公职队伍死气沉沉的“解药”是招收新人进入政府，其理想的对象是来自S·G·华宝公司的新人。这确实发生了。1966年，乔治·布朗招募了罗尼·格里尔森，并让其领导一家新成立的工业重组公司[①]。该公司预算达1.5亿英镑，用于发起或支持合并，这些合并有可能增加英国工业的国际竞争力。3年后，也就是1969年，伊恩·弗雷泽离开沃伯格系，去担任金融城收购与合并委员会的总干事，该委员会根据《垄断与合并法案》组建，以确保即将发生的合并不会限制竞争。沃伯格的公司不仅在货币问题上，而且在像国有煤炭局这样的国有实体融资问题上，也向政府提供建议。与此同时，正如我们所见，埃里克·罗尔从经济事务部退休后，沃伯格不加犹豫地招募了这位大官，并请他担任执行董事。罗尔的作用是为格雷沙姆街30号和“白厅”之间提供沟通渠道，更不用说和许多外国政府了，罗尔过去和它们都曾打过交道。即使在罗尔被任命为S·G·华宝公司副董事长后，他继续接受官方以及私营企业的聘请。1968年5月，他应财政大臣罗伊·詹金斯的邀请，加入英格兰银行法庭（实际上欲成为央行董事）。3年后，希思政府任用两名独立委员加入国家经济发展委员会，罗尔是其中之一，该机构由保守党在1962年设立，以显示保守党也相信经济的计划性。

（正如沃伯格预测的那样）1967年英镑贬值，但它远没有解决英国财政问题，贬值只提供了短暂的喘息。虽然政府紧缩财政政策、增加税收、削减防御开支，但没有什么可以恢复英格兰银行早已枯竭的货币储备，没过多久，针对英镑的投机行

---

① 这份工作格里尔森曾极力避免。他不希望去政府做事，并很快投奔哈佛大学，参加了亨利·基辛格创办的著名的“国际研讨会”。但是，当他返回时，乔治·布朗向他提供了去工业重组公司的工作机会，而且哈罗德·利弗、阿诺德·温斯托克都鼓励他接受这份工作。据格里尔森说：“西格蒙德说，‘我给你点建议吧，我认为当你被请去做这种事时，你应该去做。即使不是首相，而是副首相来请。’我和其他一些人谈话，他们都说，‘工业重组公司是一个荒唐的组织’——我知道这个组织很可笑——‘但如果其他人去干，也许会对我们不利，你去干可以阻止有害局面的发生’，我就是这么做的——我在那里两年，的确阻止了有害状况的发生。”

为又开始了。上一届政府在 1961 年从国际货币基金组织获得了 20 亿英镑的贷款额度。1965 年，威尔逊不得不动用这一额度来捍卫英镑。英镑贬值后，他不得不向其他外国货币部门寻求更多的帮助。问题是，国际货币基金组织现在坚持严格的通缩政策，包括平衡的预算、限制国内信贷扩张——这些条件迫使卡拉汉辞去财政大臣。那么，有别的办法吗？沃伯格直白地告诉威尔逊"我们应从德国借更多的钱，尤其为国有化的工业借钱。英国财政大臣……表示同意，并说他将考虑能为此做些什么"。沃伯格游说的一个想法是，国营机构，比如英国钢铁、燃气委员会，应通过发行以德国马克计价的欧洲债券，在海外募集资金。事实上，1969 年，燃气委员会以此方式募集了约 3 100 万英镑。到 1971 年 10 月，英国各公立单位，通过这种贷款共募集了 1.22 亿美元（合 5 100 万英镑）。但财政部很快指出，问题是这种贷款存在严重的货币风险。如果英镑进一步贬值，或者德国马克单边升值，这些债务的英镑价值将一夜之间增加。这是极有可能的。1967 年年中至 1968 年年中连续 4 个季度，英国政府不得不花费 22 亿英镑，捍卫英镑汇率的新低——数额已大大超过英格兰银行的全部储备，也大幅超过欧洲债券市场可募集的规模。只有国际货币基金组织和其他国家的央行，正在阻止英镑的再次贬值。

到 20 世纪 60 年代末，英镑依然面临压力，失业和通胀比威尔逊刚入主唐宁街 10 号时都有显著上升，政府正失去对权力的控制。1969 年出版的白皮书《在冲突之地》道出了一切，"活跃、令人兴奋和刺激的变化"，这种使人头脑发昏的愿景，让位于一种醉醒后的现实，即长期的工业动荡。英国经济低迷的深度，远远超过（用威尔逊著名的空话说就是）"你口袋里英镑"兑换率的跌幅，现在这一情况已明显到令人生厌的地步。工党政府上台的目的是要通过一份国家纲要来实现英国经济现代化。它设置了技术部和经济事务部。它对公共部门的投资大幅增加了 29%。但效果显然很平平。诚然，1960~1970 年，国内生产总值提高了 34%，生产力提高了 42%。但所有其他主要工业国家的表现都更好，甚至包括意大利，其生产力增速是英国的两倍。英国只在一个方面领先于世界：即，单位劳动成本没有比在英国增长得更快了。也正是部分出于这个原因，没有什么可以阻止英国制造业无情地退出世界市场：英国占世界制造业贸易的份额下降了超过 1/3。那么，是哪里出了毛病？或者，正如西格蒙德 · 沃伯格所说的，为什么"病人"没有反应？

对工业企业保持信心

虽然沃伯格在20世纪60年代中期，通常主动提供宏观经济的“药方”，但实际上，他主要的兴趣仍是微观经济的实践。不管英国面临什么困难、公职体系有多少瑕疵，他仍对英国工业企业的潜力保持信心。实质上，他认为他的职责是通过向英国公司提供高质量的财务建议，帮助它们实现那种潜能。他特别愿意把自己公司企业融资的品牌与药品类比。1970年，他罕有地接受记者帕特里克·哈特伯的访问，双方对话极为坦诚，他在访问中公开了这一类比：

> 医生的动机是一种混合体，既有利他主义——希望帮助他人，又有完成好任务的抱负。他希望获得内心的满足以及物质上的认可，前者的获得是靠取得的成就。在此基础上，一个好医生应认真倾听病人的问题和抱怨，试图掌握病人优势和劣势的全局。好医生不但要看病人的具体病灶，还要观察病人的整体状态，以及这种状态对病人身体、心理带来的影响。
>
> 医生必须不能忽视病人健康的小毛病，也不能对病人最危急的病痛抱有绝望，甚至在病人弥留之际也不能撇下他不管。此外，一个好医生必须有勇气告诉病人令人不悦的事实，当病人想要做出在医生看来是不明智的事时，医生必须有勇气反对病人。
>
> 最后，当医生照看他的病人时，应只想着他如何能给予他的病人最好的照顾，而不应想着事后要给病人寄账单。但是，一旦医生提供了良好的服务，他向能付得起费用的人寄送账单时不应感到害羞。对于我来说，出发点永远是服务的质量，以及坚持提供周密建议的勇气，不管这些建议有时也许多么不受欢迎。

沃伯格视银行业为一种专业化的金融咨询形式，其报酬是以手续费的形式出现。而传统的存款、贷款业务模式，其主要收入来源是利息和佣金。

正是这一原因，沃伯格视客户关系为公司最关心的事情。关键问题是，客户必须是正确的客户。1967年，沃伯格告诉他的同事们：“我们主要的兴趣应该是顾及我们在英国、美国以及欧洲大陆的重要工业客户。”一年后，他试图劝说他们：“我们的抱负不应该像有的同事那样，过多地强调业务的数量，或者甚至比我们的主要竞争对手做的还多。相反，我们的重点应该使S·G·华宝公司成为高端银行，精于为国内外的工业客户提供服务，而不是以大规模生产模式开展业务。”据伊恩 · 弗雷泽所知，沃伯格有两种屡试不爽的方法赢得并留住这样的客户：

> 如果客户强势，他劝说的主要工具是逻辑和思维的开创性。如果客户好说话，就采取奉承，经常是赤裸裸的奉承。有太多的英国工业家和商人们吃这一套，他们新教的教养让他们对这种待遇措手不及。我认为，不夸张地说，这些年来，这家投行的英国客户，很大一部分是靠这种不一般的技巧赢得的。

沃伯格在多年前也承认过。他承认：“掌握某种诈唬的才能，在银行业还是很重要的。”这是一种艺术，不是一项科学。他向一位弟子解释说：“让客户说话，不要向他推销你要卖的东西。让他告诉你他的问题是什么，你将有时间思考。试着以他自己的话回答他。他会想，‘这个人太聪明了，他说的正是我一直想做的。’然后，你必须让他觉得，你是能够执行这一想法的人。在和一个潜在客户会谈时，把话留个活口，说你可以日后回复他。不要说，‘再见，也许我们一年后可以见面。而要说，谢谢您见我。我会查看一下我 10 分钟前提到的那本书，并寄给您一本。’你把门留道缝，好有个自然的借口再回去。”埃里克 · 罗尔记得沃伯格如何用自嘲消除潜在客户的敌意：

> 当一个新客户找上门来时，沃伯格会对他说两件事。他会说，“请听我说，我们也许不总是我们希望的那样胜任，但我们极为小心谨慎。”他总会首先这么说。接着，客户会说出他的问题：比如，我们应该做这个吗，我们应该做那个吗，我们应该通过内部实现增长，还是通过收购、合并，我们该怎么办，我们应该上新产品吗？等客户说完后，沃伯格会说，“您看，贵公司生产什么产品，我帮不上忙。您最清楚贵公司是如何生产香肠或汽车的。我可以帮您解释周围的环境，尤其是融资状况，针对您必须做或者也许想做的，可向您解释其金融方面的事宜。”然后，他会说，“假如您可以完全以您的方式去做，您理想的解决方案是什么？我听您说完再告诉您我的建议。”

接触客户，沃伯格有很多规则，有些明显是非传统的。举例而言，在沃伯格眼中，客户不总是对的。一次有人问他：“只要有一线机会打赢官司，我们就像出庭律师一样，不顾一切地为重要客户‘辩护’，还是在面对即使是极为重要的客户时，有勇气拒绝遵从他们的想法或观点？”沃伯格答道：“事实上，我们的政策一直是说出我们对客户的批评，不管他们有多么不爱听，如果我们在重大事情上与他们的观点不一致，甚至会拒绝为他们提供服务。”这条戒律不止在一个场合被实施过。沃伯格认为，在他理想的金融诊断专家与辩护律师（在他看来）不太高尚的方法之间存在区别，这条戒律就是区别所在。客户陷入困境也不应被自动舍弃：“金融城的普遍做法是欺负弱小，并讨好欺负弱小的人。我们不应该按照这种做法行事，那太遗憾了。”当事情办砸时，没有其他办法，只能进行“痛苦的自我检讨”。所有这些都异常管用。彼得 · 斯托蒙思 · 达林回忆说，沃伯格“不是一个技术型天才，但他在开发客户方面绝对是个天才。银行家应具备什么素质？对于银行业来说……就是为银行带来客户或潜在客户。”伯纳德 · 凯利私下在日记里经常批评沃伯格。凯利在观察了他老板与潜在的瑞典客户共进午餐和晚餐的情形后，这样评价他对“沃伯格主义”的定义，“那可是凭空杜撰，我们说的话听起来很有帮助，也很积极，但那其实是吹牛”。但凯利不能否认，沃伯格身上有种“磁场”。几年后，当一只主要的瑞典债券发行濒临流产时，凯利只能感叹沃伯格以“压力和权威”的方式“力挽狂澜”。

沃伯格对主要企业客户的胃口，必然与其他金融城的公司形成高度竞争关系。诚然，金融城生活的许多方面仍受到各种限制性做法的制约，明显的要算是首次公开募股。在那段时期，首发价格被系统性地低估（根本原因是，负责承销的投行，定价通常是固定的，而且被大打折扣，募股公司必须接受）。不过，争夺英国铝业的“战役”标志着英国金融一个新纪元的到来。这时，各投资银行不再会礼貌地放过对手的客户。我们已经看到沃伯格如何从施罗德公司赢得帝国化学工业公司的国际业务。另一个变更银行的例子是霍克利集团，它原来使用菲利普希尔，现在投靠沃伯格系。《星期日电讯报》报道：“一般惯例认为，一个客户一旦成为某家投行的客户，就永远是那家投行的客户。这种观点已站不住脚，并注定失败。”

但英国公司真正需要什么样的建议呢？对沃伯格而言，答案可以用一个字来总结：即为合理化。这个词经常在两次世界大战期间出现，它被用来形容德国工业内部更加集中的趋势。这个词用在 20 世纪 60 年代的英国，其含义是，消除不具竞争力的实体，以及利用规模经济。这可以通过兼并与收购实现，达到强吃弱、大吃小的目的。沃伯格在这方面的假设很直接：“西方世界经济生活中的个体单位将变得更大。当然，从人的角度看，这非常令人遗憾，但鉴于近几十年的技术发展，这一变化显得不可避免。"收购英国铝业在这方面开了一个重要的先例，不只是因为它如此成功地将S·G·华宝公司在兼并与收购领域的能力广而告之。不过，有时需要的是注入新资本（经常以发行股票或欧洲债券的形式）和更换管理层。

S·G·华宝公司在金融方面的"全科行医"（套用医学类比）在20世纪60年代迅速发展。争夺英国铝业"战役"爆发后，各种工业企业受到沃伯格公司业务风格激进的吸引，纷纷找上门来。沃伯格自己并未假装通晓英国经济各个方面的专业知识。他曾向埃里克·罗尔解释道：

> 他对制作香肠、制造汽车，或者出版报纸、管理饭店一窍不通，也不希望知道。但是，在一个现代社会中，管理一家企业的某些特征——不光在具体的融资方面企业家需要掌握——是适度一致的，这种经验和判断使人可以提出建议。

沃伯格向伊恩·弗雷泽进一步解释。他曾警告弗雷泽"不要去参观工厂，因为你会被震住的"。这不是轻浮的说法。1957年，沃伯格与一些银行家组团参观了一座意大利的钢厂。"代表团中的大部分成员，包括我自己，"沃伯格指出：

> 根本不了解这家企业在技术方面的复杂性，但每个人——除了我以外——都努力做出在深刻了解的基础上被极大折服的样子。他们极具善于虚伪和装腔。向专家们承认自己的无知则更加坦诚，也更不费力！最差的冒牌者是我的银行家同事们。

沃伯格虽然曾较多地参与汽车行业的工作，但他还是频繁地厚着脸"自夸"他对内燃机原理的无知。（正如我们已看到的，他甚至不能开车，更不要说修车了。）沃伯格的特长在于他是一个通才：他能"就受影响企业的管理团队和架构设置实现重大改进"——不太委婉地说，就是清除死木。

但是，英国金融"疾病"的治疗方法有多成功呢？威尔逊时代的宏观政策令人失望：国家纲要被取消，贬值被不情愿地接受，政令停停走走再次流行起来。那么，20世纪60年代的微观经济表现得更好吗？因为工业重建公司与垄断委员会分别有一名前沃伯格系的雇员，所以，英国出现了兼并与收购的繁荣。1965~1973年，贸易局（后改名贸易工业部）共考虑了875件合并案。其中，只有18件被提交给垄断委员会，而且只有6件被禁止。大部分主要经济部门的集中度增加，包括纺织、工程、报纸以及汽车行业。但这些行业的表现改善了吗？效率提高了吗？威尔逊派的经济学还是虚多实少吗？

这里要分清企业融资业务与用水银证券自有资本直接投资（往来账业务）的区别，前者指提供建议，并收取费用，而后者风险更大。的确，有几笔投资清楚地暴露了这位通才使用的方法的局限性。比如，1955 年，水银的子公司布兰德斯 · 戈德施密特控制了埃尔金顿公司，后者专门生产镀银的餐具。使埃尔金顿合理化的第一步，是替换其董事总经理。此人名叫贝尔，他精神变得不稳定（亨利 · 格伦菲尔德记得，贝尔在克拉里奇酒店外扑向沃伯格，并“亲他，不让他走，直到行李员成功解救了”这位无疑被吓得不轻的金融家）。遗憾的是，埃尔金顿新的董事总经理并未证明更好。新领导劝沃伯格系是否把埃尔金顿最大的镀银厂改造成一座炼铜厂，结果这个新领导签署了大量亏损的铜金属期货合约。安排该公司上市后，沃伯格极力避免很快宣布亏损，这可以从他写给妻子的一封信的片断中看出端倪：

> 某件事情的出现也许给公司的良好声誉打上污点，公司的声誉是我小心翼翼建立起来的，在这个虚伪世界的眼中，它对一个商人如此重要。这个新打击不会为我们带来任何财务损失，但会影响公司的总体发展，而且我把儿子牵扯进这件事来。因此，我这一时期的霉运也连累了他。我知道，我那三位亲爱的“火枪手”——亨利、埃里克和厄恩斯特——听了这些肯定会说，我夸大其词了。他们会说，我把当前的业务问题看得过重。他们会说，每一个值得尊敬，而且活跃的银行都不得不处理类似的不走运或管理不当。我希望我的三位“火枪手”是对的。此外，我希望我可以重新获得更加开朗的心态。

这三位“火枪手”保持冷静。格伦菲尔德很快把亏损的炼铜业务转移到布兰德斯 · 戈德施密特公司的一家下属子公司，他把埃尔金顿的剩余资产卖给了三角洲金属公司，售价略微对股东有利。另一项同样失败的投资是对体育休闲公司依科塞尔鲍林的投资。

不是所有类似的往来账业务投资都以失败告终。随着水银公司收购了额外的资产，作为系统性多元战略的一部分，它演变成为一个金融服务集团，包括保险（斯图尔特 · 史密斯公司和马修斯赖特森）、咨询（大都会养老金协会）、广告（马修斯温-威廉斯代理），以及意见调查（盖洛普）。沃伯格系还短暂控制过石油基建公司特仑克管道，这并未产生明显的不良影响。相反，水银公司自身与矿物分离有限公司联系紧密，后者最初精于开采银、铅和锌，但到了 20 世纪 50 年代，演化成一家控股公司或投资信托，由力拓公司前财务总监约翰 · 布坎南领导。矿物分离公司在水银公司占 15%的股份，事实上这是前者最大的资产。布坎南因此是沃伯格集团最大的外部股东。多年来，两个集团紧密合作，甚至共用办公室。不过，到 1963 年，双方关系已经破裂。布坎南不断卖出水银公司的股票，这时金融类股票普遍走弱，布坎南更以辞去水银公司董事席位向沃伯格挑战。沃伯格认为，76 岁的布坎南现在年龄太大，也太"固执"，无法继续担任矿物分离公司的首席执行官。1964 年 6 月，随着沃伯格和另一位董事分别辞去矿物分离公司的董事，布坎南如愿以偿。20 世纪 60 年代的英国，不怀好意的董事会斗争是那个时代的一个特征，这只是众多"战役"中的一例而已。无论双方的关系是好是坏，矿物分离公司或者水银公司是否从中获益似乎都令人怀疑。

如果英国经济中有一个产业亟待合理化，那个产业就是纺织业。它曾经处于英国工业革命的前沿，但到 20 世纪 60 年代，英格兰北部、苏格兰中部的棉花和羊毛加工厂已岌岌可危。不幸的是，它们无法抵御来自日本和来自其他更便宜、更高效的生产厂家的竞争。答案似乎只有合并。考陶尔兹公司在弗兰克 · 基尔顿的领导下专门制作人造革。到 20 世纪 70 年代中期，该公司成为世界最大的纺织加工厂。公司在沃伯格系的建议下，收购了像兰开夏棉花、优质棉花纺织机这样的公司，并抵挡了来自帝国化工的恶意收购。另外，沃伯格成功为艾萨克 · 沃尔夫森爵士完成了几笔兼并业务，后者是格拉斯哥的消费信贷和邮购大王（兼慈善家），包括收购韦林吉洛公司、亚尔羊毛公司和惠廷厄姆公司。不过，一则令人不太高兴的故事是维耶勒公司的兴衰，该公司是乔 · 海曼通过合并盖恩斯伯勒康纳德、威廉霍林斯和其他公司建立起来的。单单在一年里，彼得 · 斯皮拉与迈克尔 · 本特利，就以维耶勒的名义（取自公司知名的棉毛混合织物）发起过 13 次收购。但是，据伊恩 · 弗雷泽所知，维耶勒只不过是"一个'垃圾桶'，所有兰开夏和米德兰棉花和人造丝工业的残余都被塞了进去"。当海曼大胆提出以维耶勒收购水银证券时，双方关系破裂。这之后不久，海曼作为维耶勒董事长的位子不保，该公司随即被卡灵顿和杜赫斯特公司吞并。

与此同时，对于与纺织业关联性很强的化工业，沃伯格系不但在欧洲债券业务上，为帝国化工担任顾问，而且定期为化学公司费森斯提供服务，其中以收购斯潘塞化工和英国药方的股份著称。沃伯格系以中介身份出面，将费森斯在纸张和包装公司泰晤士纸板厂的股份，出售给食品和家庭用品跨国公司联合利华。沃伯格系还帮助埃利斯与埃弗拉德公司，抵挡了来自联合利华的恶意收购。沃伯格系另一个重要的客户是化工公司科柔达。

所有这些行动的结果，是为了大幅减少英国纺织业的雇员数量及其产量。棉纺产量从20世纪50年代中期的35万吨，下降到20世纪70年代中期的15万吨。德国、法国和意大利表现得更好。但重要的是，纺织行业的集中度在欧洲大陆三大经济体中都大幅下滑。1975年，英国纺织业前三大公司雇用的人数占整个行业的40%，该数字在法国是17%，在意大利是8%，在德国是5%。威尔逊主义的假设是数字越大一定越好，上述证据表明该假设站不住脚。相反，欧洲纺织的未来在于高档的布料和时尚的设计，而这些只有灵活的欧洲大陆公司善于生产。

在格雷沙姆街30号，交通行业的问题甚至比纺织行业的更大。公司交通行业的客户有造船厂沃斯珀、卡梅尔莱尔德；飞机制造商费尔雷航空，及其竞争对手霍克西得列。1960年，沃伯格帮助费尔雷抵挡了来自布里斯托和韦斯特兰的收购。（根据伊恩·弗雷泽的说法）只有当沃伯格同意以3.5%的较低利率接管霍克西得列董事长15万英镑的透支后，该公司才改用沃伯格系的服务。但是，20世纪60年代，还是汽车行业象征着英国工业面临的挑战。人们容易忘记，英国一度曾是欧洲领先的汽车制造国。1938年，英国汽车生产远强于德国、法国和意大利，三家英国公司——奥斯丁、莫里斯以及福特的英格兰分部——主导市场，而且利兰汽车、罗孚和捷豹也几乎紧随上述三家公司。12年后，英国在世界汽车出口的份额降至52%。奥斯丁与莫里斯合并成立英国汽车公司，英国似乎已经打造出自己的“通用汽车”。1966年，当英国汽车公司收购捷豹，利兰汽车收购罗孚时，这标志着另一轮兼并狂潮的开始。

沃伯格系已经在汽车行业积累了一些经验。自从20世纪50年代以来，公司为美国车厂克莱斯勒可能在欧洲进行的收购提供建议，那时，克莱斯勒试图与通用汽车看齐，后者的欧宝、沃豪以及其他欧洲品牌已取得成功。法国的西姆卡、西班牙的巴莱罗斯很快被收购。然而，从1963年开始，罗茨集团成为沃伯格系的客户后，焦点转向英国汽车行业。罗茨集团作为像希尔曼、汉伯、日光、塔尔伯特这些已被遗忘的汽车品牌的生产厂家，在很多方面代表了英国问题的所在：比如，它仍是家族企业；仍高度集中在国内市场，其在国内市场的份额能占到 12%。为生产出能与英国汽车公司生产的似乎不朽的“迷你”抗衡的汽车，罗茨设计了“希尔曼顽童”。罗茨在政府的劝说下，把厂址选在格拉斯哥西南的林伍德，并在那里生产“顽童”。特立独行的设计，糟糕的供应链，由越发好斗的工人代表引发的劳资纠纷，这些都导致了灾难性的结果①。开始时沃伯格系为罗茨可能进行的收购提供建议，但公司很快发现罗茨被他人收购的方式。1964 年年中，克莱斯勒被劝说抓住这次机会，它愿意从各家族成员手中购买罗茨集团 30% 的股份，那时，罗茨家族仍控制罗茨集团 55% 的投票权。

正像在争夺英国铝业“战役”中的那样，如果罗茨董事会不接受正式收购，沃伯格系则准备帮助克莱斯勒在公开市场购买其股票。不过，政府应该对克莱斯勒最终控股有某种否决权，沃伯格试图抵制这种想法，但他最后还是劝说美国人接受为经济民族主义作贡献。到 1966 年，沃伯格建议，克莱斯勒需要“在罗茨董事会里安排一名一流的英国人，这个人善于处理行业的组织问题”，这不但反映了沃伯格“对罗茨管理层的评价很低”，而且还反映出他知晓外国控制这个敏感的问题，这个问题困扰了许多内阁大臣。托尼 · 本（时任技术大臣）主张，“再次允许另一家主要的制造单位被美国人控制将是不明智的”，他促请威尔逊支持“英国汽车公司、利兰、罗孚与罗茨合并”的备选方案，把克莱斯勒的收购视为一种退路。然而，针对罗茨危机的一个全英国性的解决方案，在财务上的劣势似乎是巨大的。结果，克莱斯勒采取了“蠕变”收购，因为这种收购遇到的抵抗最少。到 1973 年 1 月，最后一批英国股东最终被买断。但这次收购在所有克莱斯勒的海外收购中被证明是最不成功的。

不过，主张英国汽车行业进一步整合仍旧令人信服。一个明显的方案是，让相对赢利的卡车制造厂利兰收购亏损的英国汽车控股公司（英国汽车公司收购捷豹后改名）。这项合并得到了政府与工业重建公司的同意，但是沃伯格制定出所有的细节——尤其是，决定安排利兰的唐纳德 · 斯托克斯担任新公司英国利兰的首席执行官。当英国汽车公司提议设立“一名董事长和三名副董事长，并且不设董事总经理或执行董事长”时，沃伯格积极认同：

① 这一点我能证明。年少时，我曾坐在父母的“希尔曼顽童”里，经历过许多次不舒服而且是经常不完整的旅行。

> 现在，大家肯定认识到，在一个伟大的工业企业里一定要有一名首席执行官，他应该把他的职责尽可能广地委托下去，但他在任何将要作出的重要决策上，显然要有最后的发言权，决策当然要视董事会的权力而定……在管理事务上分散的职责，势必会导致拖延和混乱的决策。

这场收购战役几乎像争夺英国铝业一样非常激烈，其结果未能达到预期。新车型，比如莫里斯马力纳、奥斯丁阿莱格罗和罗孚轿车，即刻变得没有吸引力，也不可靠了。新公司 40 多个工厂的劳资关系糟糕透顶。早在 1970 年 2 月，沃伯格就曾发现，斯托克斯“对不能处理新公司面临的层出不穷的罢工或罢工威胁感到绝望”。试图使劳动力从计件工作转为福特风格的核定日工作，这预示着麻烦的到来。新公司的利润微乎其微（1970 年，销售达 10 亿英镑，而利润只有 400 万英镑）。没有比英国利兰日后的历史——1975 年被国有化，1986 年蜕变为罗孚集团，2005 年破产。名爵、捷豹和路虎这些极富历史性的品牌，被屈辱地卖给了外国买家——更好地概括英国汽车工业的没落。通过合并实现合理化战略再次悲惨地失败。银行家们曾积极推动这项交易，但当合并后的集团被证明不赢利时——因为它无法与质量更好的欧洲大陆，或更便宜的日本进口车竞争——他们撤销了融资支持，反而让纳税人埋单。然而，其他国家保住了竞争，这令人不可思议：大众没有与宝马或戴姆勒-奔驰合并，标致与雷诺维持独立，本田与丰田也是如此。

从 20 世纪 50 年代中期开始，沃伯格系也参与了英国报业，虽然它注定的衰落没有那么明显。早在 1955 年，沃伯格就建议《每日镜报》集团的塞西尔 · 金针对集团非报纸的权益部分，设立可能的投资信托。这一时期，“金融城内的人都不想碰《每日镜报》，他们认为该报纸导向偏左，而且是二流的报纸”。1959 年 7 月，正值加拿大报业大亨罗伊 · 汤姆森收购凯姆斯利勋爵旗下所有的 18 份报纸，包括《泰晤士报》，亨利 · 格伦菲尔德为汤姆森提供了财务建议。虽然这项价值 1 250 万英镑的交易超出汤姆森的承受能力[①]，但格伦菲尔德提出开创性的“逆向收购”战略，技术上凯姆斯利收购了汤姆森的苏格兰电视台，不过却将合并后新公司的控制权让予汤姆森。两年后，金和汤姆森这两个客户在所谓“朗埃克之战”中狭路相

① 随着谈判接近尾声，当汤姆森就如何筹集必要的资金请格伦菲尔德担任财务顾问时，格伦菲尔德目瞪口呆。他后来说，这是他职业生涯中唯一一次哑口无言的时候。

逢，那时《每月镜报》集团欲控制奥当斯出版社，后者出版了《人物》杂志和工党党报《每日先驱报》，收购的目的是减少英国报摊上出售杂志的数量。为阻止出版社被金收购，奥当斯的董事长克里斯托弗 · 钱塞勒爵士欲寻求与汤姆森报业合并(事实上是另一起反向收购)。不过，这一次，汤姆森不能依靠格伦菲尔德的聪明才智。沃伯格的收购团队遗憾地通知汤姆森，他们不得不只代表金，因为塞西尔 · 金成为沃伯格系客户的时间更长，沃伯格的收购团队再次与赫尔伯特瓦格公司的莱昂内尔 · 弗雷泽联手，汤姆森则请了菲利普 · 希尔公司（虽然汤姆森后来又选择了沃伯格系)。正像英国铝业这个收购案，收购奥当斯的结果也被大肆报道，沃伯格系的客户最终取胜——奥当斯的股东们获得了可观的溢价。奥当斯出版社的消失，不仅在政治上具有争议，包括对工党领导人的疯狂游说，并且还引发了议会对有关未来媒体自由的质询。它的消失在金融领域也具有争议。虽然内部交易还未被定为刑事犯罪，但金有意收购的传闻使得奥当斯的股票大涨，以至于证券交易所介入调查。金背后有一位谜一般的人物，他就是约翰 · 埃勒曼爵士，他是惧怕媒体的百万富翁，他控制着新闻印刷厂阿尔伯特 · E · 里德，以及酿酒公司J · W · 卡梅隆。埃勒曼的财富使得金可以提高收购奥当斯的价格，从 3 200 万英镑涨到 3 800 万英镑(每股出价 63 先令，远高于收购战爆发前每股 40 先令的市价)。这个案例可能会被认为是一则比英国汽车行业没落更令人欣喜的故事。虽然历届政府也许会乐见其他行业出现垄断，但没有一个负责任的政治人物想让一个媒体大亨统治“舰队街”。不过，即使保持竞争也无法阻止英国报业遭受数年来的严重亏损，因为由顽抗的印刷工人发起的劳资冲突再度侵蚀了利润空间。

沃伯格这位金融诊断师没有发过希波克拉底誓言，他完全有能力拒绝“病人”，不管他们有多么紧急地需要接受治疗。臭名昭著、靠收取高额租金的地主彼得 · 瑞奇曼只在沃伯格办公室待了 5 分钟就被请出去。不择手段的媒体大亨罗伯特 · 马克斯韦尔未能在午餐时打动沃伯格和其他 3 位董事而遭到拒绝。甚至杰出的出版商乔治 · 韦登菲尔德，也未能符合沃伯格系的要求，因为他在伊恩 · 弗雷泽做记者时，二人曾反目成仇，这一次，一张秘密的反对票就足够了。(韦登菲尔德的例子说明沃伯格系管理的另一个原则，它类似于“四人原则”。某个客户被公司接受需在一次例行的“9 点 15 分晨会”上获得全体董事的同意。）相反，弗雷泽百货商场的董事长休 · 弗雷泽爵士被认为在社会阶层上可以接受，并在 20 世纪 70 年代初成为公司的一个重要客户。那时，弗雷泽爵士曾考虑先与英美烟草合并，再与博姿合并。酒店管理人查尔斯·福特也是一个重要客户，沃伯格系帮助他收购了托拉斯公司旗下的连锁酒店，并帮助他抵挡了来自联合酿酒的恶意收购。另一个高调的客户是以残忍和好斗出名的泰尼·罗兰德，他的公司“伦罗”（伦敦和罗得西亚土地、金融与投资）名副其实地疯狂购买多家休眠的非洲矿业公司，比如亨德森德兰士瓦不动产、威特沃特斯兰德煤炭和阿散蒂。但是，罗兰德未咨询“伦罗”董事会，就支付1 200万英镑买下汪克尔转子发动机的使用权，当时“伦罗”的财务状况捉襟见肘，为此，沃伯格断绝与罗兰德的一切联系。（这发生在罗兰德与他的董事长、前保守党政治人物邓肯·桑兹被暴出逃税之前。）在沃伯格看来，罗兰德一直是一个值得怀疑的人物，但沃伯格违反了自己很好的判断力，当初听从了伊恩·弗雷泽的劝说接受了这名客户。

正像上一段所述，沃伯格系在企业融资领域的兴趣范围极为广泛。整个20世纪60年代，直到进入20世纪70年代，沃伯格和他的同事们极力争取尽可能多的客户授权，以代表更大型的英国公司，并为它们提供建议，他们反复将他们更镇静的竞争对手挤出市场，这着实令对手们懊悔。无论是大都会在1972年收购伦敦酿酒厂沃特尼，还是塞恩斯伯里在1973年首次公开募股，沃伯格系都是首选的顾问。需要承认的是，交易中的艺术含量比科学含量要多。当遇到首次公开募股定价问题时，彼得·斯皮拉喜欢告诉客户，他会用“瓦塞尔曼测试”，该测试的意思是，如果沃伯格的秘书会在某个价格买入，那么，它就是合适的价格（没有意识到，“瓦塞尔曼测试”事实上是检验病人是否有性病的医疗程序）。如果要找出一个可辨别的趋势，那就是用国际办法解决本国的问题。也许沃伯格感到，内部人无法改正英国管理层的缺陷，他越来越倾向于欧洲或美国的投资或收购。帝国化工联合拜耳，克莱斯勒联合菲亚特，英国利兰联合大众或者戴姆勒–奔驰，这些都是20世纪60年代后期的黄粱美梦。同时，正如我们所见，沃伯格系正在扩展欧洲债券业务，为他们已建立联系的英国客户提供一个新的海外融资来源。沃伯格越沿着这些思路思考，英国企业融资越来越多的日常工作就落在弗兰克·史密斯和他忠实的副手兼继承人迈克尔·瓦伦丁的肩上。史密斯在很多方面是收购业务真正的大师，（用《经济学人》的话）他“在过去20年里，进行过的收购比任何人都多，其技艺炉火纯青”。但反复置身于董事会“战斗”，最终使他变得过于愤世嫉俗。新近加入沃伯格系的前怡和洋行首席执行官休·巴顿曾问史密斯，“你在这里负责什么？”史密斯冷冷地答道：“大部分时候，是照顾我自己。”罗宾·杰塞尔回忆说：“有一件事，只有一件事重要，那就是交易。一个交易接着另一个。正是这些交易中出现的问题，产生了下一个交易；正是这些交易中遇到的人，引发了下一个交易，这是一个新业务和新人不断更迭的过程。”正是史密斯的这种态度最终导致他的退出。1971年，他因向金融城收购委员会主席肖克罗斯勋爵说“假话”，而受到公开谴责，这与海斯码头发起的一宗收购案有关（肖克罗斯无法容忍“史密斯先生不够坦诚”[①]这样的一语双关）。令比他年轻的同事们失望的是，史密斯的辞职竟被董事长委员会接受了——因为，彼得·斯皮拉认为，史密斯“经常过于直言，这不符合委员会的品位”。

正如我们已经看到的，理论上，所有这些微观经济的努力，都是为补充威尔逊政府的宏观经济政策。成功的合理化将提高英国工业的生产力，最终为支付平衡作出积极贡献。至少是沃伯格在 1968 年 3 月为威尔逊草拟的一份发言稿的主旨，文中对过去 4 年尽可能作了最积极的评价：

> 在我们上台前的 13 年间，政府干预工业被认为是禁忌，但我们现在成功地创造了一种气候，那就是工业问题持续得到政府的关注，并通过政府和工业的紧密合作来解决……要我说，我们针对英国工业现代化所做的只是一个开始……但我们在经济中，逐渐成功地引入一种倾向变革的精神，相比之下，我们在刚执政时发现，那种自满与恶习成瘾的氛围波及范围是如此之广。

对于像英国利兰这样的公司，以及作为一个整体的英国经济来说，鉴于它们未来所要面临的挑战，上述发言显得极度乐观。但不能指责沃伯格太过天真。他比其他人更清楚英国管理的不足。他比其他人更怀疑政府官僚体制的效力。事实上，为威尔逊草拟该发言稿仅一个月后，沃伯格发现自己要面对英国经济令人沮丧的现实，与其说英国经济是受管理的，不如说管理不善。当托尼·本使用（正如他在日记里写道的）“强硬的措辞，欲打消他们（格伦菲尔德与罗尔）”发起收购国际计算机和制表机公司的这个想法时，担任电子和通讯公司普莱西顾问的沃伯格系遭受挫败：

---

① 史密斯先生的名字是弗兰克，而它的小写形式在英语中有“坦诚”的意思。——译者注

要我（托尼·本）说，我们投入3年努力，设法建立一家可行的英国计算机公司，我们志在必得，并已投入2 500万~3 000万英镑的政府资金。我也注意到，大批订单纷至沓来，甚至可以说，我们是电信设备的大型采购商。我没想到普莱西会以这种方式，阻挠我们的政策。我要指出的是，国际计算机和制表机公司早期如果不是得到技术部的支持，根本不会存在。另外，关于他们提议要做的，我持绝对反对的观点。

当普莱西的下一次收购——欲购买英格兰电气——升级为恶意收购时，沃伯格感到失望。首先，因为他自己的客户无视他的建议，其次因为，工业重建公司已经“表态”不支持普莱西，尽管之前已经批准英国通用电气公司进行类似的收购，后者由阿诺德·温斯托克创立。在沃伯格看来，“涉及的问题应该由相关行业之间自行解决，而且这些行业应该从什么能给公司和股东赢利这个角度看问题，而不是以符合所谓的‘行业逻辑’”——这个词被沃伯格驳斥为“一种极为危险的腐朽说法，就像中世纪神学家口中众多的陈词滥调”。事实上，沃伯格被温斯托克以策略制胜，后者在收购联合电气工业仅一年后，又为英国通用电气收购了英格兰电气——这对于格雷沙姆街的奇才们可是一处创伤，至少有一位评论员认为这处创伤是“自己造成的”。这肯定是迈克尔·瓦伦丁的观点，他认为沃伯格公开批评普莱西是一个致命的错误。沃伯格受到如此批评后，反问自己对合理化的基本假设：

1. 公司越大，其组织越优化、效率越高，这种假设到底有多少合理性？的确，任何这样的假设，都有很多可以反驳的地方……

2. 也许应该指出的是，如果美国的反托拉斯法规适用于英国，那么今天，英格兰电气的纳尔逊勋爵与阿诺德·温斯托克将因刑事犯罪入狱……

3. 捍卫竞争——其对立面是鼓励垄断企业，或鼓励过度主宰所在市场的企业——这种价值观显然在英国已经落伍……

关于普莱西的争吵如此激烈，以至于罗尼·格里尔森不得不辞去S·G·华宝公司的非执行董事，当他接受工业重建公司的职位时，他仍被保留原职。这一次，连他也不能否认存在利益冲突，因为他现在担任英国电气公司的副董事长。但在10年内，脾气火暴的格里尔森不但与沃伯格和解，而且使温斯托克重新成为沃伯格的客户。自从 20 世纪 50 年代起，温斯托克就时而是沃伯格的客户，时而又不是。

“公司越大，其组织越优化，效率越高，这种假设到底有多少合理性？”虽然西格蒙德·沃伯格在败给温斯托克之后才问了这个问题，但这个问题的确问得对。这个问题的答案是，不管有没有政府支持，如果合并只是把低效、管理差的公司堆在一起；只是减轻竞争对管理层和劳动力的压力，那么，这个假设一定不合理。问题是，唯一现实的备选方案——大规模关闭垂死的企业，正面攻击行业工会及工会代表，并邀请外国公司来接管——直到 20 世纪 80 年代才在政治上变得可行。

因此，问题不言自明：难道合理化对银行家要比对英国经济更有利？正如我们所见，相对于欧洲债券发行或投资管理业务，西格蒙德·沃伯格有时表达出对企业融资业务更大的偏好，更不用说公司日后的单位信托基金（在英国被称为共同基金）业务，沃伯格彻底将其忽略。收购、合并与并购是沃伯格所称的“具有建设性的”金融业务，它以客户关系为核心。向个人提供投资建议将培养一种错误的关系。至于出售某只债券，那只是一项交易。必须承认，从沃伯格留下的通信中，很少能找出他关心向客户收费的迹象。相反，沃伯格经常让客户决定需要支付的金额，如果他们对沃伯格系的服务足够满意的话，他会指望客户多付费用，而不是少付。只有极少数情况下，沃伯格甚至会提到费用这回事。1977 年，当阿诺德·温斯托克付费时，沃伯格觉得他支付了一个“吝啬的”数额。

但毫无疑问，企业融资业务对沃伯格具有吸引力，部分原因是费率结构。正如他在 1967 年指出的，一笔从一家大型工业客户收取的费用将超过从欧洲债券发行的全年所得。在没有竞争的收购交易中，银行可以指望获得收购金额的 0.5%；在有竞争的收购交易中，如果收购成功，银行的费率是 1%。当伯纳德·凯利就出售休·弗雷泽在弗雷泽百货商场的股份为后者提供建议时，双方达成的费率是交易总额的 0.75%，外加 75 000 英镑，这使得总收费达到“惊人的”334 500 英镑。随着合并总价值从 1967 年的 8 亿英镑，上升至 1968 年的 23.13 亿英镑，企业融资业务带来的回报也有相应的增长。1959~1969 年，水银证券的净利润剔除通胀因素上升了 6 倍。20 世纪 60 年代是该公司的黄金 10 年，1969 年 1 月，其股价冲到了 213 英镑，比 10 年前上涨了 20 倍。

矛盾的是，尽管这些数据显示出勃勃生机，但现实是，20 世纪 60 年代的伦敦金融城就像任何生锈的纺织厂、汽车流水线、报纸印刷间仍沿用古老的做法一样，依然守旧。金融城仍是这样一个世界，银行职员依照传统，禁止去证券经纪人办公室拜访他们；证券经纪人不管多么受人敬重，都有义务拜访银行家，不管后者职位多低。同样的，银行职员不被允许直接与财政部沟通，所有这样的沟通，都必须经过英格兰银行行长。银行职员、证券经纪人、证券做市商，以及一大批文书，他们做事的方法还和战前一样。许多银行职员的穿着甚至和他们的父亲一样，头戴礼帽、手拿黑雨伞。英国工业要想从这个绅士俱乐部找到出路将不太可能——即使这个俱乐部接收了一个像西格蒙德 · 沃伯格这样厚脸皮的成员，他向工党首相提供建议没有任何顾虑。

转向欧洲怀疑主义

虽然他喜欢与工党“眉来眼去”——绝不是为了取悦金融城内的人——但西格蒙德 · 沃伯格从来不是一位社会主义者，如果以这个词真正的含义来衡量。内心里，他是一个政治的不可知论者。因此，当爱德华 · 希思在1965年当选保守党领袖时，沃伯格很快发去了他习惯性谄媚的祝贺。至少这位保守党“领袖，没有那么死板，并保持精力旺盛的态度”。沃伯格争辩道，“这样一位激进、非保守的领导”，要不是受到哈罗德 · 威尔逊的挑战，否则绝不会脱颖而出。右翼发生的这种变化，也许证明是威尔逊不朽的政绩。与此同时，沃伯格被罗尼 · 格里尔森劝说向一个新的保守党“激进游说团体”捐款，这个被称做“向保守党经济和社会政策施压”的组织，希望“向保守党输送新鲜血液”。正像它的名字表明的那样，就像被工党里的右翼所吸引一样，沃伯格也被保守党里的左翼所吸引。伊诺克 · 鲍威尔实行反对移民的政策，沃伯格跟那些遵守这一政策的人没什么话好说。沃伯格告诉塞西尔 · 金，鲍威尔的支持者“类似于20世纪30年代德国纳粹党里的右翼”。相反，上议院保守党早期领袖卡灵顿勋爵找到沃伯格，作为对此的回应，沃伯格乐意向温和的“鲍小组”捐款5 000英镑。到1968年年底，沃伯格对保守党税务改革计划表达了极为正面的观点，税改的目的是降低所得税，并引入增值税。两年后，沃伯格甚至准备去保守党金融委员会讲话。约翰 · 诺特——1959年加入沃伯格系，后在玛格丽特 · 撒切尔政府担任国防大臣——对保守党的同情和他在政治上的野心，也许对沃伯格这次重新定位起了作用。其他保守党人克里斯托弗 · 索姆斯和后起之秀威廉·沃尔格雷夫，曾在这时被考虑作为可能的招募对象。前者曾在麦克米兰政府和亚历克·道格拉斯-霍姆政府任内阁大臣，后者在未来将实现大臣级别的职业生涯。但是，沃伯格依然对希思存有怀疑。1968 年，沃伯格与希思共进午餐后，他自己对这位保守党领袖作了笔迹和心理分析。结果令人担忧：

> 基本上虚弱——自我放纵，几乎自恋。
>
> 易受到他认为能改善他形象的人的影响。
>
> 极聪明，但缺乏性格。
>
> 太容易受到令他着迷的人的影响。
>
> 他自己的观点根基不够牢固，论述结构不合理。其结果是，如果他内心的软弱——尤其是他的虚荣——在多处敏感点被碰触，连对手都可以扭转他的观点。
>
> 面临意想不到和苛刻的困难时，他不擅长保护自己。
>
> 他改变立场不是因为不可靠，而是因为他内心缺乏必要的内力。
>
> 他具有很强的审美元素，这是一个极不寻常的能力，带有敏锐和微妙的理解力。
>
> 他像一座最精致的广播接收台，因此他能准确、全面地消化事实和印象。
>
> 他本可以成为一名一流的科学家，特别是在需要抽象与想象思维的领域。他也会是一名出版社的优秀负责人。
>
> 他的强项在于智慧的评估与分析，但人际沟通与人际关系，他完全缺乏任何天赋。
>
> 他是一个谨慎的思想者，但不是一个斗士。
>
> 总结：他是一个高智商的人，但性格懦弱。
>
> 他不会为他人承担义务，因为他不会让自己承担义务，因为他内心不确定。

其他高级别的保守党人同样让沃伯格心灰意冷，包括未来的财政大臣安东尼·巴伯，他给沃伯格的印象是“非常非常的浅薄”。1970 年年初，塞西尔·金问沃伯格对政治的预测，沃伯格答道：“他认为，9 月会举行大选，工党会输。他还认为，希思将是一位比威尔逊更糟糕的首相。在一段间歇后——大约是 1972~1973 年间——威尔逊将再度上台，领导一个执政联盟。”他预测的不是很离谱。威尔逊比沃伯格预测的要提早 4 个月宣布大选，但工党的确输了。

不足为奇的是，鉴于沃伯格对新首相性格的评价，他从未像与威尔逊那样与希思走得很近。诚然，他们在社交场合互相见面。而且，沃伯格没有停止向唐宁街提供经济方面的建议——例如，促请新政府允许像英国钢铁（又被威尔逊国有化）这样的国有机构借新的硬通货。但是，这项提议没有得到认真重视。沃伯格的另一个计划——将政府在英国石油的股份卖给私人投资者——被前英国石油董事长埃里克·德雷克扼杀，该计划只能等到工党再度上台才能实现。1971 年，沃伯格已经断绝了公司与泰尼·罗兰德的关系，但当“伦罗”因参与打破对罗得西亚的制裁，而被希思谴责为“资本主义不可接受的脸面”时，沃伯格忍住了作出反应的冲动。他的同事们本想投书《泰晤士报》予以还击，但被沃伯格否决了。当政府通过释放短暂的“巴伯繁荣”（见第 11 章）破坏了自己为经济所做的努力时，沃伯格并未产生怜悯之情。“巴伯繁荣”是一次溃败，它只是证实了沃伯格对财政大臣“蠢货”的评价。

西格蒙德·沃伯格与爱德华·希思可能会在一点上看法一致，那就是欧洲。希思一直支持英国加入欧洲经济共同体，他曾是负责英国申请加入该机构的大臣，虽然申请最终流产。正如我们已经看到的，沃伯格自战前以来，就是一位充满激情的欧洲人，20 世纪 50 年代和 60 年代初，他积极主张英国加入该机构。关于欧洲的讨论使威尔逊政府意见分裂，沃伯格站在以罗伊·詹金斯为首的亲欧洲派的一边。像过去一样，沃伯格倾向专注于一体化经济的合理性，（比如）建议希思成立欧洲经济共同体基金，使之作为“一个融资组织，为有特殊情况的工业提供资金，而欧洲投资银行的活动迄今局限在欧洲地区，它不一定能帮助这样的工业，比如北海石油、航空航天引擎工业以及核能工业”。“‘欧洲的’公司能够在欧洲多家‘国有’企业持股”，沃伯格急切地期待这个时候的到来。

然而，到 20 世纪 70 年代初，沃伯格对欧洲一体化政治的热情已经降温，不只是因为根据 1962 年实行的共同农业政策保护主义日益重要。在沃伯格眼里，欧洲经济共同体已进入“发展的第二阶段，这时，强烈的欧洲精神开始蒸发；对行业经济利益的保护——尤其是农业——似乎走入台前”。1972 年 10 月，《欧洲共同体法案》被御准后不到两周，沃伯格坦言“担心当德国和法国在经济上强于英国时，现在加入欧洲经济共同体”将会使英国“很难在布鲁塞尔扮演指导角色。基于英国伟大的国际传统，它有资格享有这一地位”。

那么，沃伯格转向欧洲怀疑主义有什么原因吗？不断在欧洲上升的反美主义——它不仅是戴高乐主义的变异，而且还来自激进的左派——肯定不合沃伯格的口味，尤其在面对苏联时，反美主义对西方团结的破坏构成威胁。到 1974 年年初，各国政府倾向把自身利益置于欧洲理想之前，沃伯格对此几乎彻底失去耐心。他向堂兄埃里克抱怨，英国和法国“目前都被极糟糕的政府所领导，两国都假装非常亲欧洲，但现实中，它们是完全的国民主义和非欧洲主义。的确，这两个政府各自采取的行动，殃及任何对欧洲经济共同体有建设性的发展，要知道该机构是一个非常脆弱，并且处于萌芽期的机体”。就沃伯格而言，“跨大西洋两岸关系以及欧洲内部关系的恶化，在很大程度上是英法两国政府的错误”。1974 年，哈罗德 · 威尔逊重返唐宁街 10 号后不久，沃伯格在一份为其草拟的声明中主张，有必要：

> 让欧洲共同体在全世界传播其影响力，不是通过强调反对非欧洲人和通过坚持欧洲独立，而是通过加强与欧洲实际或潜在的朋友的合作，让欧洲共同体顾及欧洲的利益。的确，在建立欧洲共同体的过程中，如果我们允许这些欧洲机制发展到这样一种地步，即，它们的一部分政策将使我们在美国的朋友变成敌人，或者破坏与苏联关系缓和的可能性，那么，结果将是灾难性的。更重要的是，英国在欧洲的角色一定不能脱离与英联邦国家长期的联系，而是应该加强这种纽带。

同样重要的是，沃伯格感到欧洲各项机制已被官僚组织化。他对乔治 · 斯坦纳抱怨道，“布鲁塞尔出现的不可思议的官僚组织联合体，几乎成为一种阶层的原型，它在今天的大西洋两岸西方世界的经济和政治领域太过普遍”：

德语单词“Selbstzweck”被译为“目的本身”并不到位，但它却成为越来越多的组织的恰当属性。这些组织增长得过大，并多数由平庸者领导，他们不能作出任何建设性的决定，事实上根本无法作出任何决定。这肯定适用于今天在布鲁塞尔和卢森堡绝大部分自称是官员的人身上，他们本应是欧洲的公仆。

具有象征性的是，我上述提到的这些机制，不是采取行动，而是不断形成新的委员会，这些新的委员会拖延决策，并作为推迟的工具在运转，而不是作为跟踪进展的工具在运转。另外，这些机制的一个特点是，它们产生了一系列冗长并没有结论的报告，从不停止。然后，这些报告的命运是，它们除了被作者阅读以外，不会被任何人阅读。一旦报告出版后，它们就消失在档案的海洋里，从此无人问津。

沃伯格希望，作为欧盟新任主席的罗伊 · 詹金斯也许可以打破布鲁塞尔官僚的僵局，但这个希望很快（也许在预料之中）就破灭了。

正如我们所见的，沃伯格一生无论对人还是对机制，既爱过也恨过。欧洲一体化曾是他的“初恋”之一。也许最终不可避免的是，他的激情将让位于觉醒。不过，还有另一个可能的解释。英国加入欧洲经济共同体是爱德华·希思担任首相最大的政绩。但加入的一个意想不到的后果是，它将英国制造业暴露在不熟悉的竞争环境中。纺织生产厂和汽车制造厂因关税受到保护超过40年。加入共同市场把保护一扫而光，并且显示出欧洲大陆经济的竞争优势，这种优势是通过在西欧较早实行自由贸易而实现的。

经济衰退中的成功

到20世纪70年代初，有一项矛盾被牢固地建立起来：那就是作为一家银行，S·G·华宝公司的成功似乎独立于英国经济的失败。1971年1月，S·G·华宝公司成立25周年，这提供了某种适度沾沾自喜的机会。沃伯格在伦敦庆功宴后致信给亨利·格伦菲尔德：

> 我必须承认你说的是对的，我有理由对25年来S·G·华宝公司取得的成就感到自豪，到上周六公司成立25周年了。事实上，我感到，我必须与你在一个完全合伙制的基础上分享这份自豪……重要的是，我从心里对你忠实的友谊、你的鼓励和理解表示感激，直到我生命的最后一天，因为它们从未令我失望过。我完全可以这样形容你：“没有比你更好的同志了”。

即使沃伯格-格伦菲尔德这对组合不断壮大，英国的整体情况也在持续恶化。1969~1972年间的经常账户盈余没有想象得高。代表英国引以为荣的过去，从劳斯莱斯到《泰晤士报》，都处在资不抵债的边缘。保守党财政大臣安东尼·巴伯的解决办法是放松信贷管制。1972年6月，英国政府不再对抗货币投机者，而是跟随美国和一些欧洲国家允许货币浮动。但结果是灾难性的。通货膨胀从1972年夏季的不到6%，猛增至1973年11月的10%以上，这一增长只能部分归咎于“赎罪日战争”之后出现的石油危机（见下一章）。正如战后英国历史上常常见到的那样，一项出于政治动机的刺激方案不会产生较高的增长和较低的失业，反而导致较高的消费者价格、不断上升的加薪要求、不断扩大的经常账户赤字，而英镑却遭遇不断下跌的压力。从后退到停滞，这一不可避免的转变——其形式是上调英格兰银行最低贷款利率，1972 年第 4 季度从 6% 上调至 9%；1973 年下半年，再从 9% 上调至 13%——未能遏制通胀。1973 年 12 月，为防止付息银行负债的增加，补充性特别存款（所谓的"紧身衣"）被引入，但这个计划也不太奏效。1972 年 11 月，当希思政府被迫恢复工党限制薪金的政策时，这就为自己宣判了选举失败。等到希思于 1974 年 2 月 7 日宣布大选时，矿工们在进行罢工。保守党的选举口号是"谁在领导英国"，但答案不是希思。

1974 年 3 月，哈罗德 · 威尔逊重返唐宁街 10 号，鉴于上个月无果的大选，希思未能组成执政联盟，沃伯格再次将注意力专向英国的宏观困境。这种困境现在是可怕的。矿工们在闹罢工，整个经济依靠一周工作 3 日（更不用说北爱尔兰几乎陷入内战），而且英国膨胀的经常账户赤字赶上了阿根廷一个国家的价值。正像沃伯格所说，威尔逊再度执政"时值英国正面临它历史上最严重的经济危机，这次危机不但性质重大，而且波及我们整个社会"。沃伯格一度建议向国际货币基金组织申请 20 亿~30 亿美元的贷款，"以阻止外国债权人使英镑进一步外流，并以超大金额增加英国的外汇储备"。私下里，他也只是稍微地赞扬了新政府："至少人们能说，威尔逊政府没有希思政府那么糟糕。"当沃伯格在 6 月初拜会威尔逊时，威尔逊留给他完全不好的感觉，"对于他的同事们、对于反对党、对于工会、对于所有重要的人和事，首相超然的态度令人难以置信"。

沃伯格的主要担心是新政府仍在低估通胀的危险。它过去也是如此。当工党再次上台时，零售价格的通胀是 8%；到 1975 年中，该数字超过 20%。沃伯格再度回归他的嗜好：筹集硬通货，而且最好是德国马克。要么通过出售政府在英国石油的股份，要么通过公共机构借款，比如国家企业委员会，以及（用威尔逊的话说）"那家新成立的大型国家石油公司，该公司将包含北海的资产"。但到现在，海外对英国公营部门发行的证券已没有多少热情。就商议向投资人在联邦共和国出售英国石油的股票，联邦德国总理赫尔穆特 · 施密特持保留态度。1974 年，英国钢铁成功发行了 3 500 万美元的欧洲债券，而下一年英国燃气进行类似的发行几乎失败，原因是瑞士和美国的投资人抱怨，债券给予的收益过低。与此同时，克莱斯勒英国分公司被置于美国母公司的直接控制下，这是为减少损失所做的最后努力。李 · 亚科卡在出任克莱斯勒首席执行官后不久，将公司在欧洲的所有分支以 1 美元的名义价格出售给标致汽车。(沃伯格系代表克莱斯勒为出售资产提供建议——又挣了一笔顾问费。)

到 1975 年，沃伯格放弃了对英国政府的信心，尤其是对英国工会联盟的信心，他认为这个组织完全失去了对其一般成员的控制。听说罗伊·詹金斯正在工党内部组织一个"新团体，叫'社会民主同盟'"，沃伯格以提供财务支持的方式表达了他的兴趣。1976 年 3 月 16 日，威尔逊出乎意料地宣布他想辞职的打算——声称自己筋疲力尽，但也许害怕老年痴呆症早发的后果——沃伯格对此没有流露出任何同情。数月内，公营机构的借款要求接近国内生产总值的 10%，威尔逊的继任者、"幸运的吉姆"·卡拉汉被迫向国际货币基金组织借债 39 亿美元。贷款伴随严格的财政和货币条件，这些条件预示着一个公共开支被削减和货币政策被定位的新时代的到来。前一年某期《华尔街日报》的标题道出了一切："再见，大不列颠"。对于伯纳德·凯利而言，他要抚养 8 个孩子。出身贵族的他渴望拥有多套别墅和精美的艺术品，但对他来说，这真是再见。面对惩罚性税率，他和他的同事吉安卢卡·萨莱纳开始问自己，"我们的职业（'真是毫无价值，它没有提供任何附加值'）是否能超过我们的寿命，而且我们谈到向哪里移民"。当他听见沃伯格轻率地"解释丹尼斯·希利是一位如何强有力、如何优秀的财政大臣"时，凯利"忍不住争辩道，当希利用严酷的税赋正在摧毁上层和中产阶层时，这样的评价不妥当……一度，我礼貌地说，'我们将占领日内瓦湖两岸'。"最终，凯利在 1976 年夏季从沃伯格系辞职，他选择接受了一份在摩纳哥的工作，直到 1980 年才回到伦敦。

威尔逊时代以失败告终——在 12 年的时间里，从白热化的技术到被烧成"冷灰"的滞胀。它的失败有其一般性和特殊性。宏观层面，英国带有政治性的经济更像是拉丁美洲的经济，而不像欧洲的经济。微观层面，太少的英国企业或制造业曾证明自己有能力进行实质性的合理化。对于沃伯格来说，他比伦敦金融城内的任何人都更愿意支持威尔逊，但结果却令人极为失望——而且对于沃伯格系里的"保守派"来说，不只凯利一个人觉得，这个结果是人们不想看到的。当保守党在玛格丽特·撒切尔的领导下彻底采取一种更为极端的经济政策时，沃伯格感到某种宽慰就不足为奇了。他对 1964~1979 年的定论带有诅咒性质："局势……在战后工党、保守党连续执政下持续恶化。撒切尔继承的烂摊子几乎无法管理……前几届政府鼓励英国寅吃卯粮……这种不计后果的自我放纵路线早就应该进行激进的变革。"

不过，鉴于20世纪70年代爆发的全球性大危机，激进变革的出现是在意料之中的。实际上，如果只用狭隘的国家视角看问题，就不可能恰当地理解英国经济的下滑、没落和复苏。西格蒙德·沃伯格当然愿意把自己比做英国企业的金融“诊断师”和政府幕后的顾问，他为之提供服务的政府表面上要能分享他关于英国经济合理化的愿景。但在20世纪60年代和70年代，沃伯格渴望的其他角色——随着他的“英国病人”健康状况的下降，这个角色变得越来越重要——更具远见卓识。最重要的是，西格蒙德·沃伯格作为全球化的先知，需要被了解。当时的背景是国际经济一体化实现的可能性似乎微乎其微，所以接下来，我们更应该看看沃伯格在这个角色上表现如何。

第 11 章

西方世界的困境

HIGH FINANCIER

我的观点是，1975 年也许较以往任何一年都将是实行“边缘政策”的一段时期……在所有的可能性当中，“边缘政策”在近期不会导致剧烈和灾难性的“爆炸”，它反而会中止“爆炸”的发生。但是，一种带有压迫性和有辱人格的紧张气氛将占上风。我认为，生活在这种环境里，并受到这种气氛相应的影响，那将是目前我们西方世界所能预料的最好结果。无论在哪儿，通过构建和维护所剩不多的理智与体面，去和这些危险的影响进行抗争，这是我们作为个体的义务。

西格蒙德 · 沃伯格
1975 年 1 月

大概在 1968 年，我就预料在 20 世纪 70 年代的某个时候，目前的国际石油危机将会爆发。是的，这场危机已经酝酿了 7 年，即使 1973 年 10 月中东没有开战，危机到现在也早已进行得如火如荼了……在这种期望下，我担心这次石油危机的后果将很严重，不但从经济和金融的角度，而且，这场危机将导致西方社会进一步堕落。现在它正以一种比我预想的更糟糕的方式发生着，但无论何时，只要存在道德弱点这个基本核心，道德堕落——人类的或者国家的——就有肥沃的土壤。

西格蒙德 · 沃伯格
1975 年 2 月

关注以色列事务

正如我们所见的，西格蒙德·沃伯格定期徘徊在“恋爱与失恋”中，这是他秉性中奇怪的一面。沃伯格通常对他招募来的聪明的年轻人有种柏拉图式的怜爱。偶尔也会以这种方式对待哈罗德·威尔逊，而他只是一位政界人物。只有一次，他爱上了一个完整的国家，那就是以色列。

年轻时，沃伯格不是一个犹太复国主义者。像许多在19世纪取得财富和社会地位的著名犹太银行家族一样，沃伯格对犹太民族建国这个计划小心谨慎，因为这样一个实体的存在，也许会引起犹太人驻在国对本国犹太人的国家效忠度的怀疑。1942年沃伯格宣布，犹太人“不应被民族主义这一最糟糕的现代荒唐‘流行病’所传染”。事实上，当时——在大屠杀大规模爆发前——他竟然称犹太复国主义者“几乎像纳粹一样没有任何道德约束”。他后来回忆说：

> 对我而言，犹太民族家园计划……是为了给那些犹太人提供一个家，他们想从其他国家移居至此，因为他们在驻在国获得与其他居民同等公民权的机会渺茫。但是，我认为，那些在自己家园享有如此同等公民权的犹太人，无论在哪里，都应该通过献身他们所在国家的方式，坚持并强化这种权利。

20世纪30年代，沃伯格的亲戚们（显著的应是小叔弗里茨）推动了犹太移民从德国迁居巴勒斯坦，虽然沃伯格在其中发挥了部分作用，但第二次世界大战爆发时，他似乎很少留意英属巴勒斯坦托管地（巴勒斯坦半殖民地位委婉的说法）发生的事。他当然认识哈伊姆·魏茨曼和戴维·本－古里安——前者与沃伯格的堂姐罗拉曾有婚外情——但1948年5月14日，以色列宣布建国，沃伯格对此的反应没有任何记录。两年后，当一位特拉维夫的商人找到沃伯格时，沃伯格简短地说，“在特拉维夫开办某种银行业务”的想法是“不可能的”，但没说原因。

另一方面，沃伯格在这时当然不会同情阿拉伯人。苏伊士运河国有化后，西方列强并未采取更“果断的措施”，沃伯格对此感到遗憾。“以埃及总统迦玛尔·阿卜杜尔·纳赛尔为首的中东的统治者们，借助过量的石油资产，产生了不切实际并且完全不负责任的野心”，沃伯格对此进行谴责。事实上，他逐渐看到，“纵容”阿拉伯民族主义是战后美国外交政策的主要失误之一。然而，整个20世纪50年代，沃伯格继续专注于他对个体难民的慈善事业，他拒绝向犹太联合捐募协会捐款，该机构从美国犹太社区筹集了大量款项，帮助犹太人迁居以色列。埃德蒙·冯·罗斯柴尔德欲安排S·G·华宝公司的一名代表加入英国－以色列投资信托的董事会，但沃伯格拒绝了这一邀请。直到1959年年末以色列建国超过10年以后，沃伯格在妻子和女儿的陪同下才造访以色列。

尽管这次访问只有12天，但他的首次访问却像被闪电击中一般。他告诉他的东道主，“在我去以色列之前，我当然研读了许多有关它的书籍，并对它的发展极为感兴趣。”他继续说：

> 不过，我所见到的远超过我的想象。鉴于以色列危险的形势，它四周被敌人包围，我以为在那种紧急状态下，我会很自然地感到更多的紧张与狂热，以及更少的节制与平衡。当我想起我在以色列注意到许多值得称道的地方时，最令人羡慕的一点是那些领导以色列人民的人，出于所有实际的目的，他们处在战争状态，面临如此巨大的难题，仍能保持一种完全的放松与平和的心态，没有任何怨恨与做作，他们专注于最高层的长期计划，同时，对于非常棘手的日常紧急事务也给予必要的关心。

沃伯格说，这个年轻的国家让他想起19世纪早期的普鲁士——这是一个第一眼看上去不可能的类比。沃伯格的理由是，普鲁士改革家威廉 · 冯 · 洪堡与格哈德 · 冯 · 沙恩霍斯特“一定是与现在的以色列领导人相似的，因为前者的信仰与一种哲学态度相连，其中主要的元素是个人自由与强调教育。而后者也有同样坚定的信仰，但理智主义更少，实用方法更多，其中公正、简朴和纪律是基石”。沃伯格特别对参观在雷霍沃特的魏茨曼科学院印象深刻，该研究中心由哈伊姆 · 魏茨曼在 1933 年建立，这位卓越的化学家后来成为以色列第一任总统。沃伯格后来与他小叔弗里茨的女儿安娜 · 沃伯格有一次感人的重逢。当沃伯格的女儿安娜在 1962 年遇上并嫁给犹太复国主义活动人士、筹款人德夫 · 比格恩时[①]，家族与以色列的联系被进一步加强。

沃伯格对以色列政治找到新的兴趣，但以色列人主要看中他在金融领域的专业水平。就在他访问后的几个月，以色列开发部的一名代表访问伦敦，就出售国有企业股份寻求帮助。最有希望进行这种私有化的企业是死海工厂，该公司于 1952 年成立，旨在利用死海富含的矿物资源，生产钾碱、溴和盐。该公司决定发售 1 500 万股，联合以色列商业银行，该行的前身是英国–巴勒斯坦银行有限公司（因此是该国历史最悠久的银行），以及 N · M · 罗斯柴尔德、库恩–洛布、美洲银行和世界银行。对于来自库恩–洛布年轻的乔舒亚 · 舍曼来说，这项交易第一次让他领略了格雷沙姆街 30 号做事的方式，不只是“准备招股说明书采用温切斯特式的方法”。在之后的几年里，沃伯格系参与了以色列商业银行自身与以色列贴现银行的股票发行。

但是几乎从一开始，这些企业就有问题，尤其是死海工厂[②]。到 1965 年秋季，沃伯格担心，公司不稳定的业绩“将对以色列信用状况带来很恶劣的影响”。他还对“特拉维夫证券交易所糟糕的局面”感到不安。一年后，他的忧虑是“以色列商业银行过度扩张，其责任对于人数有限的管理层来说过大”。到 1967 年，他的担心扩展到以色列整体的经济。那年 6 月，他写道：“以色列现在的问题更带有一个经

---

① 如果沃伯格原本希望他的女儿嫁给一位合适的生意伙伴，那么，他一定会失望的。一度，她宣布与印度出生的“阿布” · 亚伯拉罕订婚，后者是《观察家报》的漫画家。德夫 · 比格恩在 1911 年生于平斯克。他能流利地说 14 种语言，战争期间，他曾在英国陆军侦查兵部队服役。

② 该公司被永远定格在舍曼与彼得 · 斯皮拉画的《伪圣经》的漫画中，这幅漫画名为“男孩乔舒亚访问以色列人的土地”。

济特征，而不是军事特征。彻底动员以色列军力仍需继续，其消耗国家财政储备的比例越来越大。”为缓解压力，沃伯格现在提出“组成一个国际银团，向借款国以色列发放贷款，贷款分别由美国、英国、法国、德国、意大利，可能还由加拿大、日本及北欧国家提供连带担保……人们也许可以考虑把这项贷款称做‘中东和平贷款’。”讽刺的是，这封信写于“六日战争”爆发前3天。

战争锻造了以色列，而战争的威胁却从未停止。1948年，阿拉伯人拒绝接受“两国”的方案，该方案由联合国大会181号决议设想出，就在这一决议“降生”的时刻，阿拉伯人与这个新的犹太国开火了。虽然有不少于5个阿拉伯国家袭击了以色列——埃及、叙利亚、约旦、黎巴嫩和伊拉克——但以色列人成功地阻止了它们的进攻，并同时残酷地驱逐了数十万巴勒斯坦的阿拉伯人离开他们的家园。不过，底层的敌对仍在继续。巴勒斯坦的阿拉伯游击队从加沙地带发起进攻，加沙地带于1948年被埃及占领。1956年，当以色列加入英国和法国，试图从埃及手里夺回苏伊士运河时，战争再度爆发。但是，以色列占领西奈半岛的时间也不长，原因是欧洲人迫于美国的财政压力撤兵了。

沃伯格对在中东如何实现和平有自己的想法。1963年，沃伯格希望在德国和以色列成功达成赔款协议的基础上，提出请赫尔曼·艾比斯作为以色列和埃及的调停人——鉴于艾比斯在第三帝国不太英勇的角色，他也许被认为是不太可能的人选。一年后，沃伯格提出将“建设开发埃及的10年计划”与“另一个10年计划”相结合，通过“在内盖夫创建一个特别区域，维护少数族裔的权利”，以及“在以色列和其所有邻国之间，设立一个广泛的中立或非军事区”，为阿拉伯难民问题提供一个解决方案。只要阿拉伯国家继续渴望武力征服以色列，上述计划只能停留在纸面上。但纳赛尔笨拙的备战给了以色列一个先发制人的绝佳机会。沃伯格想起了“1938年9月慕尼黑时代，那时，世界冲突正渐渐逼近，一个勇敢的小国受大国列强支配，并被周边残酷和暴力的邻国包围”——但不同的是，这次这个小国却采取了进攻。沃伯格害怕第三次世界大战正在酝酿，他愤怒地痛骂政治人物，因为他们在联合国没有诚意的姿态让他重拾对“慕尼黑罪犯们”的记忆。

1967年6月5日，当“六日战争”爆发时，沃伯格首先想到的自然是他的女儿。在整个冲突中，她与丈夫和女婴巴蒂亚一直留在以色列。（敌对状态停止后不久，巴蒂亚被一名外籍女佣送往罗卡美亚，7月初，巴蒂亚的父母与其团聚。）但是，不久后，沃伯格参与到关于这场战争起源的公开辩论中，他义正词严地致信《泰晤士报》回应保守党议员伊恩 · 吉尔摩的言论，后者暗指以色列和阿拉伯国家在道义上相当：

难道吉尔摩没有意识到，阿拉伯领导人多年来的言辞沉迷于暴力仇恨，并进行大规模谋杀以色列人的政治宣传，而以色列领导人没有一位表达过仇恨或者煽动谋杀？事实上，有很强的证据表明，以色列领导人真诚地愿意在以色列与它的阿拉伯邻国之间达成一种公平和持久的谅解。

联合国应该被称为“伪君子联盟”。戴高乐从北约整合的指挥架构中撤出，破坏了西方军事同盟，它也因此难辞其咎。只有美国人显示出做正确事情的迹象，但他们在军事上越来越深陷越南的泥淖。

沃伯格用同样激动的心情向朋友们宣布，他和伊娃决定将他们的私人开销降到最低，为了“使利用我们全部的资本支持犹太人这项事业变得更加容易”。为了以实际的方式协助“这个勇敢、年轻的以色列”，沃伯格绞尽了脑汁——从建造海水淡化厂到发行一笔 10 亿美元的国际贷款——并在 8 月花了两天时间飞到耶路撒冷，参加首届旨在提振对以色列经济中商业兴趣的大会。这些努力的成果是一家新的以色列工业开发银行，该行在德意志银行与欧洲主要银行联盟的支持下于 1967 年年底成立。沃伯格为犹太复国主义事业不遗余力，以至于托尼 · 本听说，沃伯格“1966 年夏天在‘六日战争’期间，亲自负责协调从犹太裔百万富翁手里筹集捐款支持以色列。那段期间，他募集了 5 000 万英镑，其中大约 700 万英镑来自英国，大约 1 000 万英镑来自德国，余下的款项来自美国和加拿大”。沃伯格还尽力在伦敦安排阿拉伯与以色列领导人之间的非正式会谈。同时，他积极投身于一家开创性的以色列科技公司的事务中，该公司名为以色列电脑软件。1968 年 4 月，他在第二届耶路撒冷经济大会上发言，呼吁以色列要专注于经济规划，不仅应发展农业和旅游，而且还应发展化工行业和新兴的电脑行业。他对在大会上新成立的控股公司“以色列公司”表示支持，该公司旨在增加贸易及外国投资，他向英国财政部的哈罗德 · 利弗施压，要求解除外汇限制，以便英国人可以把钱换成外汇，但未果。

这表明沃伯格高度关心以色列的事务。“就拿总理艾希科尔的办公室负责人、以色列财政部常务负责人和以色列银行的行长来说，当我把他们和他们在英国的同仁相比时，”他致信乔舒亚·舍曼：

> 在我看来，这几位以色列人比这几位英国人具有更多的活力、洞察力、胆识和坚毅——尽管我提到的这3位以色列人是从230万人中选出的，而相对应的这3位英国人是从5 000多万人中选出的。但我以为，这与数字毫无关系，问题是以色列具有年轻的心态，而英国则处于某种衰老的状态。

沃伯格同样对以色列国防部长摩西·达扬将军印象深刻，并向乔治·鲍尔（美国驻联合国大使）保证，达扬“真正理解阿拉伯问题，就好像他是一个阿拉伯人，他只想把被占领地区（加沙和西岸）抓住不放，从以色列安全的角度，他认为这很有必要。而且，一旦中东恢复真正的和平，他愿意在最可能广泛的基础上消除被占领地区”。

但也有人对这个新成立的可爱国家心存怀疑。保罗·兹格勒非常了解沃伯格，他从不相信西格蒙德皈依犹太复国主义事业，并贬低它是“一种虚伪的解决方案，并在任何情况下都是不适当的。不是我不相信沃伯格的诚意，但这项事业与我所熟识的西格蒙德这个人不搭调——因为它不是更好的解决方案”。此番评价是精明的。当以色列政府（未征求沃伯格的意见）授权死海工厂合并为一个新的化工集团时，沃伯格对这个“令人震惊的举动”大为光火。几乎从那一刻起，他爱慕的对象就没有给他争气。当他预订酒店遇到麻烦时，他对耶路撒冷大卫王酒店的“低效、失职和邋遢”极为生气。1968年，他两次出差去耶路撒冷，他感到如此挫败，以至于他拒绝以色列政府邀请他参加“对以色列经济发展的整体评估”。同时，以色列公司的管理层做了让沃伯格觉得是“草率的开始”的事情。软件项目“以一种极不令人满意的方式被拖延”，虽然该公司最终证明有可能从加州的电脑计划公司吸引到投资。到1970年，沃伯格对以色列人作为商业伙伴的耐心已经耗尽。他提出辞去死海工厂董事一职，理由是他的财务建议被忽视。他痛斥政府未能给予他像英国利兰这样的外国投资者的优待。他提出让以色列公司投资该国在海法的主要炼油厂，这项计划的失败更使他苦恼。一年后，情况也没有好转。以色列公司“以四流的方式”管理其资金是有责任的。该公司参与以色列航运公司“以星”的业务风险很高。最终，1971年9月7日，沃伯格从以色列公司董事会辞职，抗议该公司总经理迈克尔·祖尔[1]的做法“完全不可接受”，后者在上一周举行的年度股东大会上企图罢黜 12 名董事。尽管埃德蒙·冯·罗斯柴尔德已尽力，但他仍无法劝说沃伯格撤销他的辞职。

可以肯定的是，沃伯格从未对以色列经济置之不理，他接受以色列贸易部长平夏斯·萨皮尔的邀请，于 1972 年出任以色列英国经济委员会的联席主席，并为第二年在以色列设立一家投行的项目投入了大量时间。到此时，他访问以色列至少有 20 次了。但他现在感到更加矛盾，因为“这个社会内部如此不平衡，但这个社会的凝聚力却又是独一无二的”。他抱怨：“以色列经济中很少有可靠和考虑周到的人。”

另一个难题是，就如何实现中东和平，沃伯格与大多数以色列政治人物存在分歧。他在 1969 年 12 月写道：“阿以问题最终的解决方案应该是成立一个扩大的巴勒斯坦，它将包括阿拉伯的部分和以色列的部分，两部分比邻而居。两部分之间的联系，刚开始可能在某种程度上会变得紧张，但也许逐渐会发展成为一个中东的新瑞士……”后来，这个方案演变成“一个集以色列、约旦和黎巴嫩联邦”的方案。他和维克托·罗斯柴尔德很难理解，为什么以色列人在巴勒斯坦难民问题上如此不愿让步。罗斯柴尔德认为，以色列将过多的外汇储备用于进口武警装备，“就像加大拉的猪群一样，正冲向毁灭”。他认为，以色列政府是时候接受联合国安理会在 1967 年 11 月作出的决议，该决议呼吁以色列从借助“六日战争”取得的占领地区撤军。戈尔达·梅尔这个人“党派战术倾向根深蒂固”，而且她的内阁里多是“平庸之辈”，这使沃伯格不再抱有幻想。他受到世界犹太人大会主席内厄姆·戈德曼[2]的感染，戈德曼早在 1970 年 4 月，就准备与纳赛尔会晤，并把与纳赛尔的会晤作

---

① 沃伯格对祖尔的保留态度证明是有根据的。1975 年，祖尔因欺诈、贿赂和违约受到指控。根据指控内容，他从以色列公司提款 1 620 万美元，并将钱存入一个在列支敦士登的信用信托，该信托由日内瓦的国际信贷银行行长蒂伯·罗森鲍姆所控制。罗森鲍姆用这笔钱偿还他其他的公司欠下的高额债务，大部分是房地产企业的欠债。国际信贷银行据说还参与了黑手党洗钱，它的垮台对于世界犹太人大会来说是一个重大的难堪，而罗森鲍姆是大会的司库。大会对于沃伯格的女婿德夫·比格恩来说不只是一个难堪，因为比格恩还陷入了一场有关国际信贷银行的官司之中。

② 内厄姆·戈德曼出生在波兰的一个犹太人村落，在德国接受教育。他积极倡导犹太复国主义，纳粹上台后他移居美国。作为世界犹太人大会的创始人之一，后来又长期担任大会主席，戈德曼在德国与以色列就战后赔款协议进行谈判的过程中发挥了积极的作用。虽然从 1962 年就成为以色列公民，但他从未长期在那里居住。

为改善与阿拉伯邻邦关系的一项更为广泛的计划。戈德曼很快成为沃伯格在中东事务上最密切的顾问，作为回报，戈德曼获得一般性质的投资建议，以及对犹太事务学院和以色列费边协会的捐助。与玛莎百货的董事长马库斯·西夫一样，沃伯格也对伦敦“左倾”的《新中东》杂志不稳定的财务状况及其社论观点颇为感兴趣。

1970年11月，沃伯格访问以色列，这次访问再度点燃他的希望，不只是因为他对席曼·佩雷斯良好的印象，后者是当时负责改善被占领地区住房和基建的部长。但是，仍有理由担心另一场“可怕战争”的爆发，尤其是苏联在阿拉伯国家正增加其影响，这一点在埃及最为显著。沃伯格还担心，以色列“采取军事行动（他一开始用的是‘侵略’一词）是出于提高地位和冷酷无情，超过了防御的需要，这将损害以色列的伟大事业，并削弱其社会中的精神力量”。[①]大概是为降低苏联插手中东的风险，沃伯格安排苏联科学家格里高力·邦达雷夫斯基（一名被称为“教授”的犹太裔院士）与在苏联出生的阿隆·亚里夫举行会谈，后者在1971年担任以色列军事情报负责人。1973年2月，当约旦国王侯赛因似乎承认以色列的合法性及其安全保障权时，沃伯格迅速受到鼓舞。但同年10月6日（犹太人赎罪日），敌对的埃及和叙利亚再次发动沃伯格早就预料的“可怕战争”。就像在1967年，沃伯格首先想到的是她的女儿及外孙女的安全一样。以色列人在西奈和戈兰高地成功发起反击，这让沃伯格感到宽慰，但在以色列没有作出重大让步前，他对持久和平的可能性感到悲观。侵略是针对以色列的，而并非由以色列发起。相比他们的敌人，以色列人伤亡的比例更高。他们成功击退敌人，将苏伊士运河东部的一支埃及军队包围，并一路打到与大马士革只有攻击距离的地方。但沃伯格继续主张：“如果以色列在今年和明年放弃‘六日战争’后占领的大部分地区，并只对它的领土进行很少的修改，那将是一个不错的解决办法。”在1974年6月的一份和平计划草案中，沃伯格主张为了换取阿拉伯国家的承认，以色列应提出：

> （1）帮助建立……一个巴勒斯坦国，只要能从巴勒斯坦领导人那里，就清

---

① 沃伯格本应于1973年5月在耶路撒冷经济大会上发表讲话，但他因患流感而被迫取消行程。另一名参会的英国代表在会上读了沃伯格写给大会的信，但有关“提高地位和冷酷无情”那一段被删掉了。沃伯格私下里承认，错过这次活动他并不感到遗憾，他把“大多数由某些政府部门赞助的在以色列举行的会议，视为是一种较差的由人类表演的马戏”。

除恐怖组织获得满意的承诺。

（2）……回到 1967 年以前的边界，只要在边界的两侧建立不少于 16 公里的非军事区。

（3）……将耶路撒冷转变成一座自由城，在多国托管制度下进行自治，并且自治基于这样一种理解，即阿拉伯的圣地对阿拉伯人开放，就像犹太人的圣地对犹太人开放一样。

这种方法的前提一直令沃伯格对以色列内部“健康”感到悲观。他私下里承认：

我对以色列的局势越来越担心……不论阿拉伯军力和经济实力带来的危险可能有多大……以色列最大的威胁来自内部，即，该国缺乏内部的连贯性。那里当前的局势让我想起魏玛共和国……以色列在过去 6 年里错过了很多次取得和解的机会，和解显然是出于妥协的性质。并且遗憾的是，即使在今天，以色列也只有太少的人能意识到时间并不站在他们这一边。

不止一次，沃伯格斥责以色列人屈服于民族主义“这一传染性的精神疾病”。沃伯格在一封写给内厄姆 · 戈德曼儿子吉多的信里说，“在这个世界上，传染病是由传染性的愚蠢导致的，以色列人的确病入膏肓”。到这时，沃伯格完全拥护戈德曼对“两国方案”的愿景，换句话说，就是在以色列旁边成立一个巴勒斯坦国。沃伯格致信奥地利总理布鲁诺 · 克赖斯基说：“以色列人应经常被告知，正当他们合理地声张他们享有的作为一个独立国家的权利时，他们也应该承认巴勒斯坦人享有相同的权利，这种承认不但应被心甘情愿地表达出来，而且应带着宽宏大量。”

被威胁的业务

讽刺的是，鉴于西格蒙德 · 沃伯格愈加对以色列持批评态度，并对阿拉伯国家持和解态度，在犹太人赎罪日战争爆发之际，他成为反犹太复国主义情绪的目标。阿拉伯列强也许未能在战场上打败以色列，但它们仍能通过撼动世界经济的方式，施加它们在经济上的影响力。1973 年 10 月 15 日，阿拉伯石油出口国组织各成员国宣布，对向美国出口的石油采取禁运，以报复战争期间美国向以色列供应军火。（沿着这种路线做些事情的计划是由埃及和沙特阿拉伯于1972年8月想出的。）禁运后来延伸至荷兰，因为一些美国武器是通过荷兰机场运抵以色列的。再加上阿拉伯产油国减产，石油产量下降了25%，这导致石油价格翻了3倍，从战前的每桶4.12美元，涨到1974年6月的每桶12.92美元。其影响是推高西方经济体的通货膨胀，加重了长期萧条，并非导致长期萧条的根源。能源危机促使美元储备在石油出口国快速积累，针对这些所谓的石油美元，西方银行有很强的动力去争取，将之作为存款并以贷款的形式使之再循环。这给阿拉伯国家提供了额外的政治砝码。

沃伯格早就清楚，他公开支持以色列也许会影响他的个人安全。1970年，考虑到他被绑架或被卷入一起劫持的风险，他传阅了一份备忘录，澄清了公司的立场："如果由于任何人质事件，只有通过支付财务或其他性质的赎金，我的性命才能得以保住的话，那么，我将感到耻辱。我坚信，恐惧永远是糟糕的'顾问'，牺牲生命比对勒索采取容忍的态度要好。"1974年，他的生命并未受到威胁，而是他的公司。沃伯格很快谴责阿拉伯石油禁运是"勒索"，并警告欧洲各国政府，抵制阿拉伯石油出口国组织的诱惑。他尤其谴责英国人和法国人，面对禁运表现得"懦弱"，并且都是"无耻之徒"。他认为，是美国的坚毅才使得禁运在1974年3月结束。沃伯格在伦敦金融城内的某些角落里察觉出类似的胆小，当时，S·G·华宝公司被列入阿拉伯炮制的同情以色列的银行黑名单，如果沃伯格系、N·M·罗斯柴尔德公司、拉扎德富莱勒斯公司出现在承销行中，现金充裕的阿拉伯银行就不会参加欧洲债券的发行。

这直接威胁到沃伯格系的业务，因为被排除在石油-美元的循环外，意味着错失20世纪70年代银行业最大的财源。根据彼得·斯托蒙思·达林的说法，至少有一家上黑名单的银行选择"不情愿地倒戈并接受现实"，但沃伯格系走了一条截然不同的路线。用戴维·斯科利的话说是：

> 有许多次，当我们为认识的一个借款人安排发行债券时，人们会对我们说，"我相信你们能理解，我们不能邀请你们参加承销，因为管理层集团内有来自中东的银行。"我们总会反驳："我们不明白，我方认为这样做不合理，我方认为你们不应接受这种限制。"

马丁·戈登后来回忆说："任何承诺抵制我们公司的银行，都将在营业后一个小时内，在其董事长办公桌上接到一封措辞猛烈的抗议信。”戈登去日本出差，向犹豫的客户解释，“中立”是不被接受的选择，如果它意味着从承销银团中排除沃伯格系——欧洲债券市场的奠基者。在接受美国记者凯里 · 瑞奇访问时，沃伯格自己也给出相似的解释。瑞奇表示，“由于阿拉伯的抵制，您的公司在欧洲市场几乎面临倒闭”（这肯定言过其实了）。“但您要比其他上黑名单的银行更好地对抗抵制。您是如何做到的？”沃伯格答道：

> 我想我们更顽强。我的意思是，我会给欧洲重要银行里的朋友们打电话说：“我听说你们似乎要屈服于阿拉伯人的‘勒索’。我认为，这对我们极不公平，它本身是错误的。我能把这解释为，你们同情反犹主义吗？别开玩笑了，结果是，我们做承销工作和阿拉伯人一样好。”
>
> 瑞奇：换句话说，您亲自斡旋，询问人们为什么抵制您？
>
> 沃伯格：我是如何做到的呢。我当然没有犹豫，我用上所有的论据，甚至是一些非常具有攻击性的论据。
>
> 瑞奇：您认为那些疾呼帮助你的人克服抵制了吗？
>
> 沃伯格：我不能说完全克服，但在很大程度上是的。
>
> 瑞奇：您有没有想过，为什么您上了黑名单，而库恩–洛布没有？
>
> 沃伯格：这归结于美国国会与英国外交部的区别。我是指，这不是细微的差别或隐蔽的不同。事实是，美国国会支持美国的企业，而英国外交部没有为英国的企业这么做。
>
> 瑞奇：这就是两者的区别？
>
> 沃伯格：别无其他。

现实从某种程度上来说更加复杂。黑名单从未被阿拉伯人僵化地执行。根据一份报纸的报道，1974 年 1 月，为英国钢铁公司发行的 5 000 万美元欧洲债券，几乎一半的债券由包括沙特人在内的中东投资者购买，尽管S · G · 华宝公司牵头承销工作。1975 年 2 月，科威特国际投资公司同意与沃伯格系、罗斯柴尔德公司一起，为沃尔沃发行的 2 500 万美元欧洲债券进行承销，并为墨西哥政府发行美元债券进行承销。沃伯格很想帮“石油生产国盈余的资金找一个家，这些资金现已积累到如此可怕的规模”。举例而言，1974 年 5 月，他向德国商业银行董事长保罗 · 利希腾伯格建议，“有关在中东设立可能的据点，我们应该去找卡拉马特·扎王子（前海得拉巴君主的兄弟），这是基于扎王子将由德国商业银行资助”。沃伯格指出，“我们的名字不应被置于前台，其原因显而易见”。一个相关的想法同样涉及卡拉马特·扎王子，那就是“为沙特阿拉伯建立一个欧洲顾问集团，由瑞士银行公司出任董事长一职”。另一种处理这件“微妙事宜”的方法是，通过沃伯格银行在法兰克福的子公司伊菲克恩银行-沃伯格操作，原因是位于大马士革的阿拉伯抵制办公室，不知何故未将后者列入黑名单。换言之，沃伯格想出各种使公司保持低调的办法，以便保持与中东的商业联系。对于伯纳德·凯利来说，这里有种虚伪的味道。是凯利建议沃伯格系在犹太人赎罪日战争时向以色列捐款10万英镑，这一举动实际是出于他想在争吵后与“叔叔们”和好，而非出于他迄今为止仅有的对犹太复国主义的同情。但又是凯利首先认识到，如果与“中东这个钱袋”的联系被割断的话，阿拉伯抵制对公司国际业务将构成威胁。当沃伯格起初认为“我们的反应过头了，真正的问题不存在，阿拉伯人真的没有多余的资金”时，凯利对此难以理解。当沃伯格试图将失去瑞典某一客户的授权归咎于凯利的失职，而不是阿拉伯的抵制时，凯利感到很恼火。

然而，当巴黎至洛林的高速公路发行欧洲债券，德国商业银行迫于科威特“朋友们”的压力，将沃伯格系从承销团中剔除时，沃伯格真的发怒了。罗斯柴尔德公司参与为欧洲投资银行发行欧洲债券的承销工作，当德意志银行迫于科威特的压力，要求把在承销团广告上的罗斯柴尔德的名字拿掉时，沃伯格向赫尔曼·艾比斯提出了抗议。当沃伯格在法国巴黎银行的同事们似乎因同样的问题业务受到影响时，戴维·斯科利措辞强硬的一段话反映了沃伯格对此事的观点：

> 我们解释了我们完全知晓，并同情法国巴黎银行相对于S·G·华宝公司的窘境。我们支持法国巴黎银行，通过它在阿拉伯世界极佳的关系，获取利润最大化的机会。出于这个原因，我们曾经和未来将继续努力，在互利的基础上向法国巴黎银行介绍潜在的借款人。但是，发行欧洲美元债券的广告问题就完全不同了……从承销团名单中删除S·G·华宝公司，远不是名誉或自尊的问题，而将对我们的业务有潜在的影响。众所周知，国际投行市场其竞争的本性有时是赤裸裸的，远比银行家之间随便交换小道消息更重要，存量及潜在客户

很可能已经注意到，S·G· 华宝公司在国际市场的效率正在显著下降，这可以从它缺席承销团名单窥见一斑。

但是，如果因为阿拉伯人施压沃伯格系被排除在外，法国巴黎银行的管理层是不准备退出任何发行工作的。皮埃尔 · 穆萨这位法国银行的首席执行官，继续担心“法国巴黎银行在中东的业务——目前大概是该银行业务中最赚钱的——因为 S·G· 华宝公司上了阿拉伯人的黑名单而可能受到威胁”。克兰沃特 · 本森也以类似的理由，排除黑名单上的银行参与为日本公司丸红株式会社发行 2 000 万美元的欧洲债券。考虑到科威特主权财富基金的要求，沃伯格系不得不被排除在为发行一只新欧洲债券成立的承销团之外，当德累斯顿银行的罗尔夫 · 代尔因此事请求沃伯格“谅解”时，沃伯格答道，他“将以消极的出发点考虑德累斯顿银行针对科威特国际投资公司作出的任何让步，不管代尔的解释是什么，我感到……德累斯顿银行的态度将受到媒体的批判”。沃伯格向伦敦报告：“我认为，我们的态度一定要强硬，即以一种有尊严的方式，明白无误地阐明我们的不满。”

媒体的威胁也许是一个幌子，虽然沃伯格系的董事们被授权就抵制问题向记者们介绍情况。沃伯格向戈德曼解释道：“鉴于阿拉伯人在抵制这个问题上获得的负面报道，他们并未从抵制上获得任何好处。如果我们就相关问题想做一些有用的、有建设性的事情，我们在媒体之外做得越多越好。”他的观点在 1976 年得到了验证，那时，一个为英国电力委员会发行债券的银团“奥利安”想排除沃伯格系和罗斯柴尔德公司，沃伯格私下里向英格兰银行抗议后，这一企图被粉碎。英格兰银行行长戈登 · 理查森召见“奥利安”的威廉 · 冯 · 格尔西，命令他停止这一做法。当格尔西说为时已晚时，理查森冷冷地说：“我觉得一点儿都不晚”。“奥利安”不得不告诉科威特人取消这项交易，并在委内瑞拉寻找替代性的海外资金，委内瑞拉不反对罗斯柴尔德和沃伯格这两家公司的参与。但这只是众多失败当中的一次胜利。对于沃伯格系年轻的董事们来说，那段时间惊心动魄，银行的未来似乎岌岌可危。凯利不断提起“我们和阿拉伯人缺乏业务往来这个令人头疼的问题，以及我们不能将他们的资金转移给我们的客户，或者与他们设计赚钱的交易”。他和其他人最担心“作为一家亲犹太复国主义的银行……阿拉伯世界向我们关闭……可怕的是，我们无计可施”。亨利 · 格伦菲尔德不露声色的评价——“你必须记住，在我前进的道路上，不是第一次遇到困难了”——帮助强化了这份决心。马丁·戈登后来回忆说：“当我的心情因失去业务变得低落和沮丧时，西格蒙德安慰我。他说他这一生看过许多更糟糕的事情，我不应该让这些事情把我弄得愁眉苦脸的。这让我为之一振。”格伦菲尔德警告凯利，不要用他“太悲观的”观点——“我们将失去所有的业务”——使年轻人士气低落。

但是，即使沃伯格试图抗衡上阿拉伯黑名单的影响，他也继续与以色列保持距离。譬如，他减少向“英国与以色列”这个组织，以及魏茨曼学院的财务支持。1977 年，显然在沃伯格的怂恿下，迈克尔·戈尔——沃伯格在以色列事务上的得力助手——从以色列公司董事会辞职，沃伯格系与该控股公司 10 年的联系就此结束。一个月后，“鉴于以色列近期的政治发展”，沃伯格拒绝了魏茨曼学院授予他的荣誉博士学位。同年 3 月，沃伯格首次遇到埃及总统安瓦尔·萨达特，双方见面后，沃伯格的态度发生了显著变化。8 个月后，沃伯格历史性地访问了以色列。像亨利·基辛格一样，沃伯格对萨达特印象深刻：

> 他在表达观点时体现出一种我所说的非常明显的犹太人的韵律，他的话语和肢体动作也能体现出这种韵律，我尤其对此感触很深。作为一个人，我认为他绝对具有“同情心”。但从一个知识分子的角度，我观察到他身上具有一种奇怪的混搭，一边是直来直去和精明，另一边是缺乏对细微之处的感知。

萨达特宣称，愿意在联合国安理会 242 号决议和 338 号决议（在“六日战争”与犹太人赎罪日战争后起草）的基础上与以色列讲和。这两份决议呼吁以色列从 1967 年占领的区域撤军，并且呼吁阿拉伯国家承认以色列在其战前的边境内存在的权利。以色列总理梅纳赫姆·贝京开始时对后一份决议持怀疑态度。但沃伯格希望，如果美国施以足够的压力，以色列人也许会改变立场。沃伯格建议萨达特要有耐心，允许“在必要的教育过程中出现富有成效的暂停，以使阿拉伯和以色列阵营中的许多顽抗者逐渐取得全面进步”。贝京在被占领地区实行扩大以色列人聚居区的政策令沃伯格感到失望，他认为“针对联合国的决议，新政策违反了上届以色列政府作出的承诺”，并体现了“一种疯狂的民族主义态度，这与人道主义和宽容的教义背道而驰，而犹太教最好的构成要素恰恰包括这两点”。

对沃伯格而言，贝京是“沙文主义……无耻的民族主义和区域扩张主义”的化身。沃伯格对他的评价如此负面（沃伯格同意本-古里安对贝京的看法，本-古里安说他是犹太复国主义的希特勒），以至于沃伯格低估了埃及和以色列成功达成协议的概率。相反，沃伯格认为萨达特“将作为一个领导人的范例在世界历史上脱颖而出，为了实现和平，他有勇气冒最大的风险”——1978 年 2 月，在他们第二次见面后，沃伯格这样对萨达特说。这次会面促使沃伯格致信《泰晤士报》，他劝诫以色列对萨达特的和平方案作出“积极和慷慨”的反应，他还以最有力的言辞谴责在被占领地区聚居的政策：

> 为一个社会创造安全的生存环境，不能和民族性的机会主义画等号。更多的铁丝网绝不能保证世界的安全。天下太平只能取决于互信这个条件。以色列的每位朋友——包括我在内，一直未曾间断——一定知道，为保护以色列安全提供所有可能方法的紧迫性，这与寻求在领土上获益相反，后者只会增加危险与风险，而不会改善安全。目前的以色列政府坚持在合法属于以色列的领土外保留甚至扩大聚居区，这是在这个背景下许多显著例子中的一个。维护和创建类似的聚居区远未增加以色列的安全，它势必将以色列和聚居区的犹太人置于风险之中。这些风险就这样被武断地制造出来，但它们在那些希望看到一个强大和前瞻的以色列人的眼里毫无意义。

虽然这封信被亲阿拉伯的前保守党大臣安东尼 · 纳丁爵士赞为“充满勇气和智慧”，但它却令很多英国的犹太复国主义者失望。事实上，到这时，沃伯格的立场已如此远离英国犹太人的主流，以至于维克托 · 罗斯柴尔德真的认为，沃伯格是否“正和巴勒斯坦解放组织进行会谈”。这话是有预见性的。虽然沃伯格鄙视亚西尔 · 阿拉法特组织的恐怖手段，但在 1981 年，他确实与巴解组织温和的领导人伊萨姆 · 沙塔维建立了联系。

沃伯格这么做不是为了使他的公司从阿拉伯黑名单上被剔除。相反，他讨厌贝京和钦佩萨达特都是真心的，而且是深植于他自己的政治世界观里的，他尤其反感“民族主义的病理学”。1978 年，当贝京与萨达特在戴维营达成协议并于次年签署和平条约时，沃伯格着实感到诧异（沃伯格尤其对吉米 · 卡特总统的评价很低，而后者的一项伟大功绩是斡旋了这项协议）。然而，当其他公司因沃伯格公司的业务受阻得益时，他也不是那种坐视不管的人。他对法国巴黎银行的克劳德 · 冯 · 凯穆拉里亚[①]说：

> 我们公司上了黑名单——而其他银行则没有，比如高盛、雷曼或者布罗德斯——这完全是愚蠢的行为。这里有必要说明，上述三家纽约投行都是犹太联合募捐协会高级组织的积极会员，它们也是公开的犹太复国主义者。而S·G·华宝公司没有一人表明自己参与过犹太联合募捐协会或是犹太复国主义者，我们只是支持一个富裕、非民族主义的以色列家园，并且用我们微薄的力量，试图向有利于中东问题的解决施加影响力，其结果必须对阿拉伯人和以色列人都公平。

沃伯格的确越来越被那些“美国犹太人惹恼……他们认为他们可以既做良好的美国人，又支持完全沙文主义的以色列的政策”。正如沃伯格对冯·凯穆拉里亚所说的那样，他事实上接到过“多次去埃及访问萨达特的邀请”，但他认为，“如果一个上了黑名单的人突然现身开罗，那将毫无疑问显得很奇怪”。1979年10月3日，沃伯格主动提出向萨达特提供服务，此举“旨在加强埃及的国际信誉，并帮助埃及拓展与国际银行界和工业界的金融关系”。这项计划由沃伯格与雷曼兄弟和拉扎德富莱勒斯[②]共同提出，目的是帮助埃及解决现代住房长期紧缺的问题。

沃伯格本来希望德·凯穆拉里亚能扮演亨利·基辛格的角色，在沃伯格系与阿拉伯人之间进行穿梭外交。事实上，如果沃伯格心想事成的话，那么基辛格本人在卸任美国国务卿后，将被招募进公司担任这一角色（但基辛格选择了设立自己的咨询公司）。但是，当双方在1980年夏季达成协议后，双方的关系并未达到可以接受的程度。“我们至少两个月不能与以色列有任何往来”，而且今后与以色列的任何往来将取决于阿拉伯人的批准，只有满足这些条件，阿拉伯人才会把沃伯格系从黑名单中除去。沃伯格将不会就范。他告诉杰弗里·塞利格曼，从一开始：

> 我们就清楚地表明，尽管我们从来，而且也绝不会做出任何支持犹太复国式民族主义的事情，但是我们与以色列的正常业务往来，以及我们对魏茨曼学

① 20世纪50年代，冯·凯穆拉里亚曾任联合国秘书长达格·哈马舍尔德的个人助理。20世纪60年代，他曾为摩纳哥雷尼尔王子工作。

② 1975年，这3家公司组成所谓的“三架马车”，就全球各国政府的国际融资需求为它们提供建议。第一个这样的客户是印度尼西亚。其他客户还包括加蓬、冈比亚、斯里兰卡以及土耳其。

院这样的以色列非政治性机构的慈善援助，都要受到阿拉伯世界的支配，这是我们绝不能接受的。我想，你我都同意，我们的任何其他态度都将极度有损尊严。出于同样的原因，我们觉得，就公司派人去以色列处理与以色列的业务是否合适的问题，我们不应该咨询冯 · 凯穆拉里亚。

就像他与以色列驻伦敦大使吉迪恩 · 拉斐尔保持定期沟通一样，这说明沃伯格对以色列的理想从未完全破灭。当他的“新欢”——拿以色列来说——令他失望时，虽然沃伯格长期以来容易反应过火，但他能原谅大部分在经济和政治上遇到的失望。沃伯格在 1967~1980 年就以色列记录了三条警句，它们极好地总结了他幻想破灭的轨迹：

纳粹对犹太人做过的最糟糕的事情是大屠杀，其次便是强迫犹太人使其他一些人无家可归。(1967 年 7 月)

今天，以色列的政策主要基于三项错觉：首先，安全取决于固执己见而非灵活；其次，安全取决于地理上的保障，而不是靠少数几个朋友的支持；再次，安全归根结底取决于不放弃任何事物。(1975 年 10 月)

贝京目前实行的政策理应为以色列提供防卫与安全，但现实中它却受制于人，它将使以色列任由它的敌人摆布，并将帮助那些希望看到以色列毁灭的人达成目的。(1980 年 8 月)

贝京一直是沃伯格在中东讨厌的人，直到沃伯格去世的那一天。在沃伯格写过的最后几封关于这个主题的信中，他在其中一封信里把贝京与伊朗革命领导人阿亚图拉 · 霍梅尼归为一类，说他们“同样邪恶，醉心于权力并且残忍”。相反，正像沃伯格向耶路撒冷市长特迪 · 科莱克说的那样，他自己一直忠于“哈伊姆 · 魏茨曼与戴维 · 本–古里安用他们不同的方式宣讲和实践的理想”。或许一切对他来说就是如此。30 年后，关于以色列人和巴勒斯坦人之间未来关系的讨论，仍在用沃伯格熟悉的术语来表达，这令人不可思议。沃伯格相信两个国家的解决方案，他反对在被占领地区聚居，这使他在很多方面都是超前的。那时被认为是一种激进、亲巴勒斯坦的立场，现在却成为美国政府的官方政策。

解读国际危机

只有把中东冲突置于冷战背景下，才可能理解为什么1973年阿拉伯和以色列的交战加速了全球动荡。尽管亨利·基辛格在外交上不知疲倦、机敏过人，但苏联可能从时局中得到了更大的好处。20世纪70年代对美国来说是极为困难的时代，它始于从越南痛苦的撤兵，终于伊朗革命以灾难收场。全世界——尤其是第三世界国家——似乎都倒向苏联。但美国的公共事务管理智慧，成功地使苏联在战略上重要的中东地区被边缘化。埃及与以色列的关系从战争转向和平，这几乎是华盛顿一手调停的结果。另一方面，阿拉伯世界引发的挫折——特别是石油禁运——对西方世界经济的破坏性是极强的，但同时使苏联体系被延期执行“死刑”，如果没有一线生机的话。油价急剧上升，不仅在美国，而且也在西欧一些经济体内暴露出严重的经济弱点，英国算是显著的。其政策被大致形容为凯恩斯派，即货币和财政政策被用来维持充分就业（往往被用来应对即将到来的选举，而不是实际的萧条），这样的政策导致了通胀压力，而能源危机又使这种压力更剧烈。

像许多其他西方知识分子，比如，哈佛大学经济学家约翰·肯尼思·加尔布雷思，以及荷兰诺贝尔奖得主简·丁伯根一样，西格蒙德·沃伯格也认为美国和苏联正在汇合。他在1967年4月写道，“我们今天正经历一场强大的演变——一方是苏联，另一方是西方老牌资本主义国家——它们在以相反方向”，却朝着同一目的地前进：

> 这也就是说，苏联从社会主义向重商主义体制发展，西方老牌资本主义国家从资本主义也向重商主义体制转变。我故意使用“重商主义”这个词，它是从18世纪这个意义上来说的。有趣的是，正在成形的新重商主义在两种情况下都相似……它涵盖三种元素：第一，政府实行综合计划；第二，政府对生产力部分所有；第三，私人对生产力部分所有。

与此同时，沃伯格发觉自己和理查德·尼克松的关系越来越近，后者经过漫长、艰苦的“拼杀”，终于在1968年入主白宫。他给沃伯格的印象总是“平庸”。沃伯格认为尼克松的当选“在意料之中，虽然是令人不悦的震惊”。1969年2月，当他们在伦敦初次见面时，两人之间很少有那种自然的默契。但到1970年，沃伯格不得不承认，这位总统“有强大的勇气和惊人的能量”。15 个月后，沃伯格在为尼克松的“勇敢”和“领导力”辩护。到 1972 年 9 月，尼克松对于沃伯格来说是“继杜鲁门之后……这个世纪迄今为止最好的美国总统，尼克松像杜鲁门一样，兼有常识和胆量，虽然他并不是那样出类拔萃”。沃伯格认为，尼克松的越南政策“与 20 世纪 30 年代实行的绥靖政策相反，后者导致希特勒发动战争并导致希特勒的暴行”：

> 现在，国际上的知识分子热衷于攻击尼克松及其越南政策，我对此略知一二。但是，正如我们从历史经验——即使追溯到伯罗奔尼撒战争末期的雅典时代——得知的那样，某些顽固不化的知识分子厌恶直截了当的现实主义和常识，但却喜欢沉迷于……异想天开。

对于沃伯格来说，“水门”丑闻只是代表了“对白宫底层人员实际不当行为的普遍反感”。它是“通常歇斯底里的一种症状……在我们这个媒体行为过度的时代，这种症状比霍乱或水痘更具传染性”。毋庸讳言，这种观点与另一位从纳粹德国流亡的犹太难民如此契合，后者在美国的职业生涯甚至比沃伯格在英国的更出色。沃伯格极为敬重亨利 · 基辛格，即使在后者卸任美国国务卿之前，他就被考虑作为 S · G · 华宝公司未来董事可能的人选。基辛格给沃伯格留下的印象是，“他是今天我们西方世界最大的希望”。

削弱这种希望的，是沃伯格对西方经济越来越深的悲观情绪。西方经济的困难可以用一个词来形容，那就是滞胀。这个词是由保守党议员、《观察者》杂志的编辑伊恩 · 麦克劳德早在 1965 年提出的。英国的零售价格指数年增长率在 1975 年 8 月达到 27%的顶点，这是整个 20 世纪英国经历的最糟糕的通胀。20 世纪 70 年代这 10 年，英国的平均通胀率不到 13%，与希腊、意大利、葡萄牙和西班牙大致相同。美国表现得更好，平均通胀率刚刚超过 7%。但更严峻的是美国经济增长的波动性。20 世纪 70 年代这 10 年，美国经历了两次萧条：一次是从 1969 年 12 月~1970 年 11 月；另一次是从 1973 年 11 月~1975 年 3 月。平均而言，20 世纪 70 年代的经济增长率比 60 年代的低了整整 1 个百分点：实际国内生产总值年平均增长率为 3.6%，而从 1960~1969 年该数字是 4.6%。美国失业率从 1973 年 10 月的 4.6%蹿升至 1975 年 5 月的 9%。就金融市场而言，滞胀引发了双重麻烦。随着公司利润受到挤压，股票回报率变成负值。随着通胀高企，债券也不能提供保障。1970~1979 年间，英国股票的平均年回报率在考虑通胀因素后为–1.4%；债券的收益是–4.4%。通胀调整后，《金融时报》精算全股指——伦敦覆盖面最广的指数——1972~1974 年间下跌了 74%。直到 1979 年，该股指指数仍是 1972 年水平的 43%。

沃伯格对这场“风暴”没有比大街上的普通人准备得好到哪儿去。1966 年，他向记者约瑟夫 · 韦克斯伯格表达了他对通胀的恐惧：

> 他确信，货币在任何时候都在贬值。他神往地谈到在雅典实行的明智的《梭伦法》，该法规定，所有 70 年内未偿还的债务必须勾销。借债方需支付利息，但……他们今天偿还的钱，其价值永远在缩水……第一次世界大战后，沃伯格曾有过“痛苦的经历”，当时债券持有人几乎血本无归，而没有抛售的股票持有人最终“解套”，这些都形成了他基本的投资哲学。

但是，那套“哲学”在现实中到底意味着什么？虽然沃伯格对华尔街和金融城都将遇到“进一步重挫”的预期是正确的，但他于 1970 年 8 月给内厄姆 · 戈德曼的理财建议却非常不充分。沃伯格建议他“一半投资股票，一半投资固定收益”，其中后者保证有“真实、值钱的收入……再加上能提供最大的安全”。如果戈德曼全部投资股票，他的收益会更好，如果全部购买黄金，仍会更好。即使像沃伯格那样有反应快速的头脑，但他对未来的预期比在新古典经济理论环境中适应得更慢。亨利 · 格伦菲尔德多年后承认，他也被通胀搞得完全措手不及，他和沃伯格也不能保护他们的银行免遭“劫难”。直到 1974 年 6 月，沃伯格才看到市场对一种新的指数挂钩型债券的需求，该债券可为投资者抵抗通胀——沃伯格即刻向英国政府提出这一想法。该产品终于在 1981 年被采纳，自此在大西洋两岸成为一种成熟的投资形式。与此同时，通胀和货币贬值大大削弱了英国的投资银行，（正如《经济学人》所说的）这使它们沦为“国际银行界有教养的穷人”。譬如，希尔 · 塞缪尔公司资产的实际价值从 1973~1977 年下降了近 1/2。1969 年，伯纳德 · 凯利的总收入包括他在多家公司任董事的劳务费以及额外的养老金支付，共计 2.1 万英镑，以今天的货币价值计算，约合 64.4 万英镑。但到 1975 年，他名义上更高的收入为 3.5 万英镑，以购买力衡量，却缩水了超过 1/3：用今天的英镑价值计算，约合 40.5 万英镑。

对于沃伯格来说，早在 1968 年事态就很明显，1944 年在布雷顿森林制定的固定汇率体系注定失败。不像法国经济学家雅克 · 鲁艾夫，沃伯格排除回归金本位的可能，并指出它可能“产生几乎和我们想要的完全相反的条件”。但是，“通过一家由主要工业强国支持的世界银行进行国际认证”，沃伯格对这个想法也持怀疑态度，这一体系在没有一个基于全球联邦制的政府下不可能奏效，全球联邦制由丘吉尔的文学代理人、匈牙利作家兼出版人埃默里 · 里夫斯提出，后者是埃里克 · 科纳的朋友。那样的话，就只剩下了美元。沃伯格对 20 世纪 60 年代美国资本（向越南和其他热点地区）输出和单方转移产生的问题没抱幻想。法国对“美元泛滥”不满已不是秘密。泛滥的结果导致德国马克有升值压力，这也不是秘密，它迫使德国政府在 1969 年接受 10%的升值，并使马克在 1971 年自由兑换。但沃伯格同意纳特 · 塞缪尔斯的观点，“充斥世界的美元……现在已构成国际市场的主要资源”。欧洲债券市场的成功显示了，“所有国家的公司经理们只从字面上理解货币兑换和世界金融愈加一体化，但当它们的影响变得明显时，中央银行的行长们和财政部长们有时都吓得发抖”。这个情况是千真万确的。尽管货币币值不稳定、股市暴跌，但欧洲债券市场持续发挥作用。不过，投资人偏好德国马克和瑞士法郎，这也推高了短期欧洲美元的利率。1970 年 9 月，沃伯格致信让 · 弗斯滕伯格说：“我预计我们西方世界的困境将在我们触及萧条底部之前，从劣势转变为更糟，而这次萧条就始于 1970 年。”

沃伯格带着些许不耐烦注视着布雷顿森林体系漫长、持久的消亡。他“对那些华而不实的知识分子反常的金色幻想”不屑一顾，并敦促美国尽早切断美元与黄金的联系。他主张，“黄金情结是众多迷信的一种，这些迷信是思想里极具传染性的疾病”。他留给支持回到战前方式的人的另一项口诛是“黄金梦游症”。他对法国人企图通过“采用黄金”破坏美元的至高地位气愤不已。所以，1971 年 8 月 15 日，当尼克松终于终止美元与黄金（残留和有限）的可兑换性时，沃伯格举双手赞成。他不相信一种短期的妥协安排，这种安排允许货币在其布雷顿森林的固定汇率基础上上下浮动 2.25%。然而，沃伯格对“货币混乱”的发作感到失望，从 1973 年 2 月他的反应是持有“尽可能多的瑞士法郎或德国马克”——他在瑞士的居所允许他这么做，因为它使沃伯格脱离英国外汇的监控。20 世纪 70 年代早期，货币的“再次大洗牌”的确比沃伯格预想的更加混乱。除了两个主要货币——英镑和意大利里拉——相对于美元贬值外，以德国马克和瑞郎为首的其他货币较美元均显著走强。币值在欧洲境内的变动是剧烈的：以德国马克计算，英镑从 1969 年 1 英镑兑 4 德国马克，跌至 1 英镑兑 1.72 德国马克，对于英国消费者而言，德国进口成本上涨了

1倍还多。黄金价格从1970年7月的每盎司不到36美元暴涨了20倍，达到1980年1月的高峰——每盎司850美元。但1975年北海出产石油后，英镑兑美元实际上升值。不过，石油危机却帮了倒忙，因为在20世纪70年代，英国陷于绝望的工业家们最不需要的就是英镑走强。

沃伯格认为，问题在于“所谓的货币专家……有意或无意地只有一种想法，那就是所有重要的国家都应同时具有有利的贸易和支付平衡”。与更接近现在的时代相比，美国在20世纪70年代的贸易赤字在规模上似乎微不足道，20世纪70年代初的资本流出也是如此。70年代中，美国最大的贸易赤字只是国内生产总值的1.5%。美国海外净资产占国内生产总值的比例从1970年的0.9%上升至1976年的2.8%。沃伯格理解，如此的不平衡是全球商品和资本市场越发一体化不可避免的后果。但那时的经济政策旨在捞取短期的政治好处，而不是长期的宏观经济稳定，沃伯格低估了这类经济政策破坏性的后果。1973年11月，他坚持认为，“美元长期看应该是西方世界最强的货币”，但这与在华盛顿、法兰克福、苏黎世和东京的央行的政策出发点截然不同。重要的是，早在1974年5月，他就开始主张在货币体系中恢复“尽可能广泛的”固定数量成员。1977年年底，他抱怨“浮动货币波动性太大、随意性太强”。“需要一种新的货币体系包括固定数量的成员，来替代布雷顿森林体系”。沃伯格描绘的方案是“将国际货币基金组织扩大成为一种中央银行家的中央银行，这将排除美元作为世界储备货币的必要”。到现在他渐渐相信，因为“美元疲软的基本原因是贸易赤字，尤其是石油进口水平仍未修正……所以，美元不能再扮演储备货币的角色，现在美国是一个债务大国”。这一分析在之后的30年里，随着美国经常账户赤字增加、美元和油价一样上下波动而逐渐被越来越多的经济学家所认同。但是，我们距离采取沃伯格提出的激进措施还相差甚远。

与以色列一样，1973年的危机目睹了沃伯格对欧洲的“爱”变成了醒悟。在他看来，欧洲人不感激美国应该感到内疚。1971年5月，沃伯格半认真地在午餐时向塞西尔·金建议，现在欧洲人难道不应该对美国实行“马歇尔援助计划，以帮助他们摆脱海外援助和越南战争造成的麻烦吗”？美国应该停止其“对日本和对欧洲在经济事务上采取的纵容政策”，并提醒那些抱怨“美国在欧洲投资过度”的人，“过去20年奠定欧洲繁荣的一个主要辅助因素正是这些大额的投资”。1973年2月，沃伯格在会见美国商务部部长彼得·彼得森后说：

> 美国人必须以他们自身的利益，以及全体自由世界的利益，就国际经济措施承担领导角色，但并不指望欧洲各国和日本的一致响应……我确信大多数欧洲国家……将承认美国强有力的领导，只要这种领导力……以以下两点为前提：第一，美元实际上是唯一真正的国际货币；第二，美国要么与那些接受这个不言自明的前提的国家进行多极化合作，要么否则单独行动，不考虑那些所谓的贸易伙伴，后者在很大程度上使美国成为欧洲和日本的“钱包”。

欧洲的领导人，尤其是英国首相爱德华·希思与法国总统乔治·蓬皮杜，是“我们这个时代的慕尼黑派，他们甚至比张伯伦和达拉第还糟糕”，这一评价是沃伯格晚年言过其实的一个很好的例子。欧洲正失去“为理想而战的意志”。沃伯格唯一（最终有据可依）的安慰是，“不管西方自我毁灭的倾向有多大，最后，苏联人自我毁灭的倾向甚至将更大”。沃伯格正确地指出，苏联在 1979 年年底入侵阿富汗是一个转折点，不只是因为它将帮助美国人“消除越南情结”，并且使美国人“最终准备以一个帝国主义强国朝某些重要方向采取行动……而不再为此感到耻辱”。

沃伯格一次又一次地对 20 世纪 70 年代连续发生的国际危机的解读，都是正确的。他清楚地看到布雷顿森林体系瓦解后，货币混乱对地缘政治产生的影响。沃伯格辨认出，这个波动的新世界里不受监管的资本流动将使美国及其盟友最终受益，受益程度将超过东方阵营。但是，把沃伯格描绘成一位圣人也是有问题的。在他所有的误判里，也许偏颇最大的是他对伊朗国王的评价，沃伯格反复将伊朗国王与基辛格列为世界级领袖，他认为两人“完全不平庸”。沃伯格确信，伊朗是有最好未来的中东国家，虽然抱怀疑态度的亨利·格伦菲尔德劝说他不要在中东开设永久办公室，因为住酒店房间更容易在情急之下离开。伊朗国王被赶下台、伊斯兰伊朗共和国成立，这使美国的外交政策陷入了一场新的危机，美国在吉米·卡特总统任内未曾恢复元气。“困境”是一个让人把它与卡特联系起来的词，虽然卡特在他 1979 年 7 月 15 日以悲观著称的演讲中没有使用这个词，此时距推翻伊朗国王和伊朗人质危机开始已有 5 个月。相反，卡特谈到“一种信任危机……它击中了我们国家意志的心脏和心灵，以及精神……并威胁破坏美国的社会和政治结构”。在沃伯格看来，这场危机再清晰不过了，它延伸到美国以外，并影响到整个西方世界。

参与日本金融

尽管西格蒙德·沃伯格也有失误，但他是全球化的预言家。早在1969年他就认为："今天的工业制度要求五大洲的人口进行交流，其目标是商品和服务在没有人为障碍下自由流动。简而言之，现代工业制度是一种全能、深层、包罗万象的力量，其基本特征就是普遍主义……"但现实中，让他的公司参与日后被称为"新兴市场"地区的投资，沃伯格总是非常谨慎。他带着不变的怀疑看待拉丁美洲，这种怀疑出于反复发生的违约和贬值。1972年，他对"齐奥塞斯库总统明确想通过我们这个中介与西方工业建立联系"的反应持怀疑的态度。甚至到1974年，东欧国家还争相在西方资本市场上募集资金，但沃伯格仍保持审慎的态度，他（理所当然地）害怕借款国也许在它们的债务上违约。沃伯格不像其他银行家，他从未无视"苏联阵营中的明显差异，即一方面是过度的军事力量，另一方面是整个集团中在经济上令人担忧的弱点"。正如沃伯格后来所说，他的公司"除了在英国以外，更不断努力专注于欧洲大陆和北美……以及世界其他地区，公司不希望变得僵硬，我们试图不参与当地的金融工具"。换言之，全球化基本上意味着英国、西欧、美国和加拿大的一体化。这项规则唯一的例外是日本，而日本也许是沃伯格晚年最令他开心的"爱慕"对象。

事实上，沃伯格参与日本金融已有很长的传统，那可以追溯至M·M·沃伯格公司和库恩–洛布公司的时代，这两家公司大约在1904~1905年日俄战争期间，为日本在境外发行债券发挥了主要作用。这一传统在1962年10月得到了恢复，当时，沃伯格偕妻子加入施罗德公司的亚历山大·胡德爵士，以及埃德蒙·冯·罗斯柴尔德，连同其他银行的代表[①]，作为伦敦金融城代表团的一部分，应野村证券董事长奥村纲雄的邀请访问日本。重要的是，约翰·希夫代表鼎盛时期的华尔街在两年前就访问了日本。正像沃伯格所说，英国人此行的目的是"了解……日美金融关系不至于完全遮盖英国与日本之间可能做成的事情"，虽然英国资本出口的限制显然制约了沃伯格及其同事向他们的接待方所能提供的服务。访问期间，沃伯格

① 其他代表来自巴林兄弟、M·塞缪尔公司、威斯敏斯特银行、汇丰银行、帕默瑞戈登公司，以及苏格兰联合投资人。代表团出访得到了英格兰银行的准许。

拜会了 6 位不同的日本内阁成员，他对首相池田勇人，以及未来的国际贸易和工业大臣、后来的首相宫泽喜一给予了最热情的评价（前者“明显主张全面的‘国家干预’”，后者不但是一流的经济学家，而且还是极有教养的知识分子——这种称赞的确来自沃伯格）。但沃伯格在日本结下的唯一真正的友谊是和剑桥毕业的白洲次郎，后者是吉田茂首相的幕僚，也是战后美国占领时期日本在《宪法》问题上的主要谈判专家。在白洲的点拨下，沃伯格很快掌握了日本经济运转的独特方式，也就是日本银行扮演“政府经济规划政策的中央执行单位”，而各商业银行“差不多像各个部门或各个分支机构”。商业银行家们给沃伯格的印象是“他们极为热衷于获取外国贷款，很少有例外，而且他们过于乐观，脑子里想的是日本经济活动无限制的崛起在某种程度上是不可避免的”。同样的，大多数证券经纪人似乎“对他们谈论投资的方式不负责任，他们只想着拿到买入指令，并且……只受到日常参与市场的影响”。

另一方面，普通日本工人的勤劳与节俭势必对沃伯格有吸引力。他们辛苦地工作，他们守时，他们节约，而且“在吃喝上极度自律，对于住房条件和居住在一起的方式，他们非常谦逊”。他们的卫生标准高于欧洲。可以肯定的是，接待方不情愿吐露心声，沃伯格对此不适应，他注意到日本缺少“一种欧洲或美国意义上的民主氛围”。日本经济规划体系意味着过多的权力“集中在由官僚组成的巨大金字塔微小的顶部”。严格的《劳动法》也使工业企业裁员很难。但比起“巨大的工业机会”，这些只能算很小的顾虑，日本“处在一个极好的时机，可以利用这些机会……最重要的是，通过社会每个阶层普遍具有的高标准教育；通过年轻人和成年人对改善自身知识与技能展现出的令人称奇的兴趣”。日本人的许多特点当然与他们战时的盟友德国人相近，但沃伯格情不自禁地注意到，日本人具有“一种品质，并且已经到达惊人的程度，德国人很少有这种品质，那就是谦虚”。沃伯格返回后，真正有和日本做生意的欲望，尤其是与东京银行、日本工业银行、野村证券及大和证券合作。他告诉自己的小叔弗里茨，东京就像是“20 年代的柏林与今天的底特律的混搭”。

之后的几年，沃伯格培养了他在日本的新关系网，他宴请来伦敦访问的奥村，并雇用了白洲的儿子。作为回报，白洲以“沃伯格系在东京的某种非正式顾问”的角色，宴请从格雷沙姆街 30 号到访的客人们——由伊恩 · 弗雷泽和彼得 · 斯皮拉率队——并确保他们与恰当的日本企业会面。首单重大的日本交易发生在 1963 年，那是向东京市政府提供贷款。一年后，沃伯格系与野村证券合作，为纺织企业东洋丽阳（后来的东丽）安排可转换美元贷款。事情在某种程度上变得复杂，因为沃伯格系要与华尔街公司——先是狄龙里德，后是库恩-洛布——在日本展开阵地战，这些华尔街公司视自己在某类日本业务上有优先权。但美国政府越发努力限制美国的海外投资，这给沃伯格一个推介欧洲债券市场优势的机会，该市场可作为日本未来的一个融资来源。（斯皮拉指出）唯一的掣肘是公司有太少的高级经理关注日本市场，然而在日本，“成熟是特别重要的”。相反，沃伯格本人强烈地认为“一年2~3次的访问刚刚好”。他似乎担心，情况熟了可能会导致轻视。白洲表示同意，他告诉克里斯托弗 · 珀维斯：

> 关于他与西格蒙德之间的关系，最令人好奇的是，从他们1962年见面到西格蒙德于1982年去世这20年间，他们极少有书信往来，而且无论在东京还是在伦敦，他们会晤的时间合计只有几个小时，但次郎……却把西格蒙德视为自己的挚友之一。

也许不可避免的是，沃伯格本人到1970年对亚洲这片神奇的土地的热情在某种程度上已经降温。事实上，他听起来几乎对日本经济非凡的力量感到害怕。他告诉乔舒亚 · 舍曼：“我的预测是，从现在起20年后，一旦日本人从美国人那里汲取了任何可从他们那里获得的优势，我们的地球将可能被中国和日本的联盟所主导。”日本的崛起是西方困境的对立面。日本与中国将“在21世纪末联合起来”，这似乎不可避免。沃伯格沉思道：“我只希望，等到它们主宰世界时，它们能比现在变得更加成熟、更加文明。”沃伯格拒绝了白洲让他在东京市中心投资一处办公楼的建议，部分是出于上述这些原因，部分是出于他习惯性地厌恶风险。对于他的公司来说幸运的是，他年轻的同事不受这些不祥预感的束缚。尤其是马丁 · 戈登和安德鲁 · 史密斯，他们在开发和拓展S · G · 华宝公司与日本企业的关系上发挥了重要作用，这还包括马丁 · 爱德逊，他负责管理沃伯格系在东京的常设办公室，该办公室建于20世纪70年代。到这时，东京银行已把S · G · 华宝公司视为其在欧洲的主要合作伙伴。事实上，在整个日本，沃伯格系的名字现在的排名要好于一些在日本扎根更久的英国投行的名字。

马丁 · 戈登回忆说，某些日本的道德观念符合格雷沙姆街做事的方式：

其他公司有时抱怨日本财务省干涉得过多，但对于我们来说，与财务省合作是第二天性。确保我们在日本开展的任何业务遵从社会精神，不只是遵从法律条文和普遍的指导原则，这也成为第二天性。我们（书面的）内部通函，相比日本最高的标准，不能不为我们在日本赢得尊重。除了上述这些以外，西格蒙德相信良好的举止和礼仪，以及最为得体的亲自沟通。在像日本这样的国家，良好举止是一种艺术，甚至是一场游戏——但却是一场认真的游戏——西格蒙德以身作则在日本同行界赢得极大的赞赏。因此，我们这些参与日本业务的同事，把它认为是一种嗜好而不是负担。与日本人互动总是令人愉悦，不过，我们需要极度小心，绝不在日本人眼里看上去愚钝、粗俗或无礼。事实上，我们从在日本做生意学到的东西可以被有效地运用在所有其他的社会中。

当日本政府在 1978 年授予沃伯格瑞宝大勋章[①]时——他亲自去东京接受这项荣誉——这使双方 15 年的持续交往达到了完美。除了有慷慨的款待外[②]，不用说还有众多可以安排的新交易机会，这是沃伯格第二次，也是最后一次访问日本。与 1962 年他的担心相反，这次访问使他再次确信，日本人还没有被“欧美社会的工业制度，以及欧美社会过度强调自我放纵的消费者经济所吓倒、所影响”：“相反，我觉得现在观察到的非常有趣，近年来，在许多日本团体中，除了广泛的经济成就以外，老式、简单和有尊严的传统也出现复兴，这些传统不仅形成于表面，而且承诺演变出一个基于更高精神标准的新的社会结构。”这些日本人是像他一样的苦行者。

沃伯格根深蒂固的清教主义，使他容易相信这样一种观念，这种观念在 20 世纪 70 年代流行起来，那就是“增长有其限”，这些真实的限制最终将不可逾越（1972 年，智库罗马俱乐部发表了著名的报告，题目就叫“增长有其限”）。1972 年 4 月，沃伯格写道：“经济和技术增长不能是无穷动的。”相信它们会永远增长下去，就会掉进“增加精神病”的陷阱。对于沃伯格而言，20 世纪 70 年代的能源危机事实上是“塞翁失马，焉知非福”：

首先，它将在整个西方世界经济体中产生诸多令人不安的变化，包括破

① 这一嘉奖在地位上低于旭日章，并经常向与日本友好的外国人授予。然而，沃伯格获得的是一等勋章，这可是官方尊重的标志，因为该奖章共有 8 等。另一位获奖者是经济学家米尔顿 · 弗里德曼。

② 在一次宴请上，出席的有日本银行行长、日本所有主要银行与证券公司的总裁。

产狂潮或类似的金融困境，但它也将导致早应发生的整肃，经过在许多错误方向上的过度扩张后，人们会有更清醒的态度，以具有建设性的行动发展并表达自己。这将是一个缓慢的演化，但我认为，近年来使我们遭殃的不利环境过去后，更加健全的境况也许即将到来。

“我们西方世界对增长的情结”是基于这样一种假设，即“在经济领域——相对于解剖学、生物学和心理学，以及所有自然科学的法则——树木是可以长到天上去的”。在沃伯格看来，这种情结是“货币领域飞速增长的通胀，以及我们道德、智力和审美标准下降所造成的”。

但沃伯格也明白，较低的增长不可避免地与更高的失业相连。在这一点上，他的观点比平时更异端。对他来说，“财政措施也好，货币措施也罢，以至于任何其他经济措施，都不能满意地解决通胀和失业这对孪生问题”。问题就在于“人力劳动过时了”：

> 我们不得不意识到，在当今工业发展阶段，在大多数工业化国家里，我们面临一种两难，即，我们越改进工业机械化水平，创造出的失业人数就越多。用通胀打击失业，只会有短期的效果，接下来是期限更久、规模加剧的危机。不断增加使用工业技术，节省了劳动力，失业因此也上升，这几乎是一项朝着更多工业化失业的自动进程……

这是有问题的，不是因为其中的困难，由于福利国家的兴起，这些困难已被大大降低。而是因为“领取失业救济在社会上通常被视为是一种耻辱，从人类尊严的角度，正像许多被认为低下的职能——与家政或与公共清洁有关的体力劳动，它们只是众多所谓‘丢脸职业’中的两个例子——同样被社会歧视所困扰”。唯一的答案是让西方社会：

> 找到一个新方向和一种新的劳动分工，那些被人看不起的工作，必须由征募的劳工完成。每一个健康的人都必须在一定的时期内做这样的工作。更重要的是：许多工种将不得不被分派，比如一周 3 天，或者一年 5 个月。另外，社会将不得不创造或延伸出众多额外的边缘职业，比如园艺，或利用闲暇时间，或陪护老人和病人这样的工作。类似的边缘职业也许不带报酬，或者只有相对很少的奖励。

1977 年沃伯格回忆说："也许在某一天，我们将效仿古埃及人，他们通过修建金字塔，让人有事做。这无论如何比疯狂的武器扩充更健康、破坏性更少。"毫无疑问，金字塔比更多的核弹头要好。不过，这句话带讽刺意味的是，到这时沃伯格自己陷入了建造一座金融金字塔的任务里去。这项任务费力而且最终极度令人沮丧，S·G·华宝公司原本可以站在这座金字塔的塔尖上。

第12章

昂贵的教训

HIGH FINANCIER

我的感觉是，过去几年我们的动力有点松懈，我们的风格有些退步。这可以归咎于各种委员会的扩散，平庸被过度容忍，以及做事倾向于急速而不是保持平稳、流线的节奏。我再次责备我自己，我没有以更果断的方式退休……像我这样的老人，如果别人不欢迎了，就不应再久留；对别人没用了，就不应再赖着。他曾经发挥过决定性的作用，重要的是，他必须小心，不要给后来的人添麻烦。

西格蒙德·沃伯格
1977 年 12 月

紧张的父子关系

身为西格蒙德·沃伯格的儿子不容易。1963年，即使35岁的乔治·沃伯格辞去S·G·华宝公司的董事后，他仍活在他强势、苛刻的父亲的阴影中。1970年，他决心走出阴影。他和朋友迈洛·克里普斯[①]——前工党财政大臣斯塔福德·克里普斯的侄子——合伙，组建了C·W·资本有限公司——公司名字用缩写，毫无疑问是为了避免在使用神圣的家族姓氏上与他父亲产生冲突，虽然（克里普斯开玩笑地说）"C·W·资本"也不太可能获选。乔治告诉亨利·格伦菲尔德，他要把

① 迈洛·克里普斯，第4代帕穆尔男爵（1929~2008年），是罗马天主教徒，先后在安培尔佛斯学院、牛津大学接受教育。他早期在某种程度上折衷的职业生涯，因酗酒而留下污点。（他曾擅自闯进他母亲举办的一次宴会，以玩橄榄球的架势擒抱摞倒了一位主宾，并且呕吐在地板上，从此他戒了酒。）是他母亲说服西格蒙德·沃伯格在1960年给克里普斯一份档案管理员的工作，他们在伊顿广场是邻居。沃伯格对克里普斯的智慧印象深刻，到1964年他被任命为该行的董事，并被升至投资部负责人。但是，沃伯格逐渐怀疑克里普斯"夸大狂的倾向"，5年后两人分道扬镳。不过，对于他的朋友们，克里普斯是不可抗拒的，他"做任何事情精力充沛，渴望下一项交易、渴望见到之前未曾参观过的教堂、渴望那不同寻常的巧克力蛋糕——渴望生活……他比我们其他人干劲更足"，但他（在某种程度上）是被压抑的同性恋。当克里普斯·沃伯格公司振兴古旧书商伯纳德·夸里奇后，他担任该书商公司的董事长，并就此找到了快乐和成功。

公司打造成一家投资银行，公司“主要活跃于财务顾问和投资管理领域”，但也吸收存款、发放贷款。C · W公司普通股本金为50万英镑，有13名雇员，没有得到S · G · 华宝公司的支持。其主要投资者反而是尊贵的威廉斯和格林银行。父亲沃伯格自然要留意儿子沃伯格，他对新公司与新英格兰商人国民银行建立的代理关系表达了谨慎的兴趣。处理与S · G · 华宝公司的业务往来被授权给一名年轻的美国人。他随即向老沃伯格系申请了25万英镑的短期贷款额度。来自格雷沙姆街30号的反馈是冷淡的。虽然“西格蒙德爵士当然希望……发展与C · W · 资本的关系”，但这样的贷款上限是10万英镑，“直到我们更清楚地了解其贷款性质后”。到1972年3月，理想的了解程度已经取得。随着新公司资产已接近900万英镑，老沃伯格高兴地承认C · W公司取得了“令人满意的进步”。1973年1月，他同意了新公司致命的更名：从C · W改为克里普斯 · 沃伯格。不久，老沃伯格系以部分可转换无抵押债券的形式投资22.5万英镑（相当于，如果债券被转换，约占公司2.5%的股份）。有了家族姓氏、家族公司的支持，克里普斯 · 沃伯格实现了跳跃式的增长。到1973年3月，其总资产翻了超过4倍，达到3 700万英镑。这似乎是一个父子间摒弃“前嫌”并开始一段和谐新纪元的绝佳机会：

> 英语谚语“结果好一切都好”，也许听上去更像陈词滥调（西格蒙德这样写给儿子）。然而，在有关严肃和重要的问题上，它还是正确的，在我看来，这句话绝对可以被用在近期你我之间发生的事上。
>
> 你和我在不同的道路上行进多年后，当得知我们各自走的两条道——虽然恰当地保持独立，以便公平对待双方的个人实力和自主权——现在在某种非常好的意义上终于平行时，我感到双倍的满足和高兴。这种平行是基于对彼此深厚的友谊和尊重，并且朝着相似的目标、按照相近的标准前行。

但是，这种和解短暂得令人痛苦。

克里普斯 · 沃伯格更名的那天，正好赶上现代英国历史上最大一次银行业危机的前夕。从今天的角度来看，所谓的“次贷危机”与它很相似。这场危机的起源是1971年保守党财政大臣安东尼 · 巴伯放松信贷管制，此举结束了伦敦清算银行同业联盟制定的存款和贷款的固定利率，并引入了一项新的储备资产比率规则，这项规则要求各银行只需将12.5%的负债放入储备资产中。其无意识的结果是爆炸性的。银行贷款暴增，1973 年一年就增长了 33%。这项规则连同石油危机解释了英国两位数的通货膨胀。但更戏剧性的是房价的上升，随着银行监管松绑、直接税收减少，这一传统资产出现泡沫。现有房屋的价格在 1972 年年末触顶，房价年增长率超过 40%。平均而言，英国房屋价格在短短 4 年时间里翻了一番。同时，股票市场也出现繁荣。《金融时报》股票价格指数在 14 个月里从 1971 年 3 月的低点，上涨了 2/3。货币紧缩未能抑制通货膨胀，但它成功地把房屋价格通胀压缩到个位数。所有这些后果中最不想发生的是股市崩盘。到 1974 年年底，《金融时报》全股指从顶点，暴跌了 69%。剔除通胀因素，损失甚至更大——真的可以和美国投资者在大萧条时遭受的损失相比。对于在繁荣的巴伯时代成长起来的新兴银行来说，其影响是灾难性的，尤其是对那些向房地产开发商最积极放贷的银行。英格兰银行不得不动用资金挽救大约 30 家银行，其中最著名的是斯莱特沃克（该行在 1964 年，由企业恶意并购人吉姆 · 斯莱特和保守党议员彼得 · 沃克创立）。另外还有 30 家银行需要紧急援助。在这一背景下，克里普斯 · 沃伯格的覆灭就好理解了。

父子关系紧张首先出现在 1973 年年初，当时，乔治 · 沃伯格向亨利 · 格伦菲尔德抱怨，在一项本应由两家公司合作完成的交易中，亨利表现出“不愿响应的态度”。在西格蒙德脑中，这一合作证明了笔相家西奥多拉 · 德赖弗斯较早前的警告，“每当我儿子的反应让我高兴时，我几周后总要面临失望，完全因为他那神经质的天性。”不过，真正的失望还在后面。1974 年 7 月 19 日，克里普斯和乔治拜访了戴维 · 斯科利，并向他坦白了他们“通过向各类房地产项目作出大量融资的承诺，使自身陷于糟糕的处境”。更准确地说，他们因向小的地产公司放贷，积累了大量坏债，他们的资本金几乎被耗尽。贷款给地产公司这个商业战略是受克里普斯启发的，他天真地以为，“在我们这个通胀猛增的时代，比其他任何商业领域更值得深入关注和参与的就是房地产”。老沃伯格强压怒火。他儿子和儿子的合作伙伴们犯了“异想天开”的重罪。他们犯了“严重的错误”。他们本应该“在更早的阶段”承认这些错误。这家带“沃伯格”的名字并处于困境的公司“不会对我们造成任何影响”。投入更多的钱是不可能了，那是威廉斯和格林银行以及其他创始股东的责任。他能建议的就是，“我们也许能在合适的商业基础上，用特别的额度援助他们”。该公司为什么会出现困难，即使现在提供的解释也被“邋遢”和“含糊”所殃及。把克里普斯 · 沃伯格视为“与我们联系密切”完全是“错误的”，老沃伯格反驳道。

他儿子绝望的忏悔——“他完全、无情地责备自己”——都没有改变老沃伯格的主意，也没有改变他相信迈洛 · 克里普斯是唯一元凶[①]的看法。他愿意提供建议，但不会往里扔钱。

S · G · 华宝拒绝向克里普斯 · 沃伯格注资，这使后者的灭亡成为必然。1975年春，该公司进入破产清算，损失超过400万英镑。尽管戴维 · 斯科利和乔治 · 布伦登说了一些鼓励的话，后者是英格兰银行银行监管部的负责人，但小沃伯格还是被彻底击垮。他写信给父亲说：“你总是对的，戴维 · 斯科利人很好，而且对我帮助很大。他和缓但执著地试图让我振作起来。”两年后，老沃伯格再度提出让乔治回到格雷沙姆街30号。但当他儿子建议斯科利也许可以扮演“一个中年和顺从的中间人，穿梭在老少两代人之间”时，他父亲的反应首先是冷漠的安静，然后是，像痛苦的乔治形容的那样，“连珠炮似的断言……我完全在错误的轨道上（‘我儿子有如此情结’）”。正像这位年轻人感叹的那样，这确实有点像一出“希腊悲剧”。

西格蒙德 · 沃伯格有许多杰出的品质，但无条件的父爱不是他的强项——他自己也知道这一点。正如他曾向雅各布 · 罗斯柴尔德解释的那样，歌德的“选择性亲和”比家庭纽带对他更重要。罗斯柴尔德——他与自己的父亲和其他亲戚的关系远没有那么轻松——无疑能明白。乔治 · 沃伯格偕妻子埃莉远赴康涅狄格州的沃特伯里市，并在那里找到了幸福。他效力于一所新英格兰不起眼的地区银行——殖民银行，并抚养三个儿子。即使他和父亲相隔这么远，他们的关系仍充满不愉快。只是一通没有接到的电话，可能又会招致一轮来自父亲的指责和儿子的悔恨。

不满现状

沃伯格不只和他的儿子变得越来越爱争吵。他的不满几乎延伸至格雷沙姆街30号生活的每个方面。到1970年12月，他对公司“放弃在道德和智力方面的高标准”感到如此失望，以至于他提出母公司更名为“水银银行有限公司”，以进一步

① 现实是，乔治 · 沃伯格没能阻止他的同事们，威廉斯和格林银行同样信心满满的约翰 · 摩根也没能制止。摩根在崩盘前宣称：“乔治，你的问题是你只愿意和‘好人’做生意。”

减少公司名字中对他个人身份的识别。一份由人事部出具的标准的“限制性规定”文件“是我见过的带有狂热官僚态度的最糟糕的产物之一”，其特点是“毫无意义的老生常谈”，以及“一种集中营式的态度”。越加重要的董事长委员会①的会议被“‘我也是’的态度污染，即在相对次要的事务上也希望被征求意见”。堕落的症状到处都找得到——即使在公司的餐厅里：

> 过去几年……食物……绝对是一流的，不是以奢华或暴富的风格，而是经过充分准备、好吃而且丰富。另一方面，现在我们在公司使用的厨师显然乐于加工复杂的汤汁——这是众多偏离本职的其中一项——目的是将其淋到肉、鱼和蔬菜上，因此破坏了各种食物自然的味道……除非我们改变这种目前显然是二流公司的安排，我只能想出一种解决办法，那就是我们不再提供热食，而只提供凉的自助餐。这样一来，厨师就被剥夺了污染食材的机会……我不能理解，为什么我们不能享受令人愉悦的英式烹调，而非要做什么“大餐”，企图应用伪欧洲大陆的烹调方法，但又并未真正领悟欧洲大陆一流的烹饪。

在沃伯格眼中，这样的倒退是更深层困境的表现：“我们之前采用的高标准”正在下降，公司得以壮大归因于这些高标准。1975 年，沃伯格诚挚地写了一份备忘录，并传达给所有董事，他在备忘录里抱怨，“随着公司业务量不断上升，他们越来越被平庸的影响所包围”：

> 我们已失去某种“神圣之火”，它曾是我们前 20 年进步的基础。初创时期，我们发展出某些基本规则，但我们没有以同样的程度，像以前那样遵循这些规则。我们的态度没有像过去那样严格和力求完美……可以肯定的是，我们正缓慢地堕落至极为平庸的水平。

沃伯格越发反对“为取得连续增长和创纪录的成就而进行的赶时髦竞赛”。成本的增加是“惊人的”，员工的扩充是“过度的”。到 1979 年 5 月，他敦促他的同事们“为收缩而不是增长作计划”。他写道：“我们已经增长得太多了，过去 4 年

---

① 旨在使“叔叔们”和其他高级董事的权力机制化，现实中，该委员会是沃伯格表达自己观点的渠道，特别是如果罗尔担任董事长。当休 · 史蒂文森成为董事会秘书时，阿瑟 · 温斯皮尔恭喜他终于“到达没有决断力的地步”。

左右，我们过度的增长已使公司许多部门越来越不可控制。”一年后他哀叹，公司“有自大的态度，缺少自我批评，有自满情绪，有官僚、平庸和毫无准备的趋势，并且乐意处于被动”。一项被经常重复的典型指令是，公司需要更多地“想想往来账”——也就是说，专注于管理自己的资产，而不是客户的资产。1977 年 9 月，奥斯卡 · 刘易森指出，和上一财年相比，向客户提供顾问和信贷服务收取的费用、佣金和利差，公司毛收入中有超过 2/5 是来自“我们资本金的运用，或者是将其置于风险中”——不只是国际货币基金组织向英国贷款后，债券市场回暖产生的显著利润。但董事们的大部分时间却花在客户业务上。强调管理银行自身的资本，不但有悖于沃伯格早前对收费的强调，而且直接与资产管理领域增加的机会相抵触，沃伯格曾把资产管理业务贬低为“贩卖无价值的股票”。事实上，他现在如此敌视“沃伯格投资管理公司”——沃伯格公司半自治的资产管理子公司——以至于他在 1979 年试图“消灭”这家公司。他首先想到将其出售给弗莱明公司，然后是拉扎德公司，对于 1 000 万英镑低得这么离谱的要价，两家公司都愚蠢地没有买下。1997 年，当美林将其收购时，其支付的对价是 53 亿美元（31 亿英镑）。

对于年轻董事们，这一轮轮“痛苦的重新评价”——通常在周末通过电话沟通，或通过冗长的备忘录沟通，后者是沃伯格在遥远的白朗尼的口授——只会更令人厌烦，尤其当公司的财务表现似乎令大多数外部观察家满意时。正如我们所见，沃伯格从带着他名字的银行的一个管理角色上退休，是一个持久和在某些方面觉察不到的过程，这个过程早在 1954 年就开始了。16 年后他仍未离开舞台。新的 10 年开始之际，公司宣布，沃伯格从此以后将不再担任S · G · 华宝公司及其母公司水银证券的董事，他的头衔将是总裁。他告诉《金融时报》，他想扮演“顾问的角色，做银行里年轻人的‘校长’”。他将是“某种在《宪法》意义上的首领，即一方面代表公司的公众形象并为之负责，另一方面不参与任何管理工作”。但现实中，沃伯格继续在私下里视自己为“我们集团整个国际业务的董事总经理”，他对待整个沃伯格集团好像是自己的私人领地一样。他不断干预公司的日常运作，从整体战略问题到年轻董事的个人难题。1973 年，就年轻董事在公司里的大小次序，进行了一场持续很久的内部斗争，在这之后，一个新的执行委员会被建立起来，以代表下一代最有活力的成员（博纳姆 · 卡特、达林、凯利、麦克安德鲁、斯科利和斯皮拉），还有格伦菲尔德、罗尔和塞利格曼这三位老将。但是，凯利和其他少壮派欲阻止罗尔升任沃伯格系董事长的企图被“叔叔们”挫败了。1975 年 10 月，因包括更多顺从人物而先被扩大的执行委员会，随后又被唐突地解散了，理由是它“不能再满足其目的”。沃伯格声称，这是因为其他不是这个机构成员的年轻董事对此的抱怨，尽管他的解释不能令人信服。失败者很失望。凯利在日记里写道，胜利者让他想起“小说《动物农场》里的猪”。

可以想象，有理想的人开始坐不住了。伊恩 · 弗雷泽和格特 · 惠特曼在 1969 年离开了银行。在沃伯格眼里，二人变成了“难以捉摸的分子”，弗雷泽结束在收购委员会的任期后，沃伯格并没有诱使他回来①。4 年后，约翰 · 克雷文辞职后加入怀特威尔德公司，这令亨利 · 格伦菲尔德很反感。1979 年，克雷文作为副董事长曾短暂回归，不过，他在公司待的时间长到足以让人想起他当初为什么离开。1974 年，因“对某些最高级别同事不可接受的行为”感到气愤，彼得 · 斯皮拉辞职，并加入苏富比拍卖行。他后来回忆说：“70 多岁的老者掌管这个地方（沃伯格系）。尽管处在高位，但在某种程度上还被像小男孩一样对待，这让人泄气。”虽然斯皮拉仍担任水银证券的非执行董事直到 1982 年，但他企图挑战该董事会“克里姆林宫式的”经营方式，招致了沃伯格数页纸的痛骂。因此，当乔治 · 沃伯格徒劳地提出作为两代董事之间的中间人调解时，乔治很正确地指出，他的父亲“越发对杰出的年青一代的缺点感到失望，这其中有破坏性的成分”。这种失望感是相互的。凯利对罗尔以及其他“老家伙”的厌恶逐年俱增。他特别反感他们中途参加谈判的习惯，“这导致混乱，因为他们不了解问题，而且往往做评价只说半句话，他们说完，眼睛会神秘地朝远方看”。正是这种干扰，几乎像工党的税收政策，使凯利确信，他不得不在 13 年后离开沃伯格系。他向尼克 · 麦克安德鲁抱怨：“以我们的年纪，我们应该成为银行统治集团的核心，有种合伙人身份的感觉。”

当格伦菲尔德卸任水银和沃伯格系董事长时，情况也没有任何好转。埃里克 · 罗尔作为他的继任者，杰弗里 · 塞利格曼作为罗尔的副手兼首席执行官，这一变化很大程度上只停留在表面——虽然戴维 · 斯科利被任命为副董事长，这至少确

① 伯纳德 · 凯利在他的日记里猜测，“两个老人之间曾有过剧烈争执”。弗雷泽认为“在他任收购委员会总干事时，他关心过的几乎所有争执都有犹太人参与……他曾想过就这一主题写一篇文章，但没有那么做，因为那样的话，他就再也回不了金融城了”，弗雷泽和沃伯格的关系可能因为他这样的观点而受到影响。——摘自凯利的日记，1972 年 1 月 15 日，1972 年 3 月 28 日。

认了在下一代中有了继承人。当罗尔决心效仿格伦菲尔德在1978年退休时，塞利格曼干脆接替了罗尔。现在，大家同意，一年以后，斯科利将接任沃伯格系的董事长。但当他在1980年升任董事长时——他已经花了两年时间试图理顺该银行在美国错综复杂的关系——他必须与72岁的罗尔分享这份工作。

就像过去经常发生的那样，沃伯格定期会威胁放弃他与公司所剩的联系。1977年12月，他甚至提出辞去S · G · 华宝公司总裁一职，他曾表示把银行更名为沃伯格继任者有限公司，或是水银银行，甚至是塞利格曼和斯科利公司①。不难看出，这些提议发自一位老人的虚荣。沃伯格期望斯科利会拒绝这些提议，并在他兴起时，会含蓄地证实自己还有权施加影响力。这的确发生了。1981年，他和杰弗里 · 埃利奥特在管理布兰德斯 · 戈德施密特时产生分歧，导致“暴跳如雷”和“火山爆发式的受挫”。直到1982年9月——他去世前不到2个月——沃伯格仍以7个独特的标题，安排他“有关格雷沙姆街30号未来的活动”，标题从“向年青一辈传授”到“向主要同事介绍强势和不墨守成规的个人，这些人应被考虑在水银/沃伯格集团担任重要职务”。

沃伯格晚年想得越来越多的一个问题，是与另一个金融城公司合并。这不是一个完全新的想法。根据埃德蒙 · 冯 · 罗斯柴尔德的说法，沃伯格最早在1955年曾提出与N · M · 罗斯柴尔德公司进行某种合并，他说：“如果你愿意与我合并，我将倍感荣幸和欣喜。”4年后，沃伯格考虑“以这样或那样的方式与查特豪斯集团合并”。1960年他指出，“与所做业务有关的投行数量过多，其中的大多数投行赢利能力基础极低”。某种合并明显是获取新人才、利用规模经济的一种简单方法。随着老沃伯格的儿子远离家族企业，顺着合并这条思路的讨论变得更加频繁。戴维 · 斯科利后来表示：“看看这家公司、瞧瞧那家公司，是（西格蒙德）永远的消遣和快乐。”1968年，希尔 · 塞缪尔公司的肯尼斯 · 基思找到沃伯格，提出欲“在伦敦打造最强大的投资银行”，但沃伯格反对，他认为“在某些投行之间形成集团比合

① 最后这个建议赋予斯科利得分的机会：“（斯科利回忆）沃伯格发脾气了，他对我说，‘你要做什么我不管，你可以把名字改成塞利格曼和斯科利，我要收回我的名字，我不想让我的名字与任何事情有联系’，他愤愤地离去。我觉得这是无法忍受的，我追到他的房间。他的脸阴沉着，显得沮丧，他说‘你想要什么？’我说，‘你对任何事情都可以有你的观点，我对任何事情都可以有我的观点，但你不可以用那种方式说我家族的姓氏’。”

并更好”，因为在多数情况下，“合并不意味着 1 加 1 就等于 2，而只是 1.5”。吉尼斯 · 马宏大致同时提出合并的想法，但也因同样的原因被拒绝。一年后，轮到性格多变的吉姆 · 斯莱特了，他那运气不佳的斯莱特沃克公司曾被短暂地考虑成为合并对象。根据斯莱特的回忆，沃伯格建议双方互相交换持股后，“沃伯格系将专注银行和金融服务业，斯莱特沃克将负责工业及海外利益”。这次是斯莱特感觉不积极，1972 年，当合并的想法再度浮出时，他的董事会拒绝了全面合并的想法。但另一个大约在同时出现的想法是向巴克莱银行和德累斯顿银行出售水银证券 40%的股份。怀特威尔德也曾被考虑过。一年后，有人提起施罗德公司的吉姆 · 沃尔芬森，1982 年，沃尔芬森再次出现，那时，他试图提起美国保险公司埃特纳购买一家英国投行股份的兴趣。

应该强调的是，沃伯格本人对这些方案几乎总是很冷淡。他在 1970 年写道，合并“比起我们自己单打独斗应该没有那么邪恶……几乎任何合并都比我们自己划桨要强”。之所以考虑合并这一步是因为“当我们服务的整体标准以及我们对公司排名的关心开始下降时”，他拒绝“做旁观者”。亨利 · 格伦菲尔德是沃伯格个性的另一面，他也变得不再积极。他被派去和肯尼斯 · 基思讨论后者提出的合并细节，他指出两公司存在根本的不兼容性：

> （基思）说，他无法理解我们是如何管理公司的，因为在他的公司，如果一个部门的经理遇到一个难题……他会去找总经理，总经理会去找董事总经理，董事总经理会去找首席执行官，首席执行官会去找董事长。他把这一套称为“指挥系统”，他认为，这对于有效管理企业绝对至关重要。他听说在沃伯格系里，人们可以从一个人找到另一个人，任何人都可以见所有人。他肯定不会允许这一点……我告诉他，我们完全是这样管理公司的……我们暂时不想考虑改变它。

基思认为，只要格伦菲尔德继续掌舵，合并将不可行。格伦菲尔德表明，他还不想马上退休。旧习难改。沃伯格系的本能是把其他公司看做竞争对手，而不是合作对象。举例而言，1971 年，国际部一次典型会议的目的是“像黑手党家族瓜分一样，决定明天与库恩–洛布开会的策略：我们如何能与该公司在北欧合作，但要使所有其他人不能从中获利，也包括库恩–洛布的人”。

在所有沃伯格考虑过的可能的合作伙伴中，对许多观察家来说，罗斯柴尔德公司似乎是最有可能的——不仅因为两大显赫银行家族有着长期往来，而且因为沃伯格认为雅各布 · 罗斯柴尔德和自己志趣相投。1970 年春，罗斯柴尔德–沃伯格合并的传闻开始真的传开了。但是现实是，沃伯格只考虑招募雅各布疏远的父亲维克多 · 罗斯柴尔德的可能性，后者从事军事情报和科学工作，这使他只有很少的银行经验，但他的政治人脉良好。雅各布更强烈支持合并——这一想法甚至有一个罗斯柴尔德式的代号“战争与和平”。但当维克多本人在他被任命为罗斯柴尔德董事长后提议合并时，沃伯格对此表示怀疑。他评价道，“把新生命注入该公司的传统资产将是一项我无法企及的任务，另外，罗斯柴尔德家族在英国和在欧洲大陆，其家族成员之间关系错综复杂”。他最支持合作的地方是共同基金，雅各布的公司“罗斯柴尔德投资信托”在这一领域开辟了道路。

如果与另一家投行合并的想法是异想天开的话，那么，除了像以前一样单兵作战之外，有没有任何其他的选择？ 1978 年 7 月，在一份写给董事长委员会的备忘录里，沃伯格对过去 4 年作出了负面的定论。他写道，“我们缺乏总体方向，这是由于近年来，缺乏有效的管理层合伙制”：

> 如果我们不能改正这一点，那么，继续保持S · G · 华宝公司的独立性就没有足够的理由。那么，我们就应该成为一家“全功能银行”（不包括英国的各清算银行）的分支机构……将我们目前的独立经营权交给一家“全功能银行”，这无论从人类的、建设性的，还是历史的角度，都是极度令人遗憾的一步，但总比成为一家慢慢堕落的公司要好，虽然公司的业务量可能会增加，但其原创、创造性的一面以及精英的特征将会衰退。

那时，公司年青一辈的董事对沃伯格老朽的最新征兆也许会直翻白眼。但这些话将证明是预言。正如沃伯格察觉到的那样，S · G · 华宝公司相比起伦敦传统竞争对手的赢利能力，掩盖了公司相比海外新的竞争对手市场份额的下降。沃伯格指出：“尤其在欧洲大陆，那里过去曾是我们最成功的战场，但与摩根士丹利、第一波士顿公司……高盛和所罗门兄弟相比，我们已经失利。”如果公司不能应对来自大西洋另一侧的挑战，那么，沃伯格预见的命运就有可能发生：即不是成为合并中同等的合作伙伴，而是成为被收购的对象。

全球化中的扩张

不管西格蒙德·沃伯格对格雷沙姆街 30 号的核心业务曾有过怎样的矛盾，他晚年的主要想法是扩张。准确地说，他不但志在保持S·G·华宝公司精干和非官僚的风格——“商业冒险者们行动起来兼具力量和美”——他还想使公司成为全球商业合伙人网络中的一个节点。正如我们所见，沃伯格确信金融全球化过程正在进行，时间可以追溯到欧洲债券市场的诞生。他暮年最大的挑战是设计一种商业结构，从金融全球化进程中获利，但又不至于过于超前。现实是，金融自由化在 20 世纪 70 年代是渐进和零碎的。各种规章制度在伦敦金融城仍旧有效，它们限制了进出英国的资本流动，或者限制了“一平方英里”[①]内机构的整合。外汇管制直到玛格丽特·撒切尔在 1979 年当选首相后不久才被取消。伦敦证券交易所证券经纪人和做市商之间古已有之的区别，直到 1986 年“金融大改革”才被打破。无论如何，沃伯格对规模经济的矛盾心理——甚至连S·G·华宝公司非常有限的增长，他都不喜欢——排除了建立类似一个现代金融服务集团的任何可能。取而代之的是，他考虑了一种更像分子的结构，S·G·华宝公司是核子，水银证券是原子。随着时间的推移，其他原子因各种不同的关系相连，有些强，有些弱。结果这个结构是极度复杂的。也证明是极不稳定的。

西格蒙德·沃伯格作为一名银行家，他人生的最后一个篇章以一则失败的故事结束。这样的故事读起来，通常没有成功的商业故事那样令人愉快。无论从失败中，还是从“政变”中一样能学到东西，有时从前者学到的东西更多。

被称为沃伯格集团的这个实体，包括在汉堡（M·M·沃伯格–布林克曼·沃茨公司）、法兰克福（证券银行–沃伯格股份有限公司）、苏黎世（金融管理银行，后改为S·G·华宝银行股份有限公司）和纽约（S·G·华宝股份有限公司）的合伙人或子公司，没有一家毫无自身的问题。鉴于西格蒙德与埃里克·沃伯格在秉性上根深蒂固的差异，努力与在汉堡过去的家族企业建立新的桥梁不可能成功。1970 年，作为双方股份掉期协议的一部分，埃里克连同西格蒙德的门徒汉斯·伍特克加入S·G·华宝公司的董事会，这使得M·M·沃伯格–布林克曼·沃茨（下称

① 指伦敦金融城。——译者注

"WBW"）在S·G·华宝公司持有股份，反之亦然。在有关WBW长期投资的估值，以及关闭埃里克·沃伯格的美国公司问题上几乎即刻出现了分歧。虽然就汉堡公司名称的持久战以妥协告终，公司原名被恢复，但又同时保留了雅利安化的名字。当沃伯格的名字被埃里克野心勃勃的合伙人莱昂内尔·平卡斯继续在纽约使用时，西格蒙德倍感失望。尽管埃里克保证"沃伯格这个名字将在1972年年底最终被彻底拿掉"（后改成1974年），可是，平卡斯确保这个名字继续存在（事实上，沃伯格-平卡斯这个公司名沿用至今）。西格蒙德·沃伯格对平卡斯的怀疑是意料之中的：他问他的堂哥，"平卡斯有足够的能力成为我所说的投资银行的领导人吗？我所说的投行不仅能做有利可图的交易，而且能建立大规模的国际银行业务"。在沃伯格看来，"如果带有沃伯格姓氏的人把这个姓氏交给一家没有任何重要作为的公司处置，那么，这是对这个姓氏的一种滥用"。

沃伯格曾一度对法兰克福的新实体证券银行——沃伯格股份有限公司（下称"EWAG公司"）更感兴趣，沃伯格系在德意志证券和汇兑银行购买股份后成立了EWAG公司，德意志证券和汇兑银行是由汉堡银行、慕尼黑再保险公司、工程公司罗伯特·博世和J·M·福伊特组成的合股银行。但不久后，对EWAG公司的不满也表露出来，不只是对官僚和自满的一般抱怨。它的董事们胜任吗？巴伐利亚联合银行应该参与吗？WBW和EWAG公司应该合并吗？如果合并，新公司应采取什么形式？德累斯顿银行应该持有EWAG公司的股份吗？不出所料，这些问题导致与汉堡发生新的和耗时的争执，随着一批新生代的即位：比如，埃里克之子马克斯、鲁道夫·布林克曼之子克里斯蒂安，争执只会变得更加麻烦。1975年，EWAG公司和WBW公司的合并谈判失败，沃伯格在给埃里克妹妹罗拉·哈恩-沃伯格的信中说，这让他"非常伤心"。事实上，1976年1月，与克里斯蒂安·布林克曼的一次会谈被沃伯格形容为是"我此生三次最糟的商务会议之一"。1977年3月，沃伯格准备彻底从WBW公司退出，只有董事会中来自工业银行代表的抗议才劝阻了他。为合并所作的最后努力，因克里斯蒂安·布林克曼的反对而再次失败。沃伯格觉得，克里斯蒂安"把我们集团及我本人引入了不可能的境地，好像我们想未经邀请就闯入费迪南德街似的"，汉堡银行仍在那里办公。一切都是徒劳的，沃伯格只能哀叹："现在，我们集团在德国的业务甚至比2~3年前更脆弱。"

瑞士的故事则更直接。1969年，沃伯格系购得位于苏黎世的金融管理银行的控股权。这家小型私人银行为有钱人管理的总资产，到1973年达到约3亿瑞士法郎。两年后沃伯格说，它的目标“不是与大型瑞士的银行竞争，而是针对投资账户管理提供一流的服务，并开发一些辅助业务”。然而，经常是沃伯格很快就对被授权管理这家子公司的人进行抱怨。“即使是相对小的事情，他们也要用很长时间作出决定，这令人不可思议，”他在1976年6月投诉说：

> 每一个完全不清楚的主题不得不经过长期的利弊讨论，这种讨论没有意义也浪费时间……我必须在这里补充，这些绅士作决定的能力被进一步阻碍。在我看来，他们过于害怕来自伦敦的批评，太过沉迷于把各种各样的问题推给伦敦，而这些问题真的无须和任何银行以外的人商讨。

尽管在1975年对该银行的董事会进行大规模重组，并出现沃伯格所称的“解决办法和（再次）振兴进程”的开始，但他继续抱怨“该银行管理团队的大部分成员薪酬支付的过高，并且明显平庸”。将该行名称改为S·G·华宝银行股份有限公司代表了沃伯格系向瑞士分支注入生命所作的最新尝试。沃伯格搬到白朗尼后，在瑞士的时间越来越多，但也许令人惊讶的是，这并未极大地提高这个国家在他眼里的重要性。与德国相比，瑞士永远是穿插表演。从格雷沙姆30号的角度看，金融管理银行确实可被叫做“不消化银行”：它是那些在别处没卖出去的欧洲债券的倾倒场所。1981年，当沃伯格系买入Soditic的股份后，金融管理银行逐渐变得无足轻重。Soditic是一家由黎巴嫩裔的莫里斯·德韦克领导的在日内瓦的投行，该行准备大胆挑战“三大行”（瑞银、瑞士信贷和瑞士银行公司）在瑞士债券市场的支配地位。

对S·G·华宝公司的长远未来更重要的是纽约，公司在20世纪七八十年代的最大竞争对手都集中在纽约。沃伯格对未能改善库恩–洛布的经营状况感到失望，他花了一段时间才恢复过来。直到1965年他才准备好“在纽约开一家小公司，取名S·G·华宝股份有限公司……以便向美国的工业公司就它们在欧洲的问题提供建议，并向欧洲的工业公司就它们在美国的问题提供建议……此外，当美国有特殊情况时才介入”。S·G·华宝股份有限公司最初由彼得·斯托蒙思·达林和戴维·斯科利建立，后来被授权给戴维·米切尔。就沃伯格而言，该公司（位于洛克菲勒中心）的职能基本上是一座“使馆”，米切尔的角色便是培育并扩大沃伯格在曼哈顿现有的网络，从戴维·洛克菲勒开始，他的家族企业现在由迪克·迪尔沃斯管理，还有乔治·洛夫，他是克莱斯勒的前董事长。但是，希望米切尔能产生沃伯格想象的那种交易——美国公司在欧洲的重大投资，或从美国的银行取得至少是中期的贷款——是与时代不符的。那时正值越南战争，历届政府不想看到美国资本输出给外国竞争者。米切尔很快对他“大使”角色的幻想破灭了，他抱怨从伦敦来访的董事们对待他像“多余的行李”，这又导致沃伯格指责他有“地位情结”。

另一项备选战略——被称为“X项目”——是重整厄恩斯特·施皮格尔贝格的老公司——美欧合伙人（下称“AEA”）。AEA在库尔特·劳温伯格领导下已接近赢利，该公司专攻被投资人逐渐了解的价值投资（寻找显然被低估的股票，然后买入）。但是现在，AEA将成为私募基金合伙人制的某种原型，它利用借债购买美国公司出让的股权——换言之，这叫杠杆收购。这种交易在纸面上看上去很有吸引力。投资者包括哈里曼家族、梅隆家族和洛克菲勒家族，更不用说阿涅利家族。AEA的董事会聚集了通用汽车、通用电气和杜邦的前首席执行官。小型投资机构莱尔德公司也加入投资队伍，此外，美国证券的卡尔·赫斯被聘为首席执行官。被授权监督这项新战略的人又是达林，他作为高级副总裁被派往纽约，其使命是与米切尔“合作”。沃伯格的思路很开阔，他的想法是使AEA成为“各种思想的实验室”，将欧洲风格的“金融工程”在美国进行实验。投资者“参与”的金额合计1 540万美元。

然而，几乎从其诞生那刻起，沃伯格对AEA产生了敌视。几周内，他抱怨其经营“极度笨拙、进展缓慢”。赫斯“神经质”，莱尔德公司的联邦德国尼·斯汤顿“邋遢”。为提高这家纽约公司的知名度，艾拉·温德被从国际律师事务所贝克麦坚时请来。但这之后不久，莱尔德陷入困难，不得不从AEA撤出。接着，在1970年年底，AEA前两项投资中的一项投资——以450万美元购买休闲集团的部分股份——已是一次严重的失误。沃伯格最初的反应是将AEA和沃伯格股份有限公司合并，以降低成本。不过很快，他说服自己应该彻底出售AEA。他强烈抱怨，赫斯“处理许多问题的方法欣喜若狂，但他承认错误慢，并且不情愿接受建议”。正像罗尼·格里尔森回忆的那样，结果是“最激烈的争执”，沃伯格在争执中表现得“令人震惊”。最终，AEA以每股0.1美元买下沃伯格持有的股份，这造成“巨大的”损失。令沃伯格更加伤心的是，莱昂内尔·平卡斯接替了他在AEA的股东地位。然而，AEA接下来惊人的成功——到1998年，其股价涨到250美元——有利于这家带有沃伯格姓氏的美国公司，尽管西格蒙德对其根本没有影响力。讽刺的事情发生在文森特 · 梅身上，这位年轻的沃伯格系雇员曾是这次失败的见证者，他后来竟然负责管理AEA。

寻找合作伙伴

1979 年 4 月，沃伯格反思道，“像S · G · 华宝公司这样的投行，它的问题是要面对全功能银行不断增加的地位”。不只是华尔街“大型”投行[①]威胁着更小型的伦敦投行。沃伯格也担心欧洲大型银行“单身俱乐部”的出现，它们不需要更小的合作伙伴来执行主要的承销交易：这样的银行包括荷兰银行、奥地利信贷银行、德意志银行、米德兰银行、法国兴业银行以及比利时兴业银行。法兰克福、苏黎世和纽约的子公司就是沃伯格对这些挑战的第一反应，但它们令人失望的表现，迫使他重新思考。另一种可能的方案是从沃伯格控制多家分支，转为与现有的一家或多家欧洲全功能银行组建合资公司。他的临时第一步是在 1971 年与罗马银行、德国商业银行和里昂信贷讨论他在这三家机构的纽约子公司“欧洲合伙人”持股的可能。如此的结合用意很明确。一方面，“一家投行可借助大型商业银行庞大的金融资源和分布广泛的配售实力，其顾问能力将大幅提升”。另一方面，沃伯格系可让一家欧洲大陆公司分享其在伦敦无与伦比的地位。1972 年，沃伯格说：“如果德国的银行、法国的银行，或其他欧洲国家的银行，想成为最广泛意义上的欧洲机构，唯一能实现这个目标的合理步骤是这些机构要么与其他国家的机构完全合并，要么在其他国家建立自己的分支，就像许多美国的银行扩大到欧洲一样。”至关重要的事情是在众多全功能银行中找到一个合适的合作伙伴。欧洲债券市场需要大型承销银团，这使得这样的结合容易想象，因为它鼓励合作的习惯。但婚姻又是另一回事了。显然，与一家全功能银行的任何合作，不管其结构怎么安排，都将很难做到是对等两方的联盟。作为一家不吸收存款、大部分能量投入顾问服务的机构，S · G · 华宝公

---

① “大型”是指任何重大证券上市的牵头行——即，承销团簿记管理人——的名字以较大字体出现，并超过为发行所作的“墓志铭”广告上的其他银行的字体，理想状况是使用罗纳德森 · 斯洛普字体。“大型”投行的成员总是不断变化的。据说，1975 年时，包括摩根士丹利、所罗门兄弟、高盛、第一波士顿、美林，但不包括雷曼兄弟、库恩-洛布、狄龙里德、迪安威特、E · F · 赫顿或者佩因 · 韦伯。

司的总资产不可避免地比大多数全功能银行更小。许多银行都曾被考虑作为可能的合作伙伴——巴克莱、商业银行、德意志银行和德累斯顿银行——但它们都被拒绝了。

巴黎和荷兰银行（简称“巴黎银行”）的根源可以追溯到19世纪，它是少数几家在第二次世界大战后躲过国有化的法国银行。巴黎银行之前是投资银行，而不是全功能银行，它专长于法国工业的长期投资以及对外贸易融资。沃伯格自然与该行战后时代的掌门人让·雷依尔很熟，后者从1948年起担任首席执行官，1966~1969年间担任董事长，沃伯格对巴黎银行伦敦分行的设立与人员配备极为感兴趣。雷依尔在沃伯格系的法兰克福子公司投资了少部分资金。但是，沃伯格与皮埃尔·哈斯的关系更紧张，后者以前是抵抗英雄，曾管理过巴黎银行国际。直到20世纪70年代，雷依尔的两位继任者雅克·德·弗切埃（1969~1978年间任董事长）、皮埃尔·穆萨（1978~1981年间任董事长）才认真对与一家英国投行进行某种合作感兴趣——部分是出于他们自己在全球扩张的战略，目的是缩小与法国主要竞争对手苏伊士金融公司的差距。法国人与其他可能的金融城合伙人“眉来眼去”有一年多的时间：希尔·塞缪尔是首选，但穆萨后来开玩笑说，他和他的同事们发觉很难听懂肯尼斯·基思的口音。相反，沃伯格视野国际化，穆萨逐渐与其建立了密切关系，二人定期聚餐，穆萨扮演年轻的柏拉图的角色，沃伯格就是苏格拉底，二人一边呷着侯贝酒庄的红酒，沃伯格一边高谈他最喜欢的话题：比如，欧洲政治、19世纪文学、投行原则、“人际关系”，当然还有西方文明的衰落。

“巴黎银行与我们进一步合作”的谈判终于在1972年进入认真的状态，不巧的是正好赶在英国加入欧洲经济共同体的前夕。弗切埃有3点提议：

> （1）……两家银行应在任何可能的地方进行紧密合作，即使双方不得不承认这样的安排在所有情况下不都是排他的，而且不得不考虑两家银行之前存在的关系、友谊等。
>
> （2）这样的合作虽然特别重要，也许最初在纽约进行，但不应被限制在纽约……
>
> （3）……同意以此方式合作，应建立在一项“重要的”联系上，即，交叉持股，水银证券作为我方的控股公司，巴黎和荷兰金融公司作为对方的控股公司。

不可避免的是，之后就这次大联盟进行的谈判是曲折的。实现两家母公司比例相当的交叉持股并不简单，因为法国公司的市值更大（2.2 亿英镑相比 7 000 万英镑），其总资产达 10 亿英镑（是沃伯格系规模的 5 倍），尽管双方收入接近（480 万英镑相比 300 万英镑）。弗切埃认为，合作关系是“不对等的”，他的意思是，巴黎银行应作为高级合伙人。亨利 · 格伦菲尔德反驳说，英格兰银行与承兑行委员不会接受外国持股超过 25%。可想而知，对叫沃伯格-巴黎银行还是巴黎银行-沃伯格存在一番争论。最终的安排是复杂的——也许过于复杂[①]。实际上，双方拟进行部分换股（以及董事互换），而不是合并。两家公司的业务只有在纽约才能真正合并，一家叫沃伯格巴黎银行公司的新实体就此诞生。

正如弗切埃和沃伯格料想的，这项交易被媒体称赞为英国和欧洲在金融领域已进入整合的新时代。但现实是，正像在政治层面，伦敦和巴黎的关系经常出现紧张。与一家法国银行“联姻”而不是与一家德国银行，沃伯格的朋友让 · 弗斯滕伯格不是唯一对此感到遗憾的人。弗切埃在他的回忆录里说：“沃伯格与巴黎银行的关系起起伏伏，有友好合作期，也有怨恨严寒期。这种周期性的调整是长期交往的典型特征，不知道何时结束。”不过，弗切埃忽略提及双方积怨的一个来源，那就是双方利润存在令人难堪的差距：沃伯格集团赢利乐观，而巴黎银行集团在合作的第一个季度赢利惨淡。另一点是双方在欧洲债券市场缺乏协调，以至于在欧洲经济共同体发债时，巴黎银行发挥了主要作用，而沃伯格系被排除在外，沃伯格将责任归咎于皮埃尔 · 哈斯的“竞争激情”。正如迈克尔 · 瓦伦丁认为的那样，“任何一方没有动力把自己能做的其他交易介绍给对方”。“联姻”这项交易被“老人们”作为既成事实来介绍，伯纳德 · 凯利对这种方式表示怀疑。在一次宴请哈罗德 · 威尔逊的午餐上，雅各布 · 罗斯柴尔德开玩笑地说，“我们在纽约的新公司是‘两个讨人嫌的老家伙在相互扶持’”，凯利听后顿时一怔。双方冲突的第三点是在阿拉伯抵制沃伯格系期间（见第 11 章），巴黎银行不愿放弃与中东的联系。正如《经济学人》

① 1973 年 4 月，一家叫“巴黎银行-沃伯格公司”的新控股公司成立，沃伯格系占 50%的股份，巴黎银行-沃伯格公司又占巴黎银行 25%的股份，并分别持有巴黎银行在比利时、德国和瑞士分支 20%的股份。因此，沃伯格系持有巴黎银行 12.5%的股份，持有巴黎银行各分支 10%的股份。巴黎银行的母公司巴黎和荷兰金融公司同时持有 S · G · 华宝公司 25%的股份。同时，沃伯格延续有限公司被纳入水银证券，这结束了西格蒙德及其家人对沃伯格系的直接控制权。

观察的那样，这一新的合作关系不尽如人意。

虽然，沃伯格-巴黎银行的合作想在全球进行，但从一开始，沃伯格和弗切埃就认同“纽约的经营将被排在首位，因为我们合作得成功与否将建立在这个基础之上”。在命名上取得优先权后，沃伯格现在表示他将亲自过问合伙企业中这部分业务。他解释道：“虽然通常我试图退出大部分商务事宜，但我视这个美国项目是一种个人挑战，我愿意投入大量的时间。”计划是使新公司尽可能多地参与承销。现在的挑战是选择一家适合的美国合伙人，它要有S · G · 华宝公司和巴黎银行在美国都不具备的分销网络。候选公司包括第一曼哈顿、布莱思伊斯曼狄龙、怀特威尔德，还有库恩-洛布、J · 亨利 · 施罗德，以及经纪公司E · F · 赫顿。但获胜者——也许这家公司最愿意接受欧洲人的条件——却是A · G · 贝克尔公司，该公司擅长做商业票据、存款凭证和美国债券，它在芝加哥办公，却是纽约证券交易所的会员。

沃伯格系和贝克尔的联系事实上可追溯到20世纪50年代，也许是源于这家芝加哥公司与斯坦尼斯家族有长期往来。但直到20世纪70年代初，沃伯格才与贝克尔43岁的首席执行官保罗 · 朱迪逐渐接触。当沃伯格-巴黎银行的法国负责人赫夫 · 皮内提出收购贝克尔时，沃伯格表示了模棱两可。虽然沃伯格对朱迪的第一印象很“正面”，但他提醒他的同事们，“朱迪的背景在芝加哥和中西部，那里不是国际银行界的一部分”。贝克尔与沃伯格-巴黎银行50：50“合并”的谈判，不比早前沃伯格系与巴黎银行合作得更简单。沃伯格与格伦菲尔德一再对朱迪显示的强势（“几乎相当于独裁职能”）表示怀疑。沃伯格告诉穆萨，“重要的是即将成立的沃-巴-贝（下称‘WPB’），其理想形象应该是两个欧洲股东发挥主要作用，不至于排除贝克尔，而是与之合作”。“面子”是个至关重要的词。对于一个整天想着金融是更高职业的人来说，来自中西部的朱迪，他的背景低得不可被接受。（朱迪在一次鸡尾酒会上大吃花生，沃伯格对此尤其感到被冒犯，这公然违反了投行的礼仪。）“只知道坐在电脑前的芝加哥矮子们”很快成为讨厌的对象。

即使WPB在1974年9月成立前，它就有困难（难道没人注意到，WPB的缩写也是“废纸篓”的标准缩写）。“皮内对华尔街的了解有限，更重要的是，他对那种对WPB重要的银行问题的感知也有限，沃伯格对此有巨大的疑虑。”另一方面，朱迪是“那种你不得不时时对抗的人……以至于让你不得不去抵消有关沃伯格-巴黎银行被贝克尔吞并的任何可能的印象”。《先驱论坛报》登出了宣传新公司的广告，“其文体糟糕，且充满风头主义，这与我们公司的传统相悖”——更不用说朱迪组织的“愚蠢的鸡尾酒会了”。当沃伯格于10月拜访朱迪时，沃伯格就S·G·华宝公司建立企业融资业务的方式给朱迪“上了一课”，他甚至建议朱迪“作为某类高级学员”去格雷沙姆街待上一周。贝克尔公司擅长“批量生产的业务”，但朱迪显然缺乏赢得和留住高级企业客户的必要技巧。他和他在贝克尔的同事们认为，“WPB的主要任务是以几乎任意的价格，与尽可能多的现有或新的客户‘产生’交易，而不是逐渐建立起一个数量有限的客户群，这个客户群也许不会马上产生交易，但从长期角度看是值得的”。沃伯格抱怨道，朱迪“缺乏高雅和良好的举止，重要的是，他不懂得人际关系高于一切，这几乎令人费解”。无法解释的是，他认为“亲自与客户和同事接触”不重要，“以计算机为基础的工作单，或为了统计数据的工作单，或‘业务开发评论’，或类似的伪分析文件”才更重要。他是“一支机械化军队的技术官僚经理”，而不是“一个由健全的个体组成的团队的领导人”。还有，“当涉及财务金额——特别是小金额时——他往往吝啬到不合理的程度”。

但正是朱迪对低价和高交易量的关注，使贝克尔公司在20世纪70年代初如此成功。沃伯格不停地规劝朱迪采用格雷沙姆街的做法，他实际上是想把一家金融工厂改造成专营店。但华尔街是不同的，这一点沃伯格似乎从未领会。伴随大规模同质的美国经济的发展，美国金融已经比欧洲金融要更显著的商品化。这里真正存在规模经济，从这个意义上讲，一个非常宽广、非常纵深的资本市场，允许各种形式的信贷和债务，其买卖形式比在欧洲更标准。像养老金和基金会这样的大型机构投资者，它们在纽约发挥的作用比在伦敦重要得多，而在伦敦，有钱的个人投资者仍占业务的很大一部分。朱迪也许太喜欢吃花生了，但他明白，如果西格蒙德·沃伯格垂青的业务交易成本太高、营业额太低，其结果就只有吃花生的份了。

几乎是最后的补救手段：沃伯格建议把与狄龙里德或与库恩-洛布的合作，作为使WPB成为大型投行的手段。但这个想法让穆萨和他在巴黎银行的同事们感到失望，他们有理由怀疑沃伯格这是对牛弹琴。（令斯科利和达林痛恨的是）当库恩-洛布新任命的总裁兼首席执行官哈维·克鲁格要求他和他的同事们在任何合并的实体中必须担任所有高级管理职务时，与库恩-洛布的谈判正式破裂。

情况不妙。企业文化的差异太大了，当其他人（比如库恩-洛布的伊夫斯·伊斯特尔）“带着微笑”指出时，那只会使事情变得更糟。朱迪以“漠不关心的”方式提出临时造访白朗尼，这激怒了沃伯格，他讨厌自发的社交。到1976年6月，他主张设立一家“新机构，或联络公司”，用于在纽约代表沃伯格系（后来的S · G · 华宝北美有限公司）。几个月之内，沃伯格宣布，“如果朱迪进了精神病院，他都不会感到惊讶”（朱迪没有进医院）。事实上，沃伯格察觉到：

> 朱迪集团和吉姆 · 斯莱特集团有很大的相似之处：他们都认为，他们不可能犯任何错误，他们同样缺乏承认错误的准备，他们同样看不起有所谓不同“哲学”的同辈，甚至是长辈。他们的哲学是，大脑基本依靠计算机得出的结果，要好于通过常识和认真思考得出的结果。

我清楚地记得当我与斯莱特变得更熟后，我对他的活力印象深刻，后来我注意到他身上有一些不祥的征兆，比如过分自信，以及不愿回答令人难堪的问题，我逐渐对他不抱幻想。像朱迪一样，斯莱特在他职业生涯的一个重要阶段有许多良好品质，比如意志力、快速争辩和思考，在同事们合理的影响下，他也许能取得相当大的长期成功，但在某一时刻，他从一个清醒、技术上有力的管理者，发展成一个夸大狂式的独裁者。我担心，在朱迪身上，我们可能会看到类似的转变。

沃伯格在想吉姆 · 沃尔芬森是否能作为替换人选加入，他这么想不是第一次了。但沃伯格猜到，在吸引沃尔芬森的问题上，他将被所罗门兄弟轻易胜出，所罗门兄弟对于WPB而言，就像“斯特拉迪瓦里小提琴的琴弦部分，对于用差金属做的低音号的黄铜部分……前者良好的质量可以演绎出最佳的作品；后者的质量刚刚能记录朱迪发出的刺耳的战略开发计划”。不足为奇的是，朱迪自己对大西洋对岸的这种“炮轰”是有限度的。1976年11月，他宣布他最晚将在1978年年底辞职。

事后看来，WPB是一个不稳定的混合体，它有着不兼容的成分。虽然沃伯格不喜欢保罗 · 朱迪的方法，后者“片面强调无意义的文件以及沉迷于形式”，但朱迪离开的前景也不能说帮助了公司。文森特 · 梅是沃伯格招募的年青一代中他最喜欢的人之一，前者在WPB变得如此挫败，以至于他在1977年1月辞职后加入库恩-洛布。现在，库恩-洛布（相对于家族管理的合伙人制）正向一家公司转型，并寻求与另一家华尔街的银行合并。沃伯格四处奔走，试图恢复库恩-洛布与WPB合并的想法，但相关谈判没有任何结果——失败不可避免地被归咎于朱迪。一切都无济于事：“除掉”朱迪不管用，与洛布罗兹、米切尔哈钦斯、布莱思伊斯曼狄龙、基德尔皮博迪、斯图尔特兄弟的合并也不奏效——什么都不行。经过“数次过分拖延和完全令人愤怒的对话”，库恩–洛布最终接受了在 1977 年年底与雷曼兄弟合并，沃伯格的失望的确是巨大的。没有更好的人选——艾拉 · 温德终于接过朱迪的衣钵，但即使马丁 · 戈登的到来也无法使WPB起死回生。罗尼 · 格里尔森被请回沃伯格系的原因，正是为了完成“找到贝克尔如何”赢利的特殊任务。他表示自己无法胜任，并提出迅速离开。

错误出在哪儿了呢？沃伯格责难于“不尽如人意的业务、高得离谱的成本、普遍的低智力和低道德水平，以及影响深远的内部士气的消沉”（更不用说“那些以鸡尾酒会、宴会，以及类似低级庆祝形式的适得其反的大规模集会”）。但现实是，无论沃伯格还是任何被派去“整顿纽约”的高级经理，他们都未能完全领会美国与欧洲金融市场的本质区别。致命的一击留给了 1981~1982 年的经济萧条。经过一段被沃伯格称为“扩张兴奋”的时期后，公司在 1981 年的各项数据“糟糕透顶”，次年第一季度也好不到哪去。很快轮到温德接受指责，他被指患有“早期自我造成的精神错乱”；他被指“近似犯有不负责任的失职”；他被指实行“群龙无首和矛盾的专政，管理层主要受情绪和欺骗的左右”。1982 年 7 月，温德在诉讼的威胁中离开了WPB。处于WPB不愉快历史的核心是一种跨大西洋的“‘他们和我们’的情结”，而这种情结又产生了一名受害者。

到 1978 年年末，搭建全球银行架构——其性质是分子式的，但核心是 S · G · 华宝公司——的梦想已大部分退却。所剩下的是一个庞杂的体系，包括子公司、互相持股结构以及合资公司，每个组成部分耗费的时间越多，其产生的净收入越少。1978 年，当皮埃尔 · 穆萨接替弗切埃担任巴黎银行负责人时，他和沃伯格讨论了进一步“混合”或“衔接”双方利益的方法，无论是理顺美国的经营，还是在其他国家更紧密地合作，比如在德国或瑞士，还是增加巴黎银行在S · G · 华宝公司的持股。但现在，甚至连沃伯格也不得不承认，企业文化的根本差异使之前合作的那几年令人如此泄气：

> 在比较英法双方的等级时，我们不得不记住，相对于伦敦，巴黎银行没有“我也是”的态度。此外，近年来所有重大决策都由德 · 弗切埃和担任二把手

的穆萨作出，现在是由穆萨和他两个副手独自作出。即使考虑到那些在重要事务上应被征求意见或需要被通知的人，巴黎的那个决策圈也要比伦敦的决策圈小得多。

我以为，我们的体系更擅长发展团队协作与个人成就，而巴黎银行更精于快速作出明确的决定，并且在开会上不浪费时间。

正当两位合伙人设法敲定新的条款时，“他们在意见、观点和相互估值上的分歧……就显现出来”，分歧是如此之大，以至于“把沃伯格都吓住了”。随着他们的意见“分歧加大”，甚至连沃伯格与穆萨一度密切的关系也遭受危机。现实是，至少在某些巴黎银行的高级经理眼里，他们的目标是把S·G·华宝公司变为一家“子公司”。这反映了一种事实，在穆萨领导下，这家法国银行已走上一条“几乎疯狂扩张其商业银行业务的道路”，在国内和国际建立分支网络，积极吸收存款。总之，巴黎银行正蜕变为一家全功能的银行，而那时，沃伯格在伦敦正抵制几乎任何种类的扩张。

与巴黎银行的合作之梦，一直是“在竞争和合作之间寻求一种微妙的平衡”。但显而易见的是，即使像巴黎银行这样怀有善意的全功能银行，也视沃伯格心爱的公司为众多潜在海外并购的目标之一。一个令人不愉快的问题开始浮现在沃伯格的脑海里：如果现在——在他有生之年——可以考虑这个问题的话，那么，S·G·华宝公司在沃伯格死后，能坚持多久不被一家更大的银行收购？这位恶意收购的先驱者难道会踩上自己布下的地雷？

第13章

成人教育

HIGH
FINANCIER

沃伯格和普通的投资银行家不一样，后者以神圣但却褪色的银行名称为荣，他们大部分人把自己的尊严踩在脚下，除此之外，没有什么其他的东西。

然而，沃伯格却富有洞察力、独创力和应变力，并继承了“君子爱财，取之有道”的技能。他还喜欢比赚钱更文明的事情。

布伦丹·布拉肯
1957年

你的父亲极不寻常，他是一位金融艺术家。他在银行业的创造性，就像一名艺术家运用他的材料进行创作一样。遗憾的是，在某种程度上，金钱本应该作为他的“材料”被塞到他的手里，但大理石对他……更有吸引力，抱怨这一点无济于事。这份遗憾是真实的——你父亲在历史上只是一名成功的金融城银行家，这是极不公平的——他确实是一名成功的金融城银行家，但却有很大的不同。

保罗·齐格勒
1968年

他一生是一位卓越的探寻者，有意识地寻求对他走进的复杂宇宙更全面的了解。他确信，人的一生能提供给我们一系列教训，每个教训都有它的代价，每个教训都能指导未来的行动。

在极为活跃的商业生活的短暂间歇，他的思想跨度极大，从历史、哲学、文学到心理学，为的是找寻永恒的真理。同时，他笃信内心、直觉和感觉带来的智慧，它们作为认知的模式，有效性不低于有意识的推理。

乔舒亚·舍曼
1984年

悲观的结论

“他有远见，有教人看清自我的能力，他能觉察人和局势的细微差别，并知道人们何时需要安抚和帮助，他有敏锐的感觉，并且有教养”——这些性格特点是戴维·斯科利在 1972 年西格蒙德·沃伯格 70 岁庆生宴上列出的。但是，随着 20 世纪 70 年代慢慢过去，这些特征变得越来越不明显。沃伯格正在逐渐衰老。他不光在身体上变得更虚弱。时光的流逝开始在曾经是力量源泉的身体上留下痕迹。完美主义被人认为是卖弄学问，悲观主义被人认为是反射性的忧郁。“今天，请允许我给你举两个小的但却有代表性的例子……尽管我是公司的创始人，我为公司目前的地位作过一些贡献，但我的观点正在接受检验。”1978 年 5 月，沃伯格致信亨利·格伦菲尔德：

> 你知道我写过无数的便笺……我们应该对“墓志铭”（为债券承销团打出的广告作系统和定期的监测）。很明显，那些主要负责此事的人认为我的建议在相关方面（这对我很重要）是一个老朽的人在开玩笑，他们认为这个老头儿的话显然不能太当真。这同样适用于我在避免缩写上令人生厌的坚持，无论它们是普通单词还是公司名称，有些缩写肯定不是每个人都能理解的（比如

ICI)。我的建议被再次忽略，一群庸人喜欢用缩写这种方式对待那些他们讨厌的经验更丰富，而且曾经是权威的人。

“老朽”是沃伯格系最喜欢用的一个词，沃伯格曾经常用它形容过了壮年的商人或政治人物。但现在这个词被用在沃伯格本人身上再合适不过了。他私下向埃里克·科纳承认，他“总感觉很疲劳……经常忘事”。他反复说起他想“退出在公司里的所有岗位”，“到今年（1980年）6月30日彻底从伦敦公司的所有事务中退休”，腾出他在公司的办公室并移走他所有的私人物品。但是，公司总有一些新的瑕疵需要处理：董事长委员会各成员办公室不应都集中在5层，“这将制造某种反对5层的‘情结’（用心理分析的话来说）”；传阅“一份奇怪的文件，文件上既没有接收人的姓名，也没有起草人的姓名……这在精神上、风格上肯定与我要求的有所偏离”；“习惯派5到6个人走访我们的客户，而作为一项规则，代表S·G·华宝公司参加午餐和会议的正确人数应该是2个人”；某位下属未将德意志银行在瑞典发行欧洲债券的轻率行为告知他；“在某人的建议下，我们在内部的备忘录上引入代号，我不会提及他的名字，尽管他有能力，但我认为他有高度破坏的性格，他把我们公司的官僚程度提高到危险的程度”（据推测是彼得·斯皮拉）。这位睿智的“顾问兼父亲般的同志”，似乎正退化成祖父一样“累赘”的人。早在1975年年中，在迈克尔·瓦伦丁看来，沃伯格似乎“更带有一种恶意的影响”。

这位老人被失败感纠缠。公司在法兰克福、苏黎世和纽约的子公司让他失望。他想重振与原来在汉堡的沃伯格分支的关系，却以失败告终。而与库恩-洛布的老关系，已证明不可能被恢复。在沃伯格最主张创新的地方，结果却令人最不满意。与巴黎银行的合作是为了在美国建立一家大型机构。但沃-巴-贝公司打了水漂。想在伦敦找一个合适的合并对象也被证明不太可能。S·G·华宝公司反而有可能被皮埃尔·穆萨快速扩张的巴黎银行吞并，这种风险与日俱增。

无论对政治还是对商业，沃伯格都感到沮丧。他对欧洲一体化的进程不抱幻想，而这曾是他热心的事业。他对以色列失去了信心。至于英国，在女王陛下表彰他对伦敦金融城（而更多的是对哈罗德·威尔逊政府）作出的贡献后，他迁居瑞士，显然他对他的接纳国未来的经济感到绝望。这位金融全球化的先知已成为悲剧预言家卡珊德拉，没完没了地预告下一次“大萧条”来临的时间。他在1980年写道："我认为，我们正朝着第二次 1929 年经济危机的方向发展，但与 1929 年相反的是，这次不太会是证券交易的危机，而更可能是一种经济和逐渐加速的社会危机。"年青一辈的同事们不得不反反复复地听着这种可怕的预测。

这些和他的其他那些预言，的确很容易被归结为缓慢的衰老。但我们不应忘记，20 世纪 70 年代末，的确有很多问题让人们对商业、政治和世界经济感到悲观。1981 年 1 月，沃伯格又向公司的董事长委员会发出了一份言语激烈的备忘录：

> 一种传染性精神病似乎已占据了我们集团的某些区域，它麻痹了人们看到未来负面趋势的能力，其结果是，那些身患这种病的人，只能预见营业额的增加，并假设营业额的增加可以自动使利润按比例增加。我认为，这种片面的算法，不仅有悖于经验，而且势必导致错误的审议和荒谬的决定。
>
> 回顾过去十多年的发展，营业额和组织规模当然显著增加了，但利润的增长通常慢得多，我们有些业务的利润已停止增长。如果我们把通胀考虑进来，把得出的分析数据换成英镑，我们势必得出许多悲观的结论，我们集团的净资产回报率甚至还不如过去。

这位老人又开始唠叨了——只不过他所说的完全正确。名义上，水银证券的净利润在 1976~1981 年间增加了 79%，刚好超过 1 200 万英镑（按今天的价值计算，约合 6 800 万英镑）。然而，若考虑通胀因素，净利润就降下来了。直到 1983 年，西格蒙德 · 沃伯格去世一年后，净利润才恢复到 1976 年的水平。总之，不是他所有的悲观都是"老朽"式的焦虑表达。他对 1974 年英国钢铁发行欧洲债券持审慎态度，这也是完全正确的。用他典型的话来说就是："现在不是勇猛的时候。"这也许会激怒少壮派，但他说的是事实。以上情况适用于新成立的海峡隧道公司，一个月后，沃伯格拒绝为银行及其客户购买该公司的股票。这也许会令凯利难堪，因为他在海峡隧道公司取得董事会席位，但鉴于发行有如此雄心的项目时宏观经济气候极为不利，所以，还是小心为妙。沃伯格对水银旗下的金属交易公司布兰德斯 · 戈德施密特的抱怨也是完全合理的。事实上，后者的利润变动如此剧烈，以至于公司决定将其出售给法国电解铝和化工集团。水银证券在 1981 年 3 月的股价正好和 1969 年 1 月的股价持平也就不足为奇了。

沃伯格告诉亨利 · 格伦菲尔德（这是他们最后一次对话），"我最担心的是公司

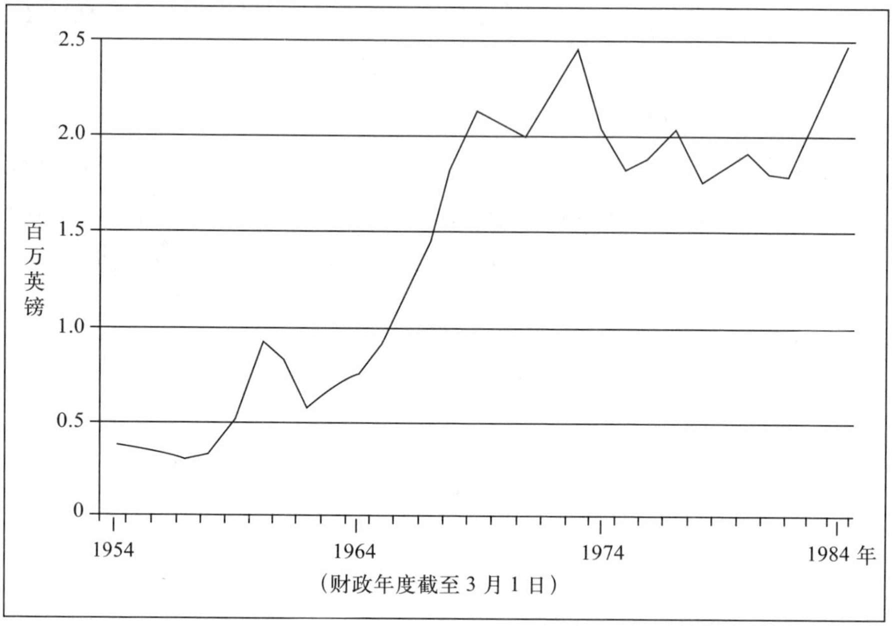

图 13–1　水银证券真实的净利润（以 1954 年英镑价值计算），1954~1984 年

资料来源：水银证券年报；考虑到每个财年官方公布的消费者价格指数，数据已作了调整

的自满情绪”。他的担心有道理吗？埃里克 · 科纳在 1979 年宣布：“公司内部有人认为，投资银行过去和现在履行的职能，其需求有可能在未来会更少，或者越来越有可能被其他机构所取代。”但 1974 年的股市崩盘，英镑无情的下跌，加之外国竞争，都给投资银行业造成了打击。所有投资银行的资本基础都相对变窄。英格兰银行禁止它们的资产超过其资本规模的 12 倍。财政部不允许它们把即使是一小部分资本金转换成外汇。税务局坚持对外币贷款未实现的汇兑收益征税，但对偿还外币贷款相应增加的成本却不给予税收减免。即使是最强的投行，也不得不继续战斗。沃伯格系只是在赢利方面表现得最好，但在资产规模方面排在金融城第 6 位，而格伦弗尔在通胀压力下表现得明显更好（见表 13–1）。沃伯格坐在位于白朗尼的办公室里，他太清楚这些了，即使格雷沙姆街的少壮派在极力否认。鉴于这种自满情绪，他又怎能退休？

表 13–1　各投行总资产一览（英镑，百万），1973~1977 年

	1977~1978 年总资产	考虑通胀因素后，过去 4 年总资产百分比变化值	存款，包括内部公积和税款准备金	股东资金	公布的可分配净利润
克兰沃特本森	1 430	–23	1 114	77	7.5
汉姆布鲁斯	1 423	–32	1 048	65	7.1
希尔塞缪尔集团	1 304	–46	868	63	6.9
施罗德	1 177	–23	944	45	3.5
摩根 · 格伦弗尔	863	27	706	31	5.5
水银证券	765	–3	499	66	8.1
拉扎德兄弟	569	–17	443	38	3.8
N · M · 罗斯柴尔德	528	–11	470	20	0.6
巴林兄弟	326	–32	147	20	0.7

资料来源：《经济学人》，1979 年 3 月 31 日，第 58 页

在西格蒙德 · 沃伯格为后世留下的大量警句中，有 4 则是关于领导力的，这 4 则写于 1977 年 2 月~1978 年 10 月之间。它们解释了为什么即使在 70 多岁的高龄，他仍很难放弃工作：

具备优秀领导力的前提条件之一是尽可能少地注意平庸的人。

为建立一支优秀团队，团队负责人都必须在关键时刻支持团队成员，无论他们正确与否，虽然这种时刻极为罕见。

太多人在管理，而很少人在领导。

一个好领导最难的工作是为自己找一个合适的接班人。

政局转折点

讽刺的是，沃伯格对 S · G · 华宝公司的悲观，也许比对西方世界的悲观更合理，他对西方世界的衰落早有预期。可以肯定的是，1979 年这一年发生的灾难超过以往。伊朗革命，这是对吉米 · 卡特政府造成双重打击。第二年 3 月，随着油价再度攀升，美国的通胀到达战后的顶峰——接近 15%。同时，对英国来说，1979 年

开年被称为“不满的冬天”，汽车工人、卡车司机、救护车司机和地方政府工作人员——包括垃圾收集员和掘墓人——进行大罢工，抗议工党政府5%的加薪封顶。这充分证明了沃伯格习惯性的沮丧。但是在1980年年底，他觉得可以作出一个惊人的承认，虽然这极不符合他的特点：

> 我必须坦言，这是十多年来的第一次，我对我们西方世界的政治局势变得有一点乐观。新当选的美国总统里根可能会比他的前任犯更少的错误。在英国，尽管撒切尔夫人在金融领域作出一些错误的决定，但她在清理战后历届工党和保守党执政造成的持续恶化的局势方面，大体上显示出极大的勇气。她继承的烂摊子几乎是无法管理的，但她显示出解决它的决心。

1979年5月3日，玛格丽特·撒切尔竞选胜出，就事情本身而言，它无疑是一个转折点。新政府废除了外汇管制和对银行的束缚，实行更加严格的货币目标，削减政府开支，并且与工会迎头对峙。但是，这次英国的革命正赶上世界发生的一系列其他变革，它们共同标志着西方10年滞胀的终结，以及西方将近30年复兴的开始。受到芝加哥的启发，奥古斯托·皮诺切特独裁政府在智利进行改革，这标志着自由市场经济的复苏，尤其是用货币政策解决通胀问题的复苏。1978年，邓小平开始了中国的社会主义市场经济，而一个反共产主义的波兰人卡罗尔·约泽夫·沃伊蒂瓦成为教皇约翰·保罗二世。1979年8月，保罗·沃尔克被任命为美国联邦储备委员会主席，这是朝前迈进的又一步，因为沃尔克很快透露，他是反通胀的鹰派。1980年11月，罗纳德·里根当选总统，美国人似乎不但重拾了对自由市场的信心——这在里根的宣言中得到总结，“政府不是我们问题的答案，而是我们问题的所在——而且还重拾了对政治自由的信心。

1981年2月13日，玛格丽特·撒切尔亲临格雷沙姆街30号赴午宴，这象征了撒切尔政府与伦敦金融城有着紧密的共同利益。同年5月，沃伯格与她有一次非公开会议。沃伯格一生更多地支持左派而不是右派——他把曼尼·欣韦尔、斯塔福德·克里普斯、哈罗德·威尔逊视为在政治上的朋友，他也被休·盖茨克尔视为“左翼金融人士”——他不可能成为不持批评态度的撒切尔支持者，更不可能是里根信奉者。虽然他慷慨地夸奖“撒切尔政府政策中无畏和积极的成分”，以及首相本人的“英勇和坚毅”，但他经常批评她的财政大臣杰弗里·豪实行的货币主义理论。

他偶尔致信《泰晤士报》，其中一封信他公开捍卫豪在 1981 年的反通胀预算。但在私下里，他对此存疑。他害怕地写道："我认为，财政部正试图操纵利率，这是致命的错误，利率问题必须通过巧妙结合经济和财政措施加以解决。"像大多数英国经济学家一样，沃伯格认为英镑升值加上国内信贷局势趋紧，将把失业率推到难以容忍的高度。教育大臣基思·约瑟夫希望"将私营公司纳入大环境"（这一政策被称为私有化），虽然沃伯格认为该政策具有吸引力，但他担心，政府"没有从工业或工会，甚至没有从任何英国政治的中间派那里得到适当的支持"。1981 年 3 月，约瑟夫在双方会后说，沃伯格"低估了我们在国有化工业和行业工会态度上面临的额外负担"。事实上到最后，沃伯格保持了老魏玛的信仰，即，大公司和有组织的劳工可以达成社团主义的交易。沃伯格抱怨道："货币政策不是有效解决通胀的良方，除非有某种收入政策的相伴。"在欧洲问题上，沃伯格也不是一个自然的撒切尔支持者。从很早阶段起，他就倾向英国加入欧洲货币体系，撒切尔一直抵制这一举措，直到她的任期接近结束。

然而，在沃伯格眼里，讲英语的新派"右翼"的缺点无法和讲法语的老派"左翼"的缺点相比。1981 年 5 月，弗朗索瓦·密特朗当选法国总统，这证明是未被改造的社会主义的最后喘息，这种社会主义制度还实行一套传统政策，包括国家控制、提高工人权利、高直接税收，以及降低工时。随着政府执行将大型银行国有化的计划——包括S·G·华宝的合作伙伴巴黎银行——上述政策对金融领域的影响是可怕的。这在意料之中。早在 1977 年 5 月，沃伯格就预料在法国国民议会大选中社会党可能会胜出，他和穆萨讨论了巴黎银行可能被国有化，并确实建议了一项行动方案，以保护他们在纽约的合资企业免受国有化的影响。两年后，沃伯格再次提出这个问题，建议"积极帮助"以便抢在国有化之前行动——比如，将巴黎银行在瑞士、比利时和荷兰子公司的直接控股转入合资的巴黎银行—沃伯格有限责任公司（不会成为国有化的目标）。沃伯格强调，关键是尽早行动，以避免"与法国政府出现任何尴尬的局面"。但是，因为迟迟未采取行动，以至于 1981 年密特朗选举胜出引发了一场不体面的争夺。

在沃伯格眼中，法国进行了"某种新的革命，这场革命没有 18 世纪末那场革命那样好战和激烈，但也许在实质上影响更广泛"。沃伯格很不情愿与巴黎的新政府正面冲突。他倾向快速创立一家"新的国际控股和运营公司……目的是拥有巴黎银行集团更大的非法国资产”，为了安全起见，办公地点设在遥远的加拿大。他似乎已说服密特朗的幕僚雅克 · 阿达利支持这个方案，后者无处不在并且学识渊博。不过，穆萨反而认为，应利用一家叫帕杰萨的瑞士控股公司，把巴黎银行的资产“走私”出法国——沃伯格将这一伎俩斥为“疯狂”，不仅因为法国政府势必会查出，而且因为穆萨坚持使沃伯格在帕杰萨的股份降至最低。现在，轮到这位法国人失去天恩了。穆萨的前任老板雅克 · 德 · 弗切埃接替穆萨不久后，沃伯格告诉穆萨，他变得“越发难以理解”。国有化这把“达摩克利斯剑”显然把穆萨和他的同事们弄得“情绪狂躁至极”。

这种批评的话不够真诚。实际上，巴黎银行国有化是“天外救星”，它使沃伯格从与法方愈加不平衡的关系中得以脱身。当德 · 弗切埃提议成立新控股公司，购买巴黎银行未被国有化的国际业务，并邀请S · G · 华宝公司成为股东时，他被婉言拒绝。让–伊夫斯 · 哈博乐是密特朗政府为国有的巴黎银行选出的董事长，在与之会面时，沃伯格表现得富有魅力，但言辞闪烁。他和斯科利向法方参会代表表明，虽然他们不排除未来在国际资本市场合作（只要合资公司设在伦敦），但他们对与巴黎银行的核心关系不再感兴趣，这种关系现在必须被“解除”，巴黎银行需接手沃伯格在巴黎银行–沃伯格有限责任公司中的股份，而水银证券需买下巴黎银行在S · G · 华宝公司的持股。当沃–巴–贝的巨额损失（总计200万英镑）加速了艾拉 · 温德在纽约的覆灭时，这可是不祥之兆。“我们必须采取行动”，这是亨利 · 格伦菲尔德老式的武装号召，他作为谈判高手的技能在解除沃伯格和巴黎银行关系上展现出更好的效果——对于一个70多岁的老人，这是一个惊人的成就。随后，沃伯格在沃–巴–贝中的股份以3 300万美元①出售给巴黎银行，这标志着双方关系的终结。不过，法国人进行社会主义实验未能持续更长的时间。这足以证明这些政策的不可持续性（不只是因为资本从法国外逃导致法郎濒临崩盘）。这也有助于S · G · 华宝公司从令人不太高兴的跨英吉利海峡纠缠中抽身，这次合作耗费的时间和精力远不能用其微薄的财务回报解释。

① 巴黎银行独自遭受1987年华尔街崩盘造成的重创，之后，沃–巴–贝残余的部分被卖给了美林，损失达4 000万美元。

生命终结

对于一个就围着伊顿广场走路、最爱玩桥牌的锻炼的人来说，西格蒙德 · 沃伯格非常健康。正如我们看到的，他有一套未经证实的理论，即银行家不会因为过度工作病倒，而只会因为“糟糕的组织或糟糕的业务”，或者因为无聊病倒。当然，他只允许自己休息很少的几天。无论节日还是休假，他都会电话“骚扰”年轻的董事们，这只是工作慢性成瘾最明显的症状。但要属超级活跃的还是他的思维，而不是他的身体。即使周末和同事散步也不是为了锻炼，而是为讨论他脑子里最重要的客户关系。这种生活方式使沃伯格定期易患支气管炎、流感，以及疲劳。但即使当他卧病在床，或被送往温泉疗养地治疗时，书信往来和电话仍旧不断。

虽然他常把自己比做医师，但沃伯格和真医生的关系是矛盾的。比如，1942 年，他被“无休止的感冒”、失眠和低血压困扰。他向许多医生咨询后入院治疗。他似乎患了咽喉链球菌感染，并在医院住了数个月进行康复。战后，他的病情需要不止一次手术来解决。这次经验让他长时间怀疑医疗行业，以及“任何以‘霉素’这两个音节结尾的药”。1962 年，他半开玩笑地说，医生和护士应被“更多地认为是技术设备，而不是友好的同类”。他们肯定不是“白衣天使”。不过，从 1964 年起，通过与海因茨 · 戈德曼医生建立持久和亲密的关系后，他克服了这种偏见。当戈德曼开安定药片帮助沃伯格睡眠时，他的病人因此很高兴。沃伯格告诉一位友人，“小小剂量就有神奇的效果，而且完全无害”。到这时，沃伯格把自己想成处于半退休状态的“老人”，这自然增加了他对医生的兴趣。戈德曼是他最喜欢的医生之一，沃伯格把永远活下去的希望寄托在他们每个人身上。他们的任务只能越来越难，而他的失望只会越来越大。在他 70 岁生日前，一次疝气手术让他卧床。1976 年，他两次入院，第一次是因为腰椎间盘突出；第二次是出于前列腺疼痛。老朋友的先后故去——埃德蒙 · 史旦尼斯于 1980 年故去，内厄姆 · 戈德曼、马库斯 · 沃伦堡于 1982 年故去——给他自己的死亡以忧郁的暗示。

但沃伯格拒绝“陷入一种疑病症患者的心情”，他坚持“在重要事务上保持积极态度，而将其他事情授权给我们的朋友和战友”。他不辞辛劳地继续出差：去德国、英格兰、美国。事实上，他告诉亨利 · 格伦菲尔德，他正考虑从白朗尼的家中搬进酒店套房。他说，他厌倦了当自己财产的奴隶。1982 年夏季，他在纽约徒劳地挽救沃–巴–贝公司留下的烂摊子，一会儿劝诱，一会儿瞪眼吓人，一次谈判数个小时。这是他最后一次跨大西洋之旅。事实上，彼得 · 斯托蒙思 · 达林怀疑，旅途的劳累加速了他最终病倒。9 月 20 日，在慕尼黑的一次商务会议后不久，在他 80 岁生日的前 5 天，沃伯格遭遇了两次使他身体衰弱的中风中的第一次①。计划由雅各布 · 罗斯柴尔德主持的庆生宴会不得不被取消。他没有被送往瑞士，而是被送回英格兰——这个他只想离开的家。1982 年 10 月 18 日，西格蒙德 · 沃伯格爵士于德文希尔普莱斯的伦敦诊所逝世。

西格蒙德 · 沃伯格从不是传统意义上信教的人。他在犹太信仰之外娶妻。他和妻子教导他们的孩子"敬畏"新教和犹太教，但两者都不要信。他的儿子做了包皮手术，但在主要是英国圣公会的机构接受教育。用他们父亲的话来说，乔治和他的妹妹接受的教育"完全意识到他们身上犹太人的根，但仅以松散而且更个体的方式与犹太生活和历史发生联系"。沃伯格不去犹太教堂，从不吃犹太饮食。他向一批犹太慈善团体和基金会慷慨捐款。但早在 20 世纪 20 年代，他试图与德国和美国的犹太族群在社会上保持距离。正如他所说，在德国和美国的犹太人当中，有太多的暴发户。后来，他对在英国的犹太人也有同样的感受。他问自己，"为什么某些有钱的犹太人总在炫富，动不动就说拥有了一辆劳斯莱斯，并住在克拉里奇酒店？"像这位德国犹太裔精英的许多"产物"一样，沃伯格有自己独特的反犹主义烙印，这使他评价犹太人比非犹太人更苛刻。他讨厌处在各犹太社团前列的"专业犹太人"。正如我们所见，他还是一位极为矛盾的犹太复国主义者。作为一个年轻人，他最能承认的是存在"一种血缘的纽带，这种纽带既不认同宗教团体，也不认同巴勒斯坦民族主义"。盎格鲁–撒克逊的精英巧妙和不巧妙地对他进行社会冷落，正像沃伯格被他们经常提醒的那样，在他们眼中，他只不过是"难民–金融家–犹太人"。然而，他的反驳具有真知灼见：

> 金融城这样评价沃伯格系，为了在这家公司里成功，你必须具备下列三样中的一样，最好三样都有：英国温切斯特公学毕业、会计或者是犹太人。但我

① 几个小时之前，他和斯科利还在讨论关于一个据称很"傲慢的"雇员的人事问题。沃伯格最后有气无力地说："好吧，戴维，你来处理吧。我确信，无论你决定怎么做，都将是最好的。"斯科利从来没有听过他这样顺从地说话。

认为，我们公司最大的危险是有太多私立学校毕业的人……我对他们存疑。我认为，公司里犹太人太少，我们试图提携那些有能力的犹太人。

从血统上讲，沃伯格是"信犹太教的德国公民"，在这片因希特勒而被迫离开的土地上，他对反犹主义再生的迹象保持戒心。但他更多地在命运上是一个犹太人，而不是在血统上。

沃伯格对犹太教作为一种宗教漠不关心，这部分是出于他对所有已建立的信仰和崇拜体系的更广泛怀疑。1939 年 12 月，他表示"对犹太教道德和宗教的可能性不太乐观"。但是，不像某些被高度同化的犹太人，他不再被基督教所吸引，他讨厌参加教堂礼拜，牧师说的话中"隔一个词就是'耶稣'，要么就是'圣灵'"。因为儿时，母亲教育他崇敬康德，而不是基督，沃伯格一度提议简化《旧约》和《新约》："世间只有两种基本的罪，即，不容忍和暴力，因反抗不容忍的举动以及因反抗暴力的自卫不算做罪。"沃伯格非常崇拜奥地利史学家弗里德里克 · 希尔写的《上帝的初恋》，他不是无神论者，所以，他坚持认为，"我们无法通过理智的考虑和冗赘的公式超越上帝和神秘"。1964 年，他在信中写道（在所有人中，他写给他的理发师）：

我们生活的这个世界，被从另一个世界来的神秘入侵者所包围。我们可怜的人类的思维试图要为这些入侵找到合理的解释，但人类的思维不能或者不愿投入足够的能量，进入超越我们所谓"理性"推理的领域。"理性"这个词被思维狭隘的哲学家发明、使用，并逐渐到了荒谬的地步……事实上，这个词以迷宫般的文字游戏遮盖了想象的贫瘠——贫瘠的原因在很大程度上是因为失去真正的信仰而造成的。

沃伯格并不质疑上帝（"作为一个抽象的力量，或亨利–路易斯 · 柏格森所说的'生命冲动'"）的存在，但他质疑在上帝面前集体膜拜的价值。他曾说过："所有教堂最重要的元素是在多边基础上的一个虚伪的组织。"他倾向于把"中庸之道"作为"基督教或犹太教之外的一个备选，那是一个让你在精神和肉体上感到圣洁的信仰，中庸之道的神圣在于结合了精神和肉体的力量"。

这种怀疑的观点使沃伯格能够以某种功利的满足思考死亡。他曾表示："生命就像一种绝症，有关这种疾病唯一不清楚的是它持续的时间……长寿只有延长朝气蓬勃的年华才算有意义，而不是老年期被延长。”1962 年，他开出了一份相当冷静的葬礼安排（或者说根本没有安排）：

> （1）我的双眼应捐给一家治疗盲人的机构，在那里，死人的眼睛被用来实现更换的目的。我知道，死人的眼睛在死亡发生后不久需尽快被转移，这一点非常重要。
>
> （2）我的身体应捐给一家医院，在那里，通过恰当处理后可被用于调查的目的。
>
> （3）这就免去了葬礼的必要。另外，我不想让我遗体的任何部分埋在任何地方，我也不想举行追悼会。我认为，任何类似的安排都是野蛮的风头主义的表达。

几乎 20 年后，他再次强调这一希望，虽然以更温和的口气。但他坚持不搞葬礼：

> 我相信这句格言，给活人送花要比给死人献花强。而且，至于死人身上有什么值得保留的，应该是他或她做的好事，以及好的思想，而不是任何有形的遗物。
>
> 鉴于我前述的愿望，我的身体应被适当地用于医疗用途，尤其是，如果有可能的话，我的双眼通过移植，也许能实现为别人服务的良好目的……
>
> 如果考虑火化，正确的做法是我不想保留我的骨灰，请在尽可能靠近我死去的地方把它撒掉。
>
> 最后，我在此写出的，以及我口头表达的，不要作为我的要求加以考虑，而仅仅是我心愿的谦虚表达。如果这些心愿出于好的或坏的理由未能实现，请不必担心如果我活着，我的反应会怎样。总之，主要的标准应该在风格上有尊严，在程序上简单。

没有花圈，没有复杂的葬礼仪式。然而，有的却是如潮水般的致敬。《泰晤士报》的讣告这样写道，“对于金融城各种旧习的改变，他比其他任何人发挥的作用都更大，这使得金融城得以充分利用 20 世纪下半叶的各种时局。并且，他是金融城有效性重生的主要权威”。沃伯格“超越了他本土的同辈，他再次证明‘伦敦银行家’这个称号是优秀的标志”。1983 年 1 月，在伦敦市政厅举行了一场非宗教追思会上，沃伯格职位最高的两位同事亨利 · 格伦菲尔德和埃里克 · 罗尔用相似的词汇发言。格伦菲尔德说，沃伯格是“一个卓越的人物”。他创立了以他名字命名的企业，独特地结合了“强烈的个人责任感”、“努力工作……创新和想象”、“不顺从精神”、“勇气”、“完美主义”、“坚强和毅力”、“斗争精神”和“一种超人的感觉”，这种感觉有如一条内置天线，它可以在其他更了解情况的人注意到之前，告知沃伯格事情不对头。对于罗尔，沃伯格是一个“杰出的人”，他“在个人行为和绩效上，完全投入最高的标准……谨慎且简朴，但同时充满想象和胆识”。格伦菲尔德强调，他的合伙人对邋遢、自满和炫耀不能容忍，而罗尔认为沃伯格决定性的特点是毫不吝惜的自我批评的能力，那是“责任感必不可少的伴随物”。由他建立的公司现在享有的声誉，“不只是一个经营理念的结果：那是他自己的内心在行动”。

西格蒙德 · 沃伯格的葬礼不是一个说违心话的场合。格伦菲尔德和罗尔都承认，他们以前的领导性格上有主要缺陷。罗尔这样说，沃伯格“有非同寻常的能力，比一般人更快速、更准确地判断一个人，但偶尔他也会误入歧途……他几乎总会把人高估，也许是对人期望过高”：

> 然后，当他感到被辜负时，他的失望是极大的，他会真正遭受痛苦的困扰，不只是因为他自己的判断证明有误，而且还因为他在他很尊敬的人身上发现了致命的弱点，这令他痛苦万分……他很愿意去赞美，有时甚至是过度赞美，但如果他认为需要批评，则从不保留。当他批评所犯的错误时，令人生畏，即使错误是他最尊重、最喜爱的同事犯的……他对个人问题表示同情，因此会原谅严重的专业失误，但如果这些错误没有被承认的迹象，就另当别论了。要知道，他发怒时看起来着实吓人。

也许受西格蒙德 · 沃伯格多变脾气影响最大的人是他的儿子乔治，对他而言，父亲的去世留下的不是苦涩。多年来，正如我们所见，父子关系存在很多问题，并且令人不愉快。但父亲的去世使乔治得以表达那份爱，而这份爱父亲生前竟是如此难说出口。父亲去世的当天晚上，乔治将所有的感情倾注在诗句中，这在以前是不可能的：

可爱的太阳，
缕缕的晨光，
纯洁、明亮，不可被否认；
你正午的火焰，
成熟、甜蜜、斥责、焦烤；
你夜晚的光辉，
和暖、爱抚，带着无限的温柔。
你慷慨的赠与，
你的热情、亲切和光亮，
支撑着你所爱的人
即便是今宵。
最终，你的力量被燃尽。
愿你的灵魂安息。

现在，当乔治·沃伯格把这首诗寄给他哀伤的母亲和妹妹时，他知道不会有人斥责，也不会有人对这首诗作格式上的修改。讽刺的是，有多少西格蒙德的同事和同行，曾为他在他们生命中扮演的“父亲的”角色向他致敬：包括皮埃尔·穆萨、雅各布·罗斯柴尔德、戴维·斯科利和汉斯·伍特克，这里只提及4位。正像埃里克·罗尔所说：“我们都成了‘孤儿’。”另外，有两位女性未能更长时间地忍受丧夫和丧友之痛。西格蒙德的妻子伊娃一年以后也离开了人世。他忠实的笔相师兼红颜知己西奥多拉·德赖弗斯因几次中风而失语，她在沃伯格去世5年后自杀。

多重角色的一生

西格蒙德·沃伯格到底是什么样的一个人？在他被火化很久后，他以前的同事们才敢表达对他的批评意见。对伊恩·弗雷泽而言，那个他曾认识的沃伯格——“富有发明性、创新性和乐观精神，并对他的权力自信”——已经悲惨地衰退，他曾经精彩的性格被悲观情绪、坏脾气和对英国人越发的轻蔑所扭曲。彼得·斯托蒙思·达林承认，这个老人已变成“控制狂”。甚至连亨利·基辛格——沃伯格试图在基辛格离开政府后招募他——也评价说，“如果你只说‘是’，那么他就是一个容易相处的人”。

单从他的行动判断，沃伯格绝对是一名非常成功的伦敦银行家。但在这点上，他不是独一无二的。像 150 年以前的内森 · 罗斯柴尔德一样，沃伯格也是德裔犹太移民，他通过智慧与勤劳，在金融城取得成功。像罗斯柴尔德一样，他也是从零开始建立起一家新的投行。像罗斯柴尔德一样，他使他的银行也成为业内最好的银行。金融实力产生政治影响力：沃伯格对于哈罗德 · 威尔逊，就像内森 · 罗斯柴尔德的儿子莱昂内尔对于本杰明 · 迪斯雷利一样。像许多罗斯柴尔德家族的成员一样，沃伯格也是一名慈善家。青年阿莉娅、英国犹太人救助及治疗中央基金、以色列的魏茨曼研究院、耶鲁大学的“迪尔沃思”教授职位，以及威特利的爱德华国王学校的沃伯格科学学院——这些只是他曾捐助过资金和物资的部分机构①。

但这些和其他世间的行为，绝不是西格蒙德 · 沃伯格性格中最好的标志。首先，他在自己眼中与其说是一个犹太人，不如说是一个清教徒。他告诉乔治 · 斯坦纳，“我不得不说，南德国清教主义的主要特点是在我父母家乡和在他们大部分朋友家乡盛行的教义……这些信条在我人生观和目标的形成上发挥了主导性的作用”：

> 我所称的南德国清教主义信条的定义也许是：生命的重要价值在于，无论你在什么岗位都要一心一意地努力服务于社会，并且给予这种服务个人最大的强度和热情，以至于生活的其他元素，比如审美、物质或主观的考虑，都被视为是次等的品质。

此外，沃伯格成为金融家是因为没有更好的选择。沃伯格的朋友保罗 · 齐格勒说，如果不是由于希特勒造成的灾难，沃伯格几乎肯定会留在德国当一名学者或政治人物。1981 年，齐格勒致信沃伯格：“你继续为财神卖命，但你从来不是财神的奴隶。钱对你只是原材料，就像油彩对塞尚那样。”的确，沃伯格在 1966 年告诉

---

① 不可能核实沃伯格向慈善事业捐助了多少钱，但数额是巨大的。正如他在 1980 年给堂姐罗拉 · 哈恩–沃伯格的信里写得那样：“我的两个挚友——我不断向他们咨询我捐助慈善的事宜——自从去年起就告诉我，过去很长一段时间，我为慈善目的已投入过多的资金。在当前的环境下，新的未曾料到的紧急情况很快就可能需要处理，如果再这样下去，将会是疯狂的行为。至于我近期的某些捐赠，例如，我不久前安排支付魏茨曼研究院超过 10 万英镑”——以今天的价值计算，约合 50 万英镑。

《纽约客》，他当初也许很容易就成为"'非银行'沃伯格系的一员……比如，大学导师、科学家、哲学家，或者作家"。即使在定居英国后，他的内心仍是一位思想家的生命。他以银行家行事，主要是为了满足自己用脑的要求，而不是为了赚钱。1934年，他在日记里写道："一次良好的人文、艺术经历，比任何种类的商业经营都更值得。"工作的主要目标是：

> 以一个更好的教育形式、一种强大的新宗教、一个更公正和更简单的世界组织，开展建设性合作——达到自我内在独立的最大程度，不要对其他人有任何指望，力所能及为他人提供帮助，但绝不能指望回报或感谢，积极、强烈、纯粹地坚守所有个人的力量，以履行人生的使命。

"人的事务比商业事务重要得多"，这句话成了某种经咒。那些熟悉沃伯格的人很懂得这不只是单纯的做作。正像布伦丹·布拉肯告诉德罗伊达勋爵那样，沃伯格真心"喜欢更文明的事情，而不是赚钱"。彼得·斯托蒙思·达林也察觉出，人的因素是沃伯格主要关心的：他曾告诉达林，他感觉自己像是"一个从外太空审视人性的观察者"。也许，乔治·斯坦纳表达得最好：

> 我认为他根本不在乎财富，这是他伟大的荣誉……所有的炫耀都难以言表、令他作呕。他甚至真的不想要爵士头衔。绝对不能有更高的头衔了。被封为沃伯格勋爵将令他厌恶……是的，他有一所漂亮的房子。是的，他有司机开车。但私人飞机这个想法，我想，他曾说过是庸俗的标志。他对（庸俗）比较敏感，这是非凡的……他表现出惊人的禁欲。他有最好的判断力，不被任何财富的谎言所诱惑。他了解金钱。金钱让他兴奋……而他自己的问题是……将一种特殊的气节带入顶级金融世界……我认为这非常重要。他的正直如此绝对，以至于稍有松懈和懒惰的迹象就会让他感到完全厌恶。

沃伯格闲暇时的追求是一名大学教师的追求，而不是一个商业巨子的追求。虽然在斯瓦比亚乡下长大，但他不曾打猎、射击或者钓鱼。他没有游艇，也没有任何乡村别墅。他对跑车不感兴趣，因为这个原因，他对任何体育或汽车也不感兴趣。年轻时跨大西洋之旅，他更喜欢哲学，而不是在甲板上打网球。如果他曾经参加过跑马比赛或马球赛，那种场合的记录也没有被保存下来。他打过高尔夫——就一次。他同辈百万富翁的时髦消遣——滑雪、日光浴、勾引有夫之妇——他一概回避。那个时代流行的目的地——安提比斯、马萨葡萄园岛、圣特罗佩——他全都远离，他更喜欢维多利亚时代的温泉疗养城，比如巴德加斯坦。他很少看电影，也不太积极，他更喜欢剧院。他爱打桥牌和拉米纸牌，但是是在家中和家人与挚友切磋。与大多数银行家相比，沃伯格是位僧侣，他有意识地渴望那种“对物质和奢侈感到蔑视”的感觉。这不是说，他生活拮据。他可不是吝啬鬼。他的西服和衬衫由最好的裁缝缝制。他只节省地喝最好的法国酒。他只在最好的酒店下榻（丽思、沙威和克拉里奇）。在伦敦，毕竟只有很少地方比伊顿广场更高档。但以罗斯柴尔德的标准①，沃伯格在罗卡美亚和后来在白朗尼的房子要朴素得多，家中随员也极少。比起他在拉扎德的同仁安德烈 · 迈耶的上等私人画廊，他的艺术收藏品价值可以忽略不计，迈耶的收藏包括塞尚、德加、毕加索、雷诺瓦和土鲁斯–罗特列克的作品。

虽然可能不可思议，但这位同辈人中最著名的英国银行家临终时却不是特别富裕。尽管其他前沃伯格系的雇员表示，他的遗产应该会更高，但伊恩 · 弗雷泽估计，沃伯格的遗产价值仅约合200万英镑。这不是不太可能。截至1968年3月底，沃伯格从他创立的银行获得的年收入刚刚超过9 000英镑，加上奖金6 000英镑——（考虑加薪和通胀因素）用今天的钱计算合不到54万英镑。第二年，工资涨到1万英镑，但奖金降至4 000英镑。1973年的总收入刚刚到25 080英镑——按实际价值计算，比1968年的水平还下降了。1980年，沃伯格的工资仍只有15 000英镑。诚然，那时他在水银证券的股份有所增加，但不是很多②。1968年，据说其持股的价值有95万英镑。从那时到1982年，股票数量仅增加了1.5倍，但同期的

① 前者包括“一间大客厅和餐厅、一间书房、3间带浴室的卧房（一间里有两张床，另两间里各有一张大单人床）、三间佣人房和一间能容纳两辆车的车库”。后者根据沃伯格本人的指示设计，他要求“是一座适度舒适的住宅，不应该华而不实，风格应该简约、平衡、有品味”。虽然准备“对首层的房间……楼梯（包括栏杆）……以及住宅外立的审美方面几乎在财务上达到奢侈的地步，但他反对……在浴室和可能的电梯上花费不必要的开支”。他写道，“如果浴室能达到一般瑞士资产阶级家庭的标准，那我将完全满足。”

② 在水银证券成立的前7年里，股东们的投资价值增加了大约20倍，收益率达145%，但相比大多数英国的股票，水银政券在20世纪70年代股价表现并不是特别好。据伊恩 · 弗雷泽计算，1968年他收到62 505股高级经理股票期权，这部分期权并未让他赚多少钱。他每股支付了12先令10便士购买，1972年他以每股36先令11便士的平均价卖出。如果他保留这些期权至1994年，它们的价值只增加了6倍，但还是不能赶上英镑贬值的速度。

股价上升了几乎5倍。沃伯格积累的大量图书甚至也不是很值钱，因为他知道但不在乎第一版或稀有装帧。不像其他“叔叔们”，沃伯格不收藏。正如查尔斯·夏普所说的那样，“对他而言，书是用来读的，除此之外，别无他用”。即使剔除经济增长和通胀因素，当亨利·格伦菲尔德于1999年去世时，他的遗产也要大得多，总价值为3 500万英镑（相当于1982年的1 100万英镑）。与安德烈·迈耶的对比甚至更明显。当迈耶于1979年身故时，他的遗产价值为8 950万美元（合4 000万英镑），虽然他的财富的真实程度——考虑到他晚年向家人的赠与——可能接近5亿美元（合2.26亿英镑）。他收藏的41幅画作经苏富比拍卖，获得收入为1 640万美元。拉扎德在纽约的经营比沃伯格系在伦敦的经营更赚钱。美国总比英国有更大的交易可做，美国经济不像英国经济遭受滞胀打击那样严重。但真正的不同在于这两位杰出人物，一位还在世应是积累资本，另一位则不是。终其一生，西格蒙德·沃伯格有利润动机以外的其他动机。

沃伯格曾评价自己，“在脆弱的心灵中仍有躁动”，也许永远都是这样。使内心焦虑得到宽慰的最好办法是与其他人进行深入细致的交流——最好和年青一辈中志趣相投的人交流，但也不一定。1934年，他在日记里写道：“人是最多面的，也是生活和艺术中最有趣的对象。”他自己的银行给予他一种心理实验室的功能，他可以在其中研究他最喜欢的种类，并培养新的“选择性亲和”。沃伯格曾写道：“我们生活的方式是一场持续的实验，最重要的领域就是人际关系，我们应该在这方面做更多的学习、教导和研究工作。”的确，S·G·华宝公司有实验室的味道：比如，长时间的工作、细致入微的记录。更重要的是，当实验出错时，还要进行事后剖析。至于严格坚持“令人痛苦的自我评价”，这个习惯可以追溯到很久以前他母亲对他的训诫，“每晚睡前，我应该反思在当天发生的所有事情中处理不当的地方，应当非常努力地向自己承认所有错误，并想出如何在今后吸取教训”。这个规矩要求自我批评，几乎到达自虐的地步，据沃伯格后来回忆：“如果我不能至少想出3个当天犯的错误，那我一定有问题。”第二次世界大战的经历更强化了他的观念，即，“避免无情的审讯只会鼓励自满，这是在犯罪”。所以，某些人发觉他很难共事就不足为奇了。沃伯格认同英国历史学家兼记者E·H·卡尔的观点，即，“改善人世间的事情完全取决于不满足的性格——好像斗士一般”。“矛盾的决定经常是正确的决定”，沃伯格满足于这样的真知灼见。他遇到的“异想天开”越多，就越想挑战大多数习惯于自满的人的传统非智慧。有意思的不是沃伯格因此树立了一些敌人，而是许多在他手下工作的人带着一份忠诚去这么做，这份忠诚近乎于爱——这种感情在金融行业里罕见。但正如我们所见，沃伯格只有对外时和在表面上才是一个银行家。

西格蒙德·沃伯格一生有很多角色，如果一个角色是实验型心理学家，把银行作为实验室，那么，另一个角色（用斯科利的话说）是“经验老到的演员兼演出经理”。这位普鲁士的教授也是金融城的亨利·欧文和劳伦斯·奥利维耶，其演技令人着迷，其戏剧张力惊人，从隐约忸怩的魅力①到残忍的暴脾气——他“一会儿是里尔王……一会儿又是理查三世”。连伊恩·弗雷泽也不得不承认，沃伯格在会议、午餐和晚宴上具有非凡的能力，“他对当代和古典文学阅读广泛，他对戏剧和舞台津津乐道，他对精美的装帧和家具知识渊博，这些都让来宾为之倾倒”。当兴起时，他“滑稽可笑，但又不会冒犯别人”。埃里克·罗尔回忆沃伯格如何“在极富戏剧性的时刻还能放松，他喜欢一项交易中他认为有娱乐性的元素，尤其当该交易极富竞争性时，用他的话说，他还喜欢交易中所能体验到的乐趣”：“人们永远来找他……他就像一块吸铁石，甚至对出租车而言也是：在最难打到车的时候，比如雨夜歌剧散场，一辆出租车就会出现。他一定有吸铁石般的特性，无论对人、对问题，以及对那些回避媒体的人，甚至对新闻。”但沃伯格内心却不喜欢交际。他讨厌聚会以及任何种类的人群。罗尔生动地描述沃伯格“在有重要人士参加的大型聚会上的样子（比如在唐宁街10号，在彼尔德伯格俱乐部年会上，或在西门子银行业年会上，这些场合经常有人一吐为快），他安静地站在一个角落，显然陷入了沉思，而他周围的人群在聚集”。查尔斯·夏普回忆说，聚会上沃伯格要么是主人，要么“站在屋内最偏僻的角落……或靠近门口”。沃伯格说，聚会是“过多酒精”和“口腔体操”的混搭，这是一个极度无聊的组合。正如他告诉保罗·齐格勒的那样，他鄙视所有形式的“逃避主义……它让人原地踏步”。他最喜欢的社交场合是为退休的沃伯格系员工举行的所谓“重逢聚会”，聚会上他“激动并带着真诚的喜悦，亲吻退休的厨师……和退休的茶水女工的双颊”。

关于沃伯格，至关重要的一点是他是一个博学之人：他不光对口说的语言、手

① 沃伯格自己不止一次提到，“最成熟的男人应当兼有男性和女性的特征，但强调男性的特征”。关于他和他男性门徒的关系，小说《威尼斯之死》中大体上有模糊的暗示。

写的文字敏感，更重要的是对印刷的文字敏感。人们必须通过他所做的，还有他所阅读的来判断和了解他。在他最好的朋友中包括伟大的法国书籍收藏家让·弗斯登堡，这并不是巧合。任何想过沃伯格图书馆规模和组成的人都不可能不被震撼——不是被第一版的数量，而是被书籍的前主人与书籍内容之间的密切程度。约3 000册书籍带有沃伯格收藏用的书签，以及他用铅笔在封面上写的笔记，书签上有这样一句格言“思想进步就是朝简单前进”。藏书中一大部分是18和19世纪的英国文学，他移民后将自己置身其中，包括：吉本的《罗马帝国衰亡史》、包斯威尔的《约翰逊传》、乔治·艾略特的《米德尔马契》、特洛勒普的帕利泽系列小说，等等。他还收藏了同时期法国和俄国作家的作品（巴尔扎克和司汤达、陀思妥耶夫斯基和托尔斯泰）。但沃伯格藏书的核心是德国和奥地利的启蒙时期、德意志帝国时期和魏玛时期的文学。特别有3位作家在他脑海里巍然耸立：弗里德里希·席勒、弗里德里希·尼采、托马斯·曼。他永远崇敬席勒“巨大的戏剧天赋，以及开天辟地、热情澎湃的理想主义”。他15岁起开始拜读尼采，后者“将我所有早期的宗教和道德观念丢进熔炉里”。《浮士德博士》是曼对德国灾难的伟大寓言，沃伯格读它的频率几乎赶上了读《约瑟夫和他的兄弟们》。许多他最喜欢的警句（见下文），是从他最喜欢的书籍里抄下来的。（1967年的）一个典型例子受到乔治·桑的启发：

> 有两种方法可以让人类的欲望得以满足；一种是更表面的，包括英语中说的“高兴”或“快乐”，以及法语中说的“喜悦”；另一种是更深层次的，包含生存的强度——德语中说的“增加活着的感觉”，并涵盖痛苦和喜悦。没有什么比乔治·桑的文字更能准确把握灵魂中这两种不同的生存方式了：“带我离开快乐制造的虚假和可耻的幻境。赋予我工作、疲劳、悲伤和热情。”

虽然19世纪是沃伯格的“初恋”，但他一生都保持阅读各种各样的文学作品。他出差时随身携带的书籍很少少于3本，从本·B·林赛法官和温赖特·埃文斯于1927年出版的《现代青年的反叛》，到希拉瑞·贝洛克于1934年出版的《奥列弗·克伦威尔》；从英奇牧师于1935年出版的《河谷》，到利顿伯爵于1936年出版的《安东尼》；从H·A·L·费希尔于1939年出版的《欧洲史》，到亚历克斯·卡普斯坦于1942年出版的《关于一位英雄的事》；从E·M·福斯特于1943年出版的《弗吉尼亚·伍尔夫》，到赫尔曼·劳施宁于1948年出版的《发狂时代》；从奥尔德斯·赫胥黎于1952年出版的《鲁顿的魔鬼》，到戴维·塞西尔勋爵于1955出版的《墨尔本》；从阿尔贝·加缪于1958年版的《鼠疫》，到西蒙娜·冯·波伏娃于1959年出版的《忠实的女儿的回忆》。詹姆士·鲍德温、西里尔·康诺利、阿瑟·库斯勒、马克斯·弗里施、埃里克·弗罗姆、彼得·盖伊、井上靖、艾妮拉·佳费、尼科斯·卡赞札基、桑顿·怀尔德、卡尔·楚克迈尔——这些作者的书都曾在西格蒙德·沃伯格的公文包里停留。

沃伯格积极主张文学是需要分享的，他经常把他最喜欢的书籍寄给友人。他也认为，具备一定的文学修养是公司新雇员的一个必要条件。正如我们所见，当应聘者在面试过程中被问及喜欢读什么书时都很惊讶。乔舒亚·舍曼极不情愿地承认他在读曼和卡夫卡的作品，他担心这也许会让这位不讲情面的金融家对他产生偏见，但他没有意识到，这是最佳答案。但沃伯格不满足于阅读和推荐伟大作家的作品。他也与许多他最敬佩的在世的作家通信，特别是福斯特、弗罗姆、库斯勒，还有德国出版家塞缪尔·费希尔的女儿布丽奇特·B·费希尔。他认识赫尔曼·黑塞，遇见过H·G·威尔斯，资助过乔治·斯坦纳，经常与以赛亚·柏林共进午餐和晚宴。“柏林是一位杰出的谈话高手，请从这个词最好的意义上理解。”1949年，当他们在跨大西洋轮船上首次见面后，他写道：

> 遗憾的是，由于他在社会上的巨大成功，作为法斯塔夫之流，或美国贵妇和各国愚蠢小人的弄臣，他允许自己被诋毁。即便如此，他的思维观察和口头形容能力仍非比寻常，我觉得我不可能理解他如何能一整天几乎不间断地谈话，同时还能精读书籍和报纸，并撰写科学专著。

然而，他们的关系在接下来的30年里得到更进一步的发展。1979年，柏林致信沃伯格说：“我……不但对你的思想崇拜至极——谁又不是呢——而且对你的道德品质、勇气，以及现实感和洞悉感也相当钦佩——在所有这些方面你都能做自己——我很高兴有此机会向你表达这些，并对你的友谊，以及你对正直和文明的忠诚表示感谢——有几个银行家能获此评价？”但是，沃伯格最重要的文学关系——其实是友谊——还是和维也纳小说家兼传记作家斯蒂芬·茨威格，今天，后者最出名的作品也许是《象棋的故事》和《危险的怜悯》。沃伯格认识茨威格有20年，并认同他通过欧洲一体化实现和平的愿景，茨威格在巴西流亡期间，沃伯格定期与之书信往来，直到茨威格在1942年自杀。虽然沃伯格欣赏以赛亚·柏林，但他对斯蒂芬·茨威格的评价更高。

不过，在所有沃伯格研究过的伟大思想家中，西格蒙德·弗洛伊德可能对他最有影响，虽然二人从未谋面。沃伯格曾自问："有没有可能，用一种宗教填补我们时代的道德真空，这种宗教是基于审美和伦理的元素，但没有罪的情结？"这实际是弗洛伊德在《幻象之未来》提出的问题？1976年，沃伯格告诉乔治·斯坦纳："人类从超越动物本源那一刻起，就从盲目的本能走向越来越有意识，从哑巴走向语言表达，我们内心自我毁灭的倾向变得越来越强，必须用更大的精力与之抗衡。"这明白无误地是弗洛伊德式的见解——虽然沃伯格会引用死亡本能作为人类事务的原动力，而非色情本能，这符合他的特点。在某种程度上，心理分析是沃伯格一生的嗜好，虽然他谴责专业分析师们的某种倾向，他们把所有道德的失败都看做早前创伤情有可原的结果。

一生沉浸在19世纪末和20世纪初的德国文学中不可能使人成为乐天派。沃伯格曾承认："我一生大部分时间倾向于悲观主义，尤其自1930年以后。我对我各种行为的态度继续以某种假设为基础——极少有例外——那就是，事情不会按照计划发展，不利或不合理的结果比有利或合理的结果更有可能……在不太有意识的层面，某种非理性的希望伴随着这种假设，即事情发展的结果也许不像我理性思考预期的那样糟糕。"但沃伯格的悲观情绪不是一种为避免失望产生的文化绝望的反映。他在1942年写道，在危机来临的时候，"悲观主义者进入自己的世界"："其他人从正常的自信到负罪式的自满，他们受到动摇，变得阴郁和沮丧。我们习惯性地害怕，现在就更害怕了，但相比现在的其他人，以及其他时候的自己，我们反而更乐观。到目前为止，我们还没有倒下，因此也没有受伤。"沃伯格的假设一直是西方文明注定将被席卷。但是多年后，他告诉乔治·斯坦纳：

> 许多理想主义的价值从过去到现在仍是我信仰的基础，我从未因推翻这些价值而失望得落泪，或因此表达强烈的不满，而是将其作为一项挑战，在我心系的前进方向上去争取、去坚持。我所提到的理想主义价值，从某种程度上来说在我一生中都不曾改变。在我整个成人阶段，现代野蛮主义不断壮大，它的入侵从未把我吓倒，从未使我绝望，它反而加强了我的决心，让我坚持那些

在我看来是相反的目的，并依然去做，即使这意味着现在无法经常实现这些价值，要知道这些价值只有在某些充满完全理智和狂热信仰世界会更美好的小岛上才能实现。

鉴于沃伯格的文学修养，他也许被认为不只会写商业信函和备忘录。20世纪20年代，他的确试图写一本书，但手稿未能被保留下来。然而，他一直抵制自己写回忆录的建议，担心被指责是“自我宣传”。正像他所说的那样，一本自传的写作应侧重于哪一边，这是一个两难的情形：

> 我认为，他人代笔写的自传，不是历史人物本人（如丘吉尔和戴高乐）写的自传，会遇到一种进退两难的局面：要么自传是诚实的，在这种情况下，自传必须包含重要的细节，以实现对人物的全面介绍，但这种自传总体上缺乏重要性；要么自传专注于几个点，这些点对一群人来说很有意义，在这种情况下，自传只可能是不完整的，因此，其性质是片面的。

相反，他提出撰写两篇“短论”，一篇叫《成人教育》，是有关“生命冲动作为成人教育一个基本部分的培养”；另一篇叫《昂贵的教训》，是形容“痛苦、悲伤和苦难”的章节，他从这些经历中学到有恒久价值的知识。但两篇论述都没有问世。1976年，哲学家兼观念史学家乔治·斯坦纳在白朗尼多次对沃伯格进行长时间的访问，前者显然旨在为二人共同署名的回忆录打基础，但这个方案也以失败告终。（虽然斯坦纳是银行家的儿子，但他坦言，自己不可能成为回忆录代笔的选择，当《机构投资者》的一名记者采访沃伯格，双方的谈话几乎同样坦率时，斯坦纳最终放弃了这个项目。）《探索者的选集》是最后一次文学尝试，但它也难产了。沃伯格计划把他自20世纪40年代想出的或誊写的众多警句和摘要汇总，他在1972年把它们按主题分类。沃伯格去世后，在他遗孀的建议下，乔舒亚·舍曼完成了对这些警句的编辑，但这份材料还是未能被出版。

毫无疑问，这份最后的文学遗赠肯定有它的可取之处：它是一串未被出版但被部分编辑过的智慧“珍珠”，几乎所有格言的作者都不详。从这些文字中，西格蒙德·沃伯格的伟大思想被剥离出来。这个人是看不见的，他的生命和爱也被抹去了，只有他的警句和思想犹存。以下选登的是最有启示意义的几句：

生命冲动的真正目的是使人的各种可能性得到尽可能最高的发展。(1959年5月)

与另一个人相爱、与生命相爱，把这两种爱结合成一种伟大的爱是我们可以得到的最大赠与。(1963年1月)

人的力量在两种情况下可以达到最大程度，一种是在热情中，另一种是在苦难中。(1965年1月)

诚实地面对自己比诚实地面对他人更重要。(1965年5月)

自我，这个神秘的概念、人类假想的动力，从物质意义上说，它是一个明确的统一体，但从心理意义上说，它是许多不同和对立元素的混合体。(1965年7月)

一个人接受挑战并尽全力去战胜挑战，虽然最终屈服，但这样的人是生活中真正的胜利者。(1966年4月)

一个把自己的全部奉献给另外一个人或一项伟大事业的人，应把预期得到更多的苦难而不是幸福作为回报。但他应该感激这种苦难，因为它使他变得更加坚强、更加完善。(1967年9月)

不要为过去的事情后悔或不要惹是生非被认为是良好的习惯。但事实上，为发生的事情后悔和将某事追查到底都极富教育意义。(1968年10月)

在我们这个时代，当信仰广泛让位于怀疑主义和愤世嫉俗时，少数坚信高尚价值、超越物质生存的人，不但有很大的责任强化他们的信仰，而且有责任使他们信仰的火炬生生不息，并带着决心和热情大声说出他们的信仰——圣火在燃烧。(1968年10月)

当我们倾听其他人时，我们应该对他们说的和他们没有说的同样重视。(1969年2月)

每当你采取重要或者不重要的一步时——无论你用多少能量——你都应该考虑有多种备选方案，并且已为此作好准备。(1972年3月)

工作比最好的假期或最好的游戏更引人入胜，更使人快乐。(1972年7月)

对于大多数人而言，恐惧是“首席顾问”，而且永远是一个糟糕的“顾问”。(1977年7月)

我们应该成为不带幻觉的理想主义者。(1978年11月)

人类的一个大问题是如何把容忍与区别结合。容忍可以如此轻易地忽视区别的必要，而区别经常导致无法容忍。不加区别的容忍将产生危险的标准缺失和轻度的纵容。不加容忍的区别会导致狂热和不公正的情况出现。我们应当既容忍又区别：这是一项持续的挑战。（未标明日期）

相信这种建立在阅读伟大书籍、聆听伟大音乐作品、人类在善良和理解方面取得伟大成就基础之上的超越——我无法想象那些书籍、那些音乐作品、那些人类成就中的精神会丢失，即使那些书籍全部被销毁，那些乐谱全部消失，那些关于人类成就的个人记忆不复存在。（未标明日期）

影响力比权力更重要，这不仅适用于国家，而且适用于个人。（未标明日期）

自由不是简单地被允许做想做的事，它体现在坚强的意志上。（未标明日期）

最伟大的冒险是思考。（未标明日期）

很难想象有比这些脱离上下文的附言更能表达人类灭绝这个主题了，虽然这些附言比任何之前出版的研究都更多地展现了沃伯格的性格。

西格蒙德·沃伯格的确在很多方面是无根的四海主义者化身。“我把世界许多地方当做‘家’和‘住宅’，换句话说，我是一个跨国者。”他在1976年说道，“我知道，这个词现在被许多人所鄙视，但我不害臊地承认，甚至强调我就是一个跨国者。”但是，保罗·齐格勒也许更接近真相，在一封写给沃伯格儿子的信中，他形容沃伯格是一类流浪的德国人。当然，最有影响力的格言是来自中欧的格言：它们的作者不仅包括尼采和弗洛伊德，而且还有维也纳格言大师卡尔·克劳斯。正如保罗·齐格勒恰当表示的那样，沃伯格是19世纪的德国人，但却被困在20世纪的英格兰，他不得不把他的公司当做他的家：

现在，这种事情发生在任何人身上都很糟糕……我确信你的父亲一生都有深深的痛楚……在那非常成功和高效的智慧和意志背后，是一种极深的浪漫主义和朴素的情怀，它们需要在某处扎根，但却不能找到真正的满足，因为它们在极度虚伪的世界里“挨饿”，但又不得不在这个世界里“表演”，所以只能悬在空中……你的父亲需要温暖，虽然他有无数朋友，但我认为他没有几个真正的朋友，至少自他离开德国后——出于这个原因，以及过于苛刻和特殊的标准，他在表面之下是一个过于复杂、害羞，并且容易受伤的人。

这段对西格蒙德·沃伯格个性最具洞察力的评述，出自一位真正的苦行者也许就很恰当了。他是土生土长的犹太人，曾经做过银行家，但后来成为一名本笃会的僧侣。

沃伯格公司的消失

沃伯格这位永远的悲观主义者感知到将要发生的一切。在他去世前的5年内，他曾在不止一个场合告诉彼得·斯托蒙思·达林：

> 沃伯格系将打破沃伯格最珍视的规则。他说，我们将在上市公司水银证券的名称中加入沃伯格的名字；我们将制作光彩鲜艳的年报，代替我们传统上使用的普通白色年报（他其实用的是"有光泽"这个字眼）；我们将在宣传手册中加入公司成员的照片，就像我们所有的竞争对手那样；我们将做广告；我们将过度增长，并雇用过多的人员；最糟糕的是，我们将成为金融城权贵阶层的一部分，并继承它的自满。

这或多或少就是实际发生的。脱离银行创立者的束缚，只有亨利·格伦菲尔德作为"叔叔们"活跃的代表，S·G·华宝公司的高级经理们走上了迅速扩张之路。他们的目标是和华尔街大型投行展开全方位竞争。沃伯格系将从"商人银行"转向真正的投资银行。这是一则在别处也讲过的故事，超出了本传记的范围。但这个故事必须要简短地提一下，只是因为它说明了西格蒙德·沃伯格卓越的预见力。

在1986年"金融大改革"之前，S·G·华宝公司就开始激进扩张。1984年，公司从格雷沙姆街搬到更大、更现代的威廉国王街33号。几乎在取消金融城对银行、股票经纪、证券批销经纪的传统区分后，沃伯格系立即收购了股票经纪公司罗和皮特曼、证券批销经纪公司阿克罗伊德和史密斯，并在英格兰银行的建议下，收购了政府的经纪商马伦斯公司。沃伯格系再次搬家至芬斯伯里大道，以容纳新员工。至于这些投资是否明智仍有待讨论①。但是，扩张的目标肯定实现了。1984年，

---

① 沃伯格系以4 100万英镑现金购买阿克罗伊德和史密斯29.9%的股份；以相当于价值4 250万英镑水银证券的股份收购罗和皮特曼；以价值860万英镑水银证券的股份收购马伦斯。基于这3家公司最近的利润，上述估值较为慷慨。事实上，水银证券原有股东100%的持股在完成收购后降至59%。但新公司增加的净资产价值（从1.7亿英镑增至2.36亿英镑）不能解释股份被稀释的合理性。

沃伯格系的股本超过了摩根士丹利的股本，距离高盛的股本也不远，后两家公司显然是沃伯格系在美国最大的竞争对手。20 世纪 80 年代，公司的利润领先于伦敦的同行。到 1993 年，公司的市值达 20 亿英镑，而 1957 年，其市值只有 100 万英镑。公司全球雇员的总数从 1990 年 3 月的 4 900 人增至 1993 年的 6 500 人，而 1985 年该数字是 3 250 人。公司投行业务的办公室分布在 31 个地点，它在英国本土金融界是无可争议的冠军。其企业融资部有 560 个公司和政府客户，该部被公认为欧洲第一。公司的国际股票发行业务全球排名第 6，在欧洲股票经纪业务排行榜中蝉联第一。沃伯格系在金融界里有最大的研究部之一，250 名的分析师数量无人能及。但公司的传统文化似乎完好无损。1992 年，西格蒙德 · 沃伯格去世后 10 年，一名记者发表文章，把该行的办公室比做“中南海，它是北京一处神秘的领地，中国领导层在那里运筹帷幄”。这名记者带着恰当的崇拜指出：“沃伯格系的业绩很少能挑出漏洞，沃伯格系时常在所有业务的排行榜中名列第一。”

但这种迅猛扩张的结果证明是昙花一现。为支撑利润，水银证券越来越依靠水银资产管理公司，后者于 1987 年上市，水银证券占其 75%的股份。一则粗俗的宣传广告并不能掩盖问题，如果西格蒙德 · 沃伯格在世，肯定会强烈反对这种广告的（广告内容是，“在您去哥特堡、圣彼得堡或萨尔斯堡购物前，请一定惠顾沃伯格系”；“我们唯一不会合并的就是和背景融合”）。1992~1993 年，公司费用上升了近 1/3；1993~1994 年，费用继续上升了同样比例。公司仍旧在不断壮大。1994 年 2 月，新任首席执行官西蒙 · 凯恩斯（凯恩斯伯爵第 6 代）决定拓展公司的债券业务，但一切已晚。1994 年夏，凯恩斯试图与摩根士丹利谈判合并事宜。那将是“未来的投资银行”，是金融史上两个最显赫名字跨大西洋的融合：即，摩根和沃伯格。但在交易达成前，因公司投行业务收入下滑，迫使凯恩斯于 10 月 3 日发布利润预警。更糟糕的是，双方谈判被公之于众。双方就水银资产管理公司的估值进行拉锯战之后，摩根士丹利的约翰 · 麦克突然退出谈判。其结果是灾难性的。随着利润和股价一块下跌，沃伯格系在股权资本市场团队的指挥下匆忙寻找出路，但该团队向摩根 · 格伦弗尔倒戈。接着，凯恩斯也辞职。几乎顷刻间，沃伯格系宣布将退出欧洲债券市场——这个由西格蒙德 · 沃伯格亲手打造的市场。

1995 年 4 月，在“流氓交易员”搞垮老牌公司巴林银行后两个月，瑞士银行公司以 8.6 亿英镑——事实上是投行业务净资产价值外加 8%的溢价——收购了

S·G·华宝公司，用一名前沃伯格系雇员的话说，是“吝啬的价格”（S·G·华宝在水银资产管理公司的股份未包括在内，这部分股份被分配给水银资产管理公司的其他股东）。那些负责这项交易的人松了一口气，收购方不是摩根士丹利或者国民西敏寺银行，因为在某种程度上，被一家瑞士银行收购而不是被一家华尔街银行，或一家更糟的英国清算银行收购，似乎没那么丢脸。斯科利自信地声称，瑞士银行公司与沃伯格系的契合“就像劳斯莱斯车门被关上时发出的那一声响”，尽管他不时会忘记这个著名汽车公司的经营困难。但也许与摩根士丹利信奉新教的盎格鲁-撒克逊白人合并，从长期来看对沃伯格这个品牌会更有利。通过更近距离的观察，“瑞士银行的交易员穿着高级的卡其裤和100英镑一件的衬衫”，相比国民西敏寺的经理们穿“偷窥狂式的防水雨衣”，也只稍微让人更能忍受一些。有一段时间，该投行以“瑞士银行沃伯格”的名字经营，在收购狄龙里德后，改名为“瑞士银行沃伯格狄龙里德”。几年后，当首席执行官马赛尔·奥斯佩尔将瑞士银行与更大的瑞士联合银行合并时，沃伯格系随即成为一家更大的瑞士巨头的一部分，公司名称被再度改为“沃伯格狄龙里德”，最终为“瑞士联合银行沃伯格”。但在2002年11月，作为公司重塑品牌计划的一部分，瑞士联合银行决定摘掉“沃伯格”和另一个近期被收购的公司“佩恩韦伯”的名字。讽刺的是，西格蒙德·沃伯格曾经责难他不够有天赋的亲戚们，但沃伯格这个名字在汉堡和纽约存续的时间更长。他在伦敦创立的公司除了记忆，现在一切皆不存在。1997年，美林以31亿英镑收购水银资产管理公司后不久，“水银”这个名字也消失了，这样的金额一定会令沃伯格吃惊的。

是什么导致S·G·华宝公司的失败？当然可以这样认为，在“金融大改革”之后，大型外资银行入侵伦敦的“一平方英里”，没有一家英国投行能指望与外资银行庞大的资源匹敌。1990~2000年，摩根·格伦弗尔、巴林、克兰沃特本森、史密斯新宫、国民西敏寺市场、巴克莱德佐特韦德，以及施罗德，均因外国买家收购而失去独立。只有罗斯柴尔德公司作为一间家族控制的精品投行延续至今。约翰·杰伊将这种现象生动的形容为“噩运圈”，英国银行的薪酬待遇赶不上外资银行，这引发人才流失，进而导致被收购。但沃伯格系总能与全球大型银行一争高下。那么，问题出在哪儿呢？

亨利·格伦菲尔德责怪凯恩斯，并告诉凯恩斯是他“在一年时间里毁掉了（西格蒙德·沃伯格和他）用超过60年的时间建立起来的基业”——虽然作为“叔叔们”中的最后一员，格伦菲尔德在未来 4 年继续坚持工作，事实上直到他去世的那一天，享年 95 岁。伊恩 · 弗雷泽把问题归咎于“傲慢”和“献身精神不足”，而这不只局限在凯恩斯一人身上。《经济学人》也有类似的观点：

> 沃伯格系的失败不在于它的愿景，而在于它的执行能力。它试图在美国单独行动，并从零开始。当这项战略失败时，它在寻找如摩根士丹利这样有钱的合作伙伴上等得过久……这家英国高级投行那时迫于证券交易所的规定，将合并谈判过早的公布……合并随后流产……当凯恩斯被任命为首席执行官时，戴维 · 斯科利爵士成为董事长……一定为傲慢感到后悔，因为是傲慢导致沃伯格系认为即使利润下跌，自己依然能够存活。

一位美国人的裁定是：沃伯格系“已彻底变成了英国和金融城的权贵阶层”，结果是“一个态度问题，一种安逸和自满的心态，它与现代世界格格不入”。对于像迈克尔 · 瓦伦丁这样的元老，沃伯格系独有的道德观被额外增加的员工“淹没了”，他们是被招进的股票经纪和证券批销经纪。但是，由于该银行管理层绝大多数是像瓦伦丁这样的企业金融家，戴维 · 弗洛伊德感到，他们“在处理证券市场成比例的风险时，未能适应这场革命”。

可以说，许多机会是被错过了，比如，1986 年公司决定不收购美国小型投行沃特海姆——这又是一次为在纽约站住脚的失败努力（虽然施罗德后来通过争取，成功收购沃特海姆）。1994 年，公司扩大固定收益业务，这是向黑暗跃进，正如凯恩斯向弗洛伊德坦言的那样，公司的资本基础（1990 年资金为 7.2 亿英镑）根本无法支撑这一跳。显然，公司在成本方面失控，而且沃伯格多年来极力主张的“员工所有制心态”也逐渐减弱。为长期客户定制交易这种老式企业融资模式已过时，但老一辈“极不情愿地允许建立这样的团队，他们与客户打交道是以业务量为基础的”。《经济学人》挖苦地写道，后期，沃伯格系显示出“一种单一的能力，也就是它能为任何人赚钱，就是不能为自己的员工赚钱……（这）也许是……为什么它被如此深情地怀念”。但到 20 世纪 90 年代中期，公司不能再为它的客户赚足够的钱了。

然而，关于S · G · 华宝为什么会消失这个问题，彼得 · 斯托蒙思 · 达林给出的答案最简单。他写道，“那些掌舵的人干脆忘记遵守西格蒙德制定的一些最基本的规则。但最重要的是，西格蒙德试图抵制成功之后的自满，他感到，自满会经常导致他所称的‘扩张兴奋’。”

当我们回顾21世纪第一个10年时，世界范围内出现“扩张兴奋”，这个时代西方大型银行极力主张不受约束的金融市场，它们是最鲁莽的冒险者——它们使这个时代以自“大萧条”后最大的金融危机收场——金融界有更多的人曾仿效过那些相同的惯常做法，不希望他们那么做都很难。重要的是，从“处理证券市场成比例风险”——大量举债，并以尽可能最高的频率交易——赚钱的胃口，取代了沃伯格对金融关系中心理因素的积极关注，我们为此一定会后悔。正如乔治·斯坦纳恰当评价的那样，把“一种特殊的气节带入顶级金融的生命”是西格蒙德·沃伯格的使命。如果这本对现代金融史有小小贡献的传记要提出一份不容挑战的声明的话，那就是，沃伯格的生命和时代仍有很多值得我们学习的地方。

HIGH FINANCIER

附言

当听说投资银行S·G·华宝公司使用一种非传统的手法遴选初级职员时，该机构的客户都有些不安。表面上，年轻的绅士们被要求用钢笔和墨水在结实的纸张上写下500个字，然后，这份材料会被送到西格蒙德·沃伯格在瑞士的那位上岁数的女笔相师手中。如果这位女“祭司”不认可他们的笔迹，无论学术成绩多么优秀，或在财务上再精明，也帮不了这些有抱负的年轻人。

|**《侦探》杂志** 1970年7月|

在西格蒙德·沃伯格多元化个性的所有侧面中，他对笔迹学的信仰——对字迹的分析——给我带来最大的难题。从一开始，我觉得能从一个人的字迹样本推断出这个人性格中任何重大的心理活动，都是不可思议的事。但西格蒙德·沃伯格的文件中提供的证据，以及从许多其他来源的证据显示，S·G·华宝公司有关人士的大多数主要决定，都是部分建立在笔迹分析的基础之上的。一名参加招聘的候选人将首先经历面试，他的资历将受到审查。西格蒙德·沃伯格坚信自己作为性格评判员的能力，他这种信仰也不是没有依据，未通过这最重要一关的人不能继续前进。然而，沃伯格还坚持把字迹样本寄给专业的笔相师进行独立分析，多年来都是请苏黎世的笔相师兼心理学家西奥多拉·德赖弗斯。作为一条常规，笔相师接到的唯一信息包括写字者的年龄、性别和国籍。如果笔相师的裁决非常消极，这位候选人就很难受雇于沃伯格系，虽然不是不可能。然而，一个积极的裁决也很有可能被忽视，如果其他因素对这名候选人不利①。当我开始做我的研究时，我以为找笔相师类似

① 1965年，尽管德赖弗斯出具赞美的鉴定，但在彼得·斯皮拉的坚持下，约翰·古德温几乎被拒之门外，因为后者与乔·海曼有关系，海曼作为沃伯格系的客户，给公司带来很多麻烦。最后，斯皮拉的决定被沃伯格推翻，沃伯格召见古德温对他进行面试，并痛快地给了他一份工作。

于找占星师咨询，那时，我这个观点得到《侦探》杂志的认同。我惊奇地发现，其他一些欧洲公司仍沿用此种做法。我甚至更惊讶地发现，在我采访的前沃伯格系董事中，没有一个人认同我的怀疑态度。我开始想，我是否在写一家银行的历史，还是在写一个邪教的历史。

在西格蒙德·沃伯格的文件中，有大约200份笔相报告被留存下来，这些材料读起来很有趣，特别是沃伯格喜欢请人对一些他曾打过交道的著名政治人物和商人的笔迹进行分析。西奥多拉·德赖弗斯对知名公众人物——以年轻的奈杰尔·劳森最出名，他后来成为英国财政大臣——性格的分析，首次读来都是惊人的准确。不过，经过进一步观察，她的方法与弗洛伊德的心理学有很多相似之处，沃伯格也相信后者，通过像赫伯特·宾斯万格这些对笔迹学感兴趣的精神治疗医师的努力，两者的确产生关联。

德赖弗斯掌握了某种像公式一样的东西，它的结论声称，聪明的人会掩盖各种各样的弱点。她很少写绝对否定的报告——虽然，她至少在一个案例中用过"精神病夸大狂"这个词——这使得沃伯格可以从她的评价中提取他想要的东西。她的认定几乎不可能造假，因为它们是有关潜意识的特点，这些特点可能在未来出现，也有可能不出现。只有偶然情况，她的判断显然有误。比如，"泰尼"·罗兰德证明一点都不像她所说的"在做生意时非常小心谨慎"。吉姆·斯莱特是另一个被西奥多拉看走眼的人（"有关写字者的正直和可靠性，说不出任何有约束力的东西"）——虽然这次经历说服斯莱特在斯莱特沃克雇用一名笔相师。

无论如何，从他们通信的亲密口吻判断，西格蒙德·沃伯格与西奥多拉·德赖弗斯的关系既有浪漫的成分，又有科学的因素，这确实是可能的。他在苏黎世建立欧洲笔相科学和应用基金会，显然主要是为她提供一个体制基础。德赖弗斯甚至是他搬到瑞士的一个心照不宣的理由之一。沃伯格也没有隐藏他和她的关系，甚至提出他和伊娃与西奥多拉和她丈夫利奥波德四人同去度假。沃伯格真心地相信（正如他在这个苏黎世机构1963年开幕时写道），笔迹学有潜力成为一门严密的科学：

> 我意识到许多人仍认为笔相师是骗子和古怪之人。事实上，笔相师开创了心理学知识的新领域。很多科学开始时都是神话。对星星的认知始于占星术，并逐渐演变成精确的天文学科学。今天，没有人会说天文学家是骗子。最终，我确信，笔迹学将受到欢迎，并得到认可——可以登上汇集渊博知识的殿堂。

但沃伯格与德赖弗斯的关系使这个想法变得不太可能，而不是更有可能。正像他自己尝试向英国笔相师琼·坎布里奇——沃伯格在财务上支持她开的科学笔相师公司——学习笔迹学那样，他开始在带有字迹样本的文件首页向德赖弗斯提供有关他自己评判的示意，这自然对她后来出具报告的客观性提出质疑。有时候，他亲自进行字迹分析，比如爱德华·希思（见第10章）和肯尼斯·希思。很快，他就习惯性地告诉德赖弗斯为什么他对这个人感兴趣，在某种程度上，他一定是以强势的态度纠正了她的看法。到20世纪60年代中期，他如此依赖她的观点，以至于他安排彼得·斯托蒙思·达林去苏黎世见她，以便让她可以观察字迹背后的这个人，那时他怀疑达林在心理上已经“恶化”。有时，沃伯格会每天写信或打电话给她，不停地寄给她字迹样本，无休止地询问她对每个人的意见，从刚来格雷沙姆街的实习生，到首相的妻子。至少有两次，他甚至请她分析自己的儿子（见第9章和第12章）。

1972年，戴维·斯科利扭转局面，他请一位笔相师分析沃伯格本人的笔迹。带着性格中固有的放肆，他在沃伯格70岁的寿宴上将这份报告作为发言的一部分大声读出：

> 你有极大的权威和能力，你的判断力是基于直觉和可靠感。不守时、邋遢和浅薄使你发怒。在你的词汇中，“胡乱开玩笑”是最不受欢迎的词。你节奏掌握得完美，这使你成为一名优秀的谈判专家。
>
> 你的字迹很独特，你不是那种有伟大愿景、想象力、效率、彻底性和坚韧性格的人，而是那种有罕见性格的伟人——你完全没有妒忌，你对其他人的表现、标准以及成就持欣赏的态度。看到你教育的成果，比看到你自己的成功更令你感到自豪。

这并不是科学，而是熟练的谄媚。沃伯格没有假装笔迹学是无懈可击的，这倒可以还他公道。他向乔治·斯坦纳承认：“异常情况出现时，可能有10%~20%的个案，我的判断与笔相师的分析不一致。不过，笔相分析与我的直觉对立还是极为罕见的……有关这一点，我们必须永远记住，一位有良心的笔相师非常害怕出具一份否定的分析，因为它也许能毁了一个人，因此笔相师极为谨慎，避免出具措辞严厉的分析。”

在写这篇附言之前，我询问了是否能看到对我笔迹的分析，作自己的笔迹分析是在西格蒙德·沃伯格的受托人同意授权我撰写他的传记之前。鉴定如此准确——不只是讨论我的主要缺点——它打消了我的怀疑。我"缺乏实际的、亲历亲为的机智"，这太对了。我的确"在思想、书籍和艺术创作中找到慰藉，这不会使我置身在竞争性的努力中，或处于感情比我更坚强的人当中"。这位笔相师总结道，"显然，他脆弱和容易受伤的感情架构还有未解决的冲突和情感包袱，这些都重压着他（日后可能成为一个问题），而他又不能面对或解决这些冲突和包袱……他的脑力工作提供了一种目的感和目标感，允许他升华、整合，并找到一处自己的位置。"（如果是一份措辞严厉的分析会怎么写，我不寒而栗。）这些评语也许同时帮助解释了为什么西格蒙德·沃伯格如此看重笔迹学，为什么有可能让我——正是因为我如此清晰的性格缺陷——来写他多姿多彩的人生。

然而，笔迹学没有像沃伯格所希望的那样受到欢迎并得到认可。事实上，就像优生学一样，它在19世纪和20世纪初备受尊崇，那时的作家像阿贝·麦肯、朱尔斯·克雷皮约–雅米、艾尔弗雷德·比奈和路德维格·克拉吉斯，都将它作为一项"未来的科学"极力推广。但是，"书写分析"和"完整笔迹学"之间在战后的分歧，像同时期弗洛伊德学派内的纷争一样，都是没落的先兆。今天，笔迹学是过去的一项伪科学。全世界只有4所大学颁发笔迹学学位，它们分别在意大利、西班牙和阿根廷。美国唯一一所颁发该学位的机构是位于新泽西州罗迪的佛里森学院，该机构于2000年停止颁证。原因很清楚。自从20世纪60年代以来，实验心理学家做了大量研究，结果显示，套用英国心理学会的话说，笔迹学作为测评才能或个性的方法"无效"。在美国，法律还反对使用笔迹学①。我无意冒犯本书的主人公，但我因此提议不使用笔迹学来鉴定我的学生，比我职位更低的同事，或者我自己。

---

① 水银资产管理公司被美林收购后，连沃伯格的忠实支持者们也不得不放弃使用笔迹分析，因为美林的律师认定，如果笔迹分析的内容被与公司有争端的员工以《信息自由法案》为由取得，其内容将可能被解释为带有歧视。